民间借贷纠纷解决之道

民间借贷法商丛书

LAW AND BUSINESS MANAGEMENT

郝正◎著

The Solution of Disputes of Private Lending

169个实务疑难问题解答

法律出版社 LAW PRESS·CHINA

CATALOG

目录

第一章　民间借贷的认定　1

1. 民间借贷关系如何认定？　1
2. 民间借贷有哪些特点？　2
3. 民间借贷与房屋买卖合同如何区别认定？　3
4. 名为房屋买卖，实为借贷担保合同的，怎样探究虚实？　6
5. 民间借贷与委托理财关系如何区别认定？　8
6. 如何认定建设工程项目经理对外借款的效力？　16
7. 民间借贷与合伙如何区别认定？　32
8. 合伙组织发生的民间借贷债务如何清偿？合伙人个人的民间借贷债务如何用合伙权益清偿？　41
9. 民间借贷与股权转让如何区别认定？　44
10. 民间借贷与不当得利如何区别认定？　46
11. 民间借贷是否属于民间投资？　50
12. 民间借贷如何保证资金安全？　53

第二章　民间借贷的主体　54

1. 自然人之间借贷的主体资格如何认定？　54
2. 企业向职工借款效力如何认定？　58

3. 企业向社会借款效力如何认定? 61
4. 企业向社会公众出借资金效力如何认定? 64
5. 民间借贷的介绍人、居间人、见证人各自应当承担什么法律责任? 65
6. 替人借款将承担怎样的法律责任? 68
7. 企业之间借贷被认定为无效后如何处理? 68
8. 企业之间借贷可作有效处理的主要有哪些情形? 69

第三章 民间借贷的形式与内容 74

1. 民间借贷合同的形式有哪些? 订立口头合同应注意哪些问题? 74
2. 民间借贷只签订借款合同是否就可以了? 76
3. 如何书写一份规范的“欠条”、“借条”、“收据”之类的凭证? 77
4. 仅凭借据能代表钱款已经借出了吗? 78
5. 公证在民间借贷中有何作用? 79
6. 强制执行公证书在民间借贷中有何作用? 83
7. 民间借贷合同的主要内容有哪些? 84
8. 民间借贷是否需要约定借款用途? 85
9. 民间借贷的借款用途应注意哪些问题? 85
10. 民间借贷的借款利息应注意哪些问题? 86
11. 民间借贷的还款方式应注意哪些问题? 86
12. 民间借贷的借款期限应注意哪些问题? 86
13. 没有还款期限和期限约定不明的借贷如何催告? 88
14. 出借人无正当理由拒绝接受借款人归还的借款的如何处理? 88
15. 如果借款人明确表示或者以自己的行为表明将不会如期归还借款时,如何处理? 89
16. 处理民间借贷纠纷如何把握“身份”和“公章”? 91

第四章 民间借贷的效力 94

1. 民间借贷是否合法如何认定? 94

2. 民间借贷合同属于诺成性还是实践性合同? 95
3. 民间借贷合同的成立主要有哪些情况? 97
4. 民间借贷合同何时生效? 98
5. 无效民间借贷合同主要有哪些特点? 101
6. 民间借贷无效情形主要有哪些? 104
7. 民间借贷纠纷中"一方以欺诈、胁迫手段"订立合同如何认定? 104
8. 民间借贷纠纷中"恶意串通,损害国家、集体或者第三人利益"订立合同如何认定? 107
9. 民间借贷纠纷中"以合法形式掩盖非法目的"订立合同如何认定? 107
10. 民间借贷案非法目的的审查应注意哪些问题? 108
11. 民间借贷纠纷中"损害社会公共利益"订立合同如何认定? 110
12. 民间借贷纠纷中"违反法律、行政法规的强制性规定"订立合同如何认定? 111
13. 民间借贷合同被确认无效后有何法律后果? 111
14. 民间借贷合同部分无效如何处理? 112
15. 民间借贷中劳务可以抵债吗? 112
16. 民间借贷违背公序良俗行为的效力如何认定? 113
17. 名为典当,实为借贷,其效力界限如何确定? 116
18. 民间借贷如何合法地还钱? 120
19. 委托贷款合同纠纷如何界定? 124
20. 委托贷款合同的效力如何认定? 125
21. 委托贷款合同中担保权如何行使? 126
22. 委托人能否按《合同法》中委托合同的相关规定直接向借款人主张债权? 127
23. 委托贷款合同纠纷是否适用调解结案? 127

第五章 民间借贷的利息 129

1. 民间借贷是否需要明确利率(利息)? 未明确约定利率(利息)的民

间借贷是否应当支付利息？ 129
2. 民间借贷中可以提前还款吗？ 133
3. 民间借贷中借款人提前还款或逾期还款时，利息应如何计算？ 134
4. 民间借贷的最高利率限度是多少？ 137
5. 什么是高利贷？如何处理民间借贷中的高利贷问题？ 137
6. 什么是复利？民间借贷中出现复利应当如何处理？ 138
7. 民间借贷可以约定在交付借款时预先扣除利息吗？ 141
8. 民间借贷可以约定违约金吗？利息和违约金有什么关系？ 142
9. 民间借贷中可以约定滞纳金吗？ 143
10. 因借款人未及时行使自己的债权，影响到出借人利益时，出借人怎么办？ 143
11. 因借款人恶意处分财产的行为而导致出借人的债权受到损害时，出借人怎么办？ 144
12. 什么是民间借贷的违约责任和责任承担方式？ 145
13. 出借人口头答应借钱，但事后反悔，是否要承担责任？ 145

第六章　民间借贷的证据 150

1. 民间借贷案件证据的认定难度突出表现在哪些方面？ 150
2. 民间借贷案件审理中应当着重审查哪些事实？ 154
3. 民间借贷案件审理中“高度盖然性”的证明标准如何把握？ 154
4. 民间借贷诉讼中的证据有哪些？ 158
5. 民间借贷诉讼中证人证言的证据效力如何？ 162
6. 民间借贷当事人的陈述可以作为证据吗？ 163
7. 录音可以作为证据吗？ 164
8. 借条在民间借贷案件中的证据效力如何把握？ 166
9. 借款协议、借条、欠条、收条在民间借贷中证明力一样吗？ 169
10. 借款协议、借条、欠条、收条的不同含义如何界定？ 173
11. 借款协议、借条、欠条、收条的各自证明力如何认定？ 176

12. 借款协议、借条、欠条和收条的相互关系及运用如何把握？ 178
13. 民间借贷举证责任如何分配？ 178
14. 民间借贷孤证排除规则如何适用？ 183
15. 间接证据在民间借贷纠纷案中如何运用？通过间接证据能否定有限借据的证明力吗？ 185
16. 测谎技术在审理借贷纠纷中如何运用？ 190
17. 民间借贷纠纷中如何排除非法证据？ 196
18. 如何在特殊身份关系当事人之间的借贷纠纷中运用优势证明标准？ 198
19. 在审理具有特殊关系当事人的民间借贷纠纷案件中，如何运用经验法则确立自由心证？ 199
20. 借贷事实的司法审查原则如何把握？ 202
21. 借据单证的实质审查原则如何把握？ 204
22. 民间借贷中笔迹鉴定的举证责任如何分配？ 208
23. 民间借贷纠纷中特殊情形的举证责任如何分配？ 209

第七章　民间借贷的担保 211

1. 民间借贷的担保形式有哪些？ 211
2. 对于民间借贷中房屋抵押流质条款如何认定？ 219
3. 借款人向出借人出具授权，其处理担保房屋委托书的效力如何认定？ 225
4. 涉及保证的民间借贷合同中，保证人参加诉讼的方式是什么？ 228
5. 民间借贷担保合同被认定无效后如何处理？ 241
6. 因会计师事务所出具虚假验资报告，当事人将会计师事务所作为借款合同当事人主张承担赔偿责任的如何处理？ 245
7. 农房抵押贷款存在哪些问题？ 252
8. 农房抵押贷款纠纷如何处理？ 254

第八章　民间借贷的转让 258

1. 债权转让的法律性质如何界定？ 258

2. 不能转让的债权主要有哪些? 259
3. 债权转让的内外效力如何认定? 260
4. 债务承担的性质如何认定? 261
5. 债务承担的构成要件如何界定? 264
6. 民间借贷中发生转借时合同效力如何认定? 266
7. 出借人向第三人转让债权的,是否需要经过借款人的同意? 269
8. 借款人向第三人转移债务时,是否需要征得出借人的同意? 271
9. 民间借贷中债权债务如何继承? 276

第九章　民间借贷与夫妻债务 279

1. 夫妻共同债务如何认定? 279
2. 夫妻共同债务如何推定? 290
3. 在婚姻关系存续期间,夫或妻一方产生的民间借贷债务是夫妻共同债务吗? 295
4. 夫妻共同债务借贷主体如何认定? 302

第十章　民间借贷的虚假诉讼 306

1. 虚假诉讼如何界定? 306
2. 人民法院在审理中发现有哪些情形的,应当严格审查判断是否属于虚假诉讼? 310
3. 民间借贷虚假诉讼如何防范? 311
4. 民间借贷虚假诉讼如何制裁? 313
5. 怎样解决虚构房屋买卖合同,套贷用于归还借款而引发的纠纷? 318
6. 虚假按揭贷款如何界定? 321
7. 虚假按揭贷款案件如何处理? 326

第十一章　民间借贷的刑民交叉 329

1. 刑民交叉案件概念及类型如何界定? 329

2. 刑民交叉案件有哪些处理方式？ 330
3. 民间借贷纠纷中涉及刑民交叉时总的审理思路如何把握？ 332
4. 民间借贷纠纷中涉及刑民交叉如何处理？ 333
5. 民间借贷与非法吸收公众存款如何区分？ 335
6. 民事借贷中的欺诈行为是否隐藏诈骗犯罪？ 337
7. 合同诈骗罪中被告人主观非法占有之故意应如何认定？ 340
8. 集资诈骗犯罪中“非法占有为目的”如何认定？ 343
9. 如何区分民间借贷和诈骗？ 345
10. 民间借贷刑民交叉案件中刑事判决或执行作出后，当事人又提起民事诉讼的如何处理？ 346
11. 以自有资金发放高利贷行为的性质如何界定？ 349

第十二章 企业借贷 351

1. 企业借贷纠纷案件主要集中在哪些方面？ 352
2. 民间借贷纠纷中，借条的内容系个人借款，但在出具人除个人签名外同时加盖公司公章，原告仅主张公司借款的情形下，如何处理？ 353
3. 私人企业法定代表人以个人名义出具借据为公司借款，应如何认定借款关系？ 357
4. 公司与内部员工之间的债务纠纷中，怎样区分公务借款和私人借款？ 359
5. 借款与投资款的区别是什么？ 361
6. 公司经理以个人账户转资金如何认定？ 364
7. 企业可以进行民间借贷吗？ 368
8. 股权融资、债券融资与民间借贷如何区分？ 369
9. 企业内部集资的效力如何认定？ 371

第十三章 民间借贷的程序处理 373

1. 哪些民间借贷案件可以受案？ 373
2. 如何确定民间借贷案件的管辖？ 374

3. 何人具有民间借贷纠纷案件的原告主体资格？ 380
4. 如何确定被告的主体资格？ 384
5. 出借人署名与身份证名称不符时借款人如何确定？ 386
6. 民间借贷案件采用什么方式送达？ 392
7. 如何用“东方经验”解决民间借贷问题？ 393
8. 民间借贷的诉讼时效是如何规定的？ 394
9. 没有还款期限的借贷如何计算诉讼时效？ 396
10. 关于诉讼时效中止有哪些法律规定？ 398
11. 关于诉讼时效的中断有哪些法律规定？ 399
12. 民间借贷案件中诉讼时效规定的适用应注意哪些问题？ 400
13. 民间借贷合同的诉讼时效中断事由如何认定？ 401
14. 民间借贷诉讼财产保全如何适用？ 403
15. 民间借贷诉前财产保全如何适用？ 405
16. 民间借贷财产保全的范围如何界定？ 408
17. 民间借贷申请财产保全错误的赔偿责任如何认定？ 408
18. 民间借贷出借人行使代位权的条件如何界定？ 409
19. 民间借贷纠纷多个债主体的代位权如何处理？ 413
20. 民间借贷代位权后诉如何处理？ 414
21. 借款人在代位权诉讼中的地位如何确定？ 415
22. 民间借贷代位权诉讼的效力如何认定？ 416
23. 民间借贷出借人撤销权如何界定？ 418
24. 民间借贷撤销权诉讼之可撤销事由如何认定？ 419
25. 民间借贷纠纷申请支付令如何适用法律？ 422
26. 民间借贷纠纷总的审理思路如何把握？ 425

INDEXES

典型案例索引

【典型案例 1.1】 以农村集体所有土地使用权抵债是否有效? 5

【典型案例 1.2】 向他人借款进行合作炒股,是民间借贷关系还是委托理财关系? 10

【典型案例 1.3】 一方提供资金和账户给对方炒股,是民间借贷关系还是委托理财关系? 12

【典型案例 1.4】 当事人未就双方之间存在委托理财关系提交相应证据的情况下,仍以委托理财合同为由进行诉讼如何处理? 14

【典型案例 1.5】 建筑企业的项目部签订的借贷合同效力如何认定? 21

【典型案例 1.6】 建设工程转承包双方就工程款结算后签订借款协议发生争议如何处理? 23

【典型案例 1.7】 挂靠人以被挂靠人名义订立建设工程合同中产生的民间借贷纠纷,被挂靠人是否承担还款责任? 25

【典型案例 1.8】 合伙人之间的借贷所引发的纠纷,是民间借贷纠纷还是合伙纠纷? 33

【典型案例 1.9】 朋友之间的借贷所引发的纠纷,是民间借贷纠纷还是合伙纠纷? 35

【典型案例 1.10】 如何认定是借款还是合伙投资款? 37

【典型案例 1.11】 因退伙产生的欠款纠纷属于民间借贷纠纷还是合伙纠纷? 39

【典型案例 1.12】 合伙企业负责人向第三人借款,应当由谁来承担偿还责任? 42

【典型案例 1.13】 股权转让后对转让款结算而出具借条属于民间借贷关系还是股权转让关系? 44

【典型案例 1.14】 汇款人先以借贷关系主张返还借款,后变更为要求收款人返还不当得利的,应如何处理? 49

【典型案例 1.15】 在投资入股未兑现的情况下,投资人是否可以以投资款转变为借款为由要求返还? 50

【典型案例 2.1】 未成年人借款的民事行为是否有效? 57

【典型案例 2.2】 企业能否以扣发养老金的形式抵偿职工的借款? 59

【典型案例 2.3】 未进行清算就向有关部门申请注销企业法人,对被注销的企业法人的借贷债务,应由谁承担? 61

【典型案例 2.4】 企业将资金出借给自然人是否一律作无效处理? 64

【典型案例 2.5】 在借据上签名是提供保证担保还是属于对借贷见证? 66

【典型案例 2.6】 企业之间借贷是否有效? 71

【典型案例 3.1】 口头民间借贷纠纷如何处理? 75

【典型案例 3.2】 未实际履行的借条效力如何认定? 80

【典型案例 4.1】 民间借贷附条件与附期限如何区别? 97

【典型案例 4.2】 民间借贷何时生效? 99

【典型案例 4.3】 借款的用途对借贷关系效力有无影响? 102

【典型案例 4.4】 受胁迫签订的民间借贷合同效力如何认定? 105

【典型案例 4.5】 违反社会公德和婚姻伦理秩序的民间借贷行为的效力如何认定? 115

【典型案例 4.6】 典当合同与借贷合同有何区别? 116

【典型案例 4.7】 借款人向公证机关提存后，贷款人是否还有权要求借款人还款？ 121
【典型案例 5.1】 借款利率约定不明确的，借款人是否还需要支付利息？ 130
【典型案例 5.2】 无息借款中，债权人能否主张逾期利息？ 135
【典型案例 5.3】 民间借贷中计算复利合法吗？ 139
【典型案例 5.4】 承认借款约定利息后能否反悔？ 146
【典型案例 6.1】 借贷双方均缺乏确凿证据的，如何处理？ 151
【典型案例 6.2】 “高度盖然性”证明标准如何适用？ 157
【典型案例 6.3】 借款人能否以手机短信来证明自己已经还款的事实？ 160
【典型案例 6.4】 私自录音形成的录音带能否作为借款事实的证据？ 164
【典型案例 6.5】 债权人仅提供借据复印件的能得到法院支持吗？ 168
【典型案例 6.6】 借款人不承认他人代签借条的，如何处理？ 170
【典型案例 6.7】 欠条未明确年份的，应当如何处理？ 171
【典型案例 6.8】 代签欠条的，还款责任应当由谁来承担？ 175
【典型案例 6.9】 借款合同中如何进行举证责任的分配？ 179
【典型案例 6.10】 质疑还款凭据的真实性，应否承担举证责任？ 181
【典型案例 6.11】 孤证规则在数额较小的借贷中如何适用？ 185
【典型案例 6.12】 民间借贷纠纷中间接证据如何适用？ 187
【典型案例 7.1】 口头质押合同能否有效？ 212
【典型案例 7.2】 到期未能还款，质物能否直接归出借人所有？ 213
【典型案例 7.3】 担保人应承担的担保债务是否及于其配偶？ 214
【典型案例 7.4】 第三人同意借款人对出借人作出的优先支付承诺的性质如何认定？ 216
【典型案例 7.5】 房产作为民间借贷合同的抵押物应注意什么？ 221
【典型案例 7.6】 借款人把房产证交给出借人作为抵押，未办理抵押登记手续，之后又擅自把房屋出卖该如何处理？ 222

【典型案例7.7】 抵押物能否直接归属债权人？ 223
【典型案例7.8】 在借据左侧空白处签名，是否应当认定为共同借款人或保证人？ 226
【典型案例7.9】 民间借贷中如何确定保证人的保证方式？ 229
【典型案例7.10】 保证期间过后，保证人是否还需再承担保证责任？ 231
【典型案例7.11】 在主合同履行期限变更的情况下担保人是否承担保证责任？ 233
【典型案例7.12】 在无意思联络的连带共同保证中，债权人向部分保证人主张权利的，其效力是否及于未被主张权利的其他保证人？ 236
【典型案例7.13】 担保案件中的一般保证与连带保证如何区分认定？ 237
【典型案例7.14】 担保合同无效，担保人应否承担责任？ 243
【典型案例7.15】 民间借贷中会计师事务所出具虚假验资报告如何承担责任？ 246
【典型案例7.16】 因公司未出资导致借款难还，会计师事务所虚假验资应当承担责任吗？ 251
【典型案例8.1】 集体企业改制为有限责任公司后的原有债务如何承担？ 262
【典型案例8.2】 夫妻离婚协议中对债务承担的约定能否对抗债权人？ 265
【典型案例8.3】 擅自变更借条，债权人是否构成向第三人履行债务或债权转让？ 267
【典型案例8.4】 借款合同的债权人将自己的债权转让给第三人能否得到支持？ 269
【典型案例8.5】 第三人代为履行与债务转移如何区分认定？ 272
【典型案例8.6】 借贷关系中的第三人应承担什么责任？ 274
【典型案例8.7】 借款人死亡，由谁承担还款责任？ 277

【典型案例9.1】 夫妻共同债务和个人债务如何认定? 280
【典型案例9.2】 夫妻间有财产约定时共同债务如何认定? 285
【典型案例9.3】 公民生前以个人名义出具的欠条,死后其配偶和儿子是否有义务偿还? 286
【典型案例9.4】 推定夫妻共同债务如何认定? 291
【典型案例9.5】 “闪婚闪离”中夫妻一方对外举债的性质如何判定? 293
【典型案例9.6】 夫妻间“借款打欠条”是否成立借贷关系? 296
【典型案例9.7】 丈夫因工作关系向所在单位借款,借款应当由谁来偿还? 297
【典型案例9.8】 夫妻一方的婚内借款,是否都是夫妻共同债务? 299
【典型案例9.9】 债权人就夫妻一方以个人名义所负债务向夫妻双方主张权利应如何处理? 303
【典型案例10.1】 民间借贷虚假诉讼如何处理? 315
【典型案例10.2】 当事人自认的虚假诉讼中证据规则如何适用? 315
【典型案例13.1】 民间借贷案件协议管辖如何适用? 379
【典型案例13.2】 不是借据上写明的出借人是否必然不具备原告主体资格? 382
【典型案例13.3】 民间借贷被告主体资格如何确定? 386
【典型案例13.4】 因书写借款凭证不规范的民间借贷纠纷如何处理? 387
【典型案例13.5】 借款合同未约定还款期限,借款的诉讼时效如何计算? 397
【典型案例13.6】 借款人怠于行使到期债权,贷款人能否代位取得? 411
【典型案例13.7】 民间借贷代位权诉讼如何行使? 417

CHAPTER

1

第一章

民间借贷的认定

要点提示

随着市场经济的不断发展，民间借贷活动日益活跃，其纠纷形成的原因也日趋复杂，民间借贷纠纷往往与买卖合同、合伙关系等其他民事纠纷交织在一起，使当事人之间法律关系的性质难以准确判断。如何认定此类纠纷的性质，是审理案件适用法律的首要步骤。

1. 民间借贷关系如何认定?

原《最高人民法院关于人民法院审理借贷案件的若干意见》规定：公民之间的借贷、公民与法人之间的借贷、公民与其他组织之间的借贷，称为民间借贷。2015 年刚公布的《最高人民法院关于审理民间借贷案件适用法律若干问题的规定》（以下简称《民间借贷司法解释》）第 1 条明确规定，本规定所称的民间借贷，是指自然人、法人、其他组织之间及其相互之间进行资金融通的行为。经金融监管部门批准设立的从事贷款业务的银行业金融机构及其分支机构，因发放贷款等相关金融业务引发的纠纷，不适用本规定。

可见，民间借贷有以下特点：

(1)借贷主体的局限性。根据以前法律规定,民间借贷的主体仅限三种情况:第一,自然人与自然人之间;第二,自然人与法人之间,但不包括金融机构;第三,自然人与其他组织之间。可见,民间借贷是以自然人为中心。企业之间不得进行民间借贷,也不得收取利息。但根据《民间借贷司法解释》的规定,自然人、法人、其他组织之间及其相互之间进行资金融通的行为都属于民间借贷。

(2)借贷标的的特定性。民间借贷的标的只能是金钱,不包括土地、房屋、汽车、物品等不动产和动产,也不包括专利、商标、著作权等知识产权。

(3)借贷内容的自由性。数额自由:国家法律法规不限定民间借贷的具体数额,由当事人根据自己的经济能力和实际需要自行协商确定,可大可小,无须任何部门批准。期限自由:偿还期限的长短由当事人自行约定,短则几天、长则几年,也可以不约定期限,借款人随时偿还,或者出借人索要时再还。用途自由:只要不用于违法犯罪活动,出借人与借款人可以限定借款用途,也可以不约定具体用途,由借款人自由使用。利率相对自由:只要不超过银行同期同类贷款利率的4倍,出借人与借款人可以自由约定借款利率的高低,也可以无息借款。还款方式自由:借款到期后,可以偿还金钱,也可以经出借人同意后,以有价证券、实物、知识产权甚至劳务抵偿。

2. 民间借贷有哪些特点?

(1)民间借贷双方之间形成的是一种合同关系,双方之间的借贷行为也是一种民事法律行为。借贷双方根据达成的口头协议或者签订的书面协议,在双方之间建立起特定的债权债务关系,并由此产生相应的权利义务。这种债权债务关系是我国民事法律关系的一个重要组成部分,因此这种关系一旦形成便会受到法律的保护。

(2)民间借贷是贷款人和借款人之间因借贷关系而形成的一种合约行为。借贷双方之间的口头协议或者签订的书面协议决定了双方之间借贷关系是否能够形成以及借贷数额的多少、借贷期限的长短以及借贷标的确定等。法不禁止即允许。只要该协议的内容合法就都是法律允许的,受到法律的保护。

(3)贷款人能否将借贷的标的支付给借款人,决定了民间借贷关系能否成立。借贷双方之间除了对借款标的、借款数额、借款的偿还期限等内容均达成一致意见以外，贷款人还要将借款的标的即货币或者其他的有价证券交付给借款人，此时双方的借贷关系才算真正的成立。

（4）贷款人交付给借款人的标的物，必须是贷款人个人拥有所有权或者支配权的财产。贷款人若将其没有所有权或者支配权的财产交付给借款人，此时形成的借贷关系是无效的，不会受到法律的保护。

（5）借款人既可以支付利息也可以不支付利息给贷款人，是否支付利息由借贷双方自由约定。

民间借贷因其主要发生在自然人之间，一般是不需要支付利息的。若借贷双方在口头协议或者书面协议之中约定了支付利息，那么借款人就要及时地将利息交付给贷款人。但此利息不得高于国家法律中对利息的相关规定。根据原《最高人民法院关于人民法院审理借贷案件的若干意见》第6条的规定，“民间借贷的利率可以适当高于银行的利率，各地人民法院可根据本地区的实际情况具体掌握，但最高不得超过银行同类贷款利率的四倍（包含利率本数）。超出此限度的，超出部分的利息不予保护。”现在《民间借贷司法解释》第26条明确规定，借贷双方约定的利率未超过年利率24%，出借人请求借款人按照约定的利率支付利息的，人民法院应予支持。借贷双方约定的利率超过年利率36%，超过部分的利息约定无效。借款人请求出借人返还已支付的超过年利率36%部分的利息的，人民法院应予支持。

3. 民间借贷与房屋买卖合同如何区别认定？

近年来，由于社会信用危机的普遍存在，社会诚信体系尚未构建，在一些民间借贷关系中，出借人为了保证自身的利益不受损失，或者规避民间借贷利息最高额的限制以及其他法律风险，往往在签订民间借贷合同的同时签订房屋买卖合同，在借款人无法还款的情况下，以获取房屋所有权的方式保证自身的利益不受损害，甚至获得更高额的利润。这类纠纷由于没有法律依据可循，在审判实践中极易引发争议，同时，由于不同法官价值判断也存在差异等因素，客观上造成了类似纠纷的处理结果不相同的混乱局面。

（1）对民间借贷与房屋买卖混合案件的性质的界定

在此类案件中，借款人为借款而与出借人签订房屋买卖合同，在某种意义上讲,这与债的担保有相通之处但又绝非同一概念。债的担保是指法律为确保特定的债权人实现债权,以债务人或第三人的信用或者特定财产来督促债务人履行债务的制度。即借款人以与出借人签订房屋买卖合同的形式,在借款人不能按期还款时,保证出借人可实现其在房屋买卖合同中所享有的权利。亦可理解为,借款人以出借人所享有的附条件(即借款人到期不还款)的房屋买卖合同的债权,来“担保”出借人在借款合同中债权的实现,简言之,债务人以债权人所享有的另一附条件债权来“担保”主债权的实现。但此处的“担保”与债的“担保”含义是不同的。以抵押这一担保形式为例,债务人以抵押物担保债权人债权的实现,若债务人到期不能履行债务,债权人有优先受偿的权利。这种权利是通过拍卖、变卖抵押物后从所得财产中优先受偿来实现的。而在民间借贷与房屋买卖混合的情形下,民间借贷关系与房屋买卖关系原本是毫不相关的两种民事法律关系,虽然双方在借款时签订过房屋买卖协议,若借款人到期未能偿还借款,并不意味着借款人直接以转移房屋所有权抵顶其未履行的还款义务,该买卖协议仅仅使出借人享有了债权而已,借款人仍应承担违约责任以弥补出借人的损失。故此“担保”非彼“担保”,对此种情形应冠以何种法律术语,应属学术界探讨范畴。

(2)民间借贷合同与房屋买卖合同合并审理的法理依据

民间借贷合同和房屋买卖合同虽然是两个不同的法律关系,但在该条款中彼此之间是有牵连的。将两个不同的诉讼标的的诉合并到同一诉讼程序中审理,属于诉的合并,是有法理依据的。所谓诉的合并,是指法院将两个或两个以上有某种联系的诉合并在一个诉讼程序进行审理和裁判的诉讼制度。其目的在于便于查清事实,避免做出相互矛盾的裁判,并且节约诉讼成本,方便当事人诉讼和法院审理和裁判。当然具体操作中,实现合并审理,需要法官的释明及当事人的诉求。

(3)确认房屋买卖合同的效力,体现诚实信用原则

在民间借贷与房屋买卖混合的情形下,借款人是在追求自身利益即出于借款的目的而与出借人达成房屋买卖协议,借款人在签订此协议时应当意识到,若其不能按期还款,出借人将有权按协议约定购买其房屋。因此,若借款人到期未能还款,其应当承担上述后果,履行其与出借人的承诺。借款人不应当在自己未能按期还款的情况下,以当初与出借人签订房屋买卖协议系出于无奈为借口,否认房屋买卖合同的效力,拒绝履行合同义务。法

律若将天平倾斜于借款人,则违背了诚实信用原则的要求。因此,该项规定确认了双方签订的房屋买卖合同的效力是正确且有必要的,能够维护出借人正当利益,遵循了诚实信用原则。

(4)购房款价格的规定,体现公平原则

虽然民间借贷关系与房屋买卖合同关系实则两种法律关系,但该类案件中的房屋买卖合同关系的建立是以民间借贷关系的存在为前提的,所以只有合并审理才能探究双方当事人签订房屋买卖合同的真实意思表示,才能对双方在约定购房款价格时的心理状态作出一个合理的判断。实践中借款人常因“一时之难”而以低价甚至超低价转让房屋这一涉及民生的不动产,而出借人则以优势获取超高的利润,利益的取得与付出的对价不相当,造成二者利益的严重失衡。

总之,借款人为向出借人借款而与出借人签订了房屋买卖合同,借款到期后,借款人不能还款,出借人要求履行房屋买卖合同的,人民法院应当将民间借贷合同和房屋买卖合同合并审理,并按以下原则处理:第一,房屋买卖合同约定的购房款价格低于合同签订时市场价格的,以市场价格作为履行合同的基数。第二,房屋买卖合同约定的购房款价格高于合同签订时市场价格的,以约定的购房款作为履行合同的基数。

以上是《民间借贷司法解释》出台前实践中的做法,但根据该司法解释第24条的规定,当事人以签订买卖合同作为民间借贷合同的担保,借款到期后借款人不能还款,出借人请求履行买卖合同的,人民法院应当按照民间借贷法律关系审理,并向当事人释明变更诉讼请求。当事人拒绝变更的,人民法院裁定驳回其起诉。按照民间借贷法律关系审理作出的判决生效后,借款人不履行生效判决确定的金钱债务,出借人可以申请拍卖买卖合同标的物,以偿还债务。就拍卖所得的价款与应偿还借款本息之间的差额,借款人或者出借人有权主张返还或者补偿。今后司法实践当以此为裁判依据。

【典型案例1.1】[①] 以农村集体所有土地使用权抵债是否有效?

【案情】 2005年1月至2007年8月,被告李新某先后5次向原告刘春

① 湖南省益阳市资阳区人民法院(2009)资民一初字第12号。

某、张继某(二人系夫妻关系)借款共计14万元。李新某为保证归还借款,于同年7月6日,与张继某签订《集资购房协议》,把坐落于益阳军分区广场边新建住房南单元第三楼转让给张继某,协议上注明"房款已付清",交房日期为2008年8月30日。李新某借款后,已偿还17000元,尚欠123000元。刘春某、张继某于2008年12月29日向法院提起诉讼。请求法院依法确认张继某与李新某签订的《集资购房协议》合法有效并将该住房判归张继某所有;判令李新某立即归还刘春某、张继某借款14万元并支付相应利息。

【诉讼指南】 双方签订的《集资购房协议》因涉及农村集体所有土地使用权问题,违反法律规定,应确认协议无效。故湖南省益阳市资阳区人民法院判决:(1)由被告李新某在判决生效后10日内付清原告刘春某、张继某借款本金123000元及其中5万元借款逾期利息5892.66元(逾期利息从2007年12月16日起计算至判决时止),共计128892.66元;(2)驳回原告刘春某、张继某的其他诉讼请求。

4. 名为房屋买卖,实为借贷担保合同的,怎样探究虚实?

民间借款案件中,职业高利贷放贷者常常会要求借款人就作为担保的房产与其另行签订一份房屋买卖协议。该房屋买卖协议在借款人按期归还本息的情况下,职业高利贷放贷者不会要求借款人履行,但当借款人无力偿还高利贷本息时,职业高利贷放贷者就会要求借款人将作为担保的房产过户给其,房款则用借款本息予以冲抵。

职业高利贷放贷者之所以采用这种方式,一是因为签订房屋买卖合同协议,就可以不用办理房屋抵押手续,简便且节省费用;二是因为房屋近期一直处于升值状态,如借款人到期不归还高利贷本息,职业高利贷放贷者根据房屋买卖协议约定的房价取得房屋后,往往能从房屋升值差价中取得更高的收益;三是因为职业高利贷放贷者采用这种方式时,都是将借款协议与房屋买卖协议分别独立进行签订,从两份协议内容及文字表述是无法看出两者的关联性,从而防止在需要通过法院诉讼取得房屋时,被法院认定无效导致无法实现房屋作为高利贷担保的目的。

在审判实践中,因上述情况引发的诉讼主要表现为:

(1)借款到期后,借款人既不归还借款本息,也不愿意将作为担保的房产过户给职业高利贷放贷人,职业高利贷放贷人一般会依据房屋买卖协议,诉讼到法院要求借贷人履行过户手续的。

(2)借款到期后,借款人既无力归还借款本息,也不愿意将作为担保的房产过户给职业高利贷放贷人,主动诉讼到法院,主张房屋买卖合同并非双方真实意思表示,请求法院确认合同无效。

(3)借款到期后,借款人无力归还借款本息,将房屋过户过给职业高利贷放贷人后,其配偶诉讼到法院,主张房产属于夫妻共有财产,配偶另一方未经其同意出卖房屋属于无权处分,请求法院确认房屋买卖合同无效。

上述纠纷,在审判实践中的难点主要表现在以下两个方面:

(1)事实认定问题。如前所述,职业高利贷放贷者采用这种方式,其目的之一就是为了规避相关法律规定,职业高利贷放贷者通过精心设计,将借款协议与房屋买卖协议分别独立进行签订,且两份协议内容及文字表述是无法看出两者的关联性的,因此从表面证据上,是很难区分双方之间到底是借贷关系还是房屋买卖关系。但在此种情形下,一般会存在以下现象:①因双方签订房屋买卖合同的根本目的是将房屋作为借款的担保,因此房屋买卖合同签订的时间一般与借款出借相近或同时,而房屋买卖合同约定的履行时间通常是在借款到期日之后。②因借款到期不能归还时,借款直接充抵房款,故在房屋买卖合同中一般会明确约定全部或部分房款已支付完毕。但在诉讼中,职业高利贷放贷人一般除借条外,无法举证其支付过房款。③房屋买卖合同中约定的房价,常常会与借款数额一致或相近。

当然,我们在审判中不能仅根据上述现象就作出认定,但当当事人主张房屋买卖合同不是其真实意思表示,且存在上述现象时,我们就不会仅仅就合同审合同,而需要进一步结合其他证据进行审判判断。

(2)合同效力认定问题。对于此类房屋买卖合同的效力,审判实务中存在以下几种观点。第一种观点认为,双方在借贷合同之外,经自愿协议后签订房屋买卖合同,不违反法律规定,合法有效。第二种观点认为,双方签订房屋买卖合同的真实目的是将房屋作为借款的担保,因此房屋买卖关系不成立。第三种观点也认为,双方签订房屋买卖合同的真实目的是将房屋作为借款的担保,并认为此种约定违反法律禁止流质契约的规定,属于无效合同。

笔者同意第三种意见。在作出相应事实认定的前提下,双方签订房屋买卖合同的真实目的是将房屋作为借款的担保是显而易见,因此房屋买卖合同的履行只是具体实现担保债权的方式,该合同虽然已成立,但双方之间约定,是借款人与职业高利贷放贷者在债务履行期届满前,就变相约定作为担保的房产财产归出借人所有,违反《物权法》第 186 条、《担保法》第 40 条的规定,属于无效合同。

对此,《民间借贷司法解释》第 24 条亦明确规定,当事人以签订买卖合同作为民间借贷合同的担保,借款到期后借款人不能还款,出借人请求履行买卖合同的,人民法院应当按照民间借贷法律关系审理,并向当事人释明变更诉讼请求。当事人拒绝变更的,人民法院裁定驳回其起诉。按照民间借贷法律关系审理作出的判决生效后,借款人不履行生效判决确定的金钱债务,出借人可以申请拍卖买卖合同标的物,以偿还债务。就拍卖所得的价款与应偿还借款本息之间的差额,借款人或者出借人有权主张返还或者补偿。

5. 民间借贷与委托理财关系如何区别认定?

委托理财最早出现在金融投资理财的实践过程中,并不是纯粹的法律概念。

委托理财案件是指委托人与受托人签订委托理财合同约定受托人进行投资理财,收益分配等问题,在投资理财过程中因委托资金遭受损失而在委托人与受托人之间产生的合同纠纷。理财效果不好导致合同约定的利润难以实现及本金不保直接引发了委托理财纠纷,其深层次原因是保底条款的盛行。委托人作为投资者希望实现资产的保值增值,受托人希望通过自己对委托资产的管理、投资获取佣金和额外的盈利。然而,受托人的理财失败使双方的美好愿望落空,从而引发纠纷。理财的失败可能由于证券市场的系统性风险引起,也可能由受托人的策略失误所致。有时,由于受托人不能正确把握市场行情的变化,未及时采取合理的止损措施来避免被套,也会引发纠纷。亏损发生后,受托人不能将委托本金返还给委托人是纠纷产生乃至案件发生的直接诱因。

根据《最高人民法院关于审理委托理财合同纠纷案件的若干规定》,委托理财合同,是指委托方将其资金交付给受托方并由后者将该资金投资于金融市进行投资,所获利润由双方按照约定进行分配的合同。因委托理财合同引发的法律关系即为委托理财法律关系,根据笔者所掌握的基本的法律原理,将主要从主体、客体、内容三个方面展开分析:

(1)委托理财关系的主体

委托人和受托人是委托理财关系的必备主体,在大多数委托理财合同中还包括监管人或托管人。委托人以中小企事业法人、自然人为主,也不排除大型企业为谋取利润,在证券市场处于牛市时,采取委托理财的方式将资金投入到证券市场。此外,无自营证券投资资格的一些经纪类证券公司也采取委托理财方式进行变通,从而达到自营证券投资的目的。受托人一般为证券公司和证券中介服务机构等法人,也有专业的投资个人。这些金融市场主体通常具备证券投资的专业背景和从业经历,易于取得委托人的信任。

监管人是对经融资产投资进行监管的机构,通常情况下,由证券公司充当,其存在的价值在于对资金账户进行监管以确保委托理财资金的安全和盈利。在委托人将资金委托给证券公司时,委托人为防止证券公司将其委托资金挪作他用,加强对资金的监管从而确保资金安全通常会要求证券公司将资金交给银行托管。银行作为托管人目的在于吸收存款,收取托管手续费。其监管职责是,为托管资金设立专门账户、保管委托理财资金、根据管理人指令划拨资金。

(2)委托理财关系的客体

实践中,商业银行理财、非金融性资产投资、保险公司理财以及证券投资基金理财等金融性资产投资引发的纠纷不被视为委托理财纠纷,本书也仅在金融理财意义上研究委托理财问题。委托理财的投资领域是证券、国债、期货等金融性资产市场,相应地,其投资财产多为货币资金、证券等金融性资产。

(3)委托理财关系的内容

正如笔者所言,保底条款是委托理财合同的核心条款。其通常约定,合同到期时,不论受托人盈利或者亏损,受托人均需向委托人返本付息。然而,证券市场风云变幻,各种风险隐患随时可能发生,因而保底条款的约定背离了证券市场客观规律,受托人的保底承诺往往难以兑现。一旦本金不能返还,委托人不仅无法获取利润,投资目的全部落空,还折了血本,便会依照合同的约定向受托人索赔。而对于受托人来说,保本增值的承诺是基于对自己的充分自信,希望通过这种承诺获取理财资金。如果其是在尽职尽责、精心理财的情况下,由于市场系统性风险而非本身的失职导致委托资金不盈反亏,受托人往往不会甘愿承担风险。因此,在委托资金亏损、委托人要求返还本金及支付约定回报的情况下,受托人大多不会践行承诺,要么打拖延战术,要求延长受托期限,以争取扳本;要么是搪塞拖延,甚至置之不理。因此,保底条款根本无法取得真正的保证收益的效果,在现实纠纷中形同虚设。

除保底条款之外,委托人往往要求受托人用保证金或者证券进行质押担保以控制投资理财风险。合同约定,须得到委托人的授权方可对质押物处置,这显然与“账户的所有人应当具有完全意义上的处置权”的证券交易规则相矛盾。因此,一旦受托人不遵守约定,这种资金或者质押担保便形同虚设,没有任何约束力根本无法防范风险,防止纠纷的产生。合同通常约定,当账户资金和证券市值总额低于约定的数额时,委托人授权监管人对账户内的证券余额强制平仓。但事实上,许多负有监管责任的证券公司对于这种软约束条款根本就视而不见,即使约定了证券公司监管也无济于事。

综上,委托理财与民间借贷属于不同的法律关系,实践中应加以区别认定。

【典型案例 1.2】 向他人借款进行合作炒股,是民间借贷关系还是委托理财关系?

【案情】 原告(被上诉人):刘继某;被告(上诉人):胡卫某、林和某

2008 年 2 月 8 日,刘继某与胡卫某、林和某签订《炒股协议》一份,约定:(1)林和某为盈亏担保人(如果炒股亏损由胡卫某负责返还投资人刘继某本金)。(2)以借款人的名义借刘继某拾万元,月息贰分。(3)炒股盈利部分为叁柒开,胡柒刘叁,如回报率好,胡再给刘壹万元(主要是通过炒股挽回刘石油投资损失)。(4)本炒股协议期限为壹年,来年情况另议。(5)本投资为无风险投资,如投资亏损,投资人不负责任,本金全由胡卫某返还投资人。(6)三方是在充分协商友好的前提下达成本协议的,希望三方都执行本协议。(7)收益要公开(小范围)。刘继某作为投资人,胡卫某作为炒股操作人,林和某作为担保人在《炒股协议》上签名。2009 年 2 月 8 日,三方又签订《借款协议》一份,协议内容如下:宁波市镇海区贵驷镇胡卫某借镇海炼化公司退休职工刘继某拾万元整人民币进行炒股,月利息贰分另加分红(3、7 开)借期

壹年,到期还本付息(拾贰万元整)加3、7分红,特订协议如下:(1)炒股赢(盈利)的部分三七分红,胡七刘三。(2)如果炒股亏本由胡卫某本人负责,不影响还本付息。(3)如果行情不好,炒股亏本没有赚钱,利息按壹分计算(到期还息壹万贰仟元)。(4)如本年度刘急需用钱可商议调用从本金中抽回部分。(5)借款协议只限本年度必须担保或物品抵押。刘继某作为被借款人,胡卫某作为炒股操作人,林和某作为担保人在《借款协议》上签名。2010年3月,刘继某在向胡卫某、林和某追讨债权的过程中,重新起草了一份《借款协议》,胡卫某曾看过该协议,但并未签名。胡卫某提出其向刘继某借款金额为90000元,刘继某亦予以认可。

刘继某于2010年8月11日以胡卫某未按约归还借款为由向原审法院起诉,请求判令:胡卫某归还借款90000元,并支付自2008年2月至实际履行日止按月利率2%计算的利息;林和某对上述胡卫某的债务承担连带保证责任。

一审法院审理认为,从各方当事人签订的两份协议内容来看,虽然约定胡卫某用借款进行炒股,但实质是对借款用途的约定,双方的约定符合民间借贷纠纷的特征,双方的借款合同意思表示真实,合法有效,对刘继某返还借款的要求应予支持。因协议为约定林和某的保证方式,应当按照连带责任保证承担保证责任。故一审判决胡卫某归还刘继某借款90000元,并支付自2008年2月8日至判决确定的履行之日止按月利率2%计算的利息,林和某对上述义务承担连带责任。

浙江省宁波市中级人民法院认为:根据各方当事人的诉辩主张,本案的争议焦点在于:(1)胡卫某是否应向刘继某支付按照月利率2%按本金90000元自2008年2月8日计算至判决确定的履行日止的利息;(2)林和某是否应对胡卫某的债务承担连带保证责任。

关于争议焦点一,法院认为,各方当事人于2008年2月8日、2009年2月8日签订的《炒股协议》、《借款协议》均系各方当事人的真实意思表示,各方当事人均应按约履行各自的义务。《炒股协议》、《借款协议》中虽然有合作炒股分红等内容,但是又约定胡卫某收取借款后,需还本付息,且胡卫某在庭审中对于收取刘继某借款90000元没有异议,故胡卫某与刘继某之间实为借贷关系。胡卫某收取刘继某借款后,理应按约归还借款90000元。虽然胡卫某与刘继某之间的《借款协议》于2009年2月8日签订,但是胡卫某收取借款90000元的时间是2008年2月8日，双方亦在2008年2月8日签订的《炒股协议》中约定了借款利息为贰分，且胡卫某收取借款后并未支付利息。故原审法院认定支付利息的起始时间为2008年2月8日并无不当。另外，由于胡卫某向刘继某借款的时间是2008年2月，故参照当时的中国人民银行同期贷款基准利率，双方约定的借款利息即月息贰分并未超出法律规定的范围，而胡卫某称其炒股亏损，但未能提供充分证据予以证实，本院难以采信。故原审法院认定月利息为2%并无不妥。胡卫某应向刘继某支付按照月利率2%按本金90000元自2008年2月8日计算至判决确定的履行日止的利息。

关于争议焦点二，法院认为，刘继某称本案所涉的借款到期后至起诉前多次到胡卫某及林和某处进行催要，胡卫某在一审庭审中承认刘继某曾到林和某处催讨借款，虽然现胡卫某否认该事实，但未能提供充足的反驳证据推翻上述事实，故本院对刘继某所称予以采信。出借人刘继某在借款到期后的六个月内要求保证人林和某承担保证责任，保证人林和某应该承担相应的保证责任。综上，原审法院事实认定清楚，适用法律正确，审判程序合法，判决得当。依照《民事诉讼法》第153条①第1款第1项之规定，判决如下：驳回上诉，维持原判。上诉人胡卫某上诉部分的案件受理费880元，由上诉人胡卫某负担；上诉人林和某上诉部分的案件受理费2050元，由上诉人林和某负担。

【诉讼指南】 根据上述判决，我们不难得出以下结论：当事人双方签订协议约定由一方出借另一方款项进行合作炒股并享受分红，但出借人实际不参与炒股，也不承担炒股风险，并约定无论盈亏均按期收回本息，这样的协议符合民间借贷纠纷的特征，应认定为借贷关系。

【典型案例1.3】 一方提供资金和账户给对方炒股，是民间借贷关系还是委托理财关系？

【案情】 原告：胡根某；被告：胡方某

胡根某与胡方某于2000年3月28日签订协议书约定：(1)胡根某借给

① 2012年《民事诉讼法》修正后为第170条。编者注：本书典型案例案情中引用的法律均为判决时生效的法律。

胡方某资金150万元，存入胡根某账户中，进行沪深两市证券买卖，时间从2000年3月28日至2001年3月27日止。(2)为了确保胡根某资金安全，胡方某将保证金45万元存入上述账户中，与胡根某借款一起进行沪深两市的证券买卖。(3)协议期间，胡方某拥有独立操作权，胡根某有权过问股票市值。(4)上述账户证券市值下限158万元，低于下限部分，胡方某追加保证金补足195万元，否则胡根某有权抛出该证券账户中的股票，收回借款。(5)双方可在每月的28日清算一次，胡根某可支取每月利息2.25万元。胡方某可支取除本金、保证金以外部分资金。取款凭双方有效证件，缺一不可。合同期满后，胡根某和胡方某又于2002年3月28日又续签了合同，续签的协议书除借款期限约定为2001年3月28日至2002年3月27日止和胡根某可支取每季利息6.75万元外，其余条款与前一份协议相同。胡根某向金华市信托投资股份有限公司永康证券交易营业部(以下简称金华信托永康营业部)提出申请，要求金华信托永康营业部行使监督职责和通知义务。金华信托投永康营业部客户经理胡某签字认可。在协议有效期内，胡根某只收回13.52万元利息。然而，胡方某和金华信托永康营业部违反事先约定和诚信原则，导致胡根某未能及时发现自己账户证券市值和资金合计低于158万元。到2002年3月27日股票收盘时，胡根某账户中的股票市值和资金合计仅为725445.95元。借款到期后，胡根某除收回账户中的725445.95元之外，胡方某尚欠774554.05元本金及13.5万元利息未还。

原审法院认为，双方当事人之间的借贷关系事实清楚，胡根某提供的双方签字确认的协议书是当事人真实意思表示，不违反法律禁止性规定，合法有效。胡根某已按约将借款借给胡方某，由于胡方某在股票操作当中违反了协议的约定，导致不能偿还胡根某的借款，依法应承担违约责任。胡方某经本院合法传唤，无当正理由拒不到庭参加诉讼，是对自身权利的放弃，判决胡方某归还胡根某借款本金计人民币774554.05元及利息13.5万元，并以774554.05元为本金，按银行同期贷款利率计算其余利息(自2002年3月28日起至判决确定还款之日止)。

浙江省金华市中级人民法院再审认为，从胡根某、胡方某签订的两份合同及第一份合同的履行看，名为胡根某借给胡方某的150万元，虽由胡方某操作进行证券买卖，但该款存于胡根某自行开设的证券账户中，该证券账户的取款密码由胡根某保管，且胡根某有权过问该账户的股票，在约定情况下有权抛出股票、收回借款，并享有固定收益。双方之间是委托代理关系，而非借贷关系。胡根某以借贷关系请求胡方某归还借款本金及利息，于法无据，不予支持。原审判决确有不当，依法应予纠正。胡根某再审中变更诉讼请求，不属再审范围；且根据胡根某变更诉讼请求后的争议标的额，不属本院管辖，故当事人可另行起诉。根据《民事诉讼法》第186条[①]第1款、第153条[②]第1款第3项、第111条[③]第4项，《最高人民法院关于适用〈中华人民共和国民事诉讼法〉若干问题的意见》（以下简称《民诉意见》，现已废止）第139条第1款，《最高人民法院关于适用〈中华人民共和国民事诉讼法〉审判监督程序若干问题的解释》第33条第1款之规定，裁定如下：(1)撤销本院(2004)金中民一初字第55号民事判决；(2)驳回胡根某的起诉。

【诉讼指南】 根据上述判决，我们不难得出以下结论：根据《最高人民法院关于审理委托理财合同纠纷案件的若干规定》，委托理财合同，是指委托方将其资金交付给受托方并由后者将该资金投资于金融市进行投资，所获利润由双方按照约定进行分配的合同。本案中，一方提供资金及自己的证券账户给对方炒股，虽然双方约定出资方享有固定收益，但出资方实际上可按约出售股票并控制账户密码，双方之间应认定为委托理财关系。

此外，当事人超出原审范围变更诉讼请求的，不属于再审审理范围，如因此导致争议标的额变更的，当事人应另行向有管辖权的法院起诉。

【典型案例1.4】 当事人未就双方之间存在委托理财关系提交相应证据的情况下，仍以委托理财合同为由进行诉讼如何处理？

【案情】 上诉人（原审原告）：王某某；被上诉人（原审被告）：赵某

2010年8月24日，王某某向赵某出具借据载明："今借赵某现金壹拾贰万肆仟元整（124000元），用于北京世纪博爱国际医药科技发展有限公司专用款。借款期限六个月，自2010年8月24日至2011年3月10日止"。诉讼中，王某某称其主张的委托理财合同及款项即上述借据载明的内容及款

① 2012年《民事诉讼法》修正后为第207条。

② 2012年《民事诉讼法》修正后为第170条。

③ 2012年《民事诉讼法》修正后为第124条。

项;赵某对此不予认可,称双方系借贷关系;王某某就其与赵某之间的委托理财合同关系未向该院提交相应证据。经该院释明后,王某某坚持以委托理财合同为由进行诉讼并坚持相关诉讼请求。诉讼中,经该院询问,王某某称其向赵某多付的款项系其误打给赵某。

一审法院裁定认定:当事人对自己的主张有责任提供证据。本案中,王某某称其于2010年8月24日向赵某出具的借据载明了双方的委托理财关系,赵某对此不予认可,该借据内容亦未有关于委托理财的意思表示,在王某某未就双方之间存在委托理财关系向该院提交相应证据的情况下,其以委托理财合同为由进行诉讼缺乏事实和法律依据;同时,王某某主张其诉讼请求中要求赵某返还的相关款项系其误打给赵某,其现以委托理财合同为由要求赵某返还亦属不当;经该院释明后,王某某仍坚持以委托理财合同为由进行诉讼并坚持相关诉讼请求,其起诉属于事实理由不明确,依法应予驳回。需要说明的是,双方当事人的其他诉辩主张,并不影响该院依据前述分析对本案作出裁判,故该院对此不再赘述。综上所述,该院依照《民事诉讼法》第154条第1款第3项之规定,裁定:驳回王某某的起诉。

王某某不服一审法院上述民事裁定,提起上诉。

二审法院认为:王某某主张在按2010年8月24日借据上载明的款项为委托理财款时,并以此为事实依据,以委托理财合同纠纷为由提起本案诉讼。赵某对王某某该主张不予认可,认为双方基于该借据所形成的是借款关系。经审查,该借据中所反映的有关借款的内容清楚、明确,未反映有关委托理财的内容,虽然其中载有"用于北京世纪博爱国际医药科技发展有限公司专用款"之内容,但按通常理解,此应属对借款用途的明确,仅此不足以认定双方之间基于该借据所形成的法律关系的性质为委托理财。在经一审法院释明,王某某仍坚持以委托理财合同纠纷为由进行本案诉讼的情况下,一审法院以其起诉属于事实理由不明确为由,裁定驳回其起诉,于法有据,并无不当。王某某关于其不懂借条的法律含义,在借条上盲目签字,借条应属无效的上诉主张,缺乏事实依据和法律依据,本院不予采信支持。至于王某某上诉提出的赵某未提交答辩状,其本人没有到庭,一审裁定中如何出现其"辩称"之质疑,本院认为,一审庭审中赵某本人虽然没有到庭,但其委托代理人冯京某到庭,受托人冯京某在委托授权范围内所进行的诉讼行为的结果依法应归属于委托人赵某,故代理人冯京某在一审庭审中诉发表的答辩意见即应视为赵某的答辩意见。

综上,王某某的上诉理由不能成立。一审法院裁定认定事实清楚,适用法律正确,本院予以维持。依据《民事诉讼法》第170条第1款第1项之规定,裁定如下:驳回上诉,维持原裁定。

【诉讼指南】 根据上述判决,我们不难得出以下结论:借据载明了双方的委托理财关系,但被告对此不予认可,该借据内容亦未有关于委托理财的意思表示,在原告未就双方之间存在委托理财关系向该院提交相应证据的情况下,其以委托理财合同为由进行诉讼缺乏事实和法律依据,以委托理财合同为由要求被告返还亦属不当;经法院释明后,原告仍坚持以委托理财合同为由进行诉讼并坚持相关诉讼请求,其起诉属于事实理由不明确,依法应予驳回。

6. 如何认定建设工程项目经理对外借款的效力?

近年来,随着城市现代化建设进程不断推进,我国建筑业和房地产开发行业飞速发展,建筑市场持续升温。面对巨大的商业市场及丰厚的经济利润,许多低资质、无资质的建筑企业甚至个人建筑公司为了从中获取一部分市场份额和经济利益,纷纷采取非法转包、违法分包、挂靠、垫资承包、降低工程质量标准、拖欠工程款等违规违法手段谋取高额利润,导致建筑领域内的不规范操作行为、违法违规行为大量存在。由于建设工程施工实行项目负责制,项目经理直接承担施工建设任务,对内负责组织施工项目的实施,对外有权代表公司处理与业主、专业分包商、材料供货商等因项目施工发生的重大事项,因此,项目经理以项目部名义对外签订、实际履行合同或发生其他法律关系的情形十分普遍。借款就是其中一种。项目经理对外借款的行为究竟是职务行为还是个人行为,能否构成表见代理,这是在司法实践中令人困惑的问题。

(1)关于项目经理的定义和职责

项目经理是指受建设施工企业的法定代表人委托,对某一特定工程项目进行全面负责、管理的人。根据《建筑施工企业项目经理资质管理办法》(建建字[1995]1号)第2条规定,项目经理是指受企业法定代表人委托对工程项目施工过程全面负责的项目管理者,是建筑施工企业法定代表人在工程项目上的代表人。项目经理作为施工企业内部的重要岗位,在工程项目施工中处于核心地位,其主要职责有:组织项目管理班子;以企业法定代表人的代表身份处理与所承担的工程项目有关的外部关系,受委托签署有关合同;指挥工程项目建设的生产经营活动,调配并管理进入工程项目的人力、资金、物资、机械设备等生产要素;选择施工作业队伍;进行合理的经济分配;企业法定代表人授予的其他管理权力等。

根据工程施工实践,项目经理又可概括地分为法定项目经理、承包项目经理和挂靠项目经理三种。法定项目经理是根据法律、法规、规章设立的项目经理,是受建筑施工企业法定代表人委托从事施工项目管理的负责人。根据《建筑施工企业项目经理资质管理办法》第5条规定:"建筑施工企业在投标承包工程时,应同时报出承担工程施工管理的项目经理的资质简况,接受招标单位的审查。"承包项目经理是接受分包或者转包的建筑施工企业的法定代表人或个人,也是负责该工程施工管理的项目经理。在工程实际中,中标的项目经理与企业实际项目承包人可能不是同一人。挂靠项目经理是以该建筑施工企业名义承揽工程的人。尽管我国法律禁止建筑施工企业转让、出借资质证书或者以其他方式允许他人以该建筑施工企业名义承揽工程,但现实中挂靠现象大量存在。因为工程项目部只是建筑施工企业的内部临时机构,不具备法人资格,所以,建筑施工企业为防范风险一般都会对项目经理的代理权限作出一定的限制。对于法定项目经理,公司信任程度较高,可能只是通过审核和管理涉及工程资金的使用等来给予适当限制;对于承包和挂靠项目经理,公司信任程度相对较低,可能会通过控制项目部印章来限制项目经理的代理权,因此现实中会常常出现项目经理私刻项目部印章的事情。

严格来说,项目经理对外从事的许多买卖、租赁、承揽、借贷等行为并不完全符合项目经理的法定的职责权限,其中既有越权代表、代表权滥用行为,也有表见代理、个人行为。项目经理私买私卖、低买高卖建筑材料以谋取私利,与他人串通一气、虚构合同坑骗建设施工企业等不法行为也不乏先例。人民法院在审理此类案件时应严格审查基础事实,正确区分行为性质,严格认定表见代理,合理分配风险。

(2)项目经理对外借款是一种特殊的对外商事行为

与对外从事买卖、租赁等普通商事行为完全不同,项目经理以项目部的名义对外借款,具有很大的特殊性:

一是建筑施工企业对项目部对外借款融资的控制程度比买卖、租赁更为严格。买卖、租赁等行为与项目部的日常施工管理联系较近，所涉材料、物资需要经过生产、运输、检验、加工、施工等多个环节，最后是否用于建设工程，施工企业容易识别、判断和监督；借款属于施工企业融资范畴，不属于施工管理范畴，借款资金是否真实用于项目施工上难以判断和识别，特别是现金交付的借款，施工企业更是无法控制。二是借款给建筑施工企业带来的可能损失和风险在数量上和概率上都远远高于买卖、租赁等普通商事行为。三是借款中的不法行为的可能性要大于买卖、租赁等普通商事行为。四是融资市场供不应求，建筑材料销售市场供大于求。由于国家宏观调控，银行银根紧缩，中小企业融资困难，在民间借贷市场上是供不应求的一方，拥有资金的贷方是强势的一方。而建设材料市场上供应商为能够获取一份市场份额和经济利益，会绞尽脑汁寻求产品销路，不惜通过找关系、托人情、拿回扣等手段向建筑工地供应材料，建筑施工方是强势的一方。

基于上述原因，现实中，施工企业在设立临时项目部负责管理工程施工时，对项目部组织人力、物力，对外签订劳务、买卖、租赁合同等普通行为，只要是最后用于工程上，基本上持认可的态度，但对于项目部对外融资借款，控制十分严格，往往是严加禁止的。如果确需融资借款，项目经理应当得到建筑施工企业的特别授权。综上，人民法院在认定项目经理对外借款是否构成表见代理时，应当熟悉融资借款在建筑行业的特殊性，不能因为借款合同上加盖了项目部印章就简单地比照买卖、租赁等普通商事行为的处理标准，认为项目经理具有了足够的代理权客观表象。

(3)项目经理对外借款是无权代理行为

建设施工企业作为工程施工合同的相对方，其义务是施工建造，包括对人员、资金、物资、设备等生产要素的调度。项目经理作为施工单位派驻工程项目的代表，其职责是对上述生产要素的调度进行管理，从法律上讲，项目经理无义务向企业承担人员、资金、物资、设备的供应义务。资金是否到位，一方面看施工单位是否具有垫付资金的实力，另一方面看发包人是否正常履行施工合同约定的付款义务。如果出现资金不足，则应当由施工企业负责处理，项目经理无义务予以填补。因此，未经施工企业的明确授权，项目经理实施的借款行为，应当被认定为无权代理。无权代理的法律后果有两种：一是没有代理表象，属个人行为，则相应的法律后果就由项目经理自己承担;二是具有代理权表象,可以构成表见代理,则相应的法律后果应由施工企业来承担责任。

所谓表见代理,是指代理人虽然没有代理权,但是从表面上、客观上却具有使无过失的相对人相信其是有权代理人的正当理由的情况,且相对人主观上为善意,因而法律规定名义上的被代理人对于无过失的相对人承担被代理人责任的一种特殊的无权代理。项目经理对外实施的民事行为是否构成表见代理应从以下几方面分析:

一是无权代理人需以被代理人的名义实施民事行为。即项目经理在企业授权范围之外,或者已经终止了项目经理的职权后,但仍然以企业的名义或者企业项目部的名义对外发生法律关系。如果项目经理未向相对人披露企业或企业项目部的名义,而单纯地以个人名义实施民事行为,则不具有让相对人相信其行为代表企业的表象,应视为项目经理个人行为。

二是相对人相信行为人有代理权须具有足够的客观表象。即项目经理实施的行为,让一个尽了充分注意义务的相对人不能发现行为人实际无代理权,而从行为发生时的表面特征看,项目经理实施的代理行为在代理权限内。

三是相对人须为善意无过失。即相对人不存在明知或者由于自己的疏忽而不知项目经理不具有代理权的情形。如果相对人明知项目经理无相应的代理权,而仍然与之发生法律关系,则不能主张表见代理。

司法实践中,关于表见代理的认定标准,2009 年 7 月 7 日最高人民法院下发了《关于当前形势下审理民商事合同纠纷案件若干问题的指导意见》,要求:各级人民法院应当正确把握法律构成要件,严格认定表见代理行为。意见指出:构成表见代理行为不仅要求代理人的无权代理行为在客观上形成具有代理权的表象,而且要求相对人在主观上有理由相信行为人有代理权。“有理由相信”是指合同相对人善意且无过失地相信行为人有代理权,即相对人在不知道行为人无代理权方面不存在疏忽或懈怠,并为此承担举证责任。在判断合同相对人主观上是否属于善意且无过失时,应当结合合同缔结与履行过程中的各种因素综合判断合同相对人是否尽到合理注意义务,此外还要考虑合同的出具时间、以谁的名义签字、是否盖有相关印章及印章真伪、标的物的交付方式与地点、购买的材料、租赁的器材、所借款项的用途、建筑单位是否知道项目经理的行为、是否参与合同履行等各种因素,作出综合分析判断。虽然该意见没有规定认定表见代理的具体适用标准，但应当从严适用表见代理制度的精神是明确的。

(4)项目经理对外借款行为应当从严认定表见代理

笔者认为，应当区别对待项目经理对外借款与对外从事买卖、租赁等普通商事行为，一般情况下，项目经理对外借款行为能不能构成表见代理，可从以下几个方面考虑：

第一，项目经理与其代表的建筑施工企业之间是否具有特殊的身份关系。如果具有特殊的身份关系，其行为可能具备属于职务行为的前提条件。特殊关系包括项目经理是建筑施工企业认可的法定项目经理，项目经理与建筑施工企业法定代表人具有配偶、近亲属、亲戚等特殊的人身关系。如果是承包项目经理或挂靠项目经理，或者找不到项目经理与建筑施工企业之间具有特殊关系，即便其以施工企业名义从事借贷活动，也失去了让人相信其有代理权的理由。

第二，项目经理借款在客观上是否形成具有代理权的表象，如项目经理的名字在项目部的铭示牌上公示，合同上加盖了建筑施工企业或项目部符合要求的相关印章，款项进入建筑施工企业账户或者施工企业的财务人员参与办理。如有上述情形，可以形成代理授权表象。

第三，借款资金是否用于工程项目。借款的开支明细与工程项目的建设支出在时间、金额上吻合。借款人能够举证证明自己将借贷资金通过转账、现金、票据等方式交付给施工企业的，可以认定所借资金用于工程项目。施工企业否认所借资金实际用于工程项目的，应证明所借资金的确切去向，或对工程所用资金来源、数额及工程所需资金数额等事实承担举证责任。

第四，交易行为是否合理。如交易金额数高达数十万元，贷款人并未向建筑企业询问款项如何交付情况；借款无担保；借贷资金未进入施工企业或项目部账户，而是直接交付给实际施工人；无证据证明资金的交付、使用与本工程项目有关；实际施工人频频违约，但相对人持续向其借款；工程结束后合理期间内贷款人不向施工企业主张债权。且无证据证明资金的交付、使用与本工程项目有关等，上述不合理的交易行为就难以认定为表见代理。

第五，交易双方关系是否特殊。如果交易双方存在夫妻、亲子、亲戚、朋友等密切的身份关系，则信赖的合理性就会大打折扣；如果交易过程尤其是连续性的交易过程中，双方的合作处于良好状态，其信赖具有较大的合理性。

第六，贷款人是否属于善意且无过失。如贷款人借款时自身就在该项目部工作，就应当知道项目部的领导机构和管理机制，知道项目经理的职责权限和身份角色，就应当知道项目部无权对外借款这个基本常识，在此情况下，不能认定为贷款人无过失。贷款人将建设施工企业作为借款对象的指向明确，且有相信项目经理具有代理权的正当理由。如项目经理以个人名义出具借条，就不能认定为表见代理。

【典型案例 1.5】 建筑企业的项目部签订的借贷合同效力如何认定？

【案情】 上诉人（原审原告）：杨某某；被上诉人（原审被告）：某甲公司；原审被告：赵某某

某某市电力业务用房、某某市阳光商务写字楼工程由某甲公司承建，赵某某系该工程的项目副总经理，全面负责该工程的项目管理工作。工程建设期间，赵某某陆续向杨某某借款。2010 年 7 月 27 日，经杨某某与赵某某结算，赵某某向杨某某出具了借条一份，该借条载明："因某某市供电局电力业务用房、阳光商务写字楼幕墙工程资金周转困难，经双方核对共借杨某某现金贰佰捌拾万元正（2800000.00 元），双方约定利息按月息 3% 计算，该款项全部用于某某市供电局幕墙工程购买材料及支付人工费，借期为壹年，如逾期不能还款，债务人须承担债权人主张债权的所有费用，包括但不限于诉讼费、律师费等，并由某某市人民法院裁决。具借人：某甲公司某某市电力业务用房阳光商务写字楼项目部　赵某某　2010 年 7 月 27 日"。该借条还加盖了"某甲公司某某市电力业务用房阳光商务楼项目专用章"以及赵某某的私章。借条出具后，赵某某于 2010 年 8 月 2 日归还杨某某借款本金 20 万元，2012 年 1 月 17 日赵某某归还杨某某借款本金 65 万元，2012 年 4 月 5 日赵某某归还杨某某借款本金 10 万元。因赵某某至今未归还剩余借款，故杨某某诉至原审法院，为此花费律师代理费 5 万元。

一审法院审理认为：该案争议焦点之一为涉案借款系赵某某的个人借款行为还是赵某某、某甲公司共同借款行为或者是赵某某代理某甲公司进行的借款行为。首先，综观全案，涉案借款的借、还款行为均由赵某某个人经手，且有关资金的流动均通过赵某某的个人账户，而杨某某未提供证据证明某甲公司对赵某某或者项目部的借款行为予以授权或事后进行追认，且某甲公司也未通过其账户向杨某某归还过借款，因此不能就此认定某甲公司与赵某某共同向杨某某借款，更无从谈起某甲公司单独向杨某某借款。其次，虽然赵某某系涉案工程项目的负责人，全面负责涉案工程的管理工作，但工程项目部的权限是管理工程施工、保证工程进度。涉案借款的借条虽然加盖项目专用章，但项目工程项目部及其项目部负责人赵某某并不当然享有以项目部名义对外借款的权限，因此赵某某的上述行为不能证明是代表某甲公司，而杨某某又未提供相应的证据证明涉案借款经某甲公司授权或追认，因此赵某某无权代理某甲公司对外举债，杨某某据此要求某甲公司对涉案借贷承担责任无事实法律依据，该院不予采信。综上，涉案借款应认定为赵某某的个人借款。该案争议焦点之二为赵某某实际向杨某某借款的数额及归还借款的情况。结合本案查明的事实，赵某某于2010年7月27日出具的借条中已经明确在借条出具之日尚欠杨某某借款280万元，而赵某某主张该280万元中有20万元系利息，但未提供证据予以证明，因此涉案借款截至2010年7月27日赵某某尚欠杨某某借款280万元。至于赵某某主张其已经归还杨某某借款124万元，但根据其提供的证据表明仅有20万元系出具借条后支付的款项，因此该院对该抗辩不予采信。鉴于杨某某自认赵某某于2010年8月2日曾归还其借款20万元，故赵某某对其尚欠杨某某的借款185万元应当承担还款责任。由于涉案借条中对利息及实现债权费用的承担有明确的约定，故杨某某要求赵某某按年利率19.44%支付利息并赔偿其实现债权的费用即律师代理费损失5万元，于法有据，该院予以支持。2013年3月26日，原审法院依照《合同法》第113条第1款、第196条、第205条、第206条、第207条，《审理借贷意见》第六条之规定，作出判决：(1)赵某某于判决生效之日起十日内归还杨某某借款本金185万元及利息（利息按年利率19.44%计算，自2010年7月27日起至2010年8月2日止的利息以借款本金280万元为基数据实计算，自2010年8月3日起至2012年1月17日止的利息以借款本金260万元为基数据实计算，自2012年1月18日起至2012年4月5日止的利息以借款本金195万元为基数据实计算，自2012年4月6日起至判决确定履行之日止的利息以借款本金185万元为基数据实计算）。(2)赵某某于判决生效之日起十日内赔偿杨某某律师代理费损失

5 万元。(3)驳回杨某某的其他诉讼请求。

二审判决维持原判。

【诉讼指南】 根据上述判决,笔者认为,规范意义上,建筑企业的项目部是建筑企业针对单项工程建筑项目进行施工管理而成立的临时性内设机构,代表企业履行《建设工程施工合同》,主要职能是负责施工项目全过程生产经营管理。因项目部本身不具有法人资格,不能独立地对外承担民事责任,其代表建筑企业从事相应的建筑施工管理等职责权限范围内的行为,责任由建筑企业承担,但对外融资并非与工程施工直接相关,不属于项目部的应有职能,因此以项目部名义对外借款行为效力认定,应进一步考察该借款是否有建筑企业的事先授权或事后追认。本案中,某甲公司并未对项目部作出对外借款的授权,也无证据显示某甲公司对案涉借款以明确认可、直接还款等行为予以事后追认,且案涉款项的借入、还款均由赵某某个人经手,故仅凭借条上的项目部公章,不能认定为该借款属于某甲公司借款。

【典型案例 1.6】 建设工程转承包双方就工程款结算后签订借款协议发生争议如何处理?

【案情】 申请再审人(一审被告、二审被上诉人):陈某;被申请人(一审原告、二审上诉人):广厦建设集团有限责任公司

2002 年 12 月 12 日,广厦集团分别与陈某、徐谷某签订责任承包合同各一份,约定广厦集团将杭州电力、浙大玉泉工程交由陈某、徐谷某组织施工,广厦集团按工程结算总造价的 5% 收取管理费。以上工程完工后,广厦集团、陈某经对账确认各种费用支出情况。因以上项目的工程款收入减去管理费和支出后还超支 1324317.79 元,广厦集团、陈某遂于 2007 年 12 月 24 日签订借款协议一份,约定:借款金额 1002866 元,陈某承诺在 2007 年 12 月 15 日前将借款归还广厦集团。一审审理中,一审法院曾向广厦集团释明:本案双方争议的法律关系的性质应为建设工程施工合同关系。但广厦集团坚持认为双方的建设工程施工合同关系已经通过借款协议的拟制交付形成了新的法律关系即借款合同关系,不愿变更诉讼请求。

一审认为,广厦集团、陈某签订借款协议前后,并没有发生借款的事实,而是广厦集团、陈某就杭州电力、浙大玉泉、省边防总队三个工程项目的工

程款进行对账后，以借款协议的形式确认陈某超支工程款的金额及支付的时间。现广厦集团和陈某所争议的超支工程款主要就是双方在经济责任承包合同中约定的应由广厦集团收取的管理费。而广厦集团收取该管理费是否合法以及经济责任承包合同是否有效属于双方间建设工程施工合同关系的审查范围，在本案借款合同关系中无法进行审查。关于广厦集团主张已经通过拟制交付形成了新的法律关系即借款合同关系的意见，其成立的前提应是双方之间原来的基础关系即建设工程施工合同关系合法有效，故本案广厦集团、陈某之间争议的焦点问题的法律关系性质还是建设工程施工合同关系而非借款合同关系；广厦集团主张款项的性质是超支的工程款并非借款。该款项广厦集团应在与陈某的建设工程施工合同法律关系中主张。综上，广厦集团关于判令陈某清偿借款及利息、滞纳金的请求无事实依据，不予支持。判决驳回了广厦集团的诉讼请求。

二审认为，广厦集团以借款合同为由起诉陈某，依据的是双方于2007年12月24日签订的借款协议。该借款协议由双方签字确认，意思表示真实，应认定有效。虽然双方在借款协议签订后并没有实际的款项交付，但该笔借款系延续双方在建设工程施工合同关系中的结算款。可见，双方事先已存在欠款关系，后又通过签订借款协议的形式合意将建设工程施工合同中的欠款关系转化为借款合同关系。故陈某理应按照借款协议的约定向广厦集团返还借款本金、利息及滞纳金。由此，广厦集团依据借款协议主张陈某返还本金及利息、滞纳金的上诉请求于法有据，予以支持。一审法院认定事实清楚，但适用法律错误，应予纠正。最终判决陈某返还借款本金和利息及滞纳金。

陈某不服上述判决，申请再审。

浙江省高级人民法院再审认为，广厦集团依据其与陈某签订的借款协议提起借款合同纠纷之诉，审理中，双方当事人均认可借款协议项下的款项实为杭州电力、浙大玉泉、省边防总队三个工程项目的结算款项，故该借款协议项下的款项广厦集团并未向陈某交付。在陈某对双方结算的款项数额及原签订的协议效力提出抗辩的情形下，本案应按双方间签订的基础法律关系进行审理。对此，一审法院在审理中已明确向广厦集团予以释明，但鉴于广厦集团仍坚持其主张的借款合同法律关系，不愿变更其诉讼请求，故一审法院以广厦集团要求陈某清偿借款及利息、滞纳金的请求无事实依据，驳回其诉讼请求并无不当。在双方当事人对工程结算的款项性质、数额及原合同效力存在争议的情况下，二审法院仅凭借款协议确认双方间的欠款额，并据此作出判决不当。综上，陈某提出的再审理由有相应依据，应予支持。最终判决撤销了二审判决，维持了一审判决。

【诉讼指南】 根据上述判决，笔者认为，建设公司与实际施工人对转包的工程项目结算后出具借款协议，在双方当事人对工程结算的款项性质、数额及原合同效力存在争议的情况下，法院应按双方间建立的基础法律关系进行审理。

【典型案例1.7】 挂靠人以被挂靠人名义订立建设工程合同中产生的民间借贷纠纷，被挂靠人是否承担还款责任？

【案情】 上诉人（原审被告）：江苏广通建设工程有限公司；被上诉人（原审原告）：邓某；原审被告：陈国某

陆正某系被告广通公司股东之一，2009年3月左右，陆正某指使他人伪造了被告广通公司行政公章1枚（公章尾数号码为0639）以及该公司法定代表人田维某印章1枚。2009年7月22日，陆正某用上述两枚伪造印章向淮安市淮阴工商行政管理局申请设立了"江苏广通建设工程有限公司淮安分公司"（以下简称广通淮安分公司），负责人为陈克某。2009年下半年，江苏圣地亚置业发展有限公司在盱眙县穆店乡街道盱张路南侧投资开发"圣地亚·上海花园"工程项目，广通淮安分公司拟承建该项工程。2009年10月4日，被告陈国某以"圣地亚·上海花园"淮安项目部名义与广通淮安分公司签订了一份内部承包施工合同，双方约定"由广通淮安分公司负责协助项目部在工程招投标、合同签订等方面的工作，凡涉及项目需支付的费用均由项目部负责；项目部上交公司的工程管理费按发包方工程审计总价的1%缴纳，等等"。2009年12月10日，广通淮安分公司与陈国某签订一份项目工程挂靠施工合同，约定广通淮安分公司向被告陈国某征收工程总造价1.5%的管理费……2010年1月8日，盱眙县招投标管理中心向被告广通公司正式发出《中标通知书》。2010年1月11日，陆正某使用伪造的被告广通公司行政公章以被告广通公司名义与江苏圣地亚置业发展有限公司签订了关于"圣地亚·上海花园"建设项目一期工程土建、安装的承包合同。该合同约定,工程承包范围1号-3号、5号-9号楼土建、安装工程;工程建筑面积为29623.48平方米;合同价款为24003470元;工期180日等。该合同在盱眙县招投标管理中心备案。同期被告广通淮安分公司已将其承包的上述工程交由被告陈国某(无施工资质)以"圣地亚·上海花园"项目部名义组织相关人员进行施工。

2010年6月11日,因被告陈国某不能按期完成与交付所承建的工程,并引发一些矛盾,被告陈国某主动向被告广通公司书面申请要求退场。被告广通公司知晓后,于2010年6月17日委托吴思某作为"圣地亚·上海花园"项目部负责人,与被告陈国某签订一份备忘录,该备忘录第1条中载明依照江苏圣地亚置业发展有限公司和广通公司签订的合同,施工自2009年12月7日开始至工程竣工验收为2010年6月25日前完成,截至目前工程主体仅完成3/5左右,已不能按时完工与交工。第3条约定陈国某退场结算原则为,以江苏圣地亚置业发展有限公司和广通公司签订的合同为基础,由双方及监理部门、"圣地亚·上海花园"一期工程工地代表签署的实际工程量为结算依据,必须在双方友好的态度下就退场给双方带来的经济损失进行协商处理。第5条约定,所欠材料商货款,由被告陈国某负责处理归还。当日,被告广通公司向盱眙县公证处申请对"圣地亚·上海花园"施工现场1号、3号、5号、2号、7号、9号楼已完工程现状进行保全证据公证,后盱眙县公证处、中国建设银行股份有限公司淮安分行以及广通公司于当日对"圣地亚·上海花园"已完工工程进行现场工作记录、拍照和勘验,并于2010年7月10日下发公证书。2010年7月23日,被告陈国某委托严光某与"圣地亚·上海花园"项目部负责人吴思某签订了一份工程施工交接与结算协议书。

另查明,"圣地亚·上海花园"建设工程对外公示栏中载明:"工程名称:圣地亚·上海花园;建筑面积:约29623.48平方米;结构层次:1号、2号底层为框架,其余均混合结构;建设单位:圣地亚公司;施工单位:江苏广通建筑工程有限公司淮安分公司;设计单位:盱眙县建筑设计研究院有限公司;监理单位:淮安菲迪克工程咨询有限公司;勘察单位:南京大学建筑规划设计研究院;工程地址:盱眙县穆店乡穆店街盱张路南侧。"

又查明,2010年2月12日被告陈国某向原告邓某借款40万元,定于2010年6月12日前归还,约定到期没有归还,自借款之日起至还款之日止按照银行一年期贷款利率的3.9倍计付利息。同日被告陈国某出具了借条,该借条上备注:“圣地亚·上海花园”工人工资款。因原告向“圣地亚·上海花园”淮安项目部供应水泥,2010 年 5 月 22 日经原告邓某与被告陈国某结算,由被告陈国某向原告邓某出具欠条一张,载明:欠到邓某水泥用于“圣地亚·上海花园”工地,材料 300.98 ×300 元,合计玖万元整/据陈国某/2010 年5 月 22 日。因原告向“圣地亚·上海花园”淮安项目部供应混凝土,2011 年1 月 12 日经原告邓某与被告陈国某结算,由被告陈国某向原告邓某出具欠条一张,载明:下欠到邓某穆店“圣地亚·上海花园”混凝土款计捌万元整(80000 元)/据陈国某/2011 年1 月12 日。此后,被告陈国某支付原告15 万元,余款原告多次催要未果,原告遂诉讼来院。

原告邓某诉称,位于盱眙县穆店乡街道“圣地亚·上海花园”一期工程建设项目系由被告广通公司承建,前期具体施工由被告陈国某承担。2009 年12 月21 日至26 日,原告向被告工地送混凝土共567 方,价值 17 万元。2010 年1 月 16 日、17 日,原告向被告工地送钢材41 件,价值31 万元。2010 年3 月至5 月,原告送被告工地水泥 300.98 吨,价值9 万元。以上送货均由被告陈国某签名认可,其所欠各项材料款共为 57 万元。已付 15 万元,尚欠42 万元未付。请求法院判决两被告连带给付原告建筑材料款 42 万元并承担本案诉讼费用。

被告广通公司辩称,请求法院依法驳回原告对我公司的诉讼请求。(1)关于本案的法律关系问题,本案事实和证据表明本案存在两个法律关系,一是邓某和陈国某的民间借贷关系;二是邓某和陈国某之间混凝土买卖关系,这两个关系都与广通公司无关。(2)关于个人的民间借贷的问题,原告邓某在诉状中诉称在 2010 年 1 月 16 日和 17 日向被告工地送钢材 41 件,价值 31 万元,据查证,这笔钢材货款已结付完毕,并双方一致同意转化为陈国某个人向邓某的民间借款,该事实有公安询问笔录以及陈国某出具的借条为证,2010 年 9 月 10 日盱眙公安局向陈国某所做的询问笔录第五页明确记载:“另外在春节前邓某供给我的钢材款等 50 万元我在年前就给他了,当时我缺钱我就问他用不用,不用就借给我,邓某讲要 5 分利息,王晓某担保的,王晓某叫邓某利息利率低点,邓某就讲那就 4.2 分利息,利息月结,我就同意了,向邓某借了 34 万元现金给我发工人工资的。从 2010 年 2 月 12 日到2010 年 6 月 12 日利息将近 6 万元,我就打了 40 万元的借据给邓某,每月付利息,40 万的欠条就相当于 34 万元的条据”。在此情况下陈国某于 2010 年

2月12日向邓某出具包含利息6万元在内的40万元的借据,并注明该款系工人工资,综上可以看出,陈国某与邓某之间的钢材买卖货款双方已经达成合意,货款结算后返回作为陈国某向邓某个人借款,因此原告向广通公司主张的钢材买卖欠款缺乏事实和法律依据。案外人毛从某在2010年8月10日手持钢材买卖协议和陈国某的欠条向盱眙县人民法院主张本案中的同一笔钢材款,同年10月11日毛从某以补充证据为由,撤回诉讼,本案同一标的物目前状态下存在两个权利主体,两者必有一假,请法庭予以关注。(3)关于混凝土买卖合同关系,我公司与原告之间不存在混凝土买卖关系,陈国某作为实际承包者其行为与公司无关。陈国某不是广通公司的项目经理,原告在诉状中也说前期具体施工由被告陈国某承担,因此陈国某向原告购进混凝土的行为对广通公司不产生任何约束力;原告提供的欠条上面没有公司的印章,也没有项目部财务章,因此不能证明广通公司对陈国某的个人行为承担连带责任。被告陈国某未作答辩。

本案的争议焦点为:(1)陆正某以被告广通公司名义签订的施工合同的效力如何认定;(2)被告广通公司在中途接管陈国某实际工程等行为能否认定对合同效力的追认以及被告广通公司在本案中对原告邓某的债权应否承担连带还款责任;(3)原告邓某主张的债权性质及数额应当如何进行认定。

关于争议焦点一,原审认为,江苏圣地亚置业发展有限公司与被告广通公司于2010年1月11日签订的协议书,因广通公司的印章系罪犯陆正某伪造,非被告广通公司真实意思表示,该协议书属效力待定合同。而被告广通公司于2010年6月17日与被告陈国某签订一份备忘录,约定被告陈国某退场结算原则为,江苏圣地亚置业发展有限公司和被告广通公司签订的合同基础为退场结算原则,该合同即指2010年1月11日的协议书,故备忘录是对2010年1月11日协议书效力的追认,且被告广通公司现已实际接手承建"圣地亚·上海花园"项目,故被告广通公司应按协议书的约定履行义务。

关于争议焦点二,原审认为,2009年10月4日,江苏广通建设工程有限公司淮安分公司与"圣地亚·上海花园"淮安项目部签订了施工合同一份。被告陈国某以"圣地亚·上海花园"工地项目经理的名义在施工合同上签名。因被告陈国某无施工资质,且该施工合同约定陈国某上交公司的工程管理费按发包方工程审计总价的1%缴纳,故陈国某与江苏广通建设工程有限公司淮安分公司之间形成挂靠与被挂靠的关系。根据《最高人民法院关于审理建设工程施工合同纠纷案件适用法律问题的解释》的规定，不具有从事建筑活动主体资格的个人以具备从事建筑活动资格的建筑企业的名义承揽工程，双方形成挂靠与被挂靠的民事法律关系。挂靠人以被挂靠人名义订立建设工程合同，因履行该合同产生的民事法律责任，挂靠人与被挂靠人承担连带责任。本案中，被告陈国某在项目施工过程向原告邓某购买了水泥9万元和混凝土8万元，并向原告邓某出具欠条，江苏广通建设工程有限公司淮安分公司对陈国某欠原告邓某17万元的货款承担连带责任。由于江苏广通建设工程有限公司淮安分公司无独立承担民事责任的主体资格，且现已被依法撤销，故应由被告广通公司承继江苏广通建设工程有限公司淮安分公司的债权债务。

关于争议焦点三，原审认为，原告邓某主张债权由三个方面组成，被告陈国某经手的40万元借款、9万元混凝土货款及8万元水泥货款。40万元的借款原告主张是其送至“圣地亚·上海花园”工地项目材料款。从原告向本庭提供的借条内容及本案其他证据分析，此40万元应认定系被告陈国某经手的借款而非“圣地亚·上海花园”工地项目的材料款。在借条中虽然备注用于发放工地工人工资，但该款项并没有证据证实系用于“圣地亚·上海花园”工地项目，所以这40万元的债务系被告陈国某个人借款，应由被告陈国某个人承担，被告广通公司不负连带责任。原告已收到他人代被告陈国某还款15万元从此40万元中扣除，因此被告陈国某还应给付原告25万元。

综上，依照《民法通则》第84条，《合同法》第272条第2款、第3款，《公司法》第14条第1款，《最高人民法院关于审理建设工程施工合同纠纷案件适用法律问题的解释》第4条、第25条，《民事诉讼法》第130条之规定，判决：(1)被告陈国某于判决生效之日起10日内给付原告邓某货款17万元，被告江苏广通建设工程有限公司承担连带清偿责任。(2)被告陈国某于判决生效之日起10日内给付原告邓某借款25万元。(3)驳回原告邓某的其他诉讼请求。如果未按判决指定的期间履行给付金钱义务，应当依照《民事诉讼法》第253条之规定，加倍支付迟延履行期间的债务利息。案件受理费7600元、公告费600元，合计8200元由被告陈国某负担。

一审宣判后，广通公司不服，向本院提起上诉称：

(1)江苏圣地亚置业发展有限公司与所谓广通公司签订的建设工程施工合同应属无效合同。因该合同是陆正某等人以非法占有为目的，采取伪造单位印章等欺骗手段,冒用上诉人名义所为,同时又是违反法律的违法犯罪行为。2010年6月17日广通公司与陈国某签订的退场备忘录并非是对无效合同的追认,而是明确陈国某退场后的结算原则,一审法院将合同效力与结算原则混为一谈,属定性错误。上诉人与陈国某签订的退场备忘录和退场协议书明确约定,所欠材料款均由陈国某负责偿还,与上诉人无关,可见,一审法院认定该协议是对前期承包行为的追认是不成立的。上诉人中途接手该工程,一是明确不认可该施工合同;二是明确陈国某在施工期间的工程量和施工期间产生的债权债务均由陈国某负担。(2)一审法院认定陈国某已收到他人代其还款的15万元应从40万元中扣除错误。事实是该15万元是广通公司项目负责人吴思某从圣地亚公司领取后支付给邓某的水泥款,应从17万元的水泥款中扣除。(3)陈国某施工期间对外产生的债务应由其个人承担,上诉人不应承担连带责任。陈国某既不是上诉人派驻该工地的项目负责人,也不是上诉人的代理人,上诉人与被上诉人邓某之间也不存在买卖合同关系,陈国某出具的欠条中也无上诉人单位印章或项目部公章,且在退场协议中已明确,所欠材料款均由其承担。综上,一审法院所作判决认定事实错误,适用法律不当,请求二审法院撤销原判,改判驳回被上诉人的诉求。

被上诉人邓某答辩称,一审判决正确,请求二审维持。原审被告陈国某未作书面答辩。

经法院审查,对一审法院认定的案件事实予以确认。

另查,二审中,上诉人广通公司陈述,“圣地亚·上海花园”项目现已完成施工,工程款(包括陈国某完成的工程量)与江苏圣地亚置业发展有限公司尚未进行最终结算;广通公司接手该工程后,为处理陈国某退场一事,请求江苏圣地亚置业发展有限公司拨付30万元,该款分别支付给邓某、王万某各15万元,为此,向本院提供了江苏圣地亚置业发展有限公司的付款通知书、该项目负责人吴思某的申请、银行转账凭据和邓某向吴思某出具的借条,内容:今借到吴思某现金15万元,2010年7月29日。旨在证明广通公司已向邓某支付了材料款15万元。被上诉人质证意见:上诉人在一审中陈述,广通公司并没有还款,上诉人公司财务也不能反映有该笔账,不能证明其主张。

再查,对所欠邓某的款项,陈国某在盱眙公安局陈述:“在2010年春节后，邓某供300吨水泥，价值9万元、供混凝土价值8万元，我都打了条子，在春节前邓某供的钢材款等50万元，已付给他了，因我缺钱，就向他借钱的，说好4.2分利息，借期4个月，我打了一张40万元的借条。后来吴思某代我还了15万元。”

法院认为，关于江苏圣地亚置业发展有限公司与上诉人广通公司签订的合同效力问题。经查，该合同签订于2010年1月，上诉人单位公章虽系陆正某伪造，但在上诉人得知这一事实后，于同年6月与陈国某签订了备忘录，约定了陈国某退场原则，以江苏圣地亚置业发展有限公司与广通公司签订的合同为基础，由双方及监理部门、该项目一期工地代表签署的实际工程量为结算依据，正式接手该项目的后续施工，对陈国某前期施工部分也由其一并进行工程款的结算，根据以上事实，一审法院认定广通公司的行为是对前合同效力的追认。

关于陈国某所欠材料款数额应如何认定。经查，原审被告陈国某陈述，其向邓某借款40万元，后请吴思某帮其还了15万元，邓某在收到该15万元后，也向吴思某个人出具了条据，故该15万元应认定归还的欠邓某的借款，上诉人称该15万元应视为其偿还的材料款，本院不予采信。依据相关法律规定，挂靠人以被挂靠人名义订立建设工程施工合同，因履行该合同产生的民事法律责任，由挂靠人与被挂靠人承担连带责任。本案陈国某挂靠广通淮安分公司进行施工，在合同履行中向原告邓某购买了价值9万元的水泥和混凝土8万元，广通淮安分公司对陈国某欠原告邓某17万元的货款应承担连带责任。因广通淮安分公司现已被撤销，其债权债务依法应由广通公司承担，上诉人上诉称其与陈国某签订的退场备忘录和退场协议中约定，所欠材料款均由陈国某负责偿还，此约定属内部约定，不具有对抗外部第三人效力，上诉人可在承担责任后依此协议约定与陈国某进行结算。综上，一审法院对此案认定事实清楚，适用法律正确，上诉人上诉理由不能成立，本院不予支持。依照《民事诉讼法》第170条第1款第1项之规定，判决如下：驳回上诉，维持原判。

【诉讼指南】 根据上述判决，笔者认为，不具有从事建筑活动主体资格的个人以具备从事建筑活动资格的建筑企业的名义承揽工程，双方形成挂靠与被挂靠的民事法律关系。挂靠人以被挂靠人名义订立建设工程合同，因履行该合同产生的民事法律责任，挂靠人与被挂靠人承担连带责任。本案中，被告陈国某在项目施工过程向原告邓某购买了水泥9万元和混凝土8万元，并向原告邓某出具欠条，江苏广通建设工程有限公司淮安分公司对陈国某欠原告邓某17万元的货款承担连带责任。

7. 民间借贷与合伙如何区别认定?

根据《民法通则》第30条的规定，个人合伙是指“两个以上公民按照协议，各自提供资金，实物，技术等，合伙经营，共同劳动”，《民法通则》第31条规定“合伙人应对出资数额、盈余分配、债务承担，入伙、退伙，合伙终止等事项订立书面协议”。所谓的隐名合伙是指当事人约定一方对他方所经营的事业出资，而分享其营业所得收益与分担其所受损失的契约。《最高人民法院关于贯彻执行〈中华人民共和国民法通则〉若干问题意见(试行)》(以下简称《民通意见》)第46条虽然规定了合伙人只要提供了资金，可以不参与经营生产，但对盈余分配有约定的可视为合伙人。以上法律规定投资者可以不参与经营、劳动，但一定要对盈余分配有明确的约定。根据《民法通则》第84条“债是按照合同的约定，或者依照法律规定在当事人之间产生的特定权利和义务关系，享有权利的人是债权人，负有义务的人是债务人”的规定，因此，一方交给另一方钱款应认定为借款，双方当事人之间的法律关系为民间借贷关系。

区分合伙协议纠纷与民间借贷纠纷最关键之处是双方签订协议之后，合同当事人的权利与义务不同。借款合同中出借人的义务是按照约定的日期、数额将一定数量货币借给借款人处分，借款到期后出借人有权依照约定要求借款人返还借款并支付利息，出款人不直接参与借款人的经营与管理。

在日常生活中，不少人热衷于投资，当他们看中某个项目，将资金投出时，往往因为亲属、朋友间关系等原因，而忽略了合约内容。一些人在投资收条中，没有写明投资去向、收益分配及投资款的归还日期、利息计算方法等，全凭双方当事人之间的信用，很容易引发日后的矛盾。公民个人之间的民间借贷行为及合伙行为十分常见，因此也时常产生矛盾纠纷，公民个人在经济交往过程中，需对双方的的权利义务作出明确的书面约定，对合伙行为，应有明确的合伙协议，对双方的投资比例、合伙事务执行、盈余分配要有明确约定。而借款行为，应出具书面的收条，明确借款数额、返还时间、利息等,以避免因此产生分歧。在诉讼过程中,人民法院审查借贷纠纷案件的起诉时,要求原告提供书面借据,无书面借据或无法提供的,应提供必要的事实根据或与自己无利害关系的两人以上的证人证言,来支持自己的主张。

【典型案例 1.8】 合伙人之间的借贷所引发的纠纷,是民间借贷纠纷还是合伙纠纷?

【案情】 原告(被上诉人):孙某;被告(上诉人):庞大某

2007 年,原告孙某与被告庞大某等人合伙经营舟山市交通大酒店有限公司餐厅,至同年 8 月,该餐厅一直由原告孙某负责管理。2007 年 8 月,因合伙体需支付舟山市交通大酒店有限公司 2007 年 8 月 1 日至 2008 年 1 月 31 日止的半年房租,孙某以合伙体无足够现金支付房租为由向合伙体成员提出由合伙人另行出资,被告庞大某不同意,但同意向孙某借款用于支付该房租。同年 9 月 3 日,被告庞大某在借条上签字确认向原告孙某借款 120510 元。次日,原告孙某向舟山市交通大酒店有限公司支付了房租。

2009 年 12 月 2 日,孙某向法院起诉,要求庞大某归还借款本金 120510 元,并从 2008 年 9 月 3 日起按月利率 5‰支付利息至借款还清之日止。

庞大某答辩称,本案所谓的借款行为发生在原被告合伙期间,仅涉及合伙经营过程中某一时段的部分款项,故本案虽名为民间借贷纠纷,但实为合伙经营纠纷。现其已就合伙纠纷提起诉讼,合伙案件的审理结果系本案审理的前提,故本案应中止审理。

一审法院认为庞大某向孙某借款用于支付合伙体的房租,系双方在平等自愿基础上协商一致的结果,彼此之间意思表示明确,应为合法有效。对于庞大某认为本案的审理必须以合伙案件的审理结果为前提,要求中止审理的意见,该院认为合伙体是否盈余与双方之间的借贷关系并不冲突,若合伙体清算后有盈余,庞大某可在合伙案中主张权利,本案的审理并非必须以合伙案件的审理结果为基础。庞大某未在借条约定的还款期限归还,显属违约应当承担还款责任,故判决庞大某归还孙某借款本金 120510 元及按月利率 5‰ 计算自 2008 年 9 月 3 日至判决确定之日的利息。

浙江省舟山市中级人民法院认为,根据双方的诉辩主张,本案主要争议的是120510元款项的性质。上诉人庞大某认为该款系追加的合伙投资款，故本案需以合伙案件的审理结果为前提；而被上诉人孙某则认为该款系借款，与合伙案件无涉。对此，根据双方当事人二审所称及孙某提供的借条，表明双方确约定庞大某向孙某借款120510元，并用于支付合伙体的房租，且借条所载明的数额也与双方按投资比例承担的约定相吻合。现庞大某认为该120510元系追加的合伙投资款，但未提供证据加以证明，且与其原先不同意追加投资的说法也相矛盾。故对庞大某称该款系合伙投资款的主张本院不予支持，本案所涉的120510元应为借款。根据审理查明的事实，孙某于借条形成的次日支付了房租，已履行了约定的义务。现借条约定的借款期限已届满，故庞大某应按约归还借款并支付约定利息。至于庞大某上诉提出合伙体的收入及应收款足以支付、折抵房租及本案需以合伙案件审理结果为前提的意见，由于本案系孙某与庞大某个人间的民间借贷纠纷，与合伙纠纷系不同的法律关系，合伙体是否有资金支付房租不影响本案债权债务关系的成立，亦不影响当事人双方在合伙案件中的相关权利义务，故本案的审理无须以合伙案件的审结为前提。综上，上诉人庞大某的上诉理由不能成立，原审认定事实清楚，适用法律正确，应予维持。据此，依照《民事诉讼法》第153条[①]第1款第1项之规定，判决如下：驳回上诉，维持原判。

【诉讼指南】 根据上述判决，不难得出以下结论：区分本案系合伙协议纠纷还是民借贷纠纷最关键之处是双方签订协议之后，合同当事人的权利与义务不同。借款合同中出借人的义务是按照约定的日期、数额将一定数量货币借给借款人处分，借款到期后出借人有权依照约定要求借款人返还借款并支付利息，出款人不直接参与借款人的经营与管理。

对于本案中款项性质的认定，需从当事人的书面证据上来分析。若对该笔款项的投入有明确的合伙协议、投资比例、盈余分配的约定，认定为合伙关系为宜。而本案中所涉及的款项性质有借条为证，且明确借款数额、返还时间、利息等因素，从证据优势的角度来看，认定为借贷关系更为合理，且对于该案的审理无须以合伙纠纷的解决为前提。以避免因此产生分歧。在诉讼过程中，人民法院审查借贷纠纷案件的起诉时，要求原告提供书面借据，无书面借据或无法提供的，应提供必要的事实根据或与自己无利害关系

① 2012年《民事诉讼法》修正后为第170条。

的两人以上的证人证言，来支持自己的主张。

总之，合伙经营期间，合伙体向其中一合伙人借款用于支付合伙债务，现出借人依合伙比例要求其他合伙人还款，应按民间借贷纠纷审理，无须以合伙纠纷的解决为前提。

【典型案例1.9】 朋友之间的借贷所引发的纠纷，是民间借贷纠纷还是合伙纠纷?

【案情】 1996年3月15日，被告金某某向原告陈某某借款150000元，并出具借条予以确认。但双方未明确约定借款利率和还款期限。被告至今未偿还，遂成诉讼。

被告金某某答辩称：原、被告是朋友关系，1995年前双方口头约定合伙办铁厂，每人50%股份，被告办理了前期办厂手续，共花费了16万多元，但原告一直未履行出资。1996年3月15日，原告制作了一份承包经营协议书，要求被告签字，被告为拿到投资款而签字并出具了欠条。后原告只汇给铁厂10万元，一直拒绝履行出资。被告出具的借条实际上是收到的出资款，不是收到的借款，双方是合伙纠纷不是借贷纠纷。

法院经审理认为：金某某向陈某某借款，由此所形成的借贷关系，系当事人之间的真实意思表示，且未违反法律、行政法规的强制性规定，依法应确认为合法有效。双方未明确约定借款期限，按照法律规定，原告可以随时催告被告在合理期限内偿还借款，现原告要求被告偿还借款，符合法律规定。但双方未明确约定借款利息，按照法律规定，视为不支付利息。原告要求被告自借款之日起至实际偿还之日止按银行同期贷款利率计算利息，于法无据，不予支持。但自起诉之日至实际偿还之日期间的利息，可以按中国人民银行公布的同期同类贷款基准利率计算。被告认为原、被告之间是合伙关系，因收取出资款才出具借条，且实际收取出资款仅10万元。承包经营协议书的有效期为1996年3月15日至1997年3月15日，原告的诉求已经过了诉讼时效。承包经营协议内容中，甲方不是原告，原告主体不适格。本院认为被告主张所依据的承包经营协议真实性无法确认，且无其他相应证据予以印证，不予支持。故判决金某某偿还陈某某借款及相应利息。

【诉讼指南】 本案的争议焦点和难点在于本案的法律关系是民间借贷纠纷还是合伙协议纠纷。原告提供一份借条用以证明被告向原告借款的事实及金额。该证据具备真实性、合法性和关联性,可以证明待证事实,应予以认定。被告金某某提供一份承包经营协议书,证明原被告之间存在合伙关系,借条上所借到的15万元实际上是合伙投资款。该承包经营协议书没有原、被告双方的签名,只有原、被告双方的印鉴,而印鉴的真实性和谁在承包经营协议书盖上原告的印鉴均无法确定,故该承包经营协议书的真实性无法确定,不应予以认定。综上,根据证据优势原则和高度盖然性,原告提供的证据证明力明显高于被告提供的证据。故本案应按民间借贷纠纷处理。

所谓高度盖然性的证明标准,是将盖然性占优势的认识手段运用于司法领域的民事审判中,在证据对待证事实的证明无法达到确实充分的情况下,如果一方当事人提出的证据已经证明该事实发生具有高度的盖然性,人民法院即可对该事实予以确定。《最高人民法院关于民事诉讼证据的若干规定》(以下简称《证据规定》)第73条规定:"双方当事人对同一事实分别举出相反的证据,但都没有足够的依据否定对方证据的,人民法院应当结合案件情况,判断一方提出证据的证明力是否明显大于另一方提出证据的证明力,并对证明力较大的证据予以确认。因证据的证明力无法判断导致争议事实难以认定的,人民法院应当依据举证责任分配的规则作出裁判。"本条确立了"高度盖然性"原则或"高度盖然性"证明标准。运用盖然性原则可以消除法院对案件客观事实的盲目追求,将法院职责限制在审查核实证据上,可以减少诸多案件真伪不明状态,提高诉讼效益,加强对诉讼公正的追求。

盖然性证明标准的优势在于:首先,其符合民法私权领域的意思自治原则,充分体现出当事人主体地位,可以使民事权利尽快得到回应。其次,若民事诉讼中证明标准过高,可能导致案件认识和审查难度加大,出现案件久拖不决的情形,如同迟来的正义违背了正义的初衷一样。再次,其充分体现出当事人对诉讼权利和实体权利的处分权,民事诉讼当事双方可以自行通过证据的提交、质证等过程自主选择诉讼进程,避免诉讼风险,符合民事诉讼自愿的性质。最后,通过高度盖然性的证明标准来解决民间借贷纠纷,可以提高诉讼效率,避免诉讼资源的损耗,使民事关系及时得到稳定。

【典型案例 1.10】 如何认定是借款还是合伙投资款?

【案情】 原告(上诉人):陈某;被告(被上诉人):钟建某

2008 年 4 月 25 日,钟建某申请成立宁波市江东鼎发调剂行(以下简称鼎发调剂行)并取得营业执照。同年 5 月,陈某拼股 50000 元与钟建某共同经营鼎发调剂行,钟建某于同年 5 月 6 日、23 日向陈某出具 30000 元、20000 元的借条各一张。2010 年 1 月,陈某因缺钱用,从钟建某处取回投资款 50000 元,并于同年 1 月 18 日、21 日向钟建某出具 30000 元、20000 元的借条各一张。2010 年 9 月、10 月间,陈某要求退出共同经营,双方进行结算并了结双方的债权债务,钟建某提供了陈某出具的两份借条,陈某将该两份借条内容划掉并分别写上作废,但陈某因未带钟建某出具的两份借条而未予提供。

陈某于 2011 年 2 月 17 日向原审法院起诉称:2008 年 5 月 6 日、23 日,钟建某分别向陈某借款 30000 元、20000 元,并出具两份借条。从 2010 年开始陈某多次催讨,钟建某无故拖欠至今未返还。请求判令:钟建某归还借款 50000 元。

钟建某在原审中答辩称:(1)陈建军出具给陈某的两份借条合计金额 50000 元,是陈某的投资款,不是借款;(2)2010 年 1 月中下旬,陈某向钟建某取回了 50000 元的投资款,也是以出具借条的形式,故债权债务关系已经消灭。2010 年 9 月、10 月结算的时候,陈某称借条未携带,钟建某出于信任,未撕毁借条,事后也未向陈某要回借条。

一审法院认为:该案中,钟建某虽然向陈某出具合计 5 万元的借条,但该笔款实际是陈某以钟建某出具借条形式拼股经营鼎发调剂行的投资款,该款陈某已经通过出具借条形式取回,且在 2010 年 9 月、10 月陈某退出时双方债权债务已经了结。双方之间的法律关系属于合伙经营关系,并非民间借贷关系。陈某出具的证据不足以证明其主张,故判决驳回原告诉讼请求。

浙江省宁波市中级人民法院认为:本案第一个争议焦点是双方当事人之间的法律关系的性质。根据本院查明的事实,结合相关证据可以认定,本案双方当事人之间系因合伙经营中款项往来产生纠纷。首先,陈某在公安机关所作的笔录和证人龚剑某、周静某证言可以证明双方共同经营鼎发调剂行,陈某投入的款项属于投资款而非借款;其次,钟建某在二审中提供的记账凭证，能够反映双方合伙经营调剂行的真实情况，表明陈某参与了合伙经营，其从调剂行领取投资回报。故陈某认为上述款项性质是借款的主张缺乏事实依据，本院不予采信。第二个争议焦点是双方账目是否已经结清。2010年1月18日、20日，陈某两次向钟建某出具借条，上述两份借条与其起诉钟建某依据的借条金额对应，结合证人证言等证据，可以认定双方的账目已经结清，债权债务已归于消灭。对于陈某认为因为钟建某没钱出借，及其出具的两份借条以同样的方式作废的主张，明显与常理不符，难以采信。而钟建某辩称因为双方合伙拼股，故在合伙账目结清时其未收回借条的意见，较为符合客观常理。综上，陈某虽持有借条，但其所作陈述与客观事实不符，对其主张，本院难以支持。原判认定事实清楚，审判程序合法，实体处理得当。依照《民事诉讼法》第153条[①]第1款第1项之规定，判决如下：驳回上诉，维持原判。

【诉讼指南】 根据上述判决，笔者认为，根据《民法通则》第30条的规定，个人合伙是指“两个以上公民按照协议，各自提供资金，实物，技术等，合伙经营，共同劳动”，《民法通则》第31条规定，“合伙人应对出资数额、盈余分配、债务承担，入伙、退伙，合伙终止等事项订立书面协议”。隐名合伙是指当事人约定一方对他方所经营的事业出资，而分享其营业所得收益与分担其所受损失的契约。《民通意见》第46条虽然规定了合伙人只要提供了资金，可以不参与经营生产，但对盈余分配有约定的可视为合伙人。以上法律规定投资者可以不参与经营、劳动，但一定要对盈余分配有明确的约定。本案中，双方当事人虽未签订合伙协议，但根据钟建某提供的证据可以认定陈某领取收益的事实，该种行为符合上述规定，应当将陈某视为合伙人，按照合伙关系进行审理。

总之，当事人一方向另一方出具了借条，但有证据证明该借条所涉款项实际系双方合伙经营的投资款，则双方之间形成的法律关系应属于合伙关系。

① 2012年《民事诉讼法》修正后为第170条。

【典型案例 1.11】 因退伙产生的欠款纠纷属于民间借贷纠纷还是合伙纠纷？

【案情】 原告：黄丽某；被告：徐阿某、赵立某

2008 年 9 月 8 日，原告与被告徐阿某签订《股权转让协议书》约定，原告参股被告徐阿某为业主的德清县武康大森林娱乐中心，原告需投入 120 万元。该协议书签订后原告按协议书投入了 120 万元装修款等。2009 年 1 月 20 日，原告与被告徐阿某经协商签订了《退股协议书》，原告将 120 万元股份退还给被告徐阿某，股份退还后 120 万元转为徐阿某向原告借款。约定徐阿某于 2009 年 1 月 21 日先付款 3 万元整，2009 年 2 月 9 日前归还 10 万元整。协议书还约定，被告徐阿某必须按约付款，若有任何一期逾期，原告均有权要求被告徐阿某立即清偿全部债务，徐阿某负责原告追索债务形成的一切费用。被告赵立某作为保证人在协议书上签字确认。协议签订后，被告徐阿某仅归还了 3 万元，余款本金 117 万元及利息未归还，保证人赵立某也未履行连带保证责任。诉请法院：(1)判令被告徐阿某归还原告借款本金 117 万元、利息 3948.75 元(利息暂从 2009 年 1 月 21 日计算至 2 月 14 日，按年利率 4.86 计算，此后的利息计算至实际履行之日)、实现债权的费用 30871 元，本息及实现债权的费用合计 1204819.7 元；(2)判令被告赵立某对徐阿某的上述债务承担连带责任；(3)判令两被告承担本案的全部诉讼费用。

被告徐阿某未予书面答辩，但在庭审中答辩称：原告要求被告返还借款本金和利息与事实不符，本金已以领付款的方式领取了一部分，实现债权的费用过高，但对利息的计算方式没有异议。本案的 117 万元不是借款，而是退股款项，案由不是民间借贷，而是合伙协议纠纷。请求驳回原告的诉讼请求。

法院经审理认为，本案的主要争议焦点为：(1)本案属于民间借贷纠纷还是合伙纠纷；(2)原告诉请的欠款本金、利息及实现债权的费用等应如何认定问题。关于争议焦点一，根据原告与被告徐阿某于 2008 年 9 月 8 日签订的《股权转让协议书》，被告徐阿某将德清县武康大森林娱乐中心的 50 股份转让给了原告，该股份转让行为合法有效。2009 年 1 月 20 日，原告与被告徐阿某又签订《退股协议书》，该协议书是签约各方当事人的真实意思表示，内容合法，对双方当事人均具有约束力。根据《退股协议书》约定，原告

将徐阿某之前转让给其的股份重新转让给了徐阿某,并明确约定"股份转让后,120万元整借给徐阿某"。可见,原告与被告徐阿某之间已将股份转让合同关系转化为民间借贷关系,本案的案由应为民间借贷纠纷。关于争议焦点二,根据《退股协议书》,被告徐阿某向原告借款120万元,现原告自认被告徐阿某已向其归还3万元,对于余款117万元,被告徐阿某抗辩已部分归还,但徐阿某未提交有效证据予以证实,故徐阿某的抗辩理由不成立。关于利息问题,《退股协议书》约定"2009年1月21日前先付款3万元,2009年2月9日前归还10万元整……被告徐阿某必须按约付款,若有任何一期逾期,原告均有权要求被告徐阿某立即清偿全部债务",被告除归还3万元外,余款未予支付。从原告提交的住宿发票和车票反映,原告曾于2009年2月10日向被告徐阿某催款,故利息应从2009年2月10日起算,按被告徐阿某认可的年利率4.86计算至实际履行之日。原告诉请主张从2009年1月21日起计算利息,缺乏事实和法律依据。关于原告实现债权的费用问题,对照原告提交的相关发票,本院认定原告为催讨借款支出的合理费用为32466元。因原告诉请主张实现债权的费用仅为30871元,故对于超出诉请部分的1595元,视为原告放弃请求权。被告赵立某作为被告徐阿某的借款保证人,对于徐阿某的债务依法应当承担连带清偿责任。据此,依照《合同法》第8条、第206条、第207条,《担保法》第18条、第19条、第31条,《最高人民法院关于适用〈中华人民共和国担保法〉若干问题的解释》(以下简称《担保法解释》)第42条,以及《民事诉讼法》第130条①之规定,判决如下:(1)被告徐阿某归还原告黄丽某借款本金117万元、相应利息(从2009年2月10日计算至实际履行之日,按年利率4.86计算)、实现债权的费用30871元,限于本判决生效之日起10日内履行;(2)被告赵立某对被告徐阿某的上述债务承担连带清偿责任;(3)被告赵立某承担保证责任后,有权向债务人徐阿某追偿;(4)驳回原告黄丽某的其他诉讼请求。

【诉讼指南】 根据上述判决,笔者认为,区分本案系合伙协议纠纷还是民借贷纠纷最关键之处是双方签订协议之后,合同当事人的权利与义务不同。对合伙行为,应有明确的合伙协议,对双方的投资比例、合伙事务执行、盈余分配要有明确约定。而借款行为,应出具书面的收条,明确借款数额、

① 2012年《民事诉讼法》修正后为第144条。

返还时间、利息等。根据本案中当事人所签订的协议，可以认定双方的行为为黄丽某先入伙后退伙，并将退伙返还的财产份额转化为借款的过程。对于利息的认定，按照《合同法》第211条、《民通意见》第123条之规定，自然人之间的借贷关系中，虽然双方当事人并未约定借款利息，但是借款人不按期偿还借款的，出借人可以主张自逾期之日起计算的利息。

合伙关系的加入和退出所产生的法律后果可分为对内的法律后果和对外的法律后果。按照《民通意见》第52条及《合伙企业法》第45条的规定，全体合伙人一致同意的合伙人可以退伙，本案即经合伙人同意的任意退伙。退伙一经生效退伙人失去合伙人资格，退伙清算后返还退伙人的财产份额，若退伙人对合伙造成损失的应当赔偿。按照当事人的约定，因黄丽某的退伙，双方当事人的内部合伙关系已经终止。依据《民法通则》第52条之规定，全体合伙人对合伙组织对外债务承担连带责任。在双方当事人入伙到退伙再到款项性质转化的过程中，黄丽某因其退伙行为，不再对退伙之后合伙组织的行为承担责任，但不能免除对其入伙之后退伙之前合伙组织的对外民事行为负有责任，这就是合伙关系变更所产生的对外的法律后果。

总之，合伙股份转让后，转让方与受让方约定将该股份转让款作为借款的，此时双方当事人之间形成民间借贷法律关系。民间借贷当事人约定分期还款，并约定任何一期逾期，出借人有权要求借款人返还未到期借款的，如借款人违约，则出借人除有权要求返还全部借款外，还可对未到期借款主张利息。

8. 合伙组织发生的民间借贷债务如何清偿？合伙人个人的民间借贷债务如何用合伙权益清偿？

合伙期间发生的民间借贷债务，首先以合伙财产进行清偿，对于不足的部分，由全体合伙人承担无限连带责任，出借人可以请求全体合伙人中的一人或数人承担全部清偿责任，也可以按照一定的比例向各合伙人分别主张。如果合伙人实际支付的债务数额超过其依照合伙协议约定比例或者出资比例所应承担的份额，该合伙人有权就超过部分向其他未支付或者未足额支付应承担份额的其他合伙人追偿。新入伙的合伙人对入伙前的合伙债务承担无限连带责任。退伙人对基于其退伙前的原因已经发生的合伙债务，承担无限连带责任。

需要注意的是，我国《合伙企业法》规定了普通合伙和有限合伙：普通合伙企业由普通合伙人组成，合伙人对合伙企业债务承担无限连带责任。有限合伙企业由普通合伙人和有限合伙人组成，普通合伙人对合伙企业债务承担无限连带责任，有限合伙人以其认缴的出资额为限对合伙企业债务承担责任。合伙企业财产不足清偿到期债务的，普通合伙人应当承担无限连带清偿责任，有限合伙人不必承担连带清偿责任。

合伙人个人的民间借贷债务，由其个人偿还。该合伙人个人财产不足清偿其个人所负债务的，可用其从合伙企业中分取的收益进行清偿。该合伙人不能损害其他合伙人的利益，用合伙企业的对外债权进行抵销，其债权人也不能代替该合伙人行使其在合伙企业中的权利。其债权人可依法请求人民法院强制执行该合伙人在合伙企业中的财产份额用于清偿，而不得自行接管该合伙人在合伙企业中的财产份额。如果其他合伙人不愿意接受该债权人成为合伙企业新的合伙人，可以由他们中的任何一人或数人行使优先受让权，取得该合伙人的财产份额。受让人支付的价金，用于向该债权人清偿债务。如果其他合伙人不能就优先受让事宜达成协议，法院可以采取拍卖或变卖的方式，将被执行的合伙人的合伙财产权益变现。

【典型案例 1.12】 合伙企业负责人向第三人借款，应当由谁来承担偿还责任？

【案情】 徐风某是某市合伙经营客运车队的负责人，也是合伙企业出资人之一，因扩大车队规模的需要，2006 年 1 月，徐风某向周寒某借款 70 万元作为购车款，并且向周寒某出具了借条，约定半年之后还款。出具借条时还有其他几名合伙人在场。但是，借条约定的还款期限届满，徐风某却没有依约按时还款。在几经交涉无果的情况下，周寒某将徐风某及各合伙人一同诉至法院，要求徐风某和其他合伙人共同偿还欠款。

原告周寒某提出，徐风某于 2006 年 1 月向自己借款 70 万元，并约定于半年之后归还。徐风某借款是用来购车，以扩大车队规模，属于为了合伙事务而借款，同时徐风某向自己出具借条时，其他合伙人都在场，对借款一事并没有表示异议，因此该债务应当由徐风某与其他合伙人共同承担。

被告徐风某提出，自己作为合伙企业的负责人，为了合伙事务而向周寒某借款70万元用于买车，因此该债务应当属于合伙债务，而不是其个人债务，因此应当由自己和其他合伙人共同承担偿还借款的义务。

被告其他合伙人提出，徐风某向周寒某借款的行为属于其个人行为，所借款项并未在合伙企业入账，因此该债务应当由徐风某自行向周寒某偿还，自己不应当承担偿还的责任。

【诉讼指南】　本案主要涉及的问题是徐风某所借款项是否属于合伙债务，只有明确了这个问题的答案，才能找到最终的解决途径。

所谓合伙债务，是指在合伙事务经营过程中，即合伙关系存续期间，以所有合伙人的名义与第三人发生民事权利和义务，如因借款、购销等事务时所产生的债务。合伙债务有如下几个特点：(1)就债务产生的原因来说，债务是合伙组织以其组织名义或者全体合伙人的名义在对外的经营过程中产生的对第三人所承担的债务。(2)就时间来说，债务必须是在合伙关系存续期间产生的。(3)就承担主体来说，所有合伙人都应当对债务承担无限连带责任。其中，无限责任是指各个合伙人应该以其各自的所有财产来对债务承担责任；连带责任是指每个合伙人都对所有债务承担偿还责任，债权人可以就其债权对任何一个合伙人提起偿还的请求，任何一个合伙人都应该偿还全部债务。根据上述特点不难看出，徐风某向周寒某借款所产生的债务应当属于合伙债务。

在解决了债务性质为合伙债务的前提下，债务应当由谁来偿还还应当考虑以下几个方面：

首先，《合伙企业法》第26条规定："合伙人对执行合伙事务享有同等的权利。按照合伙协议的约定或者经全体合伙人决定，可以委托一个或者数个合伙人对外代表合伙企业，执行合伙事务。作为合伙人的法人、其他组织执行合伙事务的，由其委派的代表执行。"本案中，徐风某作为合伙企业的负责人，有权对外代表合伙企业，执行合伙事务。

其次，《合伙企业法》第28条规定："由一个或者数个合伙人执行合伙事务的，执行事务合伙人应当定期向其他合伙人报告事务执行情况以及合伙企业的经营和财务状况，其执行合伙事务所产生的收益归合伙企业，所产生的费用和亏损由合伙企业承担。合伙人为了解合伙企业的经营状况和财务状况，有权查阅合伙企业会计账簿等财务资料。"本案中，徐风某作为执行事务合伙人，其向周寒某借款70万元购车的行为属于执行合伙企业事务，因执行合伙事务所产生的收益应当归合伙企业，而因此产生的债务也应当由合伙企业承担。

最后，《合伙企业法》第38条规定："合伙企业对其债务，应先以其全部财产进行清偿。"第39条规定："合伙企业不能清偿到期债务的，合伙人承担无限连带责任。"因此，在偿还周寒某70万元欠款的责任承担上，首先应当由合伙企业承担，如果合伙企业不能偿还债务的，各个合伙人应当对周寒某的借款承担无限连带偿还责任。

9. 民间借贷与股权转让如何区别认定？

股权转让是指公司股东依法将自己的股东权益有偿转让给他人，使他人取得股权的民事法律行为。

股权转让是有限制的。《公司法》第35条规定："股东之间可以相互转让其全部出资或者部分出资。股东向股东以外的人转让其出资时，必须经全体股东过半数同意；不同意转让的股东应当购买该转让的出资，如果不购买该转让的出资，视为同意转让。"第139条规定："股东转让其股份，必须在依法设立的证券交易所进行。"第146条规定："无记名股票的转让，由股东在依法设立的证券交易所将该股票交付给受让方即发生转让的效力。"第142条规定："发起人持有的该公司股份，自公司成立之日起一年内不得转让。"第142条规定："公司董事、监事、经理应当向公司申报所持有的该公司的股份，并在任职期间内不得转让。"

由此可见，股权转让与民间借贷属于不同的法律关系，实践中应加以区别认定。

【典型案例1.13】 股权转让后对转让款结算而出具借条属于民间借贷关系还是股权转让关系？

【案情】 原告（被上诉人）：浙江方圆造船有限公司；被告（上诉人）：徐君某；原审被告：王建某

2008年5月26日，原告从浙江海丰造船有限公司转让得到江苏海丰造船有限公司29%的股份，双方签订股份转让协议，2008年5月29日作了公司变更申请并办理了工商登记手续。

2008年6月3日，原告因资金周转困难向被告徐君某借款840万元，由原告的总经理金文某出具借据1份。2008年6月3日原告划入江苏海丰造船有限公司账户700万元，6月4日原告划入江苏海丰造船有限公司账户141万元，841万元是原告在江苏海丰造船有限公司出资。

2009年2月26日，原告将占江苏海丰造船有限公司29%的股份转让给被告徐君某，双方以书面形式订立股份转让协议，协议载明："出让方将其江苏海丰造船有限公司中所认缴的2552万元人民币股权转让给受让方"，根据协议约定被告徐君某应给付原告1827万元。

同日，原告与被告徐君某进行清算，原告需给付被告徐君某借款本金840万元，借款时口头约定月息为6%，结算时双方对利率作了重新约定，按月息约4%计息，双方商定原告支付给被告徐君某借款本金计840万元，给付利息250万元，本息合计1090万元。该款与被告徐君某应给付原告股份转让款1827万元相抵后，被告徐君某应支付给原告737万元。另外经原告、被告徐君某、股东金义某三方协商同意，被告徐君某应支付股东金义某的股份转让款中计200万元，由原告支付给金义某，故由被告徐君某出具937万元借据给原告，同时该债务由被告王建某提供担保。借据载明："今借到浙江方圆造船有限公司(金福某)人民币玖佰叁拾柒万元整，6个月内归还，月息按1分，到期不还按投资日起算，利息4分(月息)计算。"2010年9月2日，被告徐君某代原告支付给沈忱某433万元。

浙江省台州市中级人民法院认为：原审被告为上诉人向被上诉人、金福某借款937万元提供担保，尽管937万元借款来源于上诉人与被上诉人股权转让等结算款，但该937万元借款自上诉人出具借条后，上诉人与被上诉人之间的法律关系就已经从股权转让转化为民间借贷法律关系。双方存在民间借贷法律关系，且合法有效。借条中约定借款期限和利息，上诉人未按约偿还借款及利息，构成违约，应承担相应民事责任。原审法院对此所作的判决并无不当。原审判决利息按月利率2.5%计算，并未超过中国人民银行同期同档次银行贷款利率四倍，上诉人主张利息按月利率1.5%计算，理由不能成立，法院不予支持。上诉人上诉称其在向被上诉人出具借条后，其付给了金义某200万元，要求在本案借款中扣减，证据不足，且与本案无关联，法院不予采纳。被上诉人主张要求上诉人归还借款937万元，原判支持了504

万元,故原审案件受理费9.6万元全部由上诉人负担不妥,本院对此调整为由上诉人负担原审案件受理费5.456万元,被上诉人负担4.144万元。借条中载明出借人为被上诉人和金福某,被上诉人和金福某系共同债权人,因金福某明确表示其不享有937万元债权,当时只是作为财务经办人才在借条上写上名字。故本案仅由被上诉人作为原告提起诉讼,主体适格。上诉人上诉称被上诉人作为原告,主体不适格,理由不能成立,法院亦不予采纳。综上,上诉人的上诉理由不能成立,法院不予支持。原审判决得当,予以维持。依照《民事诉讼法》第153条[①]第1款第1项之规定,判决如下:驳回上诉,维持原判。

【诉讼指南】 根据上述判决,笔者认为,有限责任公司的股权转让后,双方当事人对股权转让款进行结算,并由受让人出具借条,当事人之间的法律关系已经从股权转让转化为民间借贷法律关系。

10. 民间借贷与不当得利如何区别认定?

(1)不当得利概述

按我国《民法通则》的规定,不当得利是指没有合法根据使他人受损失而自己获得的利益。因为不当得利没有法律上的依据,虽属既存的事实也不受法律的保护。因此,不当得利的法律后果是:不当得利人应将其所得利益返还给受损失的人。由此,产生的不当得利返还的权利义务关系,就成为债发生之原因,属于不当得利之债。

不当得利作为一种能引起债发生的法律事实,应属于事件还是行为,学者认识不一。笔者认为,不当得利的发生原因有时确与人的意志有关,但是判断某个法律事实究竟是事件还是行为,只是看它本身是否以当事人的意志作用为要素,而不考虑其发生原因是否有当事人的意志;法律规定不当得利之债的目的,并不在于制裁受益人的得利行为,而是纠正受益人所得的不正当的利益,平衡当事人的权利义务。因此笔者倾向于认为不当得利属于事件。

不当得利作为债发生的原因之一,是审判实务中较为常见的案件类型。通说认为,不当得利的构成要件包括:①一方获得利益;②他方受有损失;③获得利益与受有损失间有因果关系;④受益人所受之利益没有合法根据。以

① 2012年《民事诉讼法》修正后为第170条。

上四个构成要件均为案件的证明对象，需要由当事人在诉讼中加以证明。实践中，对前三个要件事实举证较为容易，对由谁承担举证责任也很少会产生争议。关键在于利益取得没有合法根据的要件事实，在审理过程中常成为当事人争议的焦点，也成为法院查明案件事实的难点。在法院审理时，对该要件事实应当由谁来承担不利后果，常存分歧。

第一，给付的发生没有法律根据本身属于消极的事实，但不能将“没有合法根据”一概视为消极事实。因为，给付的发生实质上是积极处分财产的行为，该行为会对他人的财产有所增益，同时使自己的财产发生减损，因此积极处分财产的人应当对处分行为作出合理的解释。此种给付行为通常有两个目的：一是清偿债务；二是直接创设一种债的关系。由此可见，给付行为本身是有目的的行为，是积极的事实而非消极的事实。另外，给付目的通常是基于当事人的合意（即使是单方法律行为，给付人也是基于自己的意思表示而为给付），一方当事人于一定的目的实施给付时，其目的在客观上就是给付行为的原因。只有当给付行为欠缺给付的目的时，方可成立不当得利。也就是说，给付人若是要证明给付属于不当得利，应当提出欠缺给付目的或提出给付目的嗣后不存在或给付目的未达成的主张，并对该主张提供相应的证据加以证实。在基于合同的给付而产生的不当得利诉讼中，如果合同被宣告无效、被撤销或被解除，原有给付因失去合同的支持，自始欠缺目的，成为不当得利，此时的“无合法根据”，即“失去合法根据”的事实，实际上是积极的事实。

第二，受益人收到他方的给付的利益，是否应当说明其接受给付的合法依据？笔者认为，给付不当得利请求权人乃使财产发生变动的主体，其处分财产的行为必有一定的目的，由财产变动的控制者承担举证不能的风险，实属合理。而对受益人来说，其收受他人利益存在诸多的原因，即使未能提出受益合法的依据也不能当然地推定其受益系“不当”的行为。比如，债务人为履行未到期债务向债权人交付财产，此种情形下债权人接受利益并未有合法的依据，但债权人取得利益后，债务人不得以不当得利为由要求返还。可见，虽然债权人没有受益的合法依据，但其受益也不属于“不当”。此外，要求受益人自证受益有合法依据，否则便由其承担举证不能的不利后果，其实质与在给付原因未查明之前，先假定受益人收受的是不当利益、给付人是受害者的做法并无二致。而先假定案件的事非，属于先入为主、有责推定，有悖于司法规律与法官的操守。

第三，受益人是否离证据更近？在不当得利诉讼中，常发生的情况是，原告的给付行为具有法律上的原因，相关的证据就在原告手中，但原告出于诉讼策略甚至是诉讼欺诈的考虑，谎称没有合法依据。如果没有任何实证的依据就主观臆测被告离“没有合法根据”的证据更近，不但难以服人，而且会给被告带来巨大的也是不公平的风险。并且，从很多不当得利案件受益人的抗辩理由来看，大都已失去证据或将证据交至给付人手中。如买卖合同的结算单、借款合同的借条等，债务人一般都会在向债权人履行给付义务后要求债权人交还债权凭证，而债权人一般也都会将债权凭证交还给债务人。此种情形下，债务人再以不当得利来起诉债权人，要求返还“不当得利”，债权人基本上是不能在证据上自证其受益具有“合法的依据”。这当然会导致当事人之间权利义务的失衡，并有悖不得当利制度矫正欠缺法律关系的财货移转、保护财货的归属的机能。

第四，在双方对自己的主张均不能提供证据证明的情况下，“受益人所受之利益没有合法根据”真伪不明，法院只能依“谁主张，谁举证”的证明责任法进行裁判，即通过结果意义上的举证责任的分配决定胜负，将“受益人所受之利益没有合法根据”的证明责任分配给该主张的持有者——给付者，并由其承担不利后果。

第五，在市场经济中，财产的稳定与变动对经济的发展具有同样重要的意义。尽管让给付人承担不当得利的所有要件事实的证明责任似乎有些强人所难，特别是给付人没有给付目的的给付对象错误或给付数额错误的案件中，让给付人承担“没有合法根据”的举证责任对给付人尤显不公平，但相对债务人履行债务后取回债权凭证而使得债权人无法在嗣后的不当得利诉讼中自证“合法根据”而言，这样的举证责任分配恰恰是公平、合理的。因为，社会生活中每个人都应当对自己的行为负责，风险自负。当一个遵守法律规则行事的行为与未谨慎处理事务而使自己陷入风险中的行为产生冲突时，法律应当优先保护谁的利益，答案不言自明。从这个意义上说，要求给付人对“没有合法根据”承担举证责任并不是加重其负担，而是强化其生活的责任心与遵守法律、依法办事的信念。

(2)从不当得利法的体系构成角度分析

由债之发生原因有法律行为(契约、单独行为)和法律规定(无因管理、侵权行为、不当得利）可见，不当得利制度作为一种独立的法律制度，与契约、侵权行为等债发生之原因处于同一结构层次，与其他债发生之原因一样具有严格的构成要件和适用范围，不能作为当事人在其他具体民事法律关系中缺少证据时的请求权基础。也就是说，判定财产利益的变动是否属于欠缺法律上依据，首先于债权法、物权法、人格身份法等领域作出判断，若认定受益人没以上述根据而保有其所受之利益，则应由不当得利制度进行调整。

综上，主张成立不当得利的给付人应当对构成不当得利的四个要件事实负举证责任，即给付人不仅应当证明受益人获得利益、给付人因此而受损，还应当证明受益人获得利益没有法律上的根据。

可见，不当得利与民间借贷属于不同的法律关系，实践中应加以区别认定。

【典型案例 1.14】 汇款人先以借贷关系主张返还借款，后变更为要求收款人返还不当得利的，应如何处理？

【案情】 原告（上诉人）：胡某某；被告（被上诉人）：卢某某

2003 年 1 月 16 日，胡某某向卢某某的银行账号汇款 500000 元。卢某某确认在该日收到过该 500000 元，但否认与胡某某存在民间借贷关系，认为该款项系案外人徐顺某为共同合作经营衢州市某纸业有限公司而汇的投资款。2011 年 1 月 25 日，胡某某以民间借贷纠纷向杭州市西湖区人民法院起诉卢某某。法院判决驳回胡某某的诉讼请求后，胡某某认为其向卢某某汇款的 500000 元，系卢某某的不当得利，故诉至法院，要求其返回。

一审法院经审理判决驳回诉讼请求。

二审法院经审理认为，我国民法上的不当得利是指“没有合法根据，取得不当利益，造成他人损失”的情形。主张不当得利返还的，应当先由主张权利的一方举证证明不当得利发生的事实，在完成该事实层面的举证义务之后，才应由对方来举证证明其取得相关利益的合法根据。本案上诉人向被上诉人主张不当得利返还，但其所依据的却是“被上诉人向其借款”的事实。因此，从上诉人的立场而言，汇款是基于双方之间的借贷关系，即被上诉人获取钱款的“根据”，故不符合不当得利的要件构成。二审判决维持原判。

【诉讼指南】 根据上述判决，笔者认为，汇款人持银行汇款凭证先以民间借贷关系起诉收款人要求还款，被人民法院以双方无借贷合意为由判决驳回后，再以不当得利纠纷另行起诉的，鉴于汇款人在前案中已自认其系基于双方之间的借贷关系而汇款，即收款人获取钱款有合法根据，故其主张应予驳回。

11. 民间借贷是否属于民间投资?

对于民间借贷是不是民间投资，不同的学者有不同的看法，但是按一般的观点，民间借贷不是民间投资，因为民间投资一般是指与经营相关的各种私人性质的投资，它伴随着企业的注册与监管等公开程序。

尽管对于贷款人而言，民间借贷可以说是一种投入与收益的投资行为，但是，从真正意义上来说，民间借贷完全不同于民间投资。原因在于：

第一，民间借贷对于贷款人而言完全是一种食利行为（那些无息或低息借贷则只是一种基于人情关系的互助，更谈不上是投资与收益），尽管对于借款人而言，其通过民间借贷所借入的资金也许是为了生产经营，但对于贷款人而言，借款人的生产经营状况的好坏与之并无直接联系。

第二，民间借贷也不同于购买股票等证券而获得收益等间接投资行为。民间借贷对贷款人而言纯粹是一种靠钱生钱的盈利方式，与我们通常所说的投资行为在性质、特征、现象等各个方面上大异其趣。正如有的学者所说的，民间借贷的发展动因之一正是“金融投资环境不活跃”的结果。笔者认为，民间借贷与民间投资最大的区别之一就在于“风险”二字，对于民间借贷的贷款人而言，只要借款上诚实守信，他与借款人之间的债权债务关系确定，不存在任何市场风险，而投资却是一种市场风险，投资收益与市场本身密切相关，是不确定的。总之，借贷不是投资，民间借贷当然也不是。

【典型案例 1.15】 在投资入股未兑现的情况下，投资人是否可以以投资款转变为借款为由要求返还?

【案情】 1998 年 11 月 16 日，某实业公司成立，注册资本 100 万元，股东为卞北某、卞家某和崔超某三人。1999 年 7 月 1 日，鲁国某与卞北某、卞

家某和崔超某及某实业公司曾口头约定鲁国某入股某实业公司，鲁国某在增资扩股后占股权的6.67%，但双方未约定履行期限，亦未签订书面的入股协议书。当日，鲁国某支付给某实业公司20万元，某实业公司向鲁国某出具了收款收据，收据内容为“收到鲁国某20万元人民币”；收据理由栏写明系“入股某实业公司”。此后，鲁国某曾以董事身份参与某实业公司的经营管理，但没有领取过某实业公司支付的报酬或红利。2002年4月22日，经工商行政管理机关核准，某实业公司的注册资本增加至300万元，各股东出资额亦相应增加，但股东仍为卞北某、卞家某和崔超某三人；此后，鲁国某未参与某实业公司的经营管理。鲁国某认为，1999年7月1日他付款20万元给某实业公司时系增资款，2002年4月某实业公司进行了工商变更登记，其知道自己未成为某实业公司的股东后，该款已转化为借款，故向某实业公司主张要求返还借款并支付相应的利息。某实业公司则称鲁国某于1999年7月1日所付款20万元自始至终为投资款，不同意偿还。鲁国某遂于2003年2月26日向法院提起诉讼，请求某实业公司返还借款20万元并支付利息4万元。

原告鲁国某提出，在鲁国某投资入股某实业公司后，某实业公司的各股东有义务在合理期限内与鲁国某签订有关协议并向公司登记管理机关申请股东变更登记，但某实业公司的各股东至今仍未履行此项义务，已构成根本违约，因此某实业公司应当返还鲁国某的出资款。

被告某实业公司提出，收到鲁国某的出资款是事实，鲁国某虽未在工商局登记成为股东，但事实上其享有股东的权利，因此鲁国某的诉讼请求应依法予以驳回。

【诉讼指南】　本案主要涉及的问题是在投资入股未兑现情况下，投资人是否可以以投资款转变为借款为由要求返还？

在本案中，1999年7月1日，鲁国某与卞北某、卞家某和崔超某及某实业公司口头达成协议时，鲁国某在投资协议主体上是没有问题的，鲁国某所交的20万元在各方的意思表示中也是投资款，这一点鲁国某与某实业公司均没有异议。但在此后的过程当中，鲁国某与卞北某、卞家某和崔超某既没有达成书面的投资协议，也没有依法到工商行政管理部门申请股东变更登记，可见双方并没有履行有关入股协议和承诺。在此情况下，鲁国某主张其投资款转为借款是没有依据的。因为投资款转变为借款需要双方的合意，只有鲁国某一方的“一厢情愿”是无法转变的。因此，法院应当认定双方在法律关系上为投资关系。

在本案中，原告鲁国某和各股东既已约定入股，某实业公司也已收取鲁国某的出资款，则鲁国某和各股东有义务在合理期限内签订有关协议并向公司登记管理机关申请股东变更登记。但是，某实业公司各股东至今仍未履行此项义务，某实业公司已构成根本违约，鲁国某可行使解除权并请求返还出资款，但是在本案中，鲁国某并未提出此项请求，所以法院不予处理。

本案在法律关系上为投资关系，而鲁国某主张为借款关系，那么接下来的问题是法院应否行使释明权？关于释明权，《民诉证据》第35条规定：“诉讼过程中，当事人主张的法律关系的性质或者民事行为的效力与人民法院根据案件事实作出的认定不一致的，不受本规定第三十四条规定的限制，人民法院应当告知当事人可以变更诉讼请求。当事人变更诉讼请求的，人民法院应当重新指定举证期限。”第34条规定：“当事人应当在举证期限内向人民法院提交证据材料，当事人在举证期限内不提交的，视为放弃举证权利。对于当事人逾期提交的证据材料，人民法院审理时不组织质证。但对方当事人同意质证的除外。当事人增加、变更诉讼请求或者提起反诉的，应当在举证期限届满前提出。”对法院如何告知的问题，实务界有不同的观点。一种观点认为，法院应明确告知当事人案件的法律关系的性质或者法律行为的效果是什么，并告知当事人可以变更诉讼请求。因为明确告知当事人后，当事人就会有的放矢地决定是否改变自己的诉讼请求，这对其诉讼权利的保护很有利。另一种观点认为，在法院行使释明权时，只应告知当事人本案的法律关系的性质还有另一种可能，法律行为的效力还可能有其他结果，而不应具体明确告知案件的法律关系的性质或者法律行为的效果是什么，由当事人决定是否变更诉讼请求。因为首先，在法官作出明确的法律性质或法律行为的效果认定后，有可能产生审委会否决合议庭意见的认定，损害法庭的严肃性和法律的权威性；其次，案件没有审理完毕，合议庭不能对案件事实作出认定，否则会影响法官的中立地位。对此，笔者同意第二种观点。在本案中，法院根据当事人的主张和已查明的事实作出驳回诉讼请求的判决是正确的。但笔者认为，本案中存在当事人主张的法律关系的性质或者民事行为的效力与人民法院根据案件事实作出的认定不一致的情况，法院可以向鲁国某行使释明权，由当事人选择是否变更诉讼请求，如选择变更诉讼请求,则可另行指定举证期限,避免当事人因本案败诉后再另行起诉的讼累,效果更好。

12. 民间借贷如何保证资金安全?

民间借贷多属私人交易行为,借贷双方基本上都是熟人,但由于民间借贷往往与冒险、投机、隐秘、欺骗(不一定都构成诈骗罪)等如影随形,出借人对借款人的资金使用、资信情况并不能完全掌控;再加上民间借贷中间环节多,形成了或长或短的资金链,一旦其中某个环节出问题,很容易引发严重的连锁反应。因此,民间借贷属于高风险领域。

第一,民间借贷首先应借给信誉良好且还款来源有保证的人,比如办厂(产品销路好)、经商(生意兴隆)以及一时资金周转出现困难的人。

第二,对于将借款用于经营高风险项目的必须谨慎借贷,只有对其所经营项目进行认真分析认为有较大的盈利可能性时,才能放贷。

第三,在我们国家,非金融企业是不能以借贷名义向职工或向社会非法集资、向社会公众发放贷款的。这种企业民间非法融资行为往往借贷资金庞大,表面上看起来很安全,实质上,风险非常大,一定不能参与。

第四,切勿借贷给从事非法经营活动或从事违法行为的人,这种借贷不受法律保护,而且还有可能涉嫌刑事犯罪。

第五,在保证借贷对象安全的基础上,还可以通过担保工具保证还款安全。

总之,民间借贷不安全因素非常多,因此民间借贷首先要考虑的还是资金安全而非利息的高低。现实生活中,"高利贷"往往是最危险的,因为这种借款人基本上没有考虑还款或者根本没有能力还款。再者,不要轻易将钱借给不熟悉的人,不少陌生人借了钱后一走了之,到时连人都找不到的情况比比皆是。

CHAPTER

2

第二章

民间借贷的主体

要点提示

民间借贷的主体资格问题是民事行为的最基本问题。当事人只有具备主体资格，民间借贷才可能有效，不具备主体资格则不产生法律效力。自2003年以来，国家逐步放开了民间小额借贷的限制，并制定了一系列扶持政策，民间借贷产业得以快速发展。在民间借贷高速发展的同时，因对民间借贷的界定不够明确等原因，也相应产生了一系列的问题或不良影响，不法分子利用民间借贷的形式非法集资，扰乱正常市场金融秩序，部分借贷行为脱离生产流通领域，违背民间借贷的基本宗旨，直接进行高利贷活动等，在此情况下，准确界定民间借贷的主体，对于进一步规范民间借贷市场调整民间借贷行为，稳定市场金融秩序，充分发挥民间资本的优势，促进中小民营企业的发展和壮大，都有着重要的作用和意义。

1. 自然人之间借贷的主体资格如何认定?

自然人之间借贷的主体资格问题是民事行为的最基本问题。当事人只有具备主体资格，民间借贷才可能有效，不具备主体资格则不产生法律效力。那么，哪些自然人具备民间借贷的主体资格，哪些自然人不具备民间借贷的主体资格呢？

我国境内的自然人，包括我国公民以及居住在我国境内的外国人和无国籍人。自然人可以作为民间借贷的出借人或者借款人，但并非所有自然人都具有民间借贷的主体资格，因为自然人有民事行为能力问题。

民事行为能力，是指民事主体独立地以自己的行为，为自己或者他人取得民事权利和承担民事义务的能力。根据我国《民法通则》的规定，我国公民的民事行为能力分为完全民事行为能力、限制民事行为能力和无民事行为能力三种情况。

(1)完全民事行为能力人是借贷的合格主体

根据我国《民法通则》的规定，十八岁以上的公民是成年人，具有完全民事行为能力，可以独立与他人进行民间借贷活动。在实践中，有些人认为自己的子女虽已满十八周岁，但在读高中、大学期间，没有劳动收入，依靠父母供养，将钱出借是无效的；也有些人认为，这些成年人将钱借入，其父母仍是法定代理人，可要求其父母偿还。这些认识都否定了成年人的完全民事行为能力。完全民事行为能力人有资格参加民间借贷活动，独立地享有出借或者借入的权利，并独立地享有收回本息的权利或者独立地承担还款付息的义务。

我国《民法通则》规定，“十六岁以上不满十八周岁的公民，以自己的劳动收入为主要生活来源的，视为完全民事行为能力人”。这些人虽未成年，但已就业参加劳动，有自己的独立收入，并能认识自己行为的后果，若不允许他们独立地进行民事活动，就会给其劳动和生活带来许多不便，因而，这些人被视为完全民事行为能力人，可以成为民间借贷的出借人和借款人。

(2)限制民事行为能力人可以进行相适应的民间借贷活动

《民法通则》规定，限制民事行为能力人有两种情况：一是十周岁以上的未成年人，二是不能完全辨认自己行为的精神病人。

限制民事行为能力的未成年人与他人发生的民间借贷行为是否有效，关键看行为与他的年龄、智力是否相适应。在民间借贷中掌握这条标准，应当从两个重点内容上去把握：一是借款用途，二是借款数额。如十周岁以上未成年的小学生、初中生因购买书本、学习用品缺钱，向同学或者成年人借几元或几十元，数额小、用途正当，与其年龄、身份、智力相适应，因而，不必得到其法定代理人的同意或者追认就可认定借贷行为有效，其法定代理人应当负有偿还义务;如果未成年的初中生借款数额大,借款几千元、几万元,与他人合伙做生意,或者将借取的现金转借他人收取利息等,这些行为就与其年龄、智力不相适应,应当认定借贷行为无效。

限制民事行为能力的精神病人与他人发生民间借贷行为,关键看与其精神健康状况是否相适应,然后判断合同是否有效,有些精神病人长期处于病态,长期不能辨认自己行为,精神正常的人(无论作为出借人还是作为借款人)与他们发生民间借贷关系,均应认定合同无效。但是,有些精神病人是间歇性的,有时不能辨认自己的行为,有时能够辨认自己的行为。他们在不能辨认自己行为时,不论作为出借人还是作为借款人,与他人发生民间借贷关系,其合同均属无效。当他们的精神状态处于正常时,与他人发生民间借贷行为,应当认为其具备主体资格,如无其他违法情况,应认定合同有效。某间歇性精神病人在借贷发生时是否精神正常,有时很难判断,怎么办呢?从实践经验看,可以采取以下三种方法进行判断:一是当间歇性精神病人作为借款人在借款时出具的借据,意思表示明确,文字基本清楚,应当认定其精神处于正常状态;二是间歇性精神病人作为借款人未出具借据,或者作为出借人出借时无他人证明其精神状况的,只能通过医学鉴定来认定;三是要求精神正常一方当事人或者间歇性精神病人的法定代理人负举证责任,如请有关的介绍人、担保人、在场人等作证,证明间歇性精神病人在借贷发生时的精神状况。

限制民事行为能力人在与其年龄、智力、精神状况不相适应的情况下,与他人发生民间借贷关系(包括订立合同),必须事先征得其法定代理人的同意,或者事后经其法定代理人追认,该借贷关系才具有法律效力;没有其法定代理人的同意,合同效力处于期待状态,相对方可以催告其法定代理人予以追认。法定代理人予以追认的,民间借贷合同有效;法定代理人不予追认或者未作表示的,民间借贷合同无效。限制民事行为能力人与他人已成立的民间借贷合同被追认前,善意的相对人行使撤销权的,该合同不能生效。

(3)无民事行为能力人借贷行为无效

不满十周岁的未成年人和不能辨认自己行为的精神病人是无民事行为能力人。无民事行为能力人由于缺乏社会生活经验或者因精神健康问题,不能认识自己行为的后果,不具有以自己的行为参与民事法律关系并取得权利和设定义务的主体资格，因而，所订立的民间借贷合同为无效合同，但已发生的借贷权利或者义务应当由其法定代理人享有或者承担。

【典型案例 2.1】 未成年人借款的民事行为是否有效?

【案情】 2002 年 11 月，张应某(15 岁)因急事向然雪某借钱，然雪某因与张应某的哥哥关系好，遂将现金 250 元和从银行取出的 1500 元现金借给张应某，并约定 2 个月后还款。借款到期后，然雪某多次向张应某索要借款，张应某均以没有钱为借口久拖不还，然雪某遂向人民法院起诉，要求张应某偿还借款 1750 元。

原告然雪某提出，被告向自己借款 1750 元，事实清楚，被告也不否认这一点，既然约定了两个月，就应当按照约定两个月还款，现在被告张应某违反约定不还款，因此请求法院判决张应某还款 1750 元。

被告法定监护人提出，张应某将所借款项转借给文景某，文景某现在下落不明，故无法还款。张应某是未成年人，其所实施的行为为无效民事行为，因此不应当承担还款责任。

【诉讼指南】 本案主要涉及两个问题：一是未成年人张应某向然雪某借款的民事行为是否有效；二是该种民事行为所产生的后果应当由谁来承担。

首先，关于未成年人张应某向然雪某借款的民事行为有效与否的问题，张应某向然雪某借款 1750 元的行为属于双方之间的借贷民事行为。该民事行为是否有效首先要看张应某是否具有与之相应的行为能力。

我国《民法通则》第 12 条规定："十周岁以上的未成年人是限制民事行为能力人，可以进行与他的年龄、智力相适应的民事活动；其他民事活动由他的法定代理人代理，或者征得他的法定代理人的同意。不满十周岁的未成年人是无民事行为能力人，由他的法定代理人代理民事活动。"根据该规定，10 周岁以上的未成年人为限制民事行为能力人，只能进行与其年龄、智力相适应的民事活动，也即限制民事行为能力人只能实施一些与本人生活相关、本人的智力能够理解并能预见其行为的后果或者行为标的数额不大的民事行为。如果实施其他民事行为，应当由其法定代理人代理，或者征得其法定代理人的同意。

张应某实施借贷行为时不满18周岁，属于限制民事行为能力人，他向然雪某借款之后转手又借给了文景某，显然与其生活无关，而且依照张应某当时的年龄、智力状况，并不能真正理解这种行为，也不能预见该行为可能发生的后果。可见，张应某实施的借贷行为与其行为能力不相适应，是限制民事行为能力人依法不能独立实施的民事行为。

我国《民法通则》第58条规定："下列民事行为无效：（一）无民事行为能力人实施的；（二）限制民事行为能力人依法不能独立实施的；（三）一方以欺诈、胁迫的手段或者乘人之危，使对方在违背真实意思的情况下所为的；（四）恶意串通，损害国家、集体或者第三人利益的；（五）违反法律或者社会公共利益的；（六）经济合同违反国家指令性计划的；（七）以合法形式掩盖非法目的的。无效的民事行为，从行为开始起就没有法律约束力。"根据上述规定，限制民事行为能力人实施其依法不能独立实施的民事行为，又未经法定代理人追认的，应当认定为无效法律行为，依法不发生法律效力。

其次，关于该种民事行为所产生的后果由谁来承担的问题。无效民事行为从行为开始就没有法律约束力。《民法通则》第61条规定："民事行为被确认为无效或者被撤销后，当事人因该行为取得的财产，应当返还给受损失的一方。有过错的一方应当赔偿对方因此所受的损失，双方都有过错的，应当各自承担相应的责任。双方恶意串通，实施民事行为损害国家的、集体的或者第三人的利益的，应当追缴双方取得的财产，收归国家、集体所有或者返还第三人。"根据该规定，民事行为被确认无效后，财产原来是谁的就应当返还给谁。返还的情况应当视双方过错的情况而定。

本案张应某应该将其因无效借贷行为取得的款项返还给原告然雪某，同时，原告然雪某明知被告为未成年人，还将钱借给被告，也存在过错，因此原告也应当对其损失1750元承担一定的责任。

2. 企业向职工借款效力如何认定？

自然人与企业之间的借贷，即公民与法人之间的借贷。《最高人民法院关于如何确定公民与企业之间借贷行为效力问题的批复》明确规定，"公民与非金融企业（以下简称企业）之间的借贷属于民间借贷，只要双方当事人意思表示真实即认定有效"。企业对自有的流动资金拥有所有权，可以自行支配使用和处理，因而可以将自有的流动资金出借给自然人，自然人也可以将自有资金出借给企业。但该批复又规定，“具有下列情形之一的，应当认定无效：（一）企业以借贷名义向职工非法集资；（二）企业以借贷名义非法向社会集资；（三）企业以借贷名义向社会公众发放借款；（四）其他违反法律、行政法规的行为”。这个规定具有禁止性和强制性，违者不仅借贷无效，严重的还有可能构成非法集资、非法吸收公众存款等犯罪。

企业向社会不特定对象吸收资金是非法吸收公众存款行为，但企业与本企业职工属于一个组织的内部关系，企业因本身生产经营缺资而向内部职工借款，内部职工便是特定对象而不是不特定对象。内部职工自愿出借给企业，企业也自愿借入，双方借贷意思表示真实，借款目的和用途正当，那么就是合法行为，受法律保护。《最高人民法院关于审理非法集资刑事案件具体应用法律若干问题的解释》规定，在单位内部针对特定对象吸收资金的，不属于非法吸收或者变相吸收公众存款。有些地方人民法院也有类似规定，如温州市中级人民法院规定：“企业未向社会公开宣传，仅在单位内部针对本单位职工集资并用于本单位生产经营的，该借贷行为有效。”对此，《民间借贷司法解释》第 12 条亦明确规定，“法人或者其他组织在本单位内部通过借款形式向职工筹集资金，用于本单位生产、经营，且不存在合同法第五十二条、本规定第十四条规定的情形，当事人主张民间借贷合同有效的，人民法院应予支持”。

这里还有一个关键问题，即“用于本单位生产、经营”。如果不是这个目的和用途，则有非法集资的嫌疑，如企业向职工借款后用于牟取高利转贷，故意编造项目借款非法占有职工资金，在资不抵债的情况下明知无偿还能力而向职工借款，非法吸收或者变相吸收公众存款等，应当认定无效，构成犯罪的，应当追究刑事责任。

【典型案例 2.2】 企业能否以扣发养老金的形式抵偿职工的借款?

【案情】 韩庆某为某供销社（以下简称供销社）职工。2000 年，韩庆某为资助子女做生意，曾向供销社借款××元，一直未归还。2004 年，韩庆某退休，供销社多次向其催要欠款，均被韩庆某以种种理由拒绝偿还。经供销社领导研究决定，从 2006 年 7 月起，停发韩庆某部分养老金，用以清偿所欠供销社借款。韩庆某由于部分养老金被停发，多次找到供销社领导，要求按时、足额发放养老金，遭到拒绝。韩庆某认为供销社的做法违反《劳动法》，侵犯了自己的合法权益，向当地劳动争议仲裁机构提请仲裁。

原告韩庆某提出，我国《劳动法》规定，包括养老金在内的社会保险金必须按时、足额发放。劳动和社会保障部的相关规定也明确指出：退休人员的养老金必须按时足额发放。因此，某供销社通过扣发退休职工养老金的方式来清偿所欠企业债务的做法是错误的，应当予以纠正，裁决某供销社补发扣发的韩庆某的养老金，今后的养老金必须按时足额发放。至于韩庆某与某供销社之间的债务纠纷，应当通过正当的法律途径妥善解决。

被告供销社提出，韩庆某以种种理由拖欠所在单位的借款。经多次催要未果，采取扣发韩庆某养老金的方式，清偿韩庆某所欠债务，也是不得已而为之。本案的过错在韩庆某，应当由韩庆某尽快清偿所欠债务，否则，也只能以扣发养老金的方式来维护自身的合法权益。

【诉讼指南】 本案主要涉及的是退休人员的养老金（以下简称退休金）的发放问题。“所谓的退休金是指劳动者因年老或因工、因病丧失劳动能力而离开工作岗位，依法按期领取的生活费。劳动者退休以后，不再与原用人单位存在劳动关系，劳动者在岗期间履行的劳动义务，是其退休以后享受养老保险的前提和基础条件，尽管退休金的计算方式也是以劳动者尽劳动义务的年限和贡献大小为依据，但退休金毕竟不属于劳动报酬或工资，无须退休者用劳动来换取，因此，退休金在性质上应是一种‘社会保障费’，退休金的直接作用是妥善安置退休劳动者的生活，使他们愉快地度过晚年，解决他们的后顾之忧。”

正是鉴于养老金的上述重要作用和与丧失劳动能力劳动者生活的密切关系，国家一再以法律、法规的形式强调养老金的按时足额发放。《劳动法》第73条规定：“劳动者在下列情形下，依法享受社会保险待遇：（一）退休；（二）患病、负伤；（三）因工伤残或者患职业病；（四）失业；（五）生育。劳动者死亡后，其遗属依法享受遗属津贴。劳动者享受社会保险待遇的条件和标准由法律、法规规定。劳动者享受的社会保险金必须按时足额支付。”这里的社会保险金包括退休人员的养老保险金。劳动和社会保障部《对辽宁省劳动厅〈关于足额发放企业离退休人员养老金有关问题的请示〉的复函》中明确指出：根据国务院领导同志的讲话精神及《企业职工基本养老保险金实行收支两条线管理暂行规定》，统筹范围内的全部离退休人员的基本养老金,从1998年6月1日起确保按时足额发放,企业退休人员的基本养老金,必须按时足额发放。从上述规定可以看出,退休人员养老金的按时、足额发放是法律的一项强制性规定,用人单位必须严格遵守,不能以任何理由克扣、挪用退休人员的养老金。

本案中,韩庆某所在单位某供销社以韩庆某拖欠单位借款未由,扣发韩庆某的部分养老金的做法,虽然情有可原,但违反了《劳动法》和相关规定,是错误的,应当予以纠正。韩庆某长期拖欠单位借款,在单位多次催要的情况下,以种种理由拒不归还,侵犯了所在单位的合法权益,某供销社可以通过法律的途径予以解决,维护自身的合法权益,但不能以扣发韩庆某养老金的方式进行解决。

3. 企业向社会借款效力如何认定?

企业因自己生产经营需要,向客户、内部职工、业主亲友之外的企业或自然人等不特定人借款,如果量小面窄,偶然发生几笔,且双方当事人意思表示真实,通常是合法的。但是,如果以民间借款名义故意吸收公众存款,如企业搞抬会、互助会、地下钱庄等,那就是非法吸收公众存款。吸收公众存款是商业银行的业务范围,而设立商业银行经营存贷业务,应当经国务院银行业监督管理机构审查批准;未经国务院银行业监督管理机构批准,任何单位和个人不得从事吸收公众存款。非金融企业向社会公众借款,筹集大量资金,如果达到刑事追诉标准,将会构成非法吸收公众存款罪;如果以非法占有为目的,使用诈骗方法的,就有可能构成集资诈骗罪。对此,《民间借贷司法解释》第11条明确规定,"法人之间、其他组织之间以及它们相互之间为生产、经营需要订立的民间借贷合同,除存在合同法第五十二条、本规定第十四条规定的情形外,当事人主张民间借贷合同有效的,人民法院应予支持"。

【典型案例2.3】 未进行清算就向有关部门申请注销企业法人,对被注销的企业法人的借贷债务,应由谁承担?

【案情】 某酒店由某实业公司承包经营。1999年7月5日,某酒店向沈青某借款15万元,双方签订了借款合同,双方约定每月利息为2250元,借款期限至2001年6月,沈青某于当日将借款转到了某酒店的账上。截至2001年7月5日,某酒店已偿还此前的利息。至起诉的2003年6月10日时,某实业公司又还款87180元。该酒店于1996年12月经某工商局登记注册成立,其股东分别为陈某、张刚某、杨艳某。2002年10月30日,某酒店向某工商局递交一份《注销企业申请报告》,申请对某酒店进行注销登记。同年11月18日,某实业公司在《关于申请办理注销登记手续的报告》中,声称其于2002年7月16日正式决定撤出对某酒店的承包经营,并于当日下午5时同市政府有关部门办理了财产移交手续,于此前就企业人员、设备设施、相应物资及债权债务等情况分别进行了妥善处理,请求某工商局对某酒店进行注销登记,并承诺某酒店注销后的一切债权债务由其承担。2002年11月26日,某工商局核准对某酒店的注销登记。因陈某、张刚某、杨艳某未能清理某酒店的财产,偿还沈青某的借款本息,某实业公司亦未偿还余下的借款本息,沈青某认为某实业公司和陈某、张刚某、杨艳某存在侵害其债权的行为,主张他们应共同承担赔偿责任。此后,沈青某起诉至法院,请求法院判决四被告向沈青某一次性偿还借款182861元及利息。

原告沈青某提出,沈青某与某酒店之间签订的借款合同符合法律的规定,应依法认定为有效。某酒店在借款到期后,未返还沈青某的借款,已构成违约,应承担相应的违约责任。某实业公司在未偿还借款的情况下声称对某酒店的债权债务已进行了妥善处理,并承诺某酒店注销后的一切债权债务由其承担,造成某酒店被某工商局注销,某实业公司存在主观过错,应当向沈青某承担赔偿责任。同时,陈某、张刚某、杨艳某是某酒店的股东,应对该公司的债务承担连带责任。

被告某实业公司和陈某、张刚某、杨艳某提出,沈青某是和某酒店签订的借款合同,因为某酒店已被注销,其在主体上已不存在,因此某酒店无法在本案中承担还款责任。某实业公司已经按照合法手续正式撤出了对某酒店的承包经营,并同市政府有关部门办理了财产移交手续,因此不应当再对某酒店承担任何责任。尽管沈青某主张清算义务人陈某、张刚某、杨艳某存在侵害其债权的行为,但沈青某并未举证加以证明,其主张缺乏事实和法律依据,法院不应当支持。

【诉讼指南】 本案的焦点问题是未进行清算就向有关部门申请注销企业法人,对被注销的企业法人的债务,应由谁承担?这一问题又涉及两个环节:一是本案的案由,二是某酒店在已被注销的情况下,其对外所负债务如何承担。

首先,本案的案由是存在争议的:一种观点认为,本案为侵权纠纷,因某实业公司注销某酒店的行为侵害了沈青某债权的实现,因此本案应当定性为侵权纠纷。另一种观点认为,本案是债权人依据借款合同的约定,在债务人已被注销营业执照的情况下,请求债务人的出资人(开办人)或出具办理注销登记手续报告的有关单位承担民事赔偿责任,以保护其债权权益而引起的纠纷,属于借款合同纠纷的延伸,其性质仍属于借款合同纠纷。在本案中,某实业公司在未偿还借款的情况下声称对某酒店的债权债务已进行了妥善处理,并承诺某酒店注销后的一切债权债务由其承担,造成某酒店被某工商局注销,某实业公司存在主观过错。因此,本案应定性为侵权纠纷。

其次,某酒店在已被注销的情况下,其对外所负债务如何承担:

(1)某实业公司作为承包人和注销申请人的责任。本案借款系在承包时产生,虽借款系以某酒店名义所借,在某酒店已被注销的情况下,某实业公司亦应对此承担偿还责任。而在过错责任上,《民法通则》第106条规定:"公民、法人违反合同或者不履行其他义务的,应当承担民事责任。公民、法人由于过错侵害国家的、集体的财产,侵害他人财产、人身的,应当承担民事责任。没有过错,但法律规定应当承担民事责任的,应当承担民事责任。"《合同法》第107条规定:"当事人一方不履行合同义务或者履行合同义务不符合约定的,应当承担继续履行、采取补救措施或者赔偿损失等违约责任。"在本案中,某实业公司在向工商局办理企业法人的注销登记手续时,书面声称其已对债权债务进行了妥善处理,并承诺对某酒店的一切债权债务承担责任,导致该企业法人被注销,造成的债权得不到清偿,某实业公司明显存在主观过错,其上述行为与所受损害之间存在因果关系。某实业公司应当就该企业的上述债务承担赔偿责任,赔偿责任的范围是没有得到清偿的全部债务。

(2)某酒店的股东陈某、张刚某、杨艳某在本案中的责任。陈某、张刚某、杨艳某是某酒店的股东,亦是该公司的清算义务人,应对该公司承担清算义务。尽管沈青某主张清算义务人陈某、张刚某、杨艳某存在侵害其债权的行为,但沈青某并未举证加以证明,其主张缺乏事实和法律依据,法院不应当支持。

4. 企业向社会公众出借资金效力如何认定？

企业将自有资金、税后留利资金、企业财务报表中“所有者权益”项下的资金出借给自然人的，应当尊重企业的经济自主权，并许可其获取合法利息，但只是限于企业向特定的自然人出借，而不得以营利为目的向社会公众发放贷款。非金融企业以民间借贷的名义向不特定的社会公众出借资金，并收取高额利息，就会违反《商业银行法》关于向社会公众发放贷款属于金融业务范围的法律规定，因此，这种出借行为不仅是无效的，而且是违法的。

【典型案例 2.4】 企业将资金出借给自然人是否一律作无效处理？

【案情】 原告某公司诉被告葛某、闫某借款合同纠纷一案，法院受理后适用简易程序开庭审理。原告委托代理人陈某参加诉讼。被告葛某、闫某经合法传唤无正当理由拒不到庭。

原告某公司诉称：原告系经营电镀材料法人企业，被告葛某是电镀加工厂（个体户）业主，原被告系老客户关系。2010 年 5 月 12 日，被告葛某为购买一辆现代轿车向原告借款，原告考虑客户关系同意给予借款，并签订了借款协议。借款协议约定：借款 6 万元，借款期限 1 年，自 2010 年 5 月 12 日至 2011 年 5 月 11 日，葛某逾期还款，按日万分之五计算违约金，闫某在借款协议上的保证人一栏里签名，表明提供连带责任保证。借款到期时，被告葛某仅偿还 2 万元，其余 4 万元经原告多次催讨未还，原告诉至法院，请求判令被告葛某偿还借款本金 4 万元及逾期违约金（按日万分之五计算，自原告起诉时起至被告实际偿还借款之日止），被告闫某承担连带偿还责任。

被告葛某、闫某缺席无答辩意见。

法院经审理后认为，被告葛某向原告某公司借款的事实清楚，证据充分，法院予以采信。上述借款约定还款期限已届满，被告应继续偿还剩余借款本金 4 万元及承担违约金的责任。被告闫某自愿提供保证担保，应当对上述债务承担连带清偿责任。于是法院判决：被告葛某于本判决生效之日起 10 日内偿还原告某公司借款本金人民币 4 万元，并支付自 2011 年 5 月 11 日起至实际还款之日止，按照日 0.5‰的标准计付的违约金；被告闫某对上述债务承担连带清偿责任。

【诉讼指南】 有观点认为，自然人将资金借给企业是合法行为，应受法律保护，但企业将资金出借给自然人，与企业之间借贷一样造成企业资金脱离银行监控而进行“体外循环”，属于擅自从事金融业务的违法行为，应当作无效处理。

笔者认为，对企业将资金出借给自然人的行为一概而论作无效处理是不妥的，应当根据《最高人民法院关于如何确定公民与企业之间借贷行为效力问题的批复》的精神进行具体分析，然后划清有效与无效的界限。

企业向自然人借贷是否违法，其主要界限是企业是否出现《最高人民法院关于如何确定公民与企业之间借贷行为效力问题的批复》中的无效情形，即企业是否以借贷名义向社会公众发放借款及有无其他违反法律、行政法规的行为。企业违反这些禁止性规定而向社会公众发放借款，当属违法无效行为。但本案的原告与被告系老客户关系，应当认定原告是向特定借款人出借资金，而不是向社会公众发放借款。再者，原告以自有资金出借，且双方意思表示真实，不存在“其他违反法律、行政法规的行为”，更不能定性为“擅自从事金融业务”，因此，原告某公司向被告葛某、闫某出借的民间借贷债权应当受法律保护。

5. 民间借贷的介绍人、居间人、见证人各自应当承担什么法律责任？

民间借贷的介绍人，是帮助出借人与借款人相识或者发生借贷关系的人。其介绍行为大致分为三种：一是仅仅介绍出借人与借款人认识，有关借贷事项全由双方当事人自己决定；二是帮助双方相识的同时，介绍当事人的借贷意向，使之发生借贷关系；三是双方已经相识，介绍人仅为之介绍借贷意向。善意介绍人在实体上是不承担任何权利义务的，恶意介绍人应当承担相应的民事责任。

民间借贷的居间人，其作用是劝说出借人将金钱借给特定借款人，或者劝说借款人向特定的出借人借款，在双方当事人之间就借贷数额、利率高低、期间长短等说合，促进借贷关系的成立。善意的居间人在民间借贷关系中不享受任何实体权利，也不承担任何实体义务。如果居间人的恶意行为造成出借人到期不能收回借款的，根据《民法通则》第 58 条、第 61 条和《合同法》第 52 条、第 58 条、第 59 条的规定，除民间借贷合同按无效处理外，居间人应当承担相应的民事责任,即向出借人赔偿相应损失。

民间借贷的见证人,是指当场目睹借贷关系发生、变更或消灭,可以作证的人。见证人不是借贷关系的当事人,因而不享有或承担实体上的权利义务。但是当借款人与出借人发生纠纷时,见证人负有作证义务。

【典型案例 2.5】 在借据上签名是提供保证担保还是属于对借贷见证?

【案情】 柯某与邹某系初中同学关系。邹某经营的一家工贸企业在当地声誉较好。柯某儿子在上海开一家服装店,进货缺少资金,打电话请求父亲柯某代其借钱。柯某向邹某提出借 10 万元,邹某说最近没有资金,提议柯某向周某借钱。柯某不认识周某,要求邹某一起去找周某,并要求邹某给"美言"几句。邹某向周某介绍说,柯某是自己的老同学,是个讲信用的人,家里有新房子,儿子在上海做生意也不错,把钱借给他放心。周某相信邹某的话,便借给柯某 10 万元。柯某给周某出具一张借据,该借据载明:"今借周某现金 10 万元,用 6 个月,付利息 9000 元,2010 年 10 月 2 日前本息一次结清,共计 109000 元。"柯某出具借据后,周某对邹某说,自己与柯某陌生,要求邹某也在借据上签名,邹某不问青红皂白就签上自己的名字。

2010 年 10 月 1 日,借款第二天就到期,周某不见柯某动静就去催讨。柯某说儿子在上海做生意亏了,一时还不起,先给 9000 元利息,本金再拖欠一段时间,以后每月支付 1500 元利息。周某收取 9000 元利息,不同意给拖欠本金,但柯某确实没钱偿还本金。周某便找邹某,要求邹某偿还。邹某说,可以帮忙向柯某催讨,让自己偿还没道理。同年 10 月 12 日,周某将柯某、邹某告上法庭。

原告周某诉称:被告柯某向自己借款 10 万元,用 6 个月,利息 9000 元,2010 年 10 月 2 日到期,而被告柯某只支付 9000 元利息,本金 10 万元经催讨拒不偿还,请求判令被告柯某立即偿还本金 10 万元,并支付 2010 年 10 月 2 日以后的每月 1500 元利息;请求判令被告邹某对被告柯某上述债务承担连带保证责任。

被告柯某辩称:向周某借款属实,目前无能力偿还,以后有能力一定偿还。

被告邹某辩称:柯某向自己借款,因当时自己没钱出借,便介绍柯某向周某借款,因周某与柯某不认识,自己当时也考虑周某将钱借给柯某不放心,便在借据上签名作个见证人,根本就没有为柯某向周某借款提供保证担保的意思,所以不承担连带保证责任。

在辩论中,周某提出,自己不认识柯某,如果没有邹某担保,根本就不会把这么多钱借给柯某,自己让邹某在借据上签名,本意就是让他担保才放心。

柯某作证说,邹某当时在借据上签名,我也认为是为我向周某借款担保。

法院审理后认为:原告周某与被告柯某之间的借贷,事实清楚,债权债务关系明确,合法有效,应受法律保护;原告周某主张邹某在借据上的签名就是提供保证担保,应当承担连带保证责任,证据不足,事实不清,理由不成立。于是法院判决:限被告柯某在本判决生效之日起10日内偿还原告10万元本金及利息(自2010年10月2日起至债务履行完毕之日止,按每月1500元计算);驳回原告周某对邹某承担连带保证责任的诉讼请求。

【诉讼指南】　本案争议焦点是邹某在借据上签名是提供保证担保还是对借贷见证问题。

《最高人民法院关于适用〈中华人民共和国担保法〉若干问题的解释》(以下简称《担保法解释》)第22条第2款规定:“主合同中虽然没有保证条款,但是,保证人在主合同上以保证人的身份签字或者盖章的,保证合同成立。”其一,本案的借据没有保证条款,如有保证条款,被告邹某在借据上签名,根据这条规定就难以推脱连带保证责任。其二,根据这条规定,要使保证合同成立,保证人在主合同上签字,必须明确保证人身份,但邹某在借据上签名并没有明确保证人身份,所以不能认定邹某在借据上签名就是承诺提供保证担保。

周某在庭审中提出“自己让邹某在借据上签名本意就是让他担保”,柯某提出“也认为是为我向周某借款担保”,这两人的陈述,从表面上看,似乎印证了邹某在借据上签名就是提供保证担保的事实,但实际上都是主观认识,不具有证明效力。再者,柯某与邹某在本案处理上有着直接的利害关系,所以他提出“也认为是为我向周某借款担保”的陈述,证据效力极低,不可采信。

综上所述,我们认为,法院驳回原告周某对被告邹某承担连带保证责任的诉讼请求是正确的。

6. 替人借款将承担怎样的法律责任?

替人借款(又称“代借”),是指代借人自己不实际使用借入的金钱,而是将借入的款项交给有实际需求的借款人使用,由实际使用人最终实际承担偿还本金或支付利息的义务。代借人承担的法律责任,依据其是否以自己的名义借款而定。

如果代借人以自己的名义向出借人借人款项,转手交给实际用款人使用,就符合了转借的特征,代借人本人是借款人,承担将来向出借人还本付息的义务。即使出借人知悉款项被实际用款人使用,也不能免除代借人的义务。

如果代借人是以实际用款人的名义向出借人借入款项,交给实际用款人使用,那么实际用款人就是借款人,承担还本付息的义务。代借人的行为符合《民法通则》所规定的委托代理的法律特征,即使代借人签署借贷合同或借据(条),只要言明是替实际用款人借款,并且出借人也认可是借给实际用款人而不是代借人,则此时是代借人接受借款人的委托,以借款人的名义代替借款人向出借人借款的行为。代借的行为人不承受实体权利和实体义务,借款到期,代借人不承受偿还本金和支付利息的责任,应由借款人承担相应义务和责任。

7. 企业之间借贷被认定为无效后如何处理?

《商业银行法》第 11 条第 2 款规定:“未经国务院银行业监督管理机构批准,任何单位和个人不得从事吸收公众存款等商业银行业务。”这是一条强制禁止性规定。《贷款通则》第 61 条规定,企业之间不得违反国家规定办理借贷或者变相借贷融资业务。《非法金融机构和非法金融业务活动取缔办法》第 5 条规定,未经中国人民银行依法批准,任何单位和个人不得擅自从事金融业务活动。《合同法》第 52 条规定,违反法律、行政法规的强制性规定的合同无效。

根据这些现行规定分析,企业之间借贷是“违反法律、行政法规的强制性规定”的行为,其法律效力都被否定,在做无效处理的同时还要收缴利息,如果违反有关行政法规定,还要给予行政处罚。主要理由是,企业之间借贷违反国家有关金融货币法律、法规的规定,造成企业资金脱离银行监控而进行“体外循环”，造成资金市场失控和金融秩序混乱，个别企业甚至以营利为目的，以借贷名义非法从事集资和存贷活动。

《合同法》第58条规定：“合同无效或者被撤销后，因该合同取得的财产，应当予以返还，不能返还或者没有必要返还的，应当折价补偿有过错的一方应当赔偿对方因此所受到的损失，双方都有过错的，应当各自承担相应的责任。”从这条规定来分析，企业之间借贷合同被确认无效后，借贷本金应当全额返还给出借方，而不适用损害赔偿进行替代。对出借方已经取得或者约定取得的利息不予保护，而且适用《最高人民法院关于审理联营合同纠纷案件若干问题的解答》的规定予以收缴，对借款方处以相当于银行同期贷款利息的罚款。《最高人民法院关于对企业借贷合同借款方逾期不归还借款应如何处理问题的批复》还指出，借款方逾期不归还本金，当事人起诉到人民法院的，人民法院除应按照《关于审理联营合同纠纷案件若干问题的解答》有关规定判决外，对自双方当事人约定的还款期限届满之日起，至人民法院判决确定借款人返还本金期满期间止的利息，应当收缴，该利息按借贷双方原约定的利率计算；如果双方当事人对借款利息未约定，则按同期银行贷款利率计算；借款人未按判决确定的期限归还本金的，依照《民事诉讼法》规定加倍支付迟延履行期间的利息。

但是，近几年的司法实践有所突破，对企业之间借贷基本上适用《合同法》第58条规定进行处理，司法解释中的利息收缴和罚款基本上没有适用，除非构成行政处罚或者刑事犯罪。

8. 企业之间借贷可作有效处理的主要有哪些情形？

我们认为，企业之间借贷无效不是绝对的，在某些情况下，只要不“违反法律、行政法规的强制性规定”，不扰乱金融秩序，则可按有效处理。

（1）上下级企业内部之间的借贷

双方企业有着上下级隶属关系，如母公司与子公司、集团总公司与集团成员企业，它们之间因生产经营需要发生借贷关系，这是内部借贷行为，并非法律和司法解释中的“从事吸收公众存款等商业银行业务”和“办理借贷或者变相借贷融资业务”，这些调剂资金的行为不但没有为法律所禁止，反而有利于企业缓解资金困难来发展生产经营，所以，并不违反强制禁止性规定，也不扰乱金融秩序，应当作有效认定。

(2)有经常性业务往来企业的临时借贷

企业与企业之间因经常性业务往来而成为老客户,对方生产自己所需产品或者经营自己生产的产品,当对方有暂时性的经济困难时,出于对对方的支持和帮助,也出于对自己的生产经营有利的考虑,临时性出借一笔或者几笔借款给对方的行为,应当认为是正当的借贷行为。

(3)一方需要对方完成特定业务而对方有经济困难的借贷

如承揽合同中的承揽人有专业特长,定作人需要该承揽人定做或者加工,但承揽人完成定作人交付的工作有经济困难,此时,定作人为了取得对方的工作成果,而借给承揽人相应的款项,也应当许可。

(4)大中型企业对小型企业依合同有扶持关系的借贷

大中型企业依照合同约定,将资金借给小型企业,扶持小型企业发展生产,符合国家政策要求,应当允许。

(5)非法人企业之间因生产经营需要临时借贷

非法人企业,特别是股份合作企业、合伙企业、个体企业等,发展不平衡,有的实力比较雄厚,规模比较大,有的虽然生产经营产品或项目很有发展前途,但实力差,规模小,生产能力弱,难以取得银行借款,不少这样的企业在发展道路上因缺少资本而夭折。允许这些企业之间借贷,有利于共同发展,从而推进经济整体的发展。所以,非法人企业之间出于相互支持帮助目的,临时性发生一笔或者几笔借款,不宜认定无效。

以前司法解释和规章将企业之间借贷一律作无效处理是不妥的,这对企业是不合理、不公平的。现代企业是市场经济主体,应当有充分的自主权利,包括自主充分利用资金来发展生产经营。从改革开放和市场经济角度看,要充分尊重市场经济主体的意志和企业的自主权利,使之在宽松的环境中按照市场规律顺利发展。所以应允许企业以发展生产经营为目的进行正当借贷。企业之间借贷只要符合以下几个基本要求,不宜作无效处理:一是确因生产、经营需要;二是以自有资金临时调剂;三是不违反法律、法规强制性规定;四是不扰乱金融秩序,包括不具有非法集资、向社会公众吸收存款和发放借款的意图和行为。

有学者主张,企业之间相互借贷,除了《民法通则》、《合同法》等法律明确规定无效的情形和《刑法》规定构成犯罪的行为外,原则上认定有效。这种观点是非常开放的。

对此,《民间借贷司法解释》第11条更是明确规定,“法人之间、其他组织之间以及它们相互之间为生产、经营需要订立的民间借贷合同,除存在合同法第五十二条、本规定第十四条规定的情形外,当事人主张民间借贷合同有效的,人民法院应予支持”。

【典型案例2.6】 企业之间借贷是否有效?

【案情】 原告某公司诉称:2006年2月19日,被告公司向我公司借款230万元,期限6个月,年利率5.22%,逾期还款被告公司须向我方支付逾期借款部分每日0.5%的滞纳金。协议签订后我公司依约于2006年2月27日向被告公司如数提供了借款。但被告公司却未依约还款,我公司多次讨要,被告公司至今分文未付。故诉至贵院,请求判令被告公司偿还借款本金230万元,支付利息60030元及滞纳金。

被告公司辩称:我公司与原告公司的借贷属于企业之间借贷,违反了《贷款通则》规定,属于《合同法》第52条第5项“违反法律、行政法规的强制性规定的合同无效”的情形,应当按照《最高人民法院关于对企业借贷合同借款方逾期不归还借款的应如何处理的批复》,认定原被告之间借款协议无效,我公司只能返还本金。不支付利息与滞纳金。

一审法院经审理认为:原被告之间的借款协议系双方当事人的真实意思表示,不违反法律、行政法规的强制性规定,合法有效;在原告完整履行提供借款义务后,被告应依照约定时间偿还借款本金、支付相应利息。借款到期后被告不依照约定偿还借款本金及利息的行为对原告构成违约,应承担向原告偿还借款本金、支付利息及逾期滞纳金的民事责任。但原告要求的滞纳金远高于其所受到的损失,应当减少。《贷款通则》属部门规章,不属于《合同法》第52条所列法律、行政法规的范围,因此被告辩称依法不能成立。于是判决:限被告某公司于本判决生效后10日内偿还原告某公司借款本金230万元,同时支付利息60030元、滞纳金429214.5元。

被告某公司不服本判决提起上诉:原审原告某公司与原审被告某公司的借款协议,违反法律、行政法规的强制性规定,损害社会公共利益,应属无效。原审判决认定借款协议合法有效属适用法律错误。《最高人民法院关于对企业借贷合同借款方逾期不归还借款的应如何处理的批复》是最高人民法院针对企业间的借贷合同所作的司法解释,至今有效,对基层法院的审判具有针对性、依据性指导作用,而原审判决却不适用此答复,在没有任何法律、行政法规明文规定企业间的借贷合同为有效的情况下,径行认定上诉人与被上诉人签订的借款协议合法有效,显属适用法律错误。请求二审依法改判,驳回原审原告某公司的诉讼请求。

原审原告某公司答辩称:原审判决认定事实清楚,计算标准及依据正确,程序合法,请求维持原判。

二审法院经审理认为:我国《合同法》规定,当事人行使权利、履行义务应当遵循诚实信用原则。原审原告某公司在与原审被告某公司签订借款协议后如约借出资金,而原审被告某公司在借款到期后却以双方签订的借款协议为无效合同为由拒不履行还款义务,明显违背了诚实信用的基本原则。关于原审被告某公司在上诉中提出的双方签订的借款协议应属无效合同问题,最高人民法院相关批复指出企业借贷合同违反金融法规,属无效合同,但借款合同效力如何并不影响原审被告某公司承担归还借款本金的义务。并且,原审被告某公司长期占用原审原告某公司资金不予归还,给原审原告某公司造成的损失确实存在。所以,原审被告某公司除应归还借款本金外,还应向原审原告某公司赔偿资金占用损失。资金占用损失的数额在借款期限内可按双方在合同中约定的借款利率计算,逾期部分可按原审判决认定的约定利率计算。原审判决由原审被告某公司向原审原告某公司支付借款利息适用法律有误,本院予以纠正。

二审最后变更一审民事判决,判令原审被告某公司于本判决生效后10日内偿还原审原告某公司借款本金230万元,并赔偿资金占用损失489244.5元,驳回原审原告某公司的其他诉讼请求。

【诉讼指南】 本案的争议焦点是企业之间借贷是否有效问题。

原告某公司与被告某公司都是具有法人资格的企业,原告某公司将230万元借给被告某公司,形成了企业之间的借贷关系。一审法院作有效处理,判令偿还本金、支付利息和滞纳金,而二审法院以变更形式作无效处理,在判令偿还本金的同时,利息和滞纳金不予保护,而判令赔偿资金占用损失。

我们认为,企业之间借贷行为并非当然无效。本案原被告之间的借款协议是双方当事人的真实意思表示,并不违反法律、行政法规的强制性规定,一审认定合法有效并作出判决是正确的。

《合同法》第52条第5项规定,"违反法律、行政法规的强制性规定"订立的合同无效。但是,《最高人民法院关于适用〈中华人民共和国合同法〉若干问题的解释(二)》第14条规定:"合同法第五十二条第(五)项规定的'强制性规定',是指效力性强制性规定。"那么"违反法律、行政法规的强制性规定"是指违反全国人大及其常委会制定的法律和国务院制定的行政法规中的效力性强行性规范,人民法院在审判实践中不得作任何扩大解释。二审法院采纳原审被告的意见,认为本案的借款协议违反《贷款通则》规定而认定无效,显然对《合同法》第52条第5项规定作了扩大解释。

由此可见,《贷款通则》和《最高人民法院关于对企业借贷合同借款方逾期不归还借款的应如何处理的批复》等涉及企业之间借贷一律认定无效的规定应当修订。

二审法院以规章和司法解释为依据变更了一审民事判决,在判决归还借款本金的同时,采用赔偿方式弥补资金占用损失,而对利息和滞纳金则不予支持。这一终审判决虽然对原审原告的债权影响不大,但对正常情况下的企业之间借贷行为持否定态度是非常遗憾的。不过,本案发生在2006年,如果是现在,二审法院一般会作有效处理。

CHAPTER 3

第三章

民间借贷的形式与内容

要点提示

合同的内容可以从两个方面理解：一是从法律关系上看，合同的内容就是合同权利和义务；二是从法律文书上看，合同的内容就是合同条款。合同的形式是当事人合意的表现形式，是合同内容的外部表现，是合同内容的载体。本章就民间借贷合同的权利和义务、合同条款、合同形式等内容进行了梳理和重点说明。

1. 民间借贷合同的形式有哪些？订立口头合同应注意哪些问题？

从实践情况来看，民间借贷合同有书面和口头两种形式。这两种形式也符合《民法通则》、《合同法》等有关法律规定。

《合同法》第 11 条规定："书面形式是指合同书、信件和数据电文(包括电报、电传、传真、电子数据交换和电子邮件)等可以有形地表现所载内容的形式。"《合同法》第 197 条规定："借款合同采用书面形式，但自然人之间借款另有约定的除外。"由此可见，金融机构作为出借人时须采用书面形式，而自然人之间的民间借贷可采用书面形式，也可以采用口头形式。

日常生活中，民间借贷一般数额较小，时间较短，借贷双方往往因某种特殊关系产生的信任，以口头形式达成借贷关系，比较简便、灵活，因此，民间借贷合同以口头形式居多。但是这些口头的“君子协议”一旦发生纠纷，举证非常困难。特别是出借人主张债权、要求借款人还款时，根据“谁主张，谁举证”的原则，要他举证证明债权债务关系和内容，然而口头合同往往给出借人带来举证难题。所以在口头借贷时，应尽可能邀请一些与借贷两方均无亲属关系的朋友、同事到场，以便监督或作证；有条件的，可以形成一些录音资料等；尽量做到不伤感情，又有所准备。从权利义务内容的规范和便于履行以及发生争议的证明和解决来看，应尽量采用规范的书面合同为宜。特别是对于感情基础不牢、商业味浓厚或数额较大的民间借贷，提倡借贷双方当事人订立书面借贷协议。民间借贷合同最主要的表现形式是借款人所立的借据。借据一般应记载以借贷数额、期限、利率等为主要内容的权利义务关系。当双方当事人就借贷问题发生纠纷时，借据便是最有效的书面证据。

【典型案例 3.1】 口头民间借贷纠纷如何处理?

【案情】 原告李某诉称：2008 年 10 月，被告赵某以做生意缺资金为由，向原告借款 8000 元，2009 年 2 月，被告赵某再次向原告借款 2000 元，被告共向原告借了 10000 元。2009 年 5 月至 6 月间，原告自己盖房子需要用钱，便多次向被告催讨，但被告拒不归还，故原告诉至法院，请求判令被告偿还原告借款 10000 元。

被告赵某辩称：自己从未向原告借钱，原告李某如果认为自己两次向其借钱共 10000 元，请出示证据。

原告李某在辩论时提出，自己与赵某系朋友关系，两次借款数额都不大，碍于朋友面子，没有约定借款利息和还款时间，也不好意思让赵某出具借据，所以属于口头借款合同，口头借款合同应受法律保护。

原被告在庭审中各执一词。李某强调自己明明两次把现金交给赵某，指责赵某没良心赖账；赵某强调自己根本就未向李某借款，李某无中生有、栽赃陷害。

法院经审理后认为：原告李某诉称被告赵某两次向其借款共 10000 元，没有向法庭提交借款合同等证据予以证实，被告赵某又不予认可，本案证据不足，事实不清，债权债务关系不能成立，于是当庭判决驳回原告李某的诉讼请求。

【诉讼指南】 在现实生活中，口头借款普遍存在，特别是亲戚朋友、同事同学之间的小额借贷，出借人通常因碍于面子不好意思要求借款人出具借据或者签订借款协议。在审判实践中，原告无辜起诉被告偿还借款的情况极为罕见，而被告借款人以无证据为由赖账的倒不少。但法大于情，出借人作为原告提起民间借贷纠纷诉讼必须提交充分的证据来证明借贷关系的客观存在和债权债务的明确关系，如果举证不能则承担不利的法律后果。

根据《合同法》的规定，民间借贷合同可以采取书面形式，也可以采取口头形式，口头合同也为有效合同，应受法律保护。但是，是否有口头合同以及口头合同的约定内容必须有证据予以证实或者得到对方当事人的认可。从情理角度分析，本案被告赵某可能确实向原告李某借过钱，不然原告李某不会凭空起诉被告赵某，但原告李某没有提供书面证据或者其他有效证据，被告赵某又不予认可，那么法院就无法认定本案的借贷事实，只能驳回原告李某的诉讼请求。

2. 民间借贷只签订借款合同是否就可以了？

借款合同是民间借贷的出借人“同意”出借、借款人“愿意”借款的“合意”。

根据《合同法》的规定，民间借贷的借款合同属于实践性合同，自出借人（贷款人）提供借款时才生效。

完整的民间借贷关系至少包括以下两个要素（步骤）：

（1）双方当事人签订借款合同，表明双方之间达成了借款的“合意”；

（2）出借人将借款提供给借款人，由借款人接收。能够证明出借人提供了借款的证据有银行转账或者借款人亲笔书写的“收条”、“欠条”、“收据”之类的收款凭证。

因此，只有“借款合同＋收款凭证（包括银行转账凭证）”这两个要素才能证明不仅同意借款，而且已经提供了借款。除非在借款合同内容上明确对方已经收到了借款，否则只有借款合同不能证明将借款交给了对方。此时，借款合同还尚未生效。如2008年2月，张某向王某提出借款3万元，双方签订了一份借款协议后，王某就当场将3万元现金交给张某。后张某只承认双方签订了借款协议，不承认曾经从王某手上收到过3万元借款，主张双方

之间的借款协议尚未生效，并因此引起纠纷。当然，也可以不签订借款合同，但是必须在欠条或者收条之类的凭证中将民间借贷的两个要素包含在里面。总之，不论采取何种民间借贷形式，都必须将双方借贷的“合意”和出借人已经提供借款的事实这两个方面要素用书面形式体现出来，以免发生纠纷。

对此，《民间借贷司法解释》第 9 条更是明确规定，“具有下列情形之一，可以视为具备合同法第二百一十条关于自然人之间借款合同的生效要件：（一）以现金支付的，自借款人收到借款时；（二）以银行转账、网上电子汇款或者通过网络贷款平台等形式支付的，自资金到达借款人账户时；（三）以票据交付的，自借款人依法取得票据权利时；（四）出借人将特定资金账户支配权授权给借款人的，自借款人取得对该账户实际支配权时；（五）出借人以与借款人约定的其他方式提供借款并实际履行完成时”。

3. 如何书写一份规范的“欠条”、“借条”、“收据”之类的凭证？

“欠条”、“借条”、“收据”之类的凭证，一般就是一页纸几行字，由于要将复杂的借贷关系浓缩在简单的凭证上，因此需要更加规范的书写，否则将“后患无穷”。

（1）欠条的一般书写格式：

欠　　条

兹×××（借款人）欠×××（出借人）人民币××元整（大写：　　）。双方约定按照年利息×%计算利息。本金和利息的还款期限为××××年××月××日前。

此据

欠款人：×××
身份证号码：×××××
住址：×××××××××
日期：××××年××月××日
保证人（签字）：
日期：

(2)借条的一般书写格式:

借　　条
兹×××(借款人)向×××(出借人)借到人民币××元整(大写:　　)。双方约定按照年利息×%计算利息。本金和利息的还款期限为××××年××月××日前。 此据 借款人:××× 身份证号码:××××× 住址:××××××××× 日期:××××年××月××日 保证人(签字): 日期:

备注:借条应当写明"借到"多少钱,不宜写"借"多少钱。"借到"表示借款人已经收到了借款。

总之,切莫小看"欠条"、"借条"、"收据"之类凭证,这些凭证有时基本上就是几万元、几十万元债务的唯一证据,务必规范书写,以免发生纠纷。

4. 仅凭借据能代表钱款已经借出了吗?

借据是出借人和借款人之间借贷关系的重要凭证。民间借贷为实践性合同,一般情况下,借款人在收到借款时才出具借据,借据内会有"收到"、"已借到"等表述,借款人向出借人出具的借据实际兼有收条的作用,能够证明出借人已经将钱款交付给借款人的事实,所以通常情况下,仅凭借据就能表明钱款已经交付。

但在极特殊的情况下,仅凭借据可能不代表款项已经借出,需要具体情况具体分析。

如果借款人主张借款没有交付或者根本没有借款事实,根据《最高人民法院关于民事诉讼证据的若干规定》第5条的规定,"在合同纠纷案件中,主张合同关系成立并生效的一方当事人对合同订立和生效的事实承担举证责

任;主张合同关系变更、解除、终止、撤销的一方当事人对引起合同关系变动的事实承担举证责任”,这时法院会审查借款交付情况。对于小额借款,出借人具有支付借款的能力,如果出借人主张是现金交付,除了借据又没有其他证据的,根据日常生活经验,按照交易习惯,出借人提供借据的,一般可视为其已完成了举证责任,可以认定交付借款事实存在。而对大额借款,涉及数十万元甚至几百万元的金额,除了借据没有其他相关证据的,若出借人也主张是现金交付,则还需要通过审查出借人自身的经济实力、交易习惯及相关证人证言等,来判断出借人的这种主张是否能够成立,由出借人对该笔款项交付充分举证。如果除借据外无法举出其他证据,出借人将承担举证不能的后果,不能认定借款交付的事实。

如果双方在借据中明确约定了付款时间(在出具借据之日以后)和交付方式,借据持有人(出借人)必须对在约定时间以约定方式交付款项进行举证。

对此,《民间借贷司法解释》第 16 条明确规定,原告仅依据借据、收据、欠条等债权凭证提起民间借贷诉讼,被告抗辩已经偿还借款,被告应当对其主张提供证据证明。被告提供相应证据证明其主张后,原告仍应就借贷关系的成立承担举证证明责任。被告抗辩借贷行为尚未实际发生并能作出合理说明,人民法院应当结合借贷金额、款项交付、当事人的经济能力、当地或者当事人之间的交易方式、交易习惯、当事人财产变动情况以及证人证言等事实和因素,综合判断查证借贷事实是否发生。

5. 公证在民间借贷中有何作用?

民间借贷合同属于实践性合同,自出借人提供借款之日合同成立并生效。公证不是其生效要件,并不存在不进行公证就无效,得不到法律保护的说法。但是公证对于保护民间借贷双方合法权益的实现,有着积极的保障作用。

民间借贷简便、快捷的特点,决定了它的风险大于银行贷款,相应地,它的借款利率一般也高于银行利率,容易出现高利借款情况,导致纠纷产生。另外,借贷双方如果对合同条款如利息、借款期限不约定或约定不明,不利于保护双方合法权利,在履行中也容易使双方产生矛盾。所以为保护合法的民间借贷活动,制止民间借贷活动中的各种违法行为,保护借贷双方当事

人的合法权益,有必要对民间借贷行为进行引导、规范。根据《公证法》第2条的规定,“公证是公证机构根据自然人、法人或者其他组织的申请,依照法定程序对民事法律行为、有法律意义的事实和文书的真实性、合法性予以证明的活动”。当事人向公证机关申请公证,公证机关对民间借贷的真实性、合法性进行审查并证明,会帮助当事人完善合同条款,明确双方的权利义务及违约罚则,做到合同真实合法、手续完备、证据齐全,对违反法律规定的约定或行为及时予以制止、纠正。

在现实生活中,民间借贷大多数发生在亲戚、朋友之间,由于这些人平时关系比较密切,出于信任或者碍于情面,民间借贷关系往往是以口头协议的形式订立,无任何书面证据。根据《审理借贷意见》第4条的规定,人民法院审查借贷案件的起诉时,应要求原告提供书面借据;无书面借据的,应提供必要的事实根据。对于不具备上述条件的起诉,裁定不予受理。所以,发生民间借贷纠纷后,借款证据尤为重要。《公证法》第36条规定:“经公证的民事法律行为、有法律意义的事实和文书,应当作为认定事实的根据,但有相反证据足以推翻该项公证的除外。”民间借贷合同经过公证后,除非有相反的证据推翻该项公证,否则应当作为认定事实的依据被采信。

另外,《公证法》第37条规定:“经公证的以给付为内容并载明债务人愿意接受强制执行承诺的债权文书,债务人不履行或者履行不适当的,债权人可以依法向有管辖权的人民法院申请执行。”若民间借贷合同中明确载明如果借款人归还借款或履行不适当,借款人愿意接受强制执行的内容,并对该效力进行公证,而借款人不按照合同约定归还借款的,出借人可以向有管辖权的人民法院申请强制执行,不必经过诉讼。这样可以促使借款人按时还款,也有利于出借人的权利实现。

所以民间借贷合同的公证对规范民间借贷行为、预防纠纷发生、保障借贷双方(特别是出借人)的权益有积极作用。

【典型案例3.2】 未实际履行的借条效力如何认定?

【案情】 2006年3月10日,李青某因急需资金向邓张某借款,李青某向邓张某出具了一份借条,该借条内容显示:“今因急需资金借邓张某人民币拾万元(100000元),用于某工地工程。”在出具上述借条后,邓张某未将

借款直接支付给李青某。2006年7月,邓张某、陈某及其他数名股东合资注册某电子有限公司。之后某电子有限公司先后多次以现金投入及垫付工人工资的名义收取邓张某投入该公司的现金人民币总计101000元,并给邓张某出具数张收款收据,收款收据上加盖了公司的公章。2006年8月,邓张某以李青某向其借款10万元,并受李青某委托向某电子公司支付所借现金未归还为由,向法院提起诉讼,请求判令李青某归还上述借款10万元。

原告邓张某提出,李青某写借条的行为本身就是对债的关系的一种确认,至于该款项是否交付,法院无须审查,应当直接认定李青某和邓张某之间存在债权债务的关系,并判决李青某承担偿还欠款的责任。

被告李青某提出,自己虽向邓张某出具了借款10万元的借条,但邓张某未按借条约定的内容向李青某支付该款项,双方的借贷协议尚未生效。邓张某称其按李青某的要求将款项交付给某电子有限公司,但公司出具的收款收据写明付款人为邓张某本人,该收款收据亦不能证明邓张某向某电子有限公司交付的款项是代李青某所支付。邓张某也不能提交李青某授权委托其将借款直接支付给某电子有限公司的证据,因此邓张某的请求不应当获得支持。

【诉讼指南】 本案的焦点在于借款合同的履行问题,而要对这个问题作出正确的分析认定,关键在于如何正确认定以下两个问题:(1)李青某向邓张某出具借条的行为能否直接证明双方之间债权债务的关系的存在;(2)邓张某向某电子有限公司支付的现金101000元的行为是不是履行借款合同义务的行为。

众所周知,合同成立是指合同订立过程的完成,只能证明合同的客观存在,是合同生效的前提。在本案中,李青某向邓张某出具了借条,无疑可认定邓张某、李青某之间存在借款的合意,可以证明合同已经成立。但合同成立只是解决了合同是否存在的问题,对于合同是否生效即合同权利义务的最终确定,则是合同生效制度才能解决的问题。也就是说,即使合同已经成立,如果不符合法律规定的生效条件,仍然不能产生预期的法律效力。合同成立制度主要体现了当事人的意志,体现了合同自由原则;生效制度则体现了国家对合同关系的肯定或否定评价,反映了国家对合同关系的干预。《合同法》第197条规定:“借款合同采用书面形式,但自然人之间借款另有约定的除外。借款合同的内容包括借款种类、币种、用途、数额、利率、期限和还

款方式等条款。”第210条也规定:“自然人之间的借款合同,自贷款人提供借款时生效。”由此可认定,借款合同是实践性合同,除了有借款的合意外,还需有实际交付款项的事实存在,当事人之间才能确立债权债务关系。国家法律之所以作此规定,主要是由于公民之间的借款合同往往是无偿的。如果认定合同成立就生效,则贷款人一方一旦同意借出款项,就必须按照约定提供借款,如此加重贷款方的责任是不公平的。所以,该借条能否证明邓张某、李青某之间债权债务的关系的存在,关键在于借款是否交付。如果已经交付,则合同生效,邓张某和李青某之间的债权债务关系成立,如果未交付,则债权债务关系尚未确立。本案中,邓张某也认可其并没有向李青某本人支付10万元的事实。所以,借条仅能证明邓张某和李青某之间的合同存在,但不能证明合同生效。邓张某依据尚未生效的借款合同,要求李青某清偿借款是不能成立的。

关于能否将邓张某向某电子有限公司支付的款项101000元认定为履行借款合同义务的问题,涉及合同履行问题。《合同法》第60条规定:“当事人应当按照约定全面履行自己的义务。当事人应当遵循诚实信用原则,根据合同的性质、目的和交易习惯履行通知、协助、保密等义务。”该条规定即是合同的全面履行原则,就是指合同当事人应当依据合同和法律的规定全面履行其合同项下的义务。换言之,债务人应当全面地、适当地完成其合同义务,从而使债权人的合同债权得到完全实现。它要求合同当事人必须按照合同规定的履行主体、标的、时间、地点以及方式等履行其义务。按照合同的全面履行原则,债务人的履行在质量、数量、履行方法、地点等方面都必须符合合同的约定和法律的规定,否则均可构成违约。按照《合同法》规定,借款合同是借款人向贷款人借款,到期返还借款并支付利息的合同。根据合同的全面履行原则,贷款人只有向恰当的借款相对人支付借款,才能产生合同履行的法律效力。但在本案中,与邓张某成立借款合同关系的是本案被告,对此邓张某并无异议,而且也可以从李青某书写借条和以李青某为本案被告的事实来证明。但是,收到邓张某款项的主体却是某电子有限公司,而该公司是邓张某和其他股东合资注册的,显然与李青某是不同的法律主体,由此可以认定邓张某向某电子有限公司支付款项的行为不是履行本案借款合同义务的行为。因此,邓张某的诉讼主张不能成立。

6. 强制执行公证书在民间借贷中有何作用？

强制执行效力是公证书的一个特殊效力。若出借人和借款人之间的民间借贷合同中明确载明如果借款人归还借款或履行不适当，借款人愿意接受强制执行的内容，并申请公证处对该效力进行公证，当借款人不按照合同约定归还借款时，出借人可以向有管辖权的人民法院申请强制执行，不必经过诉讼。

《民事诉讼法》第238条规定："对公证机关依法赋予强制执行效力的债权文书，一方当事人不履行的，对方当事人可以向有管辖权的人民法院申请执行，受申请的人民法院应当执行。"《公证法》第37条规定："对经公证的以给付为内容并载明债务人愿意接受强制执行承诺的债权文书，债务人不履行或者履行不适当的，债权人可以依法向有管辖权的人民法院申请执行。"所以具有强制执行效力的公证文书可以申请法院强制执行，便于权利保障。在民间借贷中，此种公证比较常见。

2000年最高人民法院和司法部颁布了《关于公证机关赋予强制执行效力的债权文书执行有关问题的联合通知》，对公证机构赋予强制执行效力的债权文书应当具备的条件作了如下规定：

（1）债权文书具有给付货币、物品、有价证券的内容；（2）债权债务关系明确，债权人和债务人对债权文书有关给付内容无疑义；（3）债权文书中载明债务人不履行义务或者不完全履行义务时，债务人愿意接受依法强制执行的承诺。

公证机构在办理上述债权文书公证时，一般对以下事项进行审查：

（1）公证债权文书的内容是否具有给付金钱、物品、有价证券等单方义务。可以办理强制执行公证的文书仅限于追偿债款、物品和有价证券，同时，这种给付义务应为单方履行性质。

（2）债权债务关系明确，出借人和借款人对债权文书有关给付内容无异议。债权文书中对债权额、履行债务的期限、地点、方式等内容作了明确的规定，出借人和借款人对债权文书中的内容没有任何的争议。

（3）债权文书中明确载明借款人不履行义务或不适当履行义务时，借款人愿意接受依法强制执行的承诺。如果借款人到期没有履行债务或不适当履行债务，出借人向公证机关申请，公证机关审查后认定借款人不履行或不适当履行的事实确实发生，出借人按照约定已经履行了合同义务，借款人对债权文书规定的履行义务没有异议的，应当为出借人签发执行证书，出借人可以依此向人民法院申请强制执行。

7. 民间借贷合同的主要内容有哪些？

合同的内容是为合同条款所固定和表现的双方当事人表示一致的内在意思。合同条款表明了合同的内容，合同内容在法律文书上表现于条款。《合同法》第 197 条第 2 款规定："借款合同的内容包括借款种类、币种、用途、数额、利率、期限和还款方式等条款。"在现实中，由于民间借贷具有自由性的特征，许多合同条款不一定都具备该条规定的全部内容。

除了具备民事行为条件外，民间借贷合同应当记载借贷的主要内容才具存法律效力。根据《合同法》有关规定和民间借贷特点来分析，依民间借贷合同记载内容对效力的影响，可分为绝对必要内容与相对必要内容。

（1）绝对必要内容

绝对必要内容是民间借贷合同上必须记载的内容。如果缺一项则会使整个合同无效或者难以成立。民间借贷合同绝对必要内容主要是借贷数额和借款人名称，即合同上的标的物和主体，这是民间借贷合同成立有效的绝对要件。如果没有载明借贷数额，就无法确定标的额，该借贷合同就不能成立，这种情况极为少见，有时由于当事人疏忽大意或偶然失误，实践中也出现过。

民间借贷合同不仅要有明确、具体的货币数额，而且应当在合同上使用大写。从实践来看，借款人取款后，往往随手立借据交给出借人，自己很少留底。在这种情况下，如果不使用中文大写，而使用阿拉伯字小写，因阿拉伯字小写容易改动，且有时难以鉴定，就容易发生借贷数额纠纷。发生这类纠纷，借款人往往吃亏，原因是借据在出借人手中，出借人举证充足、有力，而借款人手中往往缺乏证据，容易出现举证不能，而人民法院审理案件是靠证据的，只能依据证据作出判决。

民间借贷合同如果没有借款人签名或盖章，该民间借贷合同因缺乏一方主体就不能成立，出借人持有这种借据，除非借款人承认，如果被指认的借款人不予认可，出借人又无其他证据证明的，该借据对出借人指认的借款人无效。当然，有其他证据证明被指认的借款人就是实际借款人，如通过笔迹鉴定，证明该借据确为被指认的借款人所书写的，可以认定书写人为借款人；书写人能够提供证据证明自己为他人代写，并得到实际借款人承认的，则由实际借款人承担偿还责任。

民间借贷合同上有借款人却无出借人的，一般认定借据持有人为出借人，但借款人或者实际出借人有证据证明借据持有人不是出借人的，该借据对持有人无效。

民间借贷合同缺乏必要内容并非当然无效，当事人双方一致承认并无异议，或者借款人主动履行义务的，则可追认该民间借贷合同自始有效。

(2)相对必要内容

相对必要内容是由当事人自由决定是否记载于借贷合同的内容，若记载便有约定效力，若不记载可依法处理而不影响民间借贷合同本身效力。民间借贷合同的相对必要内容主要有用途、利率、期限等。

8. 民间借贷是否需要约定借款用途？

《合同法》第 197 条第 2 款规定，“借款合同的内容包括借款种类、币种、用途、数额、利率、期限和还款方式等条款”，借款用途是借款合同的基本条款之一。

《合同法》第 203 条规定，“借款人未按照约定的借款用途使用借款的，贷款人可以停止发放借款、提前收回借款或者解除合同”。

因此，在借款合同中约定借款用途主要有以下两个方面的作用：

(1)出借人可以监督借款人使用借款情况，发现借款人擅自改变借款用途的，可以停止发放借款、提前收回借款或者解除合同，这对保证借款资金安全具有重要的意义；

(2)借款人如果虚构借款用途或者隐瞒借款用途而骗取借款的，有可能涉嫌诈骗犯罪，需要承担刑事责任。

总之，民间借贷的出借人最好与借款人约定借款用途，以保证借款资金的安全；同时在必要的时候，可以追究恶意借款人刑事责任。

9. 民间借贷的借款用途应注意哪些问题？

借款用途是借款方使用借款的范围和内容。银行及其他金融机构为了有力地保证国家产业政策的实施和国民经济的协调发展，以及保证贷款安全，严格规定了贷款用途，并有监督贷款使用的权利，所以，对银行贷款来说，贷款用途是必备条款。在民间借贷活动中，大多数借款人为了取得借款，往往主动向出借人说明借款用途，希望得到出借人的理解和支持；出借人在出借前，为了保证借款安全，也往往问清借款用途。借款用途是民间借贷当事人是否考虑借款的主要条件，但没有约定借贷用途，一般不影响合同的效力和合同规定的权利义务关系。如果已经明确约定借款用途，而借款人不按约定用途使用借款的，则构成违约。

借款人虚构用途骗取借款的，如借款人为了还赌债，却以生活困难为由向出借人借款，出借人可以按照《合同法》有关规定，主张民间借贷合同无效或者请求予以撤销，并要求立即返还借款。

10. 民间借贷的借款利息应注意哪些问题?

利率是一定时间借款的利息与本金的比率，是计算利息的方法。对银行贷款来说，利润是其生存发展之本，而利润主要来源于利息，所以，利率或利息不仅是金融借款合同的主要条款，而且是必备条款。但对民间借贷来说，利率或利息不是必备条款，有些民间借贷不要利息或者没有约定利息，这并不影响无息民间借贷合同的法律效力，如果对有无利息产生争议，则应按照《合同法》第61条、第211条的规定处理。

双方当事人已经约定利率或利息的，应当在民间借贷合同中作为条款记载下来。如果不记载在借贷合同之中，借款人又予以否认的，则被认为无息借款。

11. 民间借贷的还款方式应注意哪些问题?

还款方式，是借款人归还借款的结算方式。民间借贷的还款方式由双方当事人自由约定，可以约定一次还款，也可以约定分多次还款，还可以约定其他还款方式。还款方式没有约定或者约定不明确的，不影响整个合同效力，双方当事人可以协议补充；不能达成补充协议的，应当认定一次性以金钱方式偿还。

12. 民间借贷的借款期限应注意哪些问题?

民间借贷期限是指借款的使用时间。民间借贷明确约定借贷期限，有利于借款人有计划地使用借款和准备还款,对出借人来说有利于按时实现债权。民间借贷使用期限不是合同的必备条款,双方当事人没有约定或者约定不明确的,不影响合同效力。

没有约定期限有两种情况:一是明确不约定期限,如借款人向出借人借款时,询问出借人可以借用多少时间,出借人表示不用约定借用多长时间,需要归还时再告诉借款人,其意思是期限问题留在日后再确定,这是明确不约定期限;二是没有约定期限,双方当事人在发生民间借贷时,没有就期限问题进行协商,结果在合同中没有借款期限条款,在这种情况下,借款使用期限也处于待定状态。

民间借贷合同如果没有约定期限或者约定不明确的,就有可能发生期限争议和如何确认还款期限问题。《合同法》第206条规定:“借款人应当按照约定的期限返还借款。对借款期限没有约定或者约定不明确,依照本法第六十一条的规定仍不能确定的,借款人可以随时返还;贷款可以催告借款人在合理期限内返还。”根据《合同法》第61条的规定,当事人对借贷期限没有约定或者约定不明确的,可以协议补充;不能达成补充协议的,按照合同有关条款或者交易习惯确定。

出借人或者借款人如果不与对方就期限问题进行补充协议;或者无法与对方达成补充协议,不能认为借贷永远处于无期限状态,出借人可以根据《合同法》第206条的规定,催告借款人在合理期限内返还借款。

这里的“合理期限”,通常是指出借人给予借款人足以充分、充全地履行还款义务的时间。至于“合理期限”是几天、几个月,法律没有具体的规定,而应当以合理为原则,由出借人根据借款人的实际情况来决定,借款人不能认为出借人决定的期限不符合客观实际来对抗债权人决定的期限,而只能与出借人协商确定还款期限。有些借款人可能在一年两年,甚至更长的时间内没有还款能力,如果把合理期限与借款人履行还款能力等同起来,就不利于对债权人合法权益的保护。

出借人行使催告权,能够产生四个法律效果:一是表明出借人已经主张债权,要求借款人偿还借款;二是将产生诉讼时效中断的效果;三是给予合理期限后,借款使用期限就确定下来;四是还款付息履行期产生。履行期限与借款期限不同,借款期限对借款人来说是指使用期限,履行期限是指债务人向债权人履行义务时间。

13. 没有还款期限和期限约定不明的借贷如何催告？

对于没有约定期限或期限约定不明确问题，不能认为永无期限，否则，借款人就会以未到期为由拖延甚至拒绝履行还款义务，因此，在这种情况下必须合理确定履行期限。

《合同法》第206条规定，借款人应当按照约定期限返还借款。对于借款期限没有约定或者约定不明确，依照《合同法》第61条仍不能确定，借款人可以随时返还；出借人可以催告借款人在合理期限内返还。

《合同法》第206条“催告”的意思是出借人告知借款人还本付息，这不同于现实生活中的“催讨”，“催讨”是出借人直接向借款人主张还本付息而不必再预留合理期限；“可以催告”指出借人不催告而直接向借款人主张权利亦是情理之中。从合情合理角度看，不论是催告还是催讨，出借人一般都应当给借款人一个合理履行期限，而不宜催告时就要求当即交款。

这里的“合理期限”，通常指出借人给予借款人足以充分、完全的履行还款义务的时间。至于“合理期限”是几天、几个月，法律以公平合理和诚实信用为原则，由出借人根据借款人的实际情况来决定，借款人不能以出借人决定的期限不符合客观实际、不合理为由来对抗其决定的期限，而只能与出借人协商确定还款期限。

14. 出借人无正当理由拒绝接受借款人归还的借款的如何处理？

如果出借人无正当理由拒绝接受借款人归还的借款，借款人可以采用提存的方式归还借款。

法律规定因债权人的原因，使债务人无法直接向债权人偿还债务的，债务人可将需要偿还的钱或物提交于法定的提存机关，由提存机关按法定程序交付给债权人。自提存之日起，视为债务人履行了给付义务，提存物及其风险责任转归债权人。

在民间借贷中，如果双方约定了利息或者逾期付款的违约责任，到期后若出现出借人无正当理由拒绝受领、债权人下落不明或者在国外无法履行、债权人死亡未确定继承人或者丧失民事行为能力未确定监护人等情况，则借款人无法履行该债务，造成借款人到期未履行合同的假象并不得不继续承担利息或违约金，导致不应有的损失。当出现以上状况时，借款人可以将还款向有关提存机关提存，视为履行了还款义务。在款项提存后，除债权人下落不明的以外，借款人应当及时通知出借人或者出借人的继承人、监护人。出借人领取提存款项的权利，自提存之日起五年内不行使而消灭，提存物扣除提存费用后归国家所有。

关于提存机关，根据我国《提存公证规则》的规定，接收提存物而代为保管的机关为公证处。实践中也多由公证处办理提存业务。借款人在申请办理提存公证时应注意以下问题：(1)当事人办理提存公证，应向债务履行地公证处申请。(2)提存的物品只限于货币、有价证券、票据、提单、权利证书、贵重物品及其他适宜提存的物品。(3)提存物在提存期间所产生的孳息(如货币的存款利息)归提存受领人所有。提存人取回提存物的，孳息归提存人所有。

提存人可以凭法院生效的判决、裁定或提存之债已清偿的公证证明取回提存物。提存物取回视为未提存。

申请办理提存公证，借款人应提交以下证件和材料：(1)申请人的身份证明，法人的法人资格证明和法定代表人身份证明。委托办理的，还应提供授权委托书和代办人的身份证明。(2)借款依据，如合同书、欠债凭证、司法文书等。如是出借人拒绝受领或查找不到出借人的，应提供相关证明，如要求出借人领取提存物的电函、通知等。(3)提存受领人的姓名、地址、邮编、联系电话等。(4)交付提存物。提存的货币可采用转账、汇款方式交付，对不易移动的提存物应提供其名称、种类、数量等情况的清单。(5)公证员认为应当提交的其他材料。

15. 如果借款人明确表示或者以自己的行为表明将不会如期归还借款时，如何处理？

如果民间借贷中约定了借款期限，在借款期限届满之前，若无特殊事由，出借人无权要求借款人提前履行还款义务。如果借款人明确表示或者以自己的行为表明不履行合同义务的情况，即预期违约，此时，虽然借款期限未届满，但出借人可要求借款人提前还款。实践中，民间借贷借款人的上述行为，表现为以下两种情况：一种情况是在合同履行期限到来之前，借款人在无正当理由情况下，向出借人明确表示不履行主要债务。“明确表示”往往是指以肯定方式明白告诉出借人，比如发正式通知、信件、传真等足以让对方理解其意思表示的方式。这种行为在法律上被称为明示预期违约。

另一种情况是指在履行期限到来之前,借款人虽然没有明确表示不履行债务,但以自己的行为或者现状表明其将不会或不能履行债务。所谓"以自己的行为或现状"就是指借款人通过自己的行为或自己明确存在的实际状况让出借人有确切证据足以预见到借款人在履行期限届满时将不会履行或不能履行还款义务,比如无故失踪,拖欠分期债务中的到期债务,或者为了逃避债务转移资金、财产、货物,经营状况严重恶化以及丧失商业信誉等。上述行为属于默示预期违约,出借人可以在合同履行期限届满之前要求借款人承担违约责任。

在实践中,对于借款人的预期违约行为,出借人一般可能采取以下两种方式应对:(1)出借人出于某种考虑(比如熟人面子或证据问题)可以不予理睬,坚持到期要求偿还借款,但这对出借人实现债权十分不利,因为基于借贷期间的表现,借款期限到期后借款人基本不会归还借款,而且出借人已经丧失了追讨借款的最佳时机。(2)出借人可依据《合同法》第 94 条规定的"有下列情形之一的,当事人可以解除合同……(二)在履行期限届满之前,当事人一方明确表示或者以自己的行为表明不履行主要债务……"要求借款人提前还款并承担赔偿责任。在借款人明示预期违约的情况下,出借人可直接要求借款人还款;在借款人默示预期违约的情况下,由于该情况属于出借人的预见和猜测,出借人可以要求借款人提供担保,保障借款的履行。如果借款人不提供担保,出借人可以要求解除合同。

解除权的行使应当符合法律规定。《合同法》第 96 条第 1 款规定,"当事人一方依照本法第九十三条第二款、第九十四条的规定主张解除合同的,应当通知对方。合同自通知到达对方时解除。对方有异议的,可以请求人民法院或者仲裁机构确认解除合同的效力"。此款对行使解除权的一方当事人作了程序性规定,也为出借人提供了相应的救济途径,在通知到达对方时解除合同,随后要求对方返还借款承担赔偿责任。

出借人也可以根据《合同法》第 108 条"当事人一方明确表示或者以自己的行为表明不履行合同义务的,对方可以在履行期限届满之前要求其承担违约责任"的规定,按照合同约定的违约条款,直接要求借款人归还借款并承担违约责任。

16.处理民间借贷纠纷如何把握“身份”和“公章”？

当前，在处理民间借贷纠纷案件时，一些司法裁判人员基于“法人代表即代表法人”、“公章即证明法人”这种简单的逻辑定式，把法人代表或单位负责人在外个人举债（有的加盖公章）等民事行为一律视为职务行为，而对债权的合法与否、正当与否不加考察，更不考察其举债资金是否进入正规财务账户、是否实际用于法人或单位事项，进而把那些本该由个人承担的债务或者是否实际发生的债务认定为法人和单位债务。

“身份主义”和“公章崇拜论”保护的不当债权不外乎这些表现形式：企事业单位负责人以个人名义借款，一些法官仅仅因为借款人是单位负责人就将偿债义务判定“转嫁”于单位；借据虽有公司公章和法人代表签字，但借款没有任何入账证明，借款是否实际发生或进入他人账户都没有查清，法官即简单认定为单位债务；项目部经理不当举债甚至虚假举债，法官仅凭“项目部公章”判决由公司为其买单，而免除项目经理个人偿债义务；借款虽然进入项目部账户，但随后即转出至个人账户，并未实际用于项目，而法官仍然判定借款本息由公司偿还；项目部负责人采取虚列的材料款和民工工资的形式套取公司款项，法官仅凭清单上加盖的公章而判定由公司支付。

（1）反思：债权保护为何异化

债权受保护，当然是一种十分重要的司法理念和价值取向。但法律和国家强制力介入和保护的债权应当是合法债权、正当债权。一段时期以来，受片面保护债权的价值理念影响，一些司法裁判者奉行“身份主义”或“公章崇拜论”，导致一些个人债务、虚设债务轻易“转嫁”于法人和单位，以法律的名义和国家强制力介入并保护了一些不当债权、不慎债权、瑕疵债权、有争议债权，甚至非法债权、虚假债权，从而损害了国家、集体和他人以及真正的债权人的合法权益，在某些领域对国家经济秩序、社会管理秩序、家庭伦理秩序、公序良俗和单位财经制度、金融管理制度产生了一定冲击，甚至为一些人稀释财产、侵占财产、逃避债务、非法集资、诈骗、洗钱、黑幕交易等违法犯罪提供了方便，从某种程度上说，法律正当程序在这里异化为不法利益甚至违法犯罪的工具和“帮凶”。为什么会出现这种异化？

第一，价值取向偏差：债权保护过于优于其他权益保护。当前无论是理论界还是司法实务界，一种根植于内心深处的、极其强烈的价值理念就是保护债权！不可否认,保护债权,当然应该成为一种十分重要的价值,这主要基于市场交易安全的考虑。但是,取向一种价值的同时,切不可忽视其他价值的考量与平衡。任何一种优先保护权益都是有前提和基本准则的。就保护债权而言,不能简单地为了市场交易秩序的安全而冲击社会整体秩序的安定和诚信根基,不能侵害无辜第三人的合法权益,不能为了保护债权而将履债义务任意转嫁于当初没有参与债的订立的其他不知情人,包括不知情或没有实际得到借款的法人或单位。相反,债权安全、交易安全与秩序要让位于社会整体秩序的安定和诚信价值取向。因为债权安全还受市场制约,风险规则是任何经济行为的普适性规则。

第二,逻辑误区:“身份主义”、“公章崇拜论”成就虚假、不当债权的法律保护。在一些法官眼里,只要查明了借款人的法人代表或项目经理身份的真实性,或者只要看见了“公章”,就如同发现了“铁证”,就可以放心地认定某笔债务为单位债务。一些法官处理这类纠纷,往往把审查重点放在借款人“身份真伪”和“公章真伪”的甄别上,而不去实际考察债务资金的来龙去脉和实际用途。公章的真或假,就能证明债务的真或假么？即使加盖的公章真实无疑,如果资金没有进入单位正规账户,没有实际用于单位事项,这样的债务能证明是单位债务么？因此,无论是建筑施工领域的项目经理,还是法人代表或单位负责人,判定他们的行为是否为职务行为,判定他们的举债是个人债务还是单位债务,重要的不是看其身份和公章,关键是要看其行为是否真正为了单位事项、资金是否真正进入单位监管的正规账户、是否实际用于单位事项。绝不能理所当然地认为法定代表人的行为就是法人行为,不能仅因为条据上盖有公章或者法定代表人有签字就简单地认定为职务行为或法人债务。

(2)正本归源:债权保护的正当路径

第一,法律保护的债权仅限于合法债权、正当债权。获得法律保护的债权应当为合法债权、正当债权。对于夫妻一方串通他人虚列债务的,夫妻一方名义举债不是用于夫妻共同生活的,项目经理与人串通虚列债务或者恶意举债企图利用表见代理权损害公司利益的,法人代表并非基于法人的意志且利益指向亦非法人而举的债等,都不是正当债务,自然不属于法律优先保护的范畴。有人会提出质疑:那些有争议的债权为什么不应受到法律保护呢？因为举债是一种市场行为。市场有风险,举债同样有风险。风险规

则适用一切市场行为,举债亦不能例外。另外,法律和国家强制力只能介入和保护正当债权、合法债权。但这种介入和保护也是有限的,法律和法院不能充当任何债权的"保险公司"。在市场风险规则和有限保护前提下,法律必须区分正当债权和非正当债权,将正当债权纳入司法保护范畴,而非正当债权、有争议债权、瑕疵债权主要靠市场调节,法律不必强制介入。

第二,坚持合同相对性原则:"谁立据谁还钱"与"谁使用谁还钱"。合同相对性原则要求合同的权利享受者和义务的履行者必须是合同订立和履行的当事人。具体到借贷合同,则应坚持"谁立据谁还钱"这一最为简单也是最为根本、最为可靠、最合常理的原则。强调合同的相对性原则,或者"谁立据谁还钱"原则,既可保证交易安全与便利,也可防止签字双方为他人设置不当负担。因此,法人代表、单位负责人以及项目经理如果不是严格的代理行为,也不符合严格意义的表见代理,同样只能由个人承担债务。但如何确定合同相对人,不能唯公章是举,要综合实际签字人、资金的实际掌控者和使用者、资金的实际流向和使用情况、有理由相信的代理权或表见代理权等因素,确定合同当事人是个人还是法人或单位,是项目经理还是建筑公司。合同相对性原则,不仅仅是指形式上的相对,还必须考察实质上的"相对",即"谁使用谁还钱"。也就是说,即使借款协议、借据都是由公司、单位签署,但如果借款没有进入公司、单位正规账户,没有实际用于公司、单位事项,那就不能认定为公司或单位债务,只能认定为个人债务,即由借款的实际使用人承担偿还义务。对公司或单位有过错的,可判定个人和单位共同承担偿债义务,但也绝不能轻易免除个人责任。

CHAPTER

4

第四章

民间借贷的效力

要点提示

判断民间借贷关系是否成立、生效是民间借贷纠纷案件审理的重要环节。我国民法理论与实践曾对法律行为的成立要件与法律行为的生效要件不加区分,多以法律行为的有效成立概括法律行为的形成和生效过程。民间借贷作为实践性合同。其成立规则和生效规则明显应该分别适用。在司法实务中,民间借贷的成立需要借贷双方通过书面、口头或者其他方式达成借贷合意;而其生效不仅需要当事人的借贷合意,还需要出借人的实际履行,即合同自款项实际交付借款人或者借款人指定、认可的接收人时生效。审查民间借贷关系的效力问题则是进一步确定成立的借贷合同对双方当事人是否具有确定的约束力,主要审查在已成立的借贷合同中,是否存在阻却或影响合同效力的事由。

1. 民间借贷是否合法如何认定?

合法的民间借贷受法律保护。所谓合法的民间借贷是指公民个人与个人之间,或者公民个人与企业及其他组织之间,出于自愿原则的借贷。

(1)合法的民间借贷必须是双方当事人之间自愿的借贷。一方以欺诈、

胁迫等手段或者乘人之危,使对方在违背真实意思的情况下所形成的借贷关系,属于可撤销合同,经行使撤销权后应当认定为无效。借贷关系无效的原因是由债权人的行为引起的,只返还本金;借贷关系无效的原因是由债务人的行为引起的,除了返还本金外,还应当参照银行同类贷款利率给付利息。

(2)合法的民间借贷出借的资金必须属于出借人所有或者拥有支配权的自有资金。不属于出借人所有或出借人没有支配权的财产所形成的借贷关系无效,不受法律保护。

(3)合法的民间借贷禁止吸收他人资金转手放贷。

(4)合法的民间借贷的利息不得超过国家规定的利率上限,超过部分无效。

(5)合法的民间借贷的目的必须合法,不得为他人从事非法活动提供借贷。出借人明知借款人是为了进行非法活动而借款的,如违法提供赌资、提供走私资金、为涉嫌犯罪的人提供逃跑的资金等,其借贷关系不予保护;对双方的违法借贷行为,可收缴财产、罚款、拘留;涉嫌犯罪的,依法追究刑事责任。

(6)合法的民间借贷不包括企业之间非以生产经营为目的的借贷,企业之间非以生产经营为目的的借贷因违反金融法规而属于无效。

(7)其他违反法律、行政法规的借贷行为无效。如企业以借贷名义向职工、社会非法集资的行为无效;企业以借贷名义向社会公众发放贷款的行为无效,“做会”的行为无效等。

总之,出借人务必了解哪些借贷行为违反法律规定,属于无效借贷行为。此外,有些无效的借贷行为还有可能涉嫌犯罪,需要承担刑事法律责任。如明知是贩毒的人而提供贩毒的资金、明知吸毒的人而提供吸毒资金、明知他人涉嫌犯罪正准备逃跑而提供逃跑的路费,等等,这类行为均涉嫌犯罪,不仅借贷关系不受法律保护,还要承担刑事责任。

2. 民间借贷合同属于诺成性还是实践性合同?

民间借贷合同是一种实践性的民事合同。目前,对于民间借贷合同的性质是实践性的还是诺成性的尚存在争议。笔者认为,民间借贷合同应当作为实践性合同来处理。也就是说,民间借贷合同不仅要求借贷双方达到

合意,而且要求贷款人把出借的货币交付给借款人,合同才算成立。在这一点上,民间借贷与所谓有金融机构参与的正规借贷有很大的区别,因为就后者而言,诺成性是其显著特点。正如有观点所说的:“民间借贷的出现是随着我国市场经济的不断发展、人们物质生活水平的逐渐提高、生产和生活规模不断扩大而出现的。而且随着经济的深入发展,这种在民间互通有无、互济余缺的借贷方式方便灵活,有利于促进生产和经济的发展。因此,国家应当引导、鼓励和规范这种借贷关系的正常发展,而不应当过多地限制,在依法保护双方合同权益的前提下,应当着重于保护债权人的利益。对于民间借贷,应当采取不同于银行及其他金融机构借贷的规定与方式,即采取实践性合同的方式较为可取。在民间借贷关系中,大量地采取口头约定的方式,而采取书面方式的比较少。所以,对此以诺成性合同的规定来处理实际上很难做到。”笔者完全同意这种观点。事实上,在民间借贷的实践当中,如果出现贷款人违反与借款人之间的口头或书面协定,其可能的原因只有以下几种:一是贷款人本身经济状况恶化,难以实现其借款承诺,二是贷款人基于对借款人信息的充分了解,发现借款人因为生产经营状况或信用状况的严重恶化而难以实现其还本付息的承诺。在以上两种情况下,再去要求贷款人履行其基于借款人请求而为的贷款承诺,对贷款人而言,都是不太合理、不太公平的。另外,如果借款人违反其与贷款人的借款承诺,其原因也不外乎是借款人的资金需求已经获得了满足或是借款人认为借款代价(如利率)过高等,在这样一些情况下,再去要求其一定要兑现其借款承诺也委实不太必要。当然,在民间借贷的实践中,的确存在如果一方违反合同约定很有可能造成对方信赖利益损失的情况,似乎这种损失应当由违约方予以补偿,但是,事实上这种情况几乎是不太可能的,原因也正在于民间借贷本身的特点。实践中,民间借贷实现的形式通常有二:一是没有书面合同而仅凭口头协议承诺借贷,二是有书面贷款合同或是没有书面合同但有确切证明力的第三方证人在场。在第一种情况下,不论是对于贷款人还是借款人而言,不仅仅因为口头协议决定了借款金额较少,即使违反协议,所造成的信赖利益损失也不会太大,而且即使是一方违约,对方也无法证明口头协议的存在,从而使是否违约根本就得不到证明。在第二种情况下,由于民间借贷本身相对于正规借贷数额少,现金交易即时清结的特点,一般而言,在订立合同的同时,借贷也就实现了,不会存在隔时实现合同的情况。综上所

述，民间借贷合同，不论是何种情况，均应归入实践性合同一类。

3. 民间借贷合同的成立主要有哪些情况？

民间借贷合同的成立，是指出借人和借款人就借贷事项的意思表示达成一致，借款人向出借人提出借款要约，出借人同意接受借款要约的全部条件，即为承诺。《合同法》第25条规定承诺生效时合同成立。

从现实表现来看，民间借贷合同的成立主要有以下几种情况：

（1）借款人向出借人提出借款要求，出借人答应借款，并即时提供借款，该民间借贷合同即时成立并生效；

（2）借款人与出借人就借款事项已经协商一致，出借人口头答应后过一段时间才提供借款的，因出借人口头答应是一种承诺，所以民间借贷合同从出借人口头答应之日起成立，但未生效；

（3）借款人与出借人已经订立民间借贷合同，但未提供借款，该合同成立；

（4）借款人出具借据、借条等交给出借人，出借人答应借款并收受借据、借条，但尚未提供借款的，该合同从出借人收受借据之日起成立；

（5）出借人与借款人订立的附条件提供借款的民间借贷合同，此类合同自订立之日起成立。

民间借贷合同成立后，如无违法情况，出借人应当遵守诚实信用原则，按照约定的时间、数额提供借款，借款人也应当按约收取借款，否则，都有可能构成预期违约而承担缔约责任。

【典型案例4.1】　民间借贷附条件与附期限如何区别？

【案情】　2005年4月1日，包某以申办移民澳洲为由向董建某借款10万元，并出具借条约定借款人包某到澳洲后1年内还清借款。借款后，包某委托个人贾晶某协助办理移民澳洲的手续，但直至2006年10月尚未办妥移民签证。董建某见被告包某一直无法成功移民，遂多次向包某讨要借款10万元。在索要未果的情况下，董建某一纸诉状将包某告上法庭，要求偿还借款本金10万元及利息。

原告董建某的代理人提出，借条上约定的还款条件为“借款人到澳洲后

一年内还清”，这属于附条件的民事行为，但被告包某根本不具备移民澳洲的条件，因此所附条件无效。但是该条件无效并不影响整个借款合同的效力，被告应当依法偿还借款本金和利息。

被告包某提出，其出具的借条上注明“借款人到澳洲后一年内还清”，并且其一直在办理往澳洲的移民手续，还款期限未到，其不必偿还借款 10 万元。如果按照原告代理人的意思主张还款条件无效，则其出具的借条也无效，其同样不应当承担还款责任。

【诉讼指南】 《民法通则》第 62 规定：“民事法律行为可以附条件……”《民通意见》第 75 条规定：“附条件的民事行为，如果所附的条件是违背法律规定或者不可能发生的，应当认定该民事行为无效。”

首先，本案中，原、被告双方在借条中约定“借款人到澳洲后一年内还清”，该约定是附条件还是附期限的民事行为？附条件和附期限的区别在于：条件具有或然性，存在是否能够实现的问题；期限具有确定性，不存在能否实现的问题。根据上述区别，“借款人到澳洲后一年内还清”的约定属于附条件而非附期限的民事行为，原因在于借款人能否到澳洲具有不确定性，这是附条件民事行为的鲜明特征。

其次，被告以申办移民澳洲为由向原告借款并出具借条，系双方的真实意思表示，借贷关系合法有效。借条上的还款约定“借款人到澳洲后一年内还清”属附条件的民事行为，但因被告未能提供其具备移民澳洲的条件并正在申办移民签证的证据，因此所附的条件系根本不可能发生的事。根据《民通意见》第 75 条的规定，原、被告约定的还款条件应认定为无效。

最后，原、被告双方约定的还款条件无效并不影响原告与被告之间借贷关系的效力。双方当事人主体合格，他们之间的借贷关系是各自真实的意思表示，且内容合法，根据《民法通则》第 60 条之规定，民事行为部分无效，不影响其他部分的效力。其他部分仍然有效。在借贷合同有效的情况下，被告应当偿还原告借款 10 万元及相应利息。

4. 民间借贷合同何时生效？

订立民间借贷合同作为一项法律行为，其生效条件应当分为一般生效条件和特定生效条件。

一般生效条件按照《民法通则》的要求应包括：行为人具有相应的民事

行为能力;意思表示真实,即出借人和借款人对借款行为都是出于自己内心的真实意思,不存在欺诈、胁迫等损害对方利益的情况;不违反法律规定。

特定生效条件是《合同法》第 210 条规定的“自然人之间的借款合同,自贷款人提供借款时生效”。

由此可见,民间借贷合同是实践性合同,无论是口头形式还是书面形式,一般情况下,均在出借人提供借款时生效。出借人与借款人就借贷事项达成一致意见后,出借人将款项交给借款人,民间借贷合同即时生效,未实际提供借款的,民间借贷合同不生效。

对此,《民间借贷司法解释》第 9 条明确规定,“具有下列情形之一,可以视为具备合同法第二百一十条关于自然人之间借款合同的生效要件:(一)以现金支付的,自借款人收到借款时;(二)以银行转账、网上电子汇款或者通过网络贷款平台等形式支付的,自资金到达借款人账户时;(三)以票据交付的,自借款人依法取得票据权利时;(四)出借人将特定资金账户支配权授权给借款人的,自借款人取得对该账户实际支配权时;(五)出借人以与借款人约定的其他方式提供借款并实际履行完成时”。第 10 条明确规定,“除自然人之间的借款合同外,当事人主张民间借贷合同自合同成立时生效的,人民法院应予支持,但当事人另有约定或者法律、行政法规另有规定的除外”。

【典型案例 4.2】 民间借贷何时生效?

【案情】 某建筑公司为承接一个工程项目,委托瞿某进行公关,并给活动经费和报酬,瞿某提出自己经营的外贸公司缺乏流动资金,如果自己公关有效使工程项目中标,要求借给 50 万元,某建筑公司表示同意,于是双方于 2010 年 5 月 10 日签订了一份借款协议。该协议载明:甲方如果某某工程中标,在乙方不损害甲方工程利益、保守中标秘密的情况下,同意借给乙方无息借款 50 万元,使用期限 3 年;如果甲方未能中标,或乙方损害甲方工程利益,或乙方泄露甲方中标秘密的,则本协议无效。

2010 年 8 月,某建筑公司工程中标并与建设单位签订了施工合同,于是瞿某多次要求某建筑公司按借款协议约定给予借款,某建筑公司以瞿某公关不力、工程中标是自身努力的结果等理由不愿提供借款。瞿某便向法院提起诉讼,请求法院判令某建筑公司履行借款协议提供借款 50 万元,如不提供借款，则应赔偿损失9万元。

某建筑公司答辩：双方签订的借款协议的内容是民间借贷，性质属于实践性合同，只有出借人实际提供借款，该协议才生效，本公司未实际提供借款，该借款协议不具有法律上的约束力，所以本公司无承担该借款协议约定的提供借款的义务。

法院经审理认为：本案属于企业与自然人之间形成的民间借贷纠纷。《最高人民法院关于如何确认公民与企业之间借贷行为效力问题的批复》规定："公民与非金融企业之间的借贷属于民间借贷。只要双方当事人意思表示真实即可认定有效。"本案原被告签订借款协议，意思表示真实，且未违反法律、法规的禁止性、强制性规定，所以合法成立并有效，但根据《合同法》第210条的规定，民间借贷合同属于实践性合同，自出借人提供借款时生效。本案被告某建筑公司签订借款协议后尚未提供50万元借款，因此该借款协议属于承诺性合同并未生效。此外，原告瞿某请求赔偿9万元损失，没有提供因被告某建筑公司未履行借款协议造成其损失的证据予以证实，不应予以支持。法院最后判决驳回原告瞿某要求被告某建筑公司提供借款或赔偿损失的诉讼请求。

【诉讼指南】 本案争议的焦点是原、被告签订的借款协议是否生效及被告某建筑公司是否承担提供借款义务或赔偿损失责任的问题。

本案的借款协议是附条件合同。该借款协议约定的"如果某某工程中标，在乙方不损害甲方工程利益、保守中标秘密的情况下"，就是所附的条件。被告某建筑公司中标后，原告瞿某并没实施损害甲方工程利益和泄露中标秘密的行为，应当说所附条件成就，被告某建筑公司应当借给无息借款50万元，问题是民间借贷合同属于实践性合同，而该借款协议属于承诺性合同，所以，所附条件成就的法律效果只能是该借款协议成立有效，并不改变借贷合同是实践性合同的性质。

承诺性合同成立有效，不等于合同生效。合同成立有效与合同生效是两个不同的概念。合同成立有效是一个法律事实及其效力的判断，主要判断合同是否存在及成立的效力；合同生效是指已经成立的合同根据法律规定在当事人之间产生一定的法律后果，这是一个法律评价问题。《最高人民法院关于如何确认公民与企业之间借贷行为效力问题的批复》中的"有效"是指前者，而《合同法》第44条规定的"生效"是指后者。

民间借贷合同属于实践合同，只有出借人实际提供借款才能生效，且提供借款数额和时间如果与借贷合同约定不一致的，则应以实际提供的数额和时间为准。

民间借贷合同成立后，出借人不履行提供借款义务，如果造成借款人因此遭受损失的，出借人应当承担缔约责任，但借款人应当负举证责任，需提供充分的证据证明损失的客观存在，然后才能获得赔偿，但本案原告不能提供证据予以证实损失，所以其赔偿请求也不能得到法院的支持。

5. 无效民间借贷合同主要有哪些特点？

无效民间借贷合同是相对有效民间借贷合同而言的，是指不符合法定条件和要求或者违反法律规定而成立的，不能发生出借人和借款人预期法律后果的合同。

无效民间借贷合同具有以下三个特点：

(1)行为违法

民间借贷行为违法主要有两种情形：一是不符合法定条件；二是实施违法行为。

出借人和借款人订立的民间借贷合同，如果不符合法定条件则属无效。具备民事行为能力、意思表示真实等都是法定条件，如出借人与无民事行为能力人订立民间借贷合同，又如一方当事人意思表示不真实而订立民间借贷合同等，都会使已经成立或者履行的民间借贷合同因不符合法定条件归于无效。

出借人和借款人实施违反法律规定行为所订立的民间借贷合同，当属无效合同。例如，损害国家、集体或者社会共同利益；双方串故意损害第三人利益；将违法犯罪所得的资金出借；明确将借款用于违法犯罪行为等。在这些违法情况下订立的民间借贷合同都是无效合同或者属于可撤销合同。

判断借贷合同是否有效，首先要看双方当事人的借贷行为是否合法。合法借贷行为所订立的合同为有效合同，而违法民间借贷行为所订立的合同为无效合同。有些民间借贷合同尽管是出借人与借款人意思表示一致而形成的合同，若违反了法律规定或者社会公共利益，就为无效合同。对无效合同不管当事人是否主张有效，因其不符合国家意志而不能发生法律效力。

(2)不能发生预期的法律后果

民间借贷当事人的预期法律后果,对出借人来说是出借资金,到期收回本金取得利息;对借款人来说是取得借款,到期归还本金支付利息。当事人订立的民间借贷合同如果合法有效,则可发生上述的预期法律后果;如果合同无效,则不发生上述预期的法律后果。

当民间借贷合同被确认无效后,原已约定的权利义务关系不具法律约束力,当事人不得实际履行,出借人不得按约向借款人提供借款。如果承认无效民间借贷合同可以实际履行,就等于允许当事人实施违法借贷行为。例如,出借人明知借款人借款用于赌博而与之订立借贷合同,如果允许出借人向借款人提供赌资,等于支持了赌博行为。即使出借人已经向借款人提供了借款,借款人也应予以返还。

(3)自始无效

民间借贷合同是否符合法定条件和要求,是否违反法律规定,只能在合同已经成立的基础上进行确认,合同尚未成立,谈不上有效或者无效问题。民间借贷行为违反了法律、法规的强制性规定和社会公共利益,属于本质上违法,本质上违法的合同自始无效,即自合同订立之时就处于无效状态。也有一部分民间借贷合同在订立后一段时间内其效力处于待定状态,如限制民事行为能力人、无代理权行为人所订立的民间借贷合同,可经法定代理人或者被代理人追认后生效,但民间借贷合同一旦被确认无效则溯及订立之时起无效。

【典型案例4.3】 借款的用途对借贷关系效力有无影响?

【案情】 卫某自2002年开始做生意,在商场打拼了五年,生意越做越顺畅,赚了几百万元。2007年12月3日,从小一起玩到大的同学曹伟某来找他,提出向他借款30万元。卫某问曹伟某借钱准备投资什么项目,曹伟某说要开一家赌博游戏室,卫某认为开赌博游戏室虽然赚钱但风险也大,所以不同意借钱给曹伟某。但曹伟某先后几次找他要求借钱,并承诺不论发生任何事,都不会影响到债务偿还的履行。在曹伟某的软磨硬泡之下,卫某还是把钱借给了曹伟某。曹伟某给卫某出具了借条,并注明一切责任由曹伟某本人承担。结果,曹伟某的游戏室开业还不到两个月,便被公安机关查封，曹伟某也因此被罚款和拘留。卫某见曹伟某开赌博游戏室非但没有赚到钱，反而落到如此下场，担心自己的借款收不回来，便多次找曹伟某要债，曹伟某每一次都说暂时无力偿还，让他宽限一段时间。在多次索要无果的情况下，卫某把曹伟某告上了法庭，要求曹伟某还款或者以财产抵偿债务。

原告卫某提出，曹伟某向其借款有借条为证，双方之间的借贷关系应当受到法律保护，曹伟某应当偿还30万元借款。

被告曹伟某的代理人提出，曹伟某向卫某借款时，卫某明知曹伟某要将借款用于开一家赌博游戏室还把钱借给曹伟某，根据相关法律规定，双方之间的借贷关系不受法律保护。

【诉讼指南】 本案中，卫某借给曹伟某30万元，并且有借条为证，按照一般情况来讲，双方之间的借贷关系依法成立，曹伟某应当偿还卫某30万元借款。但是，本案中有一个特殊情况，那就是借钱时，卫某就知道曹伟某要用借款去开一个赌博游戏室，也就是用于非法活动，但卫某依然选择把钱借给曹伟某。

现实中，很多人都存在一个认识上的误区，即认为借款的用途不会对借贷关系及还款产生影响。换句话说，不论借款人借钱是用于正当经商做生意还是非法活动，出借人都可以向其主张债权，因为“欠债还钱”是天经地义的事。其实，这种观念是不正确的。

《审理借贷意见》第11条规定，“出借人明知借款人是为了进行非法活动而借款的，其借贷关系不予保护。对双方的违法借贷行为，可按照《民法通则》第134条第3款及《民通意见》第163条、第164条的规定予以制裁”。《民通意见》第163条规定：“在诉讼中发现与本案有关的违法行为需要给予制裁的，可适用民法通则第一百三十四条第三款规定，予以训诫、责令具结悔过、收缴进行非法活动的财物和非法所得，或者依照法律规定处以罚款、拘留。采用收缴、罚款、拘留制裁措施，必须经院长批准，另行制作民事制裁决定书。被制裁人对决定不服的，在收到决定书的次日起10日内向上一级人民法院申请复议一次。复议期间，决定暂不执行。”第164条规定：“适用民法通则第一百三十四条第三款对公民处以罚款的数额为500元以下，拘留为15日以下。依法对法定代表人处以拘留制裁措施，为15日以下。以上两款，法律另有规定的除外。”

也就是说，根据上述法律规定，在出借人明知借款人是为了进行非法活动的情况下借款的，不但双方的借贷关系不受法律保护，同时，人民法院还可以对出借人、借款人予以训诫、责令具结悔过、收缴进行非法活动的财物和非法所得，并可以依照法律规定处以罚款、拘留。

所以，本案的处理结果应当是卫某与曹伟某之间的借贷关系无法受到法律保护。

从本案的结果中不难得出一个教训，那就是：债权人在借出款项特别是数额较大款项时，应该弄清楚借款人借款的真实用途，若发现借款人借款用于赌博、嫖娼、贩毒、走私等非法活动，应予坚决拒绝。

6. 民间借贷无效情形主要有哪些？

根据《民法通则》、《合同法》的相关规定，民间借贷合同无效的情形主要有：(1)当事人不具有相应民事行为能力而订立的合同；(2)意思表示不真实而订立的合同；(3)无权代理等不符合《民法通则》规定的条件而订立的合同；(4)一方以欺诈、胁迫的手段订立合同，损害国家利益；(5)恶意串通，损害国家、集体或者第三人利益而订立的合同；(6)以合法形式掩盖非法目的而订立的合同；(7)损害社会公共利益而订立的合同；(8)违反法律、行政法规的强制性规定而订立的合同。

对此，《民间借贷司法解释》第14条明确规定，具有下列情形之一，人民法院应当认定民间借贷合同无效，“(一)套取金融机构信贷资金又高利转贷给借款人，且借款人事先知道或者应当知道的；(二)以向其他企业借贷或者向本单位职工集资取得的资金又转贷给借款人牟利，且借款人事先知道或者应当知道的；(三)出借人事先知道或者应当知道借款人借款用于违法犯罪活动仍然提供借款的；(四)违背社会公序良俗的；(五)其他违反法律、行政法规效力性强制性规定的”。

7. 民间借贷纠纷中“一方以欺诈、胁迫手段”订立合同如何认定？

《合同法》第52条第1项规定，“一方以欺诈、胁迫的手段订立合同，损害国家利益”为无效合同。在民间借贷活动中，出借人采取欺诈、胁迫的手段将金钱出借给借款人的情况极为少见，绝大多数是借款人取欺诈、胁迫手段迫使出借人将金钱借给自己。但无论是出借人还是借款人，如果采取欺诈、胁迫的手段迫使对方借款而订立的合同，都违背对方当事人的真实意思。

欺诈合同，是指一方当事人隐瞒真实情况或者制造虚假情况欺骗对方作出错误的意思表示而与之签订的合同。欺诈合同由以下几个条件构成：

（1）一方当事人故意。在通常情况下，出借人和借款人双方不可能故意串通损害对方的利益，而是一方故意损害对方的利益，或者损害第三人的利益，欺诈是一方故意的违法行为。过失不能认为是欺诈，如一方当事人对事情认识错误，而向对方说明的情况不符合客观事实，就不是欺诈行为。

（2）欺诈行为已经实施。一方当事人仅有欺诈心理而未与对方订立民间借贷合同，也未提供贷款，不构成欺诈；只有欺诈行为已经实施（包括口头行为），才有可能骗取对方与之订立民间借贷合同。

（3）欺诈行为已经造成损害对方利益的后果。这种损害后果表现为：一方当事人实施欺诈行为已经骗取对方借款。如果对方未上当受骗而未提供借款的，属于欺诈未遂。

胁迫合同，是指一方当事人以损害对方利益或损害国家利益为目的而采取威胁、强迫等手段，迫使对方产生恐惧心理而与之订立的合同。在现实生活中，胁迫的表现形式是多种多样的。例如，威胁对方生命安全、身体健康；扬言损毁对方财产，损坏对方声誉；揭露对方隐私，公示于众，等等。在采取胁迫手段的情况下，迫使对方与之订立借贷合同的，该合同当然无效。

双方当事人意思表示真实是合同有效的必备条件之一，而采取欺诈、胁迫的手段迫使对方与之订立民间借贷合同，属于对方意思表示不真实的情形，此类合同因缺乏有效条件，受害方可以请求人民法院撤销使之无效，如果损害国家利益的，应当直接认定无效。

【典型案例4.4】　受胁迫签订的民间借贷合同效力如何认定?

【案情】　金湖机械模具厂因长期亏损、资金缺乏，正常运转受到严重影响，于是决定向其内部职工借款，并规定每个职工必须借给厂里3万元，否则就下岗回家。金湖机械模具厂承诺待企业效益好转后如数退还借款。大多数职工迫于下岗的压力，不得不东借西凑借给工厂。金湖机械模具厂与职工签订了借款合同。两年之后，该厂的经营状况未见好转，连工人的基本工资都无法保证按时发放，更不用提向职工返还借款。职工们见厂里根本没有还钱的意思,遂共同将金湖机械模具厂告上法庭,要求法院认定厂里和职工签订的借款合同无效,厂里应当返还借款及在此期间的利息。

原告金湖机械模具厂职工的代理人提出,金湖机械模具厂向职工借款时,采取了胁迫的手段即威胁不借款就要下岗,职工在无奈之下被迫签订了借款合同。借款合同应当无效,厂里应当返还借款并支付相应利息。

被告金湖机械模具厂的代理人提出,金湖机械模具厂向职工借款是因为厂里效益不好,双方签订的借款合同合法、有效,应当受到法律保护。双方约定厂里经济效益好转后还款,现在厂里经济效益没有好转,职工不应当要求还款。

【诉讼指南】 本案中,金湖机械模具厂与职工之间的借贷行为经申请撤销后属无效的借款行为。

《民法通则》第58条规定:"下列民事行为无效:……(三)一方以欺诈、胁迫的手段或乘人之危,使对方在违背真实意思的情况下所为的……无效的民事行为,从行为开始起就没有法律约束力。"原《最高人民法院关于人民法院审理借贷案件的若干意见》第10条规定:"一方以欺诈、胁迫等手段或者乘人之危,使对方在违背真实意思的情况下形成的借款关系,应认定为无效。借贷关系无效由债权人的行为引起的,只返还本金;借贷关系无效由债务人的行为引起的,除返还本金外,还应参照银行同类贷款利率给付利息。"

本案中,涉及胁迫的问题。所谓胁迫,是向对方当事人表示施加危害,使其发生恐惧,并且基于此种恐惧而为一定意思表示的行为。一般认为,胁迫应具备以下五个条件:

(1)胁迫人有胁迫的故意。所谓胁迫的故意,一是有使受胁迫人发生恐惧的意思,二是有使受胁迫人因恐惧而为意思表示的意思。本案中,金湖机械模具厂为达到其借款的目的,故意用下岗相威胁,厂里明白这可以使职工产生恐惧心理,而不得不想方设法为其集资。

(2)胁迫人有胁迫行为。所谓胁迫行为,是胁迫人对于受胁迫人表示施加危害的行为。本案中,金湖机械模具厂规定的不借给企业钱就下岗的这一行为正是胁迫行为的表现。

(3)受胁迫人因胁迫而发生恐惧,即受胁迫人意识到自己或亲友的某种利益将蒙受较大损害而产生恐惧的心理。本案中,很显然如果职工不交钱便丢工作,这无疑使职工产生一定的心理恐惧。

(4)受胁迫人因恐惧而为一定的行为。也就是说,恐惧和意思表示之间有因果关系。本案中,职工最终同意借款给厂里只是由于害怕下岗而为的行为,并非其真实的意思表示。

(5)胁迫人所表示的施加危害属于违法或不当。本案中,金湖机械模具厂为了达到借款的目的,以下岗相威胁显属违法行为。

因此,根据上述法律规定和对金湖机械模具厂在借款过程中实施行为的分析,可以认定金湖机械模具厂在借款过程中存在胁迫行为,双方因此签订的借款合同经撤销后变为无效,同时该借款合同的无效是由债务人金湖机械模具厂的行为引起的,因此厂里除返还借款本金外,还应当参照银行同类贷款利率向职工给付利息。

8. 民间借贷纠纷中"恶意串通,损害国家、集体或者第三人利益"订立合同如何认定?

《合同法》第 52 条第 2 项规定,"恶意串通,损害国家、集体或者第三人利益"而订立的合同为无效合同。双方当事人非法勾结,为自己或者他人牟取非法利益,共同损害国家、集体或者第三人的利益而订立民间借贷合同,是恶意串通的违法行为。恶意串通行为,对民间资金正常融通,对国家、集体和公民财产安全构成很大的危害,故为无效合同。

确认恶意串通进行民间借贷活动来损害国家、集体利益,在通常情况下应当具备三个基本条件:(1)双方当事人在主观上具有违法故意;(2)双方当事人已经实施串通行为;(3)目的是获得非法利益,这个条件不以行为人已经或者必然能够取得非法利益来限制,只要恶意串通订立民间借贷合同危及国家、集体或者第三人利益即可认定无效。

这里的国家、集体利益,通常是指刑法、行政法等公法所保护的利益。所以,违反刑法、行政法规定的民间借贷行为,如借款人以威胁对方生命安全、身体健康、揭发隐私等手段胁迫对方订立民间借贷合同的,则可认为是损害国家或者公共利益,应当认定为合同无效。这里的第三人利益,通常是指私法所保护的公民、法人和其他组织的利益。

9. 民间借贷纠纷中"以合法形式掩盖非法目的"订立合同如何认定?

《合同法》第 52 条第 3 项规定,"以合法形式掩盖非法目的"而订立的合同为无效合同。民间借贷合同的当事人，为了达到非法目的，采取迂回方法，避开法律、法规的强制性规定而订立的民间借贷合同，是“以合法形式掩盖非法目的”的违法合同。这种合同在行为外表上是合法的，而在目的和内容上是违法的，因而为无效合同。例如，出借人明知借款人借款是为了贩卖毒品，而借款人以盖房为用途出具借据，出借人也予以接受并提供贷款，就是“以合法形式掩盖非法目的”的民间借贷行为。

10. 民间借贷案非法目的的审查应注意哪些问题？

按照《合同法》第52条“以合法形式掩盖非法目的的合同无效”的规定，法院在审理民间借贷案件时，不仅要对行为的形式是否合法进行审查，还应当对行为目的是否合法主动进行审查。

(1)民间借贷合法形式掩盖非法目的表现形式

许多借贷行为在形式上是合法的，但这些行为反映出的目的与行为真实的目的并不一致。民间借贷的表现形式有借条、欠条、借款合同等，当事人提起这类纠纷通常都会举示这些证据，但这些证据所证明的法律关系不一定真正发生，而是掩盖着非法的目的。最常见的有以下几种：

第一，企业假借个人名义借贷。民间借贷纠纷案件的实际履行主体往往是企业，而自然人除了参与签订合同或提供借据外，并未提供或实际使用款项，案件的借贷资金以企业间转账形式流转，然后由收到资金的企业与出借单位的法定代表人签订借款合同，或者向出借单位的法定代表人出具借据，以上案件均是以民间借贷的形式掩盖企业间借贷。

第二，以多种形式掩盖高息。贷款人为了规避法律对民间借贷利率“不得高于银行同类贷款利率四倍”的上限规定，采用各种方式掩盖高息。有的用“砍头息”的方式掩盖高息，在支付本金的同时就直接将利息扣除，甚至还在合同中注明用现金支付多少金额，而现金支付部分实际就是预扣的利息；有的约定了高息以后，对未支付的高息单独出具一张借条，或将利息转为本金后再重新出具借条；有的约定了利息之后又约定违约金等。因为在我国并没有法律规定一定金额以上的划款必须要通过银行转账，或者要有划款依据，所以对于当事人采取以上方式掩盖高息的在民事诉讼过程中很难查清事实的真相，法官只能引导当事人进一步举证，并根据证据规则作出判断。

第三,民间借贷涉嫌诈骗、非法吸收公共存款等犯罪行为。有的案件在审理过程中出现很多原告短期内集中起诉同一被告要求还款,后经公安机关侦查,被告涉嫌非法吸收公众存款的情形。有的案件涉嫌诈骗,如九龙坡区的杨某,向汽车租赁公司租赁汽车 59 辆,并以此为抵押以 1 角至 2 角不等的高息向周某等借款 340 余万元,周某等为谋高利又将从杨某处获得的车辆作抵押向其他人借款 401 万元,并将其中的 340 万元转借杨某。

第四,以借条等合法形式掩盖非法债务。对于赌债、吸毒等非法债务以借条的形式确认下来,审理中被告反映借款系因赌博发生的债务,有些赌博输后因无钱支付赌债书写的借据,有些因没有资本遂借款进行赌博,有的举债购买毒品供自己吸食,此类案件中“职业放贷”现象严重。近几年来,在有的地区公务员群体中参与民间借贷的日益增多,民间借贷甚至成为一些人权力寻租的手段,以借钱为名,行权钱交易之实。

第五,虚构债务、虚增债务、虚假诉讼等。审理中发现有些民间借贷纠纷存在虚构或虚增债务、虚假诉讼现象;有些以离婚夫妻为被告的借贷纠纷中,出现一方在离婚前的短期内多次向亲友举债;因婚外情离婚中,第三者凭借婚外恋一方书写的借据要求夫妻双方承担连带责任等现象。有些案件出现被告在短期内反复涉及民间借贷纠纷、原被告系近亲属、原告起诉的借款事实和理由不符合常理等现象。

(2)对民间借贷案中非法目的的审查

在民间借贷合同纠纷中,合法的形式通常是指的借条、欠条或借款合同等,掩盖的非法目的主要有掩盖高息、掩盖犯罪所得、掩盖违反法律规定的行为等,掩盖的方式主要有掩盖法律关系的性质、掩盖合同主体等。审理这类案件时,如何才能发现以合法形式掩盖非法目的的情形,法官应当注意以下几点:

第一,尽量要求当事人本人出庭应诉。应当由借款方当庭陈述借款的目的、用途,贷款方陈述款项的支付等事实,因为在当事人缺席的情况下,法官很难查清债务的真实性和合法性。

第二,注意审查合同的主体。一是审查合同的主体是否就是真实的法律关系的主体,比如,有的企业为了规避企业间借贷无效的规定,由企业的法定代表人之间签订合同,或者由企业与另一企业的法定代表人或指定的人签订借款合同,但资金的提供与流向均为企业,个人不承担合同中的权利义务,以上合同应认定为企业间借贷合同,按企业间借贷的效力处理。二是审查合同的主体之间是否有亲属或其他利害关系，对于合同主体之间有以上关系的，即使当事人对案件事实没有争议，也应当注意审查借款的时间、用途、有无其他债务等，以防止虚假诉讼的发生。三是注意审查有无众多原告集中起诉同一被告或涉及特殊主体（如公务员）的情况，对于案件涉嫌刑事犯罪的，应当按照民刑交叉的相关规定处理。

第三，注意审查借款合同关系是否是真实的法律关系。比如，企业之间签订联营合同，约定按期支付固定的收益，该行为名为联营，真实的法律关系是借贷，对这类案件就应当按照企业间借贷处理。又如，原告以借条起诉的案件，被告抗辩原告实际并未借钱给他，而是双方赌博被告输钱后出具的借条，如果被告能够举证证明的，就应当认定借款合同无效。

第四，注意审查有无约定高息或变相约定高息。对于用“砍头息”的方式掩盖高息的，在支付本金的同时就直接将利息扣除，或对未支付的高息单独出具一张借条，审理中原告往往会陈述，被告有异议的金额是现金支付，对于被告的反驳有一定证据证明或足以使人民法院产生合理怀疑的，人民法院应确定由原告承担支付方式的举证责任，对于原告陈述现金交付的，人民法院应根据原告提供的其他间接证据和当事人陈述，结合现金交付的金额大小、出借人支付能力、交易习惯，依据民事证据的证明标准综合审查判断。对于约定了利息之后又约定违约金的，根据私法自治原则，这两种责任形式虽然可以并存，但如果超过了国家关于利率上限的规定，也是不应得到支持的。因此，当事人同时约定利息（包括罚息）和违约金，合计换算后的实际利率没有超过银行同类贷款利率四倍时，人民法院可以予以支持；折算后的实际利率超过银行同类贷款利率四倍的，超过部分不予支持。

11. 民间借贷纠纷中“损害社会公共利益”订立合同如何认定?

《合同法》第 52 条第 4 项规定，“损害社会公共利益”而订立的合同为无效合同。损害公共利益的合同是违反社会公共秩序、善良风俗的合同。这类合同违反了人们的共同利益，破坏了社会主义的公共道德，应当为无效合同。损害公共利益的民间借贷合同，常见的是高利贷。也有的民间借贷合同所附条件违反公共道德，如甲某与乙某的妻子有暧昧关系，乙某向甲某借款时，甲某以明示或者暗示的方式向乙某提出，如果乙某允许甲某与其妻子保持暧昧关系才能出借，对此，不论乙某明确表示同意或者默认，都是该民

间借贷合同的附条件，但这个条件是违反社会道德的，因而该是无效的。

12. 民间借贷纠纷中"违反法律、行政法规的强制性规定"订立合同如何认定?

《合同法》第52条第5项规定，"违反法律、行政法规的强制性规定"订立的合同为无效合同。确认这类合同无不以故意为条件。当事人违反法律、行政法规的强制性规定而订立民间借贷合同，在通常情况下都具有主观故意，如出借人和借款人订立以提供赌资为内容的民间借贷合同，因人人皆知赌博是违法的，故为故意行为。但是，当事人主观上出于过失而违反法律、行政法规的强制性规定，也不能认定因此订立的合同有效。例如，订立合同时，当事人不知道合同的内容是为法律、行政法规所禁止的，也不能因当事人不懂法而放纵违法行为。又如，出借人与借款人在订立民间借贷合同时不知银行利率已经下调降低，约定的利率超过银行同期同类贷款利率的四倍，即超过法定最高限度，对此不能因当事人不知道而认定有效，该利率条款超过法定最高限度的部分仍为无效。

13. 民间借贷合同被确认无效后有何法律后果?

出借人与借款人订立的民间借贷合同被依法确认无效后，如果给社会或者对方造成损害的，应当承担法律责任，使之消除由此造成的影响，恢复到合同订立前的状态。因民间借贷是以金钱为内容的，故其法律责任主要适用返还借款、赔偿损失等方式。

(1)返还借款

按照《民法通则》的规定，无效合同中已经取得财产的一方当事人应当向对方返还财产。无效民间借贷合同只涉及借款问题，故只能返还借款，不存在返还其他财产问题。民间借贷只是出借人向借款人提供借款，而不存在借款人向出借人提供借款问题，故返还借款的责任只能由借款人承担，不存在出借人向借款人返还借款问题。这里的返还借款与到期偿还借款，虽然都是金钱归还方式，但法律责任性质是不同的，前者是合同无效的赔偿责任，而后者是有效合同的履行责任。

(2)赔偿损失

无效民间借贷合同的订立履行给当事人带来损失，如果出借人已经提

供借款，采取返还借款措施不足以弥补损失的，借款人还应当赔偿损失；出借人未提供借款，但合同无效是借款人过错造成的，则由借款人向出借人承担赔偿损失责任；如果合同无效是由双方当事人共同过错造成的，则由双方当事人按照各自的过错承担赔偿责任。

(3)追缴违法借贷的本息

民间借贷合同当事人恶意串通实施借贷行为，损害国家利益和社会公共利益的，应当追缴本金和利息。追缴本息是国家对违法的民间借贷行为采取的最为严厉的措施，具有民事制裁性质，因此必须严格把握条件。追缴本息有三个主要条件：①民间借贷合同必须已经人民法院或者有关司法机关依法确认为违法；②民间借贷合同当事人的行为客观上损害了国家利益和社会公共利益；③民间借贷合同当事人对这种损害在主观上是恶意的，如出借人和借款人约定借款用于赌博、贩毒、走私等，均应收缴本息归国库。

14. 民间借贷合同部分无效如何处理？

民间借贷合同被确认部分有效、部分无效的，应当适用《合同法》第56条规定进行处理："合同部分无效，不影响其他部分效力的，其他部分仍然有效。"据此规定，民间借贷合同部分无效的，只能对无效部分作无效处理，而不能影响有效部分，如约定利息超过最高限度四倍的，超过部分作无效处理，而不影响四倍以内的效力。但当民间借贷合同的部分无效内容影响整个债权实现的，就有必要将整个民间借贷合同作无效处理。

15. 民间借贷中劳务可以抵债吗？

劳务抵债由于涉及人身权利，在民间借贷履行中很少适用，目前在民事案件执行中被尝试适用。实践中因被执行人(借款人)无力偿还所欠债务，作为人民法院的执行方法，在法院主持下，经申请执行人(出借人)同意，由被执行人运用其一技之长向申请执行人提供劳务，以所得劳动报酬抵偿所欠债务，是一种较为特殊的和解履行形式。该方式的基础在于劳动力具有一定的价值，可以用一定数量的货币来衡量，劳务清偿就是把被执行人提供的劳务折算成一定量的货币来冲抵所欠的债务。

劳务的价值，一是参照当地同行业在劳务市场的平均值来计算；二是确定一定的比例，完成劳务后所创造的价值在总的劳动成果价值实现时按预

先确定的比例计算。劳务抵债需严格按照有关法律法规进行，若劳动者从事对人身有害的劳务，违反法律、法规和公序良俗的劳务和可能引发其他纠纷的劳务，都应予以规范。对限制劳动者人身权利和自由的违法行为应予以坚决制止。在劳务清偿履行过程中，劳动者以其合法权益遭到侵害为由而不愿再继续提供劳务的，劳务清偿可以中止履行。

16. 民间借贷违背公序良俗行为的效力如何认定？

民事主体的行为应当遵守公共秩序，符合善良风俗，这也是民事行为合法、有效的前提。违背公序良俗的行为是不受法律保护的。对此，一般认为，因下列原因引发的借贷，当事人向人民法院提起诉讼要求对方偿还借款的，人民法院不予支持：(1)因不正当两性关系产生的"青春损失费"、"分手费"等有损社会公序良俗的情感债务转化的借贷；(2)因赌博、吸毒等产生的借贷；(3)有违家庭伦理道德的借贷；(4)其他违背社会公序良俗的借贷

上述情形列举了违背公序良俗的借贷行为的几种情形，并明确规定当事人对有违公序良俗的借贷提出诉求的，人民法院不予支持。

公序，即公共秩序，是指国家社会的存在及其发展所必需的一般秩序；良俗，即善良风俗，是指国家社会的存在及其发展所必需的一般道德。对公序良俗原则的规定，在《宪法》、《民法通则》、《合同法》中都有体现。《宪法》第53条规定：中华人民共和国公民必须遵守宪法和法律，保守国家秘密，爱护公共财产，遵守劳动纪律，遵守公共秩序，尊重、社会公德。《民法通则》第7条规定，民事活动应当尊重社会公德，不得损害社会公共利益，破坏国家经济计划，扰乱社会经济秩序。第55条规定，民事法律行为应当具备的条件之一是不违反法律或社会公共利益。第58条规定，违反法律或者社会公共利益的民事行为无效。公序良俗原则要求民事主体的行为应当遵守公共秩序，符合善良风俗，不得违反国家的公共秩序和社会的一般道德。《合同法》第52条规定，违反社会公共利益的合同无效。此前，我国并没有有关违背公序良俗的借贷行为的效力的规定。违背公序良俗借贷行为情形的认定旨在根据《宪法》、《民法通则》、《合同法》确定的原则，明确有违公序良俗的借贷行为是不受法律保护的。

第一项：近年来，审判实践中频频发生因感情纠葛而产生的债务纠纷。如男女双方在结束不正当两性关系后，一方向另一方索要"分手费"、"青春

损失费”，并为了保证这种情感债务的实现，要求对方出具借据，如若对方不予支付，则会凭借借据诉至人民法院要求对方偿付借款。这就是本项所指有违公序良俗的情感债务转化的所谓借贷纠纷。在此类案件的处理上，因不正当两性关系本身有违社会的善良风俗，由此形成的情感债务是不能以借据、借款协议等形式转化为合法的、受法律保护的借贷关系的。因此，法院对此类由情感债务转化而来的借贷关系是不予保护的。以往处理此类案件时，依据的是民法通则有关公序良俗原则的规定。第一项规定对此类借贷的效力予以明确，为日后审判实践提供了更为直接的依据。实践中还常常出现因恋爱关系产生的情感债务转化的借贷。如男女双方在结束恋爱关系后，一方以这一关系的结束伤害了自己的身体或情感，或给自己造成了青春损失为由，要求对方支付“分手费”、“青春损失费”，并要求对方以出具借据的形式确定这些费用。这类借贷关系在审判实践中也是不受保护的。恋爱是双方在自愿的基础上，因相互吸引、爱慕而形成的一种情感关系。这种情感关系是不能以金钱等物质利益来衡量的。恋爱关系结束后，一方以曾经的情感关系作为赚取利益的筹码，并将情感关系转化为金钱债务关系的行为，是对真挚而美好的情感关系的亵渎，也是违背了善良风俗的。因此，这种借贷关系也包含在本项内容内。

第二项：赌博、吸毒等行为不仅会影响个人的身心健康和前途，还会破坏家庭关系的和谐，严重影响社会的公共秩序，甚至可能诱发犯罪行为的发生。因此，这种破坏公序良俗的行为所形成的借贷关系是不受法律保护的。2011 年《最高人民法院关于依法妥善审理民间借贷纠纷案件　促进经济发展　维护社会稳定的通知》（以下简称《通知》），第五项内容亦明确规定对于因赌博、吸毒等违法犯罪活动而形成的借贷关系或者出借人明知借款人是为了进行上述违法犯罪活动的借贷关系，依法不予保护。第二项规定表述为：因赌博、吸毒等产生的借贷，只包括了因赌博、吸毒等形成的借贷关系，而遗漏了《通知》中还提到的“出借人明知借款人是为了进行上述违法犯罪活动的借贷关系”。出借人明知借款人是要赌博、吸毒而提供资金，对借款人违背公序良俗的行为予以纵容、支持甚至是鼓励，破坏了一般的善良风俗和公众秩序，因此这种借贷行为也不应予以支持。也就是说，这一情形也应被规定在本项中。1991 年原《最高人民法院关于人民法院审理借贷案件的若干意见》第 11 条对此也作出了规定：出借人明知借款人是为了进行非

法活动而借款的,其借贷关系不予保护。故建议第二项内容参考《通知》进行修改,修改为:因赌博、吸毒等形成的借贷或者出借人明知借款人是为了进行上述活动的借贷。

第三项:具有抚养教育、赡养扶助义务关系的父母子女等直系亲属之间、具有扶养义务关系的兄弟姐妹、夫妻之间发生的违背家庭伦理道德的借贷,不受法律保护。如年迈的父母因生病需要救治,但没有足够的医疗费,无奈向成年子女索要,成年子女要求父母向其出具借据才肯出钱。待父母病情稳定后,成年子女向父母追讨医疗费,父母无力偿还,子女便凭借据向法院提出起诉要求父母偿还借款。此类借贷行为就是违背家庭伦理道德的借贷。我国《宪法》、《婚姻法》明确规定了父母子女之间有抚养教育、赡养扶助的义务,《婚姻法》还规定了夫妻之间及特定情形下兄弟姐妹之间的扶养义务。虽然法律不禁止直系亲属之间、夫妻之间、兄弟姐妹间形成借贷关系,并认可这种借贷关系的效力,但在具体司法实践中,案件的处理还应考虑一般的家庭道德观念和善良习俗,考虑到父母子女等直系亲属间的抚养、赡养义务,夫妻之间、兄弟姐妹间的扶养义务。这项规定,体现出了对老年人、未成年人等弱势群体的利益的保护,也体现出了法律对婚姻家庭关系的维护。

第四项是本条的兜底条款,概括性地将违背公序良俗的借贷都规定在内,是对前三项列举内容的补充和完善,使本条规定更严谨、全面。

【典型案例4.5】 违反社会公德和婚姻伦理秩序的民间借贷行为的效力如何认定?

【案情】 原告殷某与被告王某双方存在婚外情人关系。2011年2月15日,原告要求被告为其出具欠据,作为原、被告维系特殊关系的保证。被告遂于同日为原告出具金额为20万元的欠据一枚。2012年3月5日,原告以被告于2011年2月15日借其20万元现金未予偿还为由将被告起诉至法院,要求被告偿还借款20万元。赤峰市松山区人民法院经审理认为原告要求被告出具的欠据不具有反映双方存在债权、债务关系的真实性,因此,原、被告之间不存在真实的债权、债务关系,法院对被告主张此欠据无效的主张予以支持判决驳回了原告殷某的诉讼请求。

【诉讼指南】 原、被告之间不存在真实的债权债务关系,借贷行为的目的是为了维持双方的婚外情关系,该协议从立约目的上违背了公序良俗,违反了社会公德和婚姻伦理秩序,在效力上应予以否定,法院不应支持。原告殷某与被告王某之间的借贷行为无效。

17. 名为典当,实为借贷,其效力界限如何确定?

典当是指当户以其自有财物向典当行作押进行限期有偿借贷的特殊融资行为。当物的约定和设定担保在典当借款中具有重要意义,也是典当区别于民间借贷的关键所在。如典当行为没有约定当物及设定担保,那么该行为系"名为典当、实为借贷"。司法实践中对"名为典当、实为借贷"的合同效力存在争议。

笔者认为,判断"名为典当、实为借贷"的合同效力,一定要从维护国家金融安全,保障经济健康发展的高度出发,审慎予以审查。典当企业在未设定当物的情况向客户贷款实系发放信用贷款,因典当行无权从事商业银行业务,合同应当认定无效,并按无效的民间借贷合同的处理原则来确定损失分担。

《商业银行法》第 11 条第 2 款规定:"未经国务院银行业监督管理机构批准,任何单位和个人不得从事吸收公众存款等商业银行业务。"国务院《非法金融机构和非法金融业务活动取缔办法》第 5 条第 1 款规定:"未经中国人民银行依法批准,任何单位和个人不得擅自设立金融机构或者擅自从事金融业务活动。"在认定"名为典当、实为借贷"的合同效力时,应当注意把握金融监管的法律和政策。

【典型案例 4.6】 典当合同与借贷合同有何区别?

【案情】 2011 年 5 月 26 日,江苏仁平典当有限公司(以下简称仁平公司)与李颍某、苏某签订《典当借款合同》,合同约定:李颍某、苏某以其所有的南京市鼓楼区金茂花园 1 幢一单元 702 室房屋一套作为质押,仁平公司向李颍某、苏某发放当金 120 万元,典当期限自 2011 年 5 月 26 日起至 2011 年 6 月 25 日止,同时约定月利率 0.3%、月综合费率为 2.5%。此后,仁平公司按约履行了发放当金的义务,但在办理抵押登记的过程中收到南京市房屋产权监理处的证明一份，该证明载明李颍某、苏某用于抵押的房屋所有权证为伪造的假证。故该典当合同无法设定抵押担保。仁平公司诉至法院，请求确认其与李颍某、苏某之间签订的《典当借款合同》无效，李颍某、苏某返还当金120万元，并按银行同期贷款利率四倍支付自2011年5月26日起至还清当金之日止的利息及综合费。

一审期间，经法院主持调解，双方达成如下调解协议：双方签订的《典当借款合同》无效，李颍某、苏某于2011年7月25日前返还仁平公司当金120万元，并赔偿其因合同无效造成的损失33600元。

【诉讼指南】 本案虽然调解解决，但存在以下需要进一步探讨的问题。(1)典当合同与借贷合同的区别。(2)名为典当、实为借贷的合同效力如何认定？(3)如合同无效，因合同无效导致的损失如何处理？

(1)典当合同与民间借贷的区别

典当，通俗地说就是"以物换钱"，即典当双方从事的以借贷为形式、以抵押与质押为条件的融资活动。中国典当业经历了1600多年的兴衰沉浮后，目前在中国大陆已重新兴起和发展起来。典当因其具有小额、短期、便捷和安全的特点，已经成为一种特殊的融资方式，满足了我国老百姓和中小企业对资金的不同需求。

《典当管理办法》第3条规定："本办法所称典当，是指当户将其动产、财产权利作为当物质押或者将其房地产作为当物抵押给典当行，交付一定比例费用，取得当金，并在约定期限内支付当金利息、偿还当金、赎回当物的行为。"归纳上述法律规定，典当是指当户以其自有财物向典当行作押进行限期有偿借贷的特殊融资行为。就其特征而言，第一，典当被界定为一种融资行为，是一种附担保条件的资金借贷活动。第二，典当的融资活动是以物为担保前提的。即先有物的担保行为，后才有资金的借贷行为。第三，当物是对典当行债权的担保，当物的种类既可以是动产、财产权利也可以是房地产，或者是这类财产的组合。第四，明确了典当融资的基本流程即当户提供当物、交付费用、取得当金、到期还本付息、赎回当物。

典当合同与民间借贷的区别主要是：第一，典当关系的成立必须具备两个要件：一是当户交付当物，二是典当行交付当金。由于典当系营业质，根据法律或行政法规的规定，作为当物的有关财产需要办理抵押或质押手续。借贷关系不以交付当物、设定抵押质押为必要条件。第二，从借款数额来看,典当数额一般较小,10万元以下的典当借款占相当大的比例。而民间借贷数额一般较大,大多在10万元以上。第三,从借款期限来看,典当因为受自有资金限制,借贷行为多为3~6个月以内的短期典当,主要是应急使用;民间借贷时间多为6个月以上,且多用于生产经营。第四,从借款主体来看,典当借款中贷款人为特定主体,即典当行,设立时需要国家相关机关审批,资格要求较严格;而民间借贷中贷款主体不特定,自然人、法人、其他经济组织都可以成为贷款主体。第五,典当一般都有典期和回赎期。典期的长短由双方当事人约定,也可以不约定典期。当事人未约定典期的,出典人可以随时要求回赎。出典人在典期届满时有权以原价回赎当物,出典人和承典人约定典期届满出典人逾期不赎即作绝卖的,出典人到期不赎即丧失了回赎权。民间借贷的贷款人一般要求借款人提供担保,但双方不可约定流质条款,即订立抵押或质押合同时,抵押权人(质押权人)和抵押人(质押人)在合同中不得约定在债务人履行期限届满抵押权人未受清偿时,抵押物所有权转移为债权人所有。

(2)对当物进行约定并设定担保是典当合同的重要特点

我国典当业于1987年12月正式恢复。传统的典当业包括当铺业和典业,我国香港特别行政区称典当为当押,台湾地区则称典当业为当铺业。大陆法系的主要国家和地区称当为营业质。改革开放后我国对当押业或当铺业通称为典当业。在我国现行法中,营业质权与抵押权合称为“典当”。典当行通过收受当户的动产财产权利作为当物及接受当户的房地产作为抵押担保向其发放当金提供短期融资,为自然人、中小企业解需济困,具有独特的制度比较优势。在典当法律关系中,各国(地区)均将当物作为其必须具备的首要客体,通过上文中典当与民间借贷的区别,我们可以发现典当主要是以是否约定当物、设定担保、当物如何处理来展开的。

(3)名为典当、实为借款的合同应无效

虽然借贷双方将合同名称定为典当借款合同,但合同未约定借款人提供当物并办理抵押或质押手续,或合同虽然有上述约定,但在合同履行中当物的抵押或质押手续未能办理,该类合同效力如何认定?

双方对借款人提供当物并办理抵押或质押手续未做约定的,该类合同属典型的名为典当、实为借贷。实践中对于该类合同的效力认定存在不同意见:一种意见认为合同无效,典当企业不能发放信用贷款。我国商业银行

法规定,除经批准的金融机构外,任何企业单位、个人不得从事吸收公众存款等商业银行业务。典当管理办法规定,典当企业不得开展信用贷款业务。因此,典当企业发放信用贷款与我国的金融监管政策相悖,不利于人民银行执行国家货币政策,不利于国家对宏观经济的调控,不利于维护稳定的金融市场秩序,且资金实力较弱的典当企业可能因此面临过高的市场风险,故此类典当合同应认定无效。另一种意见认为上述规定属于管理型强制性规定而非效力型强制性规定,合同有效。典当企业作为理性的市场主体,在资金有限的情况下,一般也不会冒险发放信用贷款。同时,借款人也将无法取得救急资金,典当业务的应急功能难以充分发挥,不利于典当市场及民间短期融资市场的发展,也不利于社会经济的发展。因此,从典当行业的实际经营状况看,以认定典当合同主合同有效为宜。

笔者同意第一种意见。关于典当行的性质,起初典当行被作为金融机构由中国人民银行实行从严管理的政策,2000 年 6 月典当业监管由国家经贸委接管并宣布"取消典当行金融机构的资格"而作为特殊的工商企业,放宽典当行的市场准入条件,允许典当行从事动产和财产权利业务;2003 年 4 月国家经贸委撤销,商务部组建后负责典当业的监管。伴随行业主管部门的不断更换,典当企业也相应地从"金融机构"到"特殊工商企业"再到"比较特殊工商企业"。根据商业银行法的规定,面向社会公众发放商业贷款属于商业银行业务,国务院《非法金融机构和非法金融业务活动取缔办法》第 5 条也规定:"未经中国人民银行依法批准,任何单位和个人不得擅自设立金融机构或者擅自从事金融业务活动。"典当行经营信用贷款违反了法律、行政法规的强制性规定,故此类借款合同应当认定无效。

现实中存在合同虽然约定要对当物办理抵押或质押手续,但合同履行中并未办理。未能办理可能存在两种原因,一是典当合同的当事人已向有关机关申请办理登记手续,由于登记机关或城市建设规划调整等原因导致登记手续无法及时办理的情形;二是当物本身不符合办理抵押、质押的条件,且借款人对此也是明知的。针对第一种情形,笔者认为典当借款合同有效,未能办理登记手续属于客观上履行不能。第二种情形,借款人在签订合同时明知当物不符合办理抵押、质押条件,其真实目的在于从典当行获得无须交付当物的贷款,合同目的违反法律的禁止性规定,合同应认定无效。

(4)合同无效后如何处理

典当借款合同确定无效后,应按照无效的民间借贷合同来处理。《合同法》第58条规定:“合同无效或者被撤销后,因该合同取得的财产,应当予以返还;不能返还或者没有必要返还的,应当折价补偿。有过错的一方应当赔偿对方因此遭受的损失,双方都有过错的,应当各自承担相应的责任。”无效合同自始没有法律效力,但因合同无效将导致社会或者当事人利益遭受损害,因此,当事人必须对合同无效的后果承担相应的责任,使之消除由此造成的影响,恢复到合同订立前的状态。根据民间借贷合同的特点,借贷合同无效后,一般要承担如下后果:

①借款人返还借款。合同无效后,当事人依据合同所取得的财产应当返还给对方。返还财产并不是违反民事义务所直接产生的法律后果,它的存在也不是法律对当事人主观状态予以否定性评价的表现。因此,返还财产不适用无过错原则,即无论当事人对缔结合同是否有过错,依据无效合同取得、占有的财产因无合法根据,都应当返还对方。所有物的返还,是以物在法律上和事实上能够返还为条件。因为民间借贷合同主要以金钱为标的,故返还借款并不存在法律上的不能返还和事实上的不能返还之情形。因此,针对无效借贷合同而言,如果无效借贷合同尚未履行,则不得履行。如果无效借贷合同已经履行,取得借款的借款人应当向贷款人返还借款。

②赔偿损失。赔偿损失是缔约过失责任的要求。无效民间借贷合同的订立和履行将给当事人带来损失,这里的损失,一般指贷款人受法律保护的合法利息损失,如果有其他损失,还应当承担赔偿其他损失的责任。如果贷款人已经提供借款,返还借款不足以弥补损失时,借款人应当赔偿损失;如果贷款人实际未提供借款,但合同无效是借款人过错造成的,则由借款人向贷款人承担赔偿损失责任;如果合同是双方过错造成的,则由双方按各自的过错承担责任。

18. 民间借贷如何合法地还钱?

《合同法》规定,借款人有返还借款的义务。

(1)借款人应当按照约定的期限返还借款。对借款期限没有约定或者约定不明确的,借款人可以随时返还;贷款人可以催告借款人在合理期限内返还。

(2)借款人未按照约定的期限或者经催告后的合理期限内返还借款的,

应当按照约定或者国家有关规定支付逾期利息。

(3)借款人提前偿还借款的,应当按照实际借款的期间计算利息;但是,当事人另有约定的除外。

(4)借款人还款一定要“还对对象”,即还给出借人本人或者其授权接收还款的人;并且要保留已经还款的证据。

第一,借款人还款时一定要“还给”借款合同或者欠条等凭证上载明的出借人(这点对出借人具有同样的意义,即出借人必须把借款提供给借款合同或者欠条等凭证上载明的借款人),除非出借人出具授权委托书指示借款人将该还款交给其他人或者转入其他人的账户。借款人切勿仅凭出借人的口头指示将借款还给其他人或者转入其他人的账户。切记,如果借款人没有“还对对象”,那么该笔债务很可能并没有“还清”。但是,借款人将还款直接交给出借人配偶或者打入出借人配偶的账户,如果是小额借贷,根据夫妻日常生活代理权规定,应该没有问题;但是,如果是大额的借贷,是否适用夫妻日常生活代理权则不无争议,风险比较大。

第二,在“还对对象”的基础上,借款人还要有已经还款的凭证,包括还款的银行转账凭证,或者出借人亲笔书写的收到还款的收条,或者由出借人在借款合同、欠条等凭证上写明已经收到还款等字样。

第三,民间借贷经常的做法是借款人当面还钱,出借人收到还款后当面撕毁欠条,表示双方之间债权债务两清。这种做法实际上包含一定的法律风险。因为当面撕毁借条时借款人未必仔细查看分辨欠条,可能看起来像原来的欠条,但有可能是假欠条或者是复印件,真正欠条还在出借人手上,这样,在借款人无法证明已经还款的情况下还是没有还清借款。即使当面撕毁的是真欠条,但是如果出借人事先将欠条的复印件拿到公证机关做过与原件相符的公证证明,那么,出借人完全可以依据经过公证的复印件向借款人讨还借款,因为经过公证的复印件具有与原件相同的法律效力。因此,不提倡当面撕毁欠条的做法,正确做法还是要保留还款的证据。

【典型案例4.7】 借款人向公证机关提存后,贷款人是否还有权要求借款人还款?

【案情】 庄正某于2001年9月17日向朋友邹某借款3万元,庄正某向

邹某出具了借条，约定借款期3个月，月息3分，逾期也按月息3分的标准支付逾期利息。同年11月，邹某因家庭矛盾，遂去外地打工。借款到期后，庄正某无法与邹某取得联系，造成其履行债务困难。庄正某为避免支付过多的逾期利息，遂于2002年1月3日向当地公证处申请将还款本息提存，公证处受理申请，向庄正某出具了提存公证书，并于1月7日在《人民法院报》上三次以刊登公告的方式通知邹某可于2007年1月3日前随时领款。邹某看到了公告，但没有及时去当地公证处领款。2007年6月，邹某打工回来，到当地公证处领取款项时被告知款项已于2007年2月7日上缴财政部门，收归国家所有。邹某于是又找到庄正某，要求偿还借款本息，双方协商不成，邹某于是向当地法院提起诉讼，要求庄正某偿还借款本息。

原告邹某提出，庄正某于2001年9月17日向自己借款3万元，庄正某向自己出具了借条，借条对于借款期限、利息及逾期利息的约定非常明确。因此，庄正某应当将借款归还给自己。

被告庄正某提出，自己于2001年9月17日向邹某借款3万元是事实，但是，由于借款到期后一直无法联系到邹某，造成自己还款困难，如果自己不能尽快将借款还给邹某就要承担逾期利息，因此自己依法将3万元及相应利息向当地公证处提存，这意味着自己已经履行了还款义务，双方的债权债务关系已经消灭，邹某无权要求自己再次偿还借款和利息。

【诉讼指南】 本案涉及提存法律制度。所谓提存，是指由于债权人的原因导致债务人无法向其交付合同标的物时，债务人将标的物交给提存机关而使合同权利义务归于消灭的一项法律制度。

我国《合同法》第101条规定："有下列情形之一，难以履行债务的，债务人可以将标的物提存：(一)债权人无正当理由拒绝受领；(二)债权人下落不明；(三)债权人死亡未确定继承人或者丧失民事行为能力未确定监护人；(四)法律规定的其他情形。标的物不适于提存或者提存费用过高的，债务人依法可以拍卖或者变卖标的物，提存所得的价款。"

根据上述法律规定，提存的原因可以分为以下四种情形：第一，债权人无正当理由拒绝受领。债权人有条件和能力受领债务人对其债务的履行，在债务人履行其债务时，无正当理由不予受领的，债务人可以将标的物提存。第二，债权人下落不明。债务人履行债务，应当由债权人接受其履行。如果债权人下落不明，债务人就失去了履行的受领人，即使他适当履行，也

会因无人受领而达不到合同履行的目的。因此,无论何种原因致使债权人下落不明的,债务人都可以将标的物提存。第三,债权人死亡未确定继承人或者丧失行为能力未确定监护人。这两种情况都会使债务人失去其履行的受领人,难以履行其债务,因此债务人可以将标的物提存。第四,法律规定的其他情形。

本案中,庄正某在借款到期后,积极地与债权人邹某进行联系欲偿还借款本息,但是由于邹某出外打工,庄正某无法与其取得联系,属于上述提存原因中的第二项,即债权人下落不明。在这种情况下,庄正某有权将所还款项予以提存。

根据我国《提存公证规则》的有关规定,提存的法定程序如下:首先,提存人向提存机关提出申请。《提存公证规则》第9条详细规定了申请应当提交的材料。其次,提存机关受理与提存。公证处接到申请人的申请后,经审查认为符合法定条件的,应当受理。受理后,经审查符合法定之实质条件的,应当予以提存,并对提存人提存之物进行验收和登记。再次,公证机关出具提存公证书。《提存公证规则》第17条规定:"公证处应当从提存之日起三日内出具提存公证书。提存之债从提存之日即告清偿。"最后,对提存受领人的通知。提存人应将提存的事实及时通知提存受领人。以清偿为目的的提存或提存人通知有困难的,公证处应当自提存之日起7日内,以书面形式通知提存受领人,告知其领取提存物的时间、地点、期限及方法。提存受领人不清或不明的,应以公告的方式进行。本案中,由于债权人邹某下落不明,借款人庄正某依法向当地公证处提存了3万元借款及利息,提存的程序符合上述法定程序,因此庄正某的提存行为是有效的。

提存产生的法律效力是,债务人将合同标的物提存后,不论债权人是否领受,依法发生合同权利义务消灭的法律效果。提存标的物毁损、灭失的风险从提存之日起转移给债权人,提存标的物的孳息归债权人所有。总之,提存产生的法律效力与合同履行产生的法律效力相同。本案中,借款人庄正某将3万元借款及相应利息提存给当地公证机关后,其与贷款人邹某之间的借贷法律关系就此消灭。在此种情况下,邹某起诉要求借款人庄正某偿还借款及利息的请求无法得到法律的支持。

此外,我国《合同法》第104条规定:"债权人可以随时领取提存物,但债权人对债务人负有到期债务的,在债权人未履行债务或者提供担保之前,提

存部门根据债务人的要求应当拒绝其领取提存物。债权人领取提存物的权利,自提存之日起五年内不行使而消灭,提存物扣除提存费用后归国家所有。”根据该规定,如果债权人领取提存物的时间自提存之日起超过5年,则其丧失了领取提存物的权利。本案中,借款人于2002年1月3日将3万元及利息提存,而贷款人邹某于2007年6月才去当地公证机关领取提存物,此时已超过《合同法》规定的5年期限,因此当地公证处在扣除提存费用后将其余款项上缴财政部的做法是正确的。

19. 委托贷款合同纠纷如何界定?

《贷款通则》(1996年版)第7条规定:“委托贷款,系指由政府部门、企事业单位及个人等委托人提供资金,由贷款人(即受托人)根据委托人确定的贷款对象、用途、金额、期限、利率等代为发放、监督使用并协助收回的贷款。贷款人(受托人)只收取手续费,不承担贷款风险。”依此规定,因贷款银行对借款不承担风险,在借款人不按约履行还款义务时,贷款银行往往怠于履行协助清收贷款的义务,导致委托人的贷款难以收回,因此产生的纠纷在近年商事审判实践中呈上升态势。

究其原因,主要有以下四个方面:一是受当前经济形势影响,实体经济经营较为困难,企业将资金用于放贷牟利往往能产生较从事实体经营更丰厚的利润,但又苦于直接从事借贷业务仍受当前法律、金融法规及政策的限制,故不少非金融企业为了寻找资金投资渠道,就看上了委托贷款这种投资方式。二是银行等金融机构受信贷规模限制,本身的信贷资金有限,而从事委托贷款业务,不仅能收取手续费还不用承担风险,故银行业也乐于开展此类业务。三是企业之间直接资金拆借因违反法律、法规的强制性规定而无效,借款合同项下的担保合同因主合同无效也当属无效,相关的抵(质)押登记部门也不予办理相关的抵(质)押登记,这无疑增大了贷款人的资金风险。而在委托贷款业务中,由于名义上的贷款人为银行,办理相关的抵(质)押手续不存在法律和操作障碍,贷款人认为能够保障其资金安全。四是在当前民间资金相对富有的情况下,还大量存在以委托贷款方式变相从事民间融资的情况。

20. 委托贷款合同的效力如何认定?

委托贷款合同的表现形式主要有两种:双方协议的委托贷款和三方协议的委托贷款。双方协议的委托贷款由资金提供人(委托人)与银行(受托人)签订的委托合同及银行(受托人、贷款人)与借款人签订的借款合同构成,委托人与受托人、贷款人与借款人的权利义务分别在两个合同中约定;三方协议的委托贷款则由一个合同构成:资金提供人(委托人)、银行(受托人、贷款人)与借款人的权利义务均在一个合同中约定。审判实践中,从事委托贷款的委托人多为非金融企业,借款人则多为难以从银行取得贷款的中小企业,按现有的法律及司法解释,企业间的借贷合同属无效合同。由此引发了一个法律问题,即政府部门、企事业单位通过委托贷款形式向企业发放贷款是否就自然演变成有效合同了呢?有观点认为,《贷款通则》中规定委托人为“政府部门、企事业单位及个人”,但对委托人的主体身份并未作限制性规定,因此,应视为法律允许所有的“政府部门、企事业单位及个人”均可以“委托人”的身份将资金委托银行办理委托贷款,委托贷款作为《贷款通则》规定的一种借贷模式,其合同形式不论是双方协议还是三方协议,均为委托人、受托人(贷款人)及借款人的真实意思表示,因此,这类合同应作有效合同处理。这是当前审判实践中的主流观点。

但笔者认为,委托贷款合同是否为有效合同,应结合委托人的身份、资金来源及贷款用途等实际情况进行综合审查,不宜仅依委托贷款合同的外衣就认定此类合同为有效合同。理由是:《贷款通则》中关于委托贷款的规定,只是对委托贷款的操作形式及特点进行了概括性的表述,并未对委托贷款这种方式的效力作出规定。《贷款通则》还规定了自营贷款,但这并不意味着所有的“自营贷款”合同均为有效合同,二者中的道理显而易见。如前所述,当前我国规范民间借贷的法律、法规及政策框架仍不允许政府部门和企事业单位从事资金拆借业务。如果政府部门及企事业单位披上委托贷款的外衣从事资金拆借业务获得允许,将动摇当前的民间借贷法律框架。委托贷款这种“过桥借款”虽然具备了合法的形式,但事实上却成了某些政府部门和企事业单位逃避金融监管、违规从事民间借贷牟利的途径,明显属于规避法律的行为,依照《合同法》第 51 条第 3 项“以合法形式掩盖非法目的”之规定,应认定为无效。如果对委托贷款合同是否存在“以合法形式掩盖非

法目的"不作区分，无视对委托贷款合同内容合法性的审查，就有可能因司法的错误引导进一步滋生民间借贷的乱象，扰乱国家金融秩序，影响金融安全。

21. 委托贷款合同中担保权如何行使?

《中国人民银行对"关于委托贷款的担保问题的请示"的答复》(银条法[1991]14号)第2条规定，委托贷款一般不需要担保；有担保人的委托贷款与其他经济合同担保成立的要求一样，要有当事人的真实意思表示并签订正式的担保合同，其内容要符合国家法律、法规和有关政策、文件的要求。现实生活中，商业性的委托贷款(区分政府部门发放的政策性资金贷款)合同中，为了减少资金回收风险，绝大多数会设定担保，并且多为物的担保。在委托贷款合同中，由于真正提供资金放贷的是委托人，银行只是名义上的贷款人，因此，委托贷款合同项下担保的债权应该是委托人对借款人所享有的债权，名义贷款人受托银行不享有债权，自然也不享有担保权。这时就涉及另一个法律问题：在委托贷款合同中，设定受托银行为担保权人的担保合同是否有效，委托人能否享有担保权？对此，分两种情况分析如下：

(1)委托贷款合同有效。如果担保合同系担保人与委托人签订，且担保合同并不存在法律规定的无效情形，且依法履行了相应的程序(如抵押、质押登记)，担保合同应认定为有效合同。如果担保合同系受托银行与担保人签订，约定的担保权人为受托银行，或担保登记机关登记的担保权人为受托银行时，担保合同的效力以及委托人担保权的行使就值得商榷。根据《贷款通则》及中国人民银行的相关批复，真正的债权人是委托人，名义贷款人受托银行对所发放的贷款并不享有债权。根据《合同法》及《担保法》的相关规定，担保权基于担保主债权的实现而存在，属于一项从权利。既然受托银行不享有债权，自然就不存在为实现其债权而设立的担保权，因此登记其名下的担保权因主债权不存在而不成立。此时，尽管委托人是真正的债权人，但因委托人未按《担保法》的规定与担保人签订担保合同及履行相应的手续，按照《担保法》的相关规定，不属于担保权人，自然也不得享有担保权。此时，委托人向担保人主张担保权缺乏法律依据。

(2)委托贷款合同因被认定为规避法律而无效。委托贷款合同无效，因担保合同属从合同，主合同无效，担保合同当属无效，委托人自然无法要求

担保人承担担保责任。

22. 委托人能否按《合同法》中委托合同的相关规定直接向借款人主张债权?

不管是双方协议还是三方协议,均存在两个合同关系:委托人与受托银行间的委托合同关系、受托银行与借款人间的借贷合同关系。根据合同相对性原则,在借款人不能按借款合同履行还款义务时,委托人不得直接向借款人主张债权,而应由受托银行主张,受托银行实现债权后转交委托人。在审判实践中,大量委托贷款合同纠纷因借款人不依约履行还款义务、受托银行又怠于履行协助义务而产生。这时,委托人如何主张权利?有观点认为,由于借款人由委托人确定,受托人系受委托人指示向借款人发放贷款,这就意味着借款人明知委托人与受托银行之间的委托合同关系,因此,在借款人不按约履行还款义务时,委托人可依据《合同法》第402条"受托人以自己的名义,在委托人的授权范围内与第三人订立的合同,第三人在订立合同时知道受托人与委托人之间的代理关系的,该合同直接约束委托人和第三人"的规定,直接起诉借款人主张债权。但《最高人民法院关于如何确定委托贷款协议纠纷诉讼主体资格的批复》(法复[1996]6号)中却规定,在履行委托贷款协议过程中,由于借款人不按期归还贷款而发生纠纷的,贷款人(受托人)可以借款合同纠纷为由向人民法院提起诉讼;贷款人坚持不起诉的,委托人可以委托贷款协议的受托人为被告,以借款人为第三人向人民法院提起诉讼。这意味着最高人民法院对委托贷款产生纠纷时的诉讼路径已有明确规定。因此,委托贷款合同产生的纠纷,原则上应按上述最高人民法院的批复进行审理,除非三方当事人在委托借款合同中特别约定委托人可以直接起诉借款人。如《中国建设银行人民币资金委托贷款合同》作为建设银行拟定的标准制式合同,其第12条的约定就属于这种例外情形,这时委托人直接起诉借款人具有合同依据,并不与最高人民法院的上述批复相冲突。

23. 委托贷款合同纠纷是否适用调解结案?

在当前民商事审判领域,力争调解结案是人民法院的追求。但因委托贷款合同及相应担保合同的效力问题并不属于当事人意思自治的范围,而属人民法院司法审查的范围,因此,人民法院在审理这类案件时,不仅要尊重当事人对民事权利和诉讼权利的依法处分，还要加强对当事人调解协议内容的司法审查。不能将本属无效的委托贷款合同及项下的担保合同以调解书确认为有效，否则，不仅有违法律规定，还可能损害其他债权人的合法权益。毫无疑问，委托贷款合同纠纷适用调解，但调解必须严格按照《民事诉讼法》的规定，严格审查“当事人有权在法律规定的范围内处分自己的民事权利和诉讼权利”以及调解“自愿、合法”的原则，确保“在事实清楚的基础上，分清是非，进行调解”，调解不成时，则应按照“当判则判，调判结合”原则依法及时处理，确保案件处理合法公正。

CHAPTER

5

第五章

民间借贷的利息

要点提示

民间借贷合同中，借款人在借款合同到期后应按约还本付息，逾期则出借人有权按约定或法律规定主张逾期利息或逾期付款违约金。在司法审判实务中，民间借贷参与主体广泛，个体法律素质参差不齐，风险防范意识薄弱，口头订约及简单订约的情形大量存在，借贷当时未书面明确约定借贷利率，借款人还款时亦未明确是用以还本还是付息，在诚信缺失的情况下，容易导致日后双方对借款利率的约定、偿债顺序等发生争议时出现举证难的局面，人民法院在审理时也难以查清案件事实。上述问题在实务中屡见不鲜，如何正确适用法律、司法解释来处理借款利息、逾期利息、违约金以及偿债顺序等疑难问题，是民间借贷事实审查过程中的难点。

1. 民间借贷是否需要明确利率（利息）？未明确约定利率（利息）的民间借贷是否应当支付利息？

民间借贷合同中，利率（利息）不是必备条款。有些民间借贷不要利息或没有约定利息，这就不需要利率条款。无息民间借贷合同大量存在。

民间借贷合同出现约定利息不明确而出借人要求支付利息的情况，适用《合同法》第211条规定处理，即“自然人之间的借款合同对支付利息没有约定和约定不明确的，视为不支付利息”。但是在借款人不按期还款时，《合同法》第207条规定：“借款人未按照约定的期限返还借款的，应当按照约定或者国家有关规定支付逾期利息。”

如果双方当事人已约定利率（利息），就应当在民间借贷合同中作为条款记载下来。出借人与借款人约定利率（利息）是很自由的，只要不超过司法解释规定的最高限度即可。借款人支付利息也比较简单，只要按照约定的期限、利率或者数额计付利息即可。借款人即使迟延支付利息，或者少于约定支付利息，只要出借人接受，就视为变更，双方如无其他纠纷就相安无事。

如果民间借贷对利息没有约定或者约定不明确，不影响合同效力。借贷双方对有无约定利率（利息）发生争议，又不能证明的，应当按照无息借贷处理；借贷双方对约定利率有争议且不能证明的，利率可以适当高于银行利率，由各级人民法院按照本地区实际情况具体掌握，但最高不得超过银行同期同类贷款利率的4倍（包括利率本数），超出此限度的，超出部分的利息不予保护。对此，《民间借贷司法解释》第26条有了新的规范，即借贷双方约定的利率未超过年利率24%，出借人请求借款人按照约定的利率支付利息的，人民法院应予支持。借贷双方约定的利率超过年利率36%，超过部分的利息约定无效。借款人请求出借人返还已支付的超过年利率36%部分的利息的，人民法院应予支持。

如果民间借贷约定了还款期限，借款人逾期未还款的，出借人可以主张借款人自约定的还款期限届满之日起按银行同期同类贷款利率承担利息；如果借贷双方既未约定利息又未约定还款期限，出借人可以先向借款人进行催告，限令借款人在合理期限内偿还借款，借款人超过合理期限仍未归还的，出借人有权主张借款人自合理期限届满之日起按银行同期同类贷款利率支付利息。

【典型案例5.1】 借款利率约定不明确的，借款人是否还需要支付利息？

【案情】 冯永某经营药品生意，因资金周转出现问题，向朋友郑家某借款。冯永某向郑家某出具一张借条，其中载明：借款金额共计40万元，2005

年年底偿还25万元，2006年年底偿还15万元。2005年年底，冯永某按照借条约定偿还了25万元，并向郑家某支付了一年的利息，利息是按照月利率12%计算的。2006年10月，双方因偿还借款问题发生纠纷，郑家某把冯永某告上法庭，要求冯永某偿还15万元的借款并要求按月利率12%支付利息。但未就利率问题提供确凿证据。

郑家某提出，冯永某于2005年年底偿还了25万元，并按照月利率12%的标准支付了一年的利息，虽然双方在借条中没有约定月利率为12%，但是后来约定了月利率为12%的行为是双方在实际履行过程中对借款合同进行变更的行为，既然如此，冯永某应当按照约定向其支付相应的利息。

冯永某提出，双方曾约定借款支付利息和自己已按12%的月利率支付了一年的利息，但提出利率是支付利息时临时商定的，双方并没有继续按月利率12%支付利息的约定。

【诉讼指南】 民间借贷实际上就是《合同法》第210条规定的自然人之间的借款合同，《合同法》中的借款合同以调整一方为金融机构的借款关系为主，同时，也对自然人之间的借款合同作出了一定的规定。自然人之间借款的情况在社会生活中广泛存在。自然人之间的借款合同与金融机构作为一方当事人的借款合同有所区别。其中最主要的一点就是自然人之间的借款合同是实践合同。根据《合同法》的规定，该合同仅有双方当事人的合意不能成立，必须要有实际的交付行为，即合同是在贷款人提供借款时生效，无论当事人的合同采取的是口头形式还是书面形式。这样规定主要是因为金融机构为借款人的借款合同一般标的数额较大，订立合同的手续复杂、严格，需要遵守有关法律、行政法规及规章的规定。同时，这类合同往往需要设定担保，作为主合同的借款合同不是仅有意思表示的一致就可以成立。因此，金融机构借款时，贷款人与借款人达成书面协议，借款合同即为成立。自然人之间借款一般都是互助性质的，不支付利息的情况居多，当事人在借款活动中关注的是借款这一事实能否被证明，因而对合同的形式并不注意。很多情况是一手交钱，另外再写一个简单的借据，形式上比较简单，过程也不那么复杂。即使当事人采用了书面形式，借款人不支付借款的，也不宜要求其必须支付，否则会给借款人增加过重的责任。

利息和利率是两个完全不同的概念。“利息”是债务人向债权人支付的货币报酬，《合同法》规定的利息是贷款人给予借款人的一种物质鼓励。“利率”是在一定时期内贷款人付给借款人的利息数与存款数的比例。利息与利率的关系为：利息 = 本金 × 天数 × 利率。因此，利息与利率是不同的两个概念，当事人因利率发生争议，并不必然导致利息约定不明。由于自然人之间的借款多为急用，且多发生在亲友之间，所以，自然人之间的借款合同或者借款合同的主要条款采用口头形式比较普遍。

关于利率和利息，我国法律和司法解释已经有了比较详细的规定，其中，《合同法》第 211 条主要着眼于没有约定利息或者利息约定不明确如何处理；原《最高人民法院关于人民法院审理借贷案件的若干意见》第 6 条着眼于民间借贷利率的限制；《民通意见》第 124 条着眼于民间借贷中对利率约定不明的解决方式。

《合同法》第 211 条规定：“自然人之间的借款合同对支付利息没有约定或者约定不明确的，视为不支付利息。自然人之间的借款合同约定支付利息的，借款的利率不得违反国家有关限制借款利率的规定。”自然人之间的借款不一定要支付利息，因为许多情况下自然人之间的借款不是出于营利目的，而是出于亲情、友情等情感因素。当然当事人也可以约定支付利息。当事人对利息没有约定或者约定不明确的，视为无息借款，债务人可以不向债权人支付利息。自然人之间借款利率的确定也应当符合国家有关利率限制的规定。对自然人借款利率作出限制，其目的主要是为了防止债权人高利放贷的行为。这些都与向金融机构借款有着很大的不同。一般情况下，向金融机构借款的，债务人都需要根据借款的期限等情况向债权人支付利息。这主要是因为金融机构一般都是营利性的，要通过贷款收取的利息来获利。根据《合同法》第 204 条的规定，金融机构借款的利率应当按照中国人民银行规定的贷款利率的上下限确定。

1991 年原最高人民法院公布的《审理借贷意见》对民间借贷的问题作出了规定，即“民间借贷的利率可以适当高于银行的利率，各地人民法院可根据本地区的实际情况具体掌握，但最高不得超过银行同类贷款利率的四倍（包含利率本数）。超出此限度的，超出部分的利息不予保护”。该规定明确民间借贷可以适当高于银行的利率，各地人民法院可根据本地区的实际情况具体掌握，但最高不得超过银行同类贷款利率的四倍（包含利率本数）。超过此限度的，超出部分的利息不予保护。近些年来，我国在司法实践中对高利借贷行为的认定也是依据该规定处理的，因此，在没有新规定的情况下，自然人之间借款利率的确定不得违反最高人民法院的有关规定。

由于《民通意见》第 124 条对借款双方因利率发生争议的问题，已经作出了明确的规定，即“借款双方因利率发生争议，如果约定不明，又不能证明的，可以比照银行同类贷款利率计息”。该规定虽然是在合同法施行前制定实施的，但与合同法没有根本的抵触，因而在未废止前，仍应当是有效的。即对自然人之间的借款合同，在当事人约定有利息的前提下，如果双方对借款利率约定不明，又不能证明的，可以比照银行同类贷款利率计息。

本案中，郑家某认为借款时双方口头约定利息按月利率 12% 计算，且借款后冯永某已按照月利率 12% 的标准支付了一年的利息。同时根据冯永某承认已支付了一年的利息的事实，说明借款时双方口头约定冯永某需支付利息。在郑家某和冯永某已经约定利息的前提下，郑家某无法举证证明月利率是 12%。根据《民通意见》第 124 条的规定，借款双方因利率发生争议的，可以比照银行同类贷款利率计息。因此，本案的处理结果应该是要求冯永某支付利息，利率按照银行同期同类贷款利率计算。

对上述问题，《民间借贷司法解释》第 25 条明确规定，借贷双方没有约定利息，出借人主张支付借期内利息的，人民法院不予支持。自然人之间借贷对利息约定不明，出借人主张支付利息的，人民法院不予支持。除自然人之间借贷的外，借贷双方对借贷利息约定不明，出借人主张利息的，人民法院应当结合借款合同的内容，并根据当地或者当事人的交易方式、交易习惯、市场利率等因素确定利息。第 26 条明确规定，借贷双方约定的利率未超过年利率 24%，出借人请求借款人按照约定的利率支付利息的，人民法院应予支持。借贷双方约定的利率超过年利率 36%，超过部分的利息约定无效。借款人请求出借人返还已支付的超过年利率 36% 部分的利息的，人民法院应予支持。今后的司法实践当以此为裁判依据。

2. 民间借贷中可以提前还款吗？

如果民间借贷没有约定借款期限，出借人可以随时要求借款人还款，但应当给借款人必要的准备时间；借款人可随时向出借人要求归还借款。

如果民间借贷约定了借款期限，那么在该期限到来之前出借人要求借款人提前还款或者借款人向出借人提出要求提前还款，均属于违约行为，对方可以拒绝。

实践中，对上述约定了还款期限而提前还款的情况，采用如下方式处理：

（1）对于出借人要求提前收回借款，借款人可以以借款期限未满而抗辩，拒绝提前履行还款义务；如果双方经协商一致，借款人同意提前偿还借款，视为变更合同履行期限，除非双方另有约定，应当按照实际用款的期间计算利息。但如果在借款期限届满前，借款人明确表示或者以自己的行为表明将不履行合同义务、不归还借款的，虽然借款期限未届满，但出借人仍可以要求借款人提前还款。

（2）对于借款人要求提前归还借款，按照《合同法》第208条规定，“借款人提前偿还借款的，除当事人另有约定的以外，应当按照实际借款的期间计算利息”，该行为可能会给出借人造成利息上的损失，出借人可以拒绝接受履行，并有权要求借款人给予一定的赔偿。如果双方关于提前还款有特别约定，借款人的行为导致出借人损失，出借人可以要求借款人承担违约责任。

但实践中，民间借贷中的借贷期限原本是为保护借款人的利益而约定，而且借款人提前履行合同一般不会损害出借人利益，基本上会免除借款人的违约责任。由于借款人提前还款而导致出借人增加额外费用支出的，应当由借款人承担。

对此，《民间借贷司法解释》第32条明确规定，借款人可以提前偿还借款，但当事人另有约定的除外。借款人提前偿还借款并主张按照实际借款期间计算利息的，人民法院应予支持。

3. 民间借贷中借款人提前还款或逾期还款时，利息应如何计算？

（1）借款人提前还款时，根据《合同法》第208条的规定，“借款人提前偿还借款的，除当事人另有约定的以外，应当按照实际借款的期间计算利息”。对此，《民间借贷司法解释》第32条亦明确规定，借款人可以提前偿还借款，但当事人另有约定的除外。借款人提前偿还借款并主张按照实际借款期间计算利息的，人民法院应予支持。实践中，应当注意以下几个问题：

一是按约支付利息的问题。当事人在民间借贷合同中对提前还款有约定的，应当按照约定处理利息问题。比如，民间借贷合同约定，借款人提前偿还借款，利息应当按照约定借贷的期限计付的，应当尊重当事人的约定，而不能按照实际借款的期间计付利息。又如，民间借贷合同明确约定，不能提前偿还的，如果借款人要求提前偿还，必须经出借人同意，否则属违约行为，仍应按合同约定的期限计付利息。

二是损害出借人利益问题。在按照《合同法》第 208 条规定处理提前还款的利息时，还应注意《合同法》第 71 条规定，“债权人可以拒绝债务人提前履行债务，但提前履行不损害债权人利益的除外”。民间借贷合同若没有约定提前还款的利息问题，借款人可以不经出借人的同意提前偿还借款，且利息按照实际借贷期间计算。但是借款人提前偿还借款，不应损害出借人利益，如果损害出借人利益，出借人可以拒绝提前还款。出借人已经接受提前所还借款的，视为同意变更借款履行期，利息也按实际借款期间计算。

三是借款期限没有约定、约定不明确的利息问题。《合同法》第 208 条只适用于有约定借款期限的借款，对借款期限没有约定或者约定不明确的，应当适用《合同法》第 206 条规定，除补充协议成立外，借款人可以随时返还，那么利息就应当按照实际借款期间计付。

（2）借款人逾期还款或者预期违约，依法需要支付逾期利息的，应当按照《合同法》和有关司法解释的规定处理。

《合同法》第 207 条规定：“借款人未按照约定的期限返还借款的，应当按照约定或者国家有关规定支付逾期利息。”《民通意见》第 123 条规定：“公民之间的无息借款，有约定偿还期限而借款人不按期偿还，或者未约定偿还期限但经出借人催告后，借款人仍不偿还的，出借人要求借款人偿还逾期利息，应当予以准许。”

在此，应注意两个问题：

一是有约定还款期限的无息借款，借款人对期限内的借款不负担支付利息义务，但不按还款期限还款，出借人要求借款人支付逾期利息的，按照《合同法》第 207 条规定支付逾期利息。

二是未约定还款期限的无息借款，在出借人催告并给予合理期限后，应当按照《合同法》第 207 条和《民通意见》第 123 条规定支付逾期利息。

【典型案例 5.2】　无息借款中，债权人能否主张逾期利息？

【案情】　2006 年 5 月 18 日，薛某因经商过程中资金紧张向朋友吴某借款 7 万元，并给吴某出具了借条，双方约定了还款期限为 2006 年 11 月 18

日，但没有约定利息。借款到期后，吴某多次要求薛某归还借款7万元，薛某找各种理由搪塞、拒不偿还。吴某无奈之下诉至法院，要求薛某偿还借款7万元，并要求薛某支付逾期还款期间的利息。

原告吴某的代理人提出，薛某向自己借款7万元有借条为证，且双方明确约定了还款期限，薛某应当按照约定的还款期限将7万元还给自己。但迄今为止，薛某没有履行还款义务。根据相关法律规定，自己有权向薛某主张逾期还款期间的利息。

被告薛某提出，自己是向吴某借了7万元不假，但是双方并没有约定利息，所以自己不应当承担逾期还款利息。

【诉讼指南】 本案中，关于吴某要求薛某偿还借款的主张是有法律依据的，应当予以支持。《合同法》第206条规定："借款人应当按照约定的期限返还借款……"根据上述规定，吴某应当按照约定的期限返还借款。本案中薛某与吴某双方债权债务关系明确，所以薛某应当按照约定期限偿还借款7万元。

关于吴某要求薛某支付逾期利息的主张，《合同法》第207条规定："借款人未按照约定的期限返还借款的，应当按照约定或者国家有关规定支付逾期利息。"《民通意见》第123条规定："公民之间的无息借款，有约定偿还期限而借款人不按期偿还，或者未约定偿还期限但经出借人催告后，借款人仍不偿还的，出借人要求借款人偿付逾期利息，应当予以准许。"吴某与薛某在借条中约定了还款期限，薛某却不按期偿还，根据上述规定，薛某应支付吴某逾期还款的利息。

逾期利息的标准应当如何确定？原《最高人民法院关于人民法院审理借贷案件的若干意见》第9条规定："公民之间的定期无息借贷，出借人要求借款人偿付逾期利息，或者不定期无息贷款经催告不还，出借人要求偿付催告后利息的，可参照银行同类贷款的利率计息。"因此，薛某应当支付给吴某自借款到期之日至起诉时按银行同期贷款基准利率计算的逾期利息。

另外，需要注意的是，吴某虽然可以得到逾期利息，但是对于借款期间的利息，吴某则无权向薛某主张。《合同法》第211条规定："自然人之间的借款合同对支付利息没有约定或者约定不明确的，视为不支付利息……"因吴某与薛某并未在借条中约定利息，吴某也没有其他证据证实其与薛某对支付利息进行了约定，故在还款期限内，吴某不能要求薛某给付利息。

对逾期利率与逾期利息问题,《民间借贷司法解释》第29条明确规定,借贷双方对逾期利率有约定的,从其约定,但以不超过年利率24%为限。未约定逾期利率或者约定不明的,人民法院可以区分不同情况处理:(1)既未约定借期内的利率,也未约定逾期利率,出借人主张借款人自逾期还款之日起按照年利率6%支付资金占用期间利息的,人民法院应予支持;(2)约定了借期内的利率但未约定逾期利率,出借人主张借款人自逾期还款之日起按照借期内的利率支付资金占用期间利息的,人民法院应予支持。

4. 民间借贷的最高利率限度是多少?

在《民间借贷司法解释》公布实施之前,我们通常所说的民间借贷的法定最高利率限度指的是"银行同期同类贷款利率的四倍"。

原《审理借贷意见》第6条规定:"民间借贷的利率可以适当高于银行的利率,各地人民法院可根据本地区的实际情况具体掌握,但最高不得超过银行同类贷款利率的四倍(包含利率本数)。超出此限度的,超出部分的利息不予保护。"由此可见,民间借贷的利息超过银行同期同类贷款利率的4倍的,超过部分无效,法律不予保护和支持;低于银行同期同类贷款利率的4倍,属于合法借贷利率,法律予以保护和支持。

"银行同期同类贷款利率的四倍"应以订立合同时的银行同期同类贷款利率来确定,因为银行贷款利率在民间借贷使用期间内可能调低,签订合同时约定的较高利率就有可能超出"四倍",而当事人一般无法预知银行调低利率时间,在这种情况下,出借人主观上无获得高利的故意,故不宜以借款到期时的银行利率计算是否超过4倍为依据。

《民间借贷司法解释》公布实施之后,该司法解释第26条明确规定,借贷双方约定的利率未超过年利率24%,出借人请求借款人按照约定的利率支付利息的,人民法院应予支持。借贷双方约定的利率超过年利率36%,超过部分的利息约定无效。借款人请求出借人返还已支付的超过年利率36%部分的利息的,人民法院应予支持。今后的司法实践当以此为裁判依据。

5. 什么是高利贷?如何处理民间借贷中的高利贷问题?

高利贷是超过国家法定最高借款利率限度的违法借款活动。《合同法》第211条第2款规定:"自然人之间的借款合同约定支付利息的,借款的利率不得违反国家有关限制借款利率的规定。”

在《民间借贷司法解释》公布实施之前，据原《审理借贷意见》第 6 条的规定，对高利贷的处理，只对超出“银行同期同类贷款利率的四倍”的利息不予保护，对借款本金和“四倍”以内的利息仍要予以保护，即借款人应当返还本金，并支付“四倍”以内的利息。由此可见，民间借贷双方当事人约定的利率是否属于高利，其标准是“银行同期同类贷款利率的四倍”。在“四倍”以内不属于高利，法律予以保护；超过“四倍”则属于高利，超过部分的利息法律不予保护。

《民间借贷司法解释》公布实施之后，该司法解释第 26 条明确规定，借贷双方约定的利率未超过年利率 24%，出借人请求借款人按照约定的利率支付利息的，人民法院应予支持。借贷双方约定的利率超过年利率 36%，超过部分的利息约定无效。借款人请求出借人返还已支付的超过年利率 36%部分的利息的，人民法院应予支持。今后的司法实践当以此为裁判依据。

6. 什么是复利？民间借贷中出现复利应当如何处理？

民间借贷的利息习惯上有两种计算方法，即单利和复利。单利是用公式“本金 × 利率 × 使用时间”来计算利息的，合法利息就是以单利计算方法得出的利息。复利是指出借人将应得的利息加入本金在下一期间再计算利息，俗称“息加息”、“利滚利”或“驴打滚”。

原最高人民法院《审理借贷意见》第 7 条规定：“出借人不得将利息计入本金牟取高利。”后来，最高人民法院在公报上对此作了修改，将“只返还本金”改为“其利率超出第六条规定的限度时，超出部分的利息不予保护”。这一修改说明：双方当事人在借贷发生时自愿约定复利，且在最后还本付息时，复利没有超过法定最高限度的，应当予以准许。主要理由是：(1)法律明确禁止预先扣除利息和高利贷，而没有禁止复利；(2)复利没有超出法定最高限度的，不属于高利贷，应当受法律保护；(3)复利仅是计算方法，只要双方当事人自愿采取这种方法计息，又不超出法定最高限度，是符合合同自由原则的。

由此可见，复利作为利息的计算方法，不一定就是违法行为，也不宜作为单独的违法行为进行处理。当然，采取复利计算方法致使还本时所支付的利息超过法定最高限度，则是违反《审理借贷意见》第 6 条规定的，此时才可以作为高利贷处理。

对此,《民间借贷司法解释》第28条明确规定,借贷双方对前期借款本息结算后将利息计入后期借款本金并重新出具债权凭证,如果前期利率没有超过年利率24%,重新出具的债权凭证载明的金额可认定为后期借款本金;超过部分的利息不能计入后期借款本金。约定的利率超过年利率24%,当事人主张超过部分的利息不能计入后期借款本金的,人民法院应予支持。按前款计算,借款人在借款期间届满后应当支付的本息之和,不能超过最初借款本金与以最初借款本金为基数,以年利率24%计算的整个借款期间的利息之和。出借人请求借款人支付超过部分的,人民法院不予支持。今后的司法实践当以此为裁判依据。

【典型案例5.3】 民间借贷中计算复利合法吗?

【案情】 2004年2月8日,李明某向王忠某借款6000元,约定月利率2%。至2005年2月8日,李明某未能归还借款,经双方结算确认,李明某重新出具了一张金额为7400元的借条,约定月利率为2%,并收回原来的借条。同日,李明某又向王忠某借款6000元,月利率也是2%。后因李明某一直未能归还借款,故双方每年结算一次,将利息计入本金计算复利(2000年起,月利率改为1%),并由李明某重新出具借条。2004年2月,李明某向王忠某出具了金额为30781.36元的借条一张,月利率为1%。2006年11月,王忠某向法院起诉,要求李明某归还借款本息合计44632.36元。

原告王忠某提出,李明某向其借款的事实清楚,有借条为证,李明某应当依法归还本金及利息。

被告李明某提出,其确实是向王忠某借钱了,但是实际借款本金应当为12000元,而不是原告王忠某认为的30781.36元,原告提出30781.36作为本金是计算复利的结果,而计算复利违反法律规定,应属无效,故对复利部分不予认可。

【诉讼指南】 本案中主要涉及的问题是民间借贷合同中约定复利的问题。所谓民间借贷合同,是指贷款人是自然人,借款人是非金融机构的法人、其他组织、自然人的借款合同。民间借贷中的贷款人主体只能是自然人,而借款主体可以是自然人、法人和其他组织。在现实生活中,除了自然人之间的借款关系外,还有自然人和法人、自然人和其他组织之间的借款关系，这些借款关系在实践中统称为民间借贷关系。民间借贷这种融资方式对社会经济的发展起到了一定的促进作用，弥补了国家金融信贷资金的不足，对信贷资金投向起到了拾遗补缺的作用。

对于民间借款合同的利息问题，我国《合同法》第211条明确规定："自然人之间的借款合同对支付利息没有约定或者约定不明确的，视为不支付利息。自然人之间的借款合同约定支付利息的，借款的利率不得违反国家有关限制借款利率的规定。"上述规定体现了以下几项原则：

第一，无息推定原则，即对当事人在借款合同中对利息没有约定或约定不明确的，应当推定确认借款人不必向贷款人支付借款利息。

第二，合理利率原则。《合同法》第211条规定的利率"不得违反国家有关限制借款利率的规定"是对最高人民法院颁布的相关司法解释的确认。原最高人民法院《审理借贷意见》第6条规定："民间借贷的利率可以适当高于银行的利率，各地人民法院可根据本地区的实际情况具体掌握，但最高不得超过银行同类贷款利率的四倍（包含利率本数）。超出此限度的，超出部分的利息不予保护。"从上述规定可以看出，法律对于利息的支持仅限于合理利率的利息，对于当事人之间约定的过高利息，法律是不予保护的。

第三，适当保护复利原则。在过去很长一段时间内，一直的做法是自然人之间的借款不得规定复利，规定复利的，复利部分无效。如《民通意见》第125条规定："公民之间的借贷，出借人将利息计入本金计算复利的，不予保护；在借款时将利息扣除的，应当按实际出借款数计息。"但是，这种认为复利绝对无效的情况在原最高人民法院出台《审理借贷意见》时得到了改变，其第7条明确规定："出借人不得将利息计入本金谋取高利。审理中发现债权人将利息计入本金计算复利的，其利率超出第六条规定的限度时，超出部分的利息不予保护。"这说明，法律对公民之间借贷的复利问题从完全不保护过渡到适当保护。

本案的主要争议焦点是复利是否受法律保护。根据上述规定，如果计算复利的利率超过银行同期同类贷款利率的4倍，则该复利属于谋取高利的范畴，超过部分法律不予保护，反之则应当予以保护。由于本案中计算复利的利率并未超过银行同期同类贷款利率的4倍，且李明某向王忠某出具借条是在双方合意的基础上的，应视为其真实意思表示，故原告的诉讼请求符合法律规定，应予支持。

值得注意的是，很多人对借贷中计算复利的问题存有误解，认为只要在借贷中约定计算复利就是不合法的，如本案的被告李明某，但是根据上述法律规定，只要约定的复利不超过银行同类贷款利率的4倍就是合法的，能够得到法院支持。

对此，《民间借贷司法解释》第28条明确规定，借贷双方对前期借款本息结算后将利息计入后期借款本金并重新出具债权凭证，如果前期利率没有超过年利率24%，重新出具的债权凭证载明的金额可认定为后期借款本金；超过部分的利息不能计入后期借款本金。约定的利率超过年利率24%，当事人主张超过部分的利息不能计入后期借款本金的，人民法院应予支持。按前款计算，借款人在借款期间届满后应当支付的本息之和，不能超过最初借款本金与以最初借款本金为基数，以年利率24%计算的整个借款期间的利息之和。出借人请求借款人支付超过部分的，人民法院不予支持。今后的司法实践当以此为裁判依据。

7. 民间借贷可以约定在交付借款时预先扣除利息吗？

预先扣除利息是出借人在向借款人交付本金时，就从中扣除利息的行为。这里的"预先"通常是指交付本金时。

《合同法》第200条规定："借款的利息不得预先在本金中扣除。利息预先在本金中扣除的，应当按照实际借款数额返还借款并计算利息。"因此，出借人预先扣除利息，无论借款人是否愿意，都是违反国家法律法规禁止性规定的无效民事行为。

在通常情况下，绝大多数民间借贷都是借款人求助于出借人而发生的，在借款人处于被动、弱势的情况下，一些出借人往往利用借款人着急用钱的困境，在同意出借的同时，提出预先扣除利息。虽然预先扣除利息也是在借款人同意的情况下实现的，但这是不公平、不合理的。首先，借款人原本急于用钱而借款，当然不会自愿在本金中先予扣除利息，即使表面上同意预先扣除利息，其意思表示也不真实。其次，按照合同约定数额向借款人交付借款是出借人的主要义务，如果预先扣除利息，实际交付借款数额就小于合同约定的数额，这对借款人是不公平的。最后，借款人向出借人支付利息的时间是偿还借款时间或者约定时间，而预先扣除利息使偿还利息在时间上提前到借款交付之时，也是不合情理的。

出借人预先从本金中扣除利息是侵害借款人合同利益的行为，应当按照《合同法》第200条规定予以处理，即借款人按照实际借款数额返还借款并计算利息。根据这条规定，对利息预先在本金中扣除的处理涉及两项内容：一是借款人返还借款的数额不是原先约定的本金数额，而是实际借款数额；二是借款人支付的利息，不以原先约定的本金数额计算，而以实际借款数额如实计算利息。

对此，《民间借贷司法解释》第27条明确规定，借据、收据、欠条等债权凭证载明的借款金额，一般认定为本金。预先在本金中扣除利息的，人民法院应当按照实际出借的金额认定为本金。

8. 民间借贷可以约定违约金吗？利息和违约金有什么关系？

对于民间借贷是否可以支付违约金，目前的法律和司法解释并未明确禁止。为了督促借款人及时履行还款义务，为了给合同履行提供一种担保，实践中，民间借贷双方一般可以就借款人迟延履行约定违约金。

违约金是合同当事人在合同中预先约定的当一方不履行合同或不完全履行合同时，由违约的一方支付给对方的一定金额的货币或代表一定价值的财物。由于民间借贷合同是一类较为特殊的合同，相比银行贷款，没有批贷程序，履行更加方便、快捷。如果没有发生纠纷，有关机关不会主动对该合同内容进行审查。所以民间借贷中容易出现出借人违法出借高利贷获取不当利益，导致借款人由于高额利息无力偿还发生纠纷，滋生各种犯罪活动，严重扰乱金融市场秩序的情况。因此，为了防止高利贷现象，规范民间借贷行为，原最高人民法院《审理借贷意见》规定，民间借贷的利率可以适当高于银行的利率，但最高不得超过银行同期同类贷款利率的4倍。为防止当事人以约定违约金的方式来规避法律的强制性规定，为变相高利贷提供合法外衣，对违约金数额明显过高、违反民法公平原则或者有放高利贷嫌疑的，根据《合同法》第114条第2款的规定，如果当事人以约定的违约金过分高于造成的损失为由向法院或仲裁机构提出，则法院或仲裁机构应当进行审查，并对过高的违约金进行相应调整。

民间借贷中利息包括两种：一种是出借人因出借金钱而从借款人处得到本金以外的金钱，是有偿借款合同的借款人使用借款的代价，借款人的主要义务是向出借人还本并支付利息。借款人不仅应按照约定的数额支付利

息,而且应在约定的期限支付利息,对该利率的约定最高不得超过银行同期同类贷款利率的4倍。

另一种是逾期付款后应付的利息。根据《合同法》第207条的规定,“借款人未按照约定的期限返还借款的,应当按照约定或者国家有关规定支付逾期利息”。如果借款人未按约定期限返还借款,会给出借人造成利息损失,实践中会按照双方约定或参照银行同类贷款利率支付逾期利息。

如果借款人和出借人约定了借款利息和逾期还款所需要承担的违约金,一旦借款人逾期还款,其不仅需要支付借款期间所约定的利息,还需要支付双方所约定的违约金。

对此,《民间借贷司法解释》第30条明确规定,出借人与借款人既约定了逾期利率,又约定了违约金或者其他费用,出借人可以选择主张逾期利息、违约金或者其他费用,也可以一并主张,但总计超过年利率24%的部分,人民法院不予支持。今后的司法实践当以此为裁判依据。

9. 民间借贷中可以约定滞纳金吗?

在借据中约定借款人逾期还款需要支付滞纳金的条款,实际意图是约定逾期还款的违约金。滞纳金是一个行政管理用语,是指具有行政征收职能的行政机关,在征收相关费用的过程中,义务人不履行义务,该义务又不能由他人代为履行时,则由该执行机关按照义务人拖延履行的期限,按日征收的额外金钱,以促使义务人早日履行义务。它具有法定性、强制性和固定性等特点,被视为行政处罚的一种。它涉及的双方主体的法律地位是不平等的,他们之间是一种管理与被管理的关系。所以借据中如果约定借款人逾期还款承担相应的滞纳金,则应当理解为是对逾期还款违约金数额的约定。对此,《民间借贷司法解释》第30条明确规定,出借人与借款人既约定了逾期利率,又约定了违约金或者其他费用,出借人可以选择主张逾期利息、违约金或者其他费用,也可以一并主张,但总计超过年利率24%的部分,人民法院不予支持。今后的司法实践当以此为裁判依据。

10. 因借款人未及时行使自己的债权,影响到出借人利益时,出借人怎么办?

在这种情形下,出借人为了实现自己的债权,可以向人民法院请求:以

出借人自己的名义代借款人向借款人的债务人提出履行债务的要求，即代位权的行使。借款人的债务人对民间借贷合同中的出借人和借款人而言是第三人，当出借人行使代位权时，借款人的债务人是次债务人。

《合同法》第73条规定："因债务人怠于行使其到期债权，对债权人造成损害的，债权人可以向人民法院请求以自己的名义代位行使债务人的债权，但该债权专属于债务人自身的除外。"

在实践中，有些借款人负债后，为了迟延履行债务或者逃避债务，不行使对他人享有的债权，或者放弃债权，甚至违法处分自己的财产，导致出借人的债权难以实现。为了解决实践中的这些问题，保全和实现债权人的债权，《合同法》为债权人设立了代位权，代位权的效力不仅及于债务人，而且及于债务人的债务人。

出借人行使代位权应当同时具备以下几个要件：(1)出借人与借款人之间的借贷债权债务合法存在，且已到期；(2)借款人对其债务人享有的债权必须是合法到期的金钱债权；(3)借款人怠于行使其到期债权；(4)造成对出借人的损害；(5)不得超过债权数额范围；(6)借款人的债权必须不是专属于其自身的债权。

11. 因借款人恶意处分财产的行为而导致出借人的债权受到损害时，出借人怎么办？

当借款人放弃其对第三人的到期债权、无偿转让财产、低价转让财产或进行其他减损自己财产的行为时，可能会危及出借人债权的，这时出借人可以请求人民法院予以撤销，即行使撤销权。

《合同法》第74条规定："因债务人放弃其到期债权或者无偿转让财产，对债权人造成损害的，债权人可以请求人民法院撤销债务人的行为。债务人以明显不合理的低价转让财产，对债权人造成损害，并且受让人知道该情形的，债权人也可以请求人民法院撤销债务人的行为。"

一般情况下，借款人与第三人之间进行民事行为，订立民事合同，出借人不得干涉。但是当借款人向出借人借款后，其财产就成为责任财产，如果借款人对自己的财产作出恶意处分，导致出借人的债权难以实现时，出借人为保证自己的债权，依法有权予以干涉。出借人行使撤销权，就是防止借款人与第三人作出某些行为侵害其债权的保全方式。

行使撤销权需要满足以下四个条件:(1)出借人与借款人有合法有效的到期债权债务关系存在;(2)借款人实施了放弃债权、处分财产等行为;(3)借款人处分财产的行为必须已经生效;(4)借款人的行为造成出借人的债权全部或者部分难以实现。

12. 什么是民间借贷的违约责任和责任承担方式?

违约责任,是指合同当事人不履行合同或者履行合同不符合约定而应承担的民事责任。违约是对约定义务的违反。违约的实质是侵害合同债权,或者说违约是侵害相对人的履行利益。民间借贷合同与其他合同一样,当事人不履行合同义务或者履行合同义务不符合约定,就存在违约责任的问题。

实践中,出借人的违约行为主要为不按照合同约定的借款数量、支付期限等履行义务。关于数量要求,出借人不得预先扣除违约金、利息或者保证金等。出借人预先扣除利息,等于没有按约定的数额提供借款。期限方面主要指未按照约定时间支付借款或提前要求借款人归还借款。

借款人的违约行为主要指借款人到期后未返还或者未按时足额返还借款本金和约定利息。

根据《合同法》的规定以及民间借贷的特性,民间借贷合同违约责任的承担方式主要表现为支付违约金、赔偿损失、继续履行、采取补救措施等。

13. 出借人口头答应借钱,但事后反悔,是否要承担责任?

对此,一般情况下不承担违约责任,特殊情况下可能承担其他责任(如缔约过失责任)。

《合同法》第 210 条规定:"自然人之间的借款合同,自贷款人提供借款时生效。"即民间借贷合同为实践性合同,出借人将款项提供给借款人时合同生效。如果出借人仅仅口头答应借款,但事后反悔未实际提供借款给借款人,则双方并没有建立借贷关系,当事人不承担违约责任。

虽然出借人不承担违约责任,但根据《合同法》第 42 条规定有可能承担其他责任,如缔约过失责任。承担缔约过失责任就是由于一方当事人的过错导致合同不能成立、被撤销、无效,即不能建立合同关系而给对方造成损失的,有过错的一方应该赔偿对方的损失。但承担这种责任必须注意以下

几点：

（1）必须同时满足双方不能建立合同关系、由于一方当事人的过错造成、对方有损失三个条件。

（2）对方的损失仅限于因订立合同而付出的必要费用，不包括因履行合同而应得的利益。

总之，如果出借人仅仅口头答应借款，但事后反悔未实际提供借款给借款人的，在正常情况下是不承担责任的，只有在少数特定情形下要承担相应的责任。

【典型案例5.4】 承认借款约定利息后能否反悔？

【案情】 康同某与尹某是同事关系。2002年3月，康同某为支付购房款的首付曾向尹某借款2万元。2003年6月，尹某向人民法院起诉，称：康同某为购房向自己借款2万元并承诺1年后归还，同时支付2000元作为利息。现康同某迟迟未归还借款本息，请求人民法院依法判决康同某履行法律义务。康同某在向法院提交的答辩状中表示：自己确向尹某借款2万元并约定以10%作为利息，但双方并未约定1年的借款期限，而是笼统地商定在明年归还，也就是说，自己的还款期限应为2003年年底。现借款期限未到，尹某起诉要求自己还款，与约定不符，请求人民法院驳回。但在庭审过程中，康同某对答辩状中承认的事实表示反悔，向法庭提交了其单位出具的证实其在答辩期间到外地出差的证明以及代其起草答辩状的朋友的证人证言。证人证言表示：由于双方是电话联系，未听清康同某的意思，因此，在起草答辩状时表达有误，承认曾约定借款利息。

康同某提出，借款时双方并未约定利息。由于自己到外地出差，答辩状是他人代为起草和提交，表述有误。

尹某提出，康同某在答辩状中已经承认了借款时曾约定利息，现又反悔，前后矛盾。请求人民法院依据其已经承认的事实依法判决。

【诉讼指南】 本案涉及的是诉讼中的自认及其反悔的问题。

所谓自认，是指当事人对不利于自己事实的承认。“自认”分为诉讼中的自认和诉讼外的自认。《最高人民法院关于民事诉讼证据的若干规定》（以下简称《证据规定》）第8条第1款规定：“诉讼过程中，一方当事人对另

一方当事人陈述的案件事实明确表示承认的，另一方当事人无须举证。但涉及身份关系的案件除外。”这里规定的是诉讼中的自认，即当事人在诉讼过程中对另一方当事人陈述的不利于自己的案件事实的承认。自认也可以发生在诉讼过程之外，如在借贷纠纷中，被告诉讼前给原告的信件中曾承认向原告借款，或者被告曾向第三人承认向原告借款，或者被告诉讼前曾同意归还借款等。尽管都是承认对自己不利的事实，但诉讼外自认与诉讼中自认在效力上有很大的差别。诉讼外的自认不具有免除对方当事人举证责任的法律效力，但可以作为一种证据材料使用。

诉讼中的自认具有如下特征：(1)自认必须发生在诉讼过程中。只有当事人在诉讼过程中的自认才能产生相应的法律后果。当事人在诉讼外对不利于自己的案件事实的承认应当比照一般的证据进行正常的举证和质证，不能成为免除当事人举证责任的法定事由。(2)自认是一方当事人对另一方当事人陈述的案件事实的承认。民事诉讼的最大特征是当事人双方主张和利益的对抗性，因此，一方当事人对另一方当事人所主张的案件事实的承认，常常是对不利于自己的案件事实的承认。(3)自认必须明确表示。为了确保自认的真实性和自愿性，《证据规定》对自认的成立限定了较为严格的条件，即自认必须是明确表示承认。如果当事人默示自认，即对另一方当事人的陈述既不承认也不否认，只有在法官履行了法定的释明义务后仍然默示的，才能视为承认。(4)自认必须具有合法性。当事人的自认不能改变现行法律的规定，也即不能与现行有效的法律相冲突。因此，涉及身份关系的案件事实不能适用自认的规定，这里的身份关系案件主要是指婚姻案件和亲子关系的案件。

诉讼中的自认具有两方面的法律效力：(1)诉讼中的自认有约束当事人的效力。当事人一方对另一方提出的不利于自己的事实的承认，双方当事人就自认的事实不再需要举证，作出自认的当事人也不得在诉讼中提出与自认事实相互矛盾的主张，双方当事人亦无须就自认的事实进行质证和辩论。(2)诉讼中的自认有约束法院的效力。《证据规定》第74条规定：“诉讼过程中，当事人在起诉状、答辩状、陈述及其委托代理人的代理词中承认的对己方不利的事实和认可的证据，人民法院应当予以确认，但当事人反悔并有相反证据足以推翻的除外。”一方当事人作出自认的结果是使双方当事人对事实的主张趋于一致，为了尊重当事人的诉讼权利，也为了提高诉讼效率,人民法院应该以双方当事人一致的主张作为裁判的基础,而一般不得再另行依职权就该事实进行调查。自认的效力也及于人民法院。

在本案中,康同某在答辩中承认了向尹某借款并约定支付利息的事实,属于典型的诉讼中的自认。该自认将免除尹某的举证责任并得到人民法院的确认。但康同某在庭审中又对其已经作出的自认表示反悔,理由是他人在代为起草答辩状的过程中理解有误,作出了错误的表示,并向法庭提交了单位的出差证明和证人证言。康同某能否撤回其先前作出的自认呢?

《证据规定》第8条第4款规定:“当事人在法庭辩论终结前撤回承认并经对方当事人同意,或者有充分证据证明其承认行为是在受胁迫或者重大误解情况下作出且与事实不符的,不能免除对方当事人的举证责任。”该条规定了自认撤回的条件。一般而言,诉讼中的自认一经作出,对法院和当事人都产生相应的拘束力。就法院而言,依据辩论原则,自认实际上排除了法院对自认的事实的认定权,法院的判决须受到当事人自认的事实的约束。对当事人而言,依据诚实信用的原则,作出自认的当事人不得随意撤回自认或者再作相反的主张。自认只能在例外的情况下撤回。这种例外情况包括两种情形:

(1)经对方当事人同意,一方当事人可以在法庭辩论终结前撤回自认。诉讼中的自认对自认人的约束力在于维护对方当事人对自认行为的信赖。自认人作出诉讼中的自认后,对方当事人的举证责任因此而得到免除,就不会基于举证责任的压力而全力收集和注意保存已有的证据材料。如果允许当事人任意撤回自认,将给对方当事人造成损害,也违反了诚实信用的原则。但如果对方当事人同意自认人撤回自认,并且自认人在法庭辩论终结前撤回自认,则应当允许其撤回自认。

(2)有充分证据证明其承认行为是在受胁迫或者有重大误解情况下作出并且与事实真实情况不符的,可以撤回自认。所谓“受胁迫”作出自认,是指一方当事人以即将发生的物质性强制或者精神性强制为要挟,迫使对方在违背自己真实意思表示的情况下作出自认。胁迫也可以是胁迫者通过实施某种不法行为,给当事人及其亲友的精神和财产造成损害(如实施殴打、拘禁等暴力行为,或散布谣言、毁人名誉等)而迫使当事人自认。所谓因重大误解作出自认,是指单方误解,即当事人对于事实的性质、对方当事人特定身份等认识错误所作的承认。所谓“与事实不符”,是指当事人自认的事实不符合案件的真实情况，或者不符合法官已经获得心证的事实，或者明显与其他证据证明的案件事实相悖。诉讼中的自认通常符合案件事实的真实情况，若当事人的自认是在某种特殊的情况下违背了自认人的真实意思而作出的自认，并能够提供充分证据证明其自认是在受胁迫或者存在重大误解情况下作出的，与事实不符，就应当允许当事人撤回其对不真实事实的承认。

在本案中，康同某称其在请他人代为起草答辩状的过程中，由于对方理解有误，承认了在借款时双方曾约定支付利息的事实。作为案件的当事人，在请人起草答辩状时，对主要的案件事实未交代清楚，显然与常理相悖。仅凭一份证人证言，也不足以证明该自认是在违背康同某真实意思的情况下作出并与案件事实不符。因此，在康同某不能提供证明其承认行为是在受胁迫或者重大误解情况下作出且与事实不符的充分证据的情况下，其自认不能撤回。尹某对双方借款时曾约定利息的事实不需要承担举证责任。人民法院对该事实将予以确认并据此作出相应的判决。

CHAPTER

6

第六章

民间借贷的证据

要点提示

借贷事实是民间借贷纠纷案件审理的核心。就当事人双方而言，对借贷事实的举证、质证最为主动，辩论最为激烈；就法院而言，事实的认定则是审理查明的重点和难点。本章就民间借贷的举证责任，手机短信、收条、欠条等证明力问题进行了重点探讨。

1. 民间借贷案件证据的认定难度突出表现在哪些方面？

（1）证明借贷关系的权利凭证难认。除口头合同以外，民间借贷债权人主要依赖权利凭证来证明双方之间发生的借贷关系，这种权利凭证也是最为直接的证据，具有较强的证明力。但由于民间借贷所具有的自由性、广泛性和不规范性等特征，反映债权债务关系的权利凭证也呈现出随意性和多样性，最为常见的有“借款协议”、“借条”、“欠条”、“收条”，它们名称上虽然相差无几，但法律含义却迥然不同，对事实的证明力也有区别，审判实务中仅凭债权人提交的权利凭证，很难直接对借贷事实作出认定。

（2）借款利率约定多样，借款本息难认。由于借贷主体日益多元、隐蔽的高额利息和刑民交织等因素，在真实的现金交付同时，难免混杂以现金支付形式掩盖收息和扣息以及高利贷的事实,掩盖涉嫌非法的资金流向,导致实际借款本金数额难以查清。

(3)诚实缺失、法律或风险意识淡薄,抗辩角度多发。即使原告持有权利凭证,被告仍然可以从不同的角度提出抗辩意见,如借贷行为主体的抗辩、法律行为性质的抗辩、是否全面履行、实际履行的抗辩、债权债务是否抵销、债权是否转移、债务是否偿还等责任承担方面的抗辩和诉讼时效的抗辩等。每一种抗辩均可能因证据的收集、保存情况不同而产生不同的法律后果。

即便事实真伪不明,法官也不得拒绝裁判。我们遵循总体公平正义和诚实信用原则,不以权利凭证为认定借贷事实的唯一证据,还需要综合考察借款原因、借款目的及款项流向,因案而异,具体把握。具体的途径是对证据的综合审查与运用,如在原告有直接证据的情况下,视被告反驳证据的证明程度,合理运用举证责任的转移;如欠缺直接证据,依据法律的规定,遵循法官职业道德,运用逻辑推理和日常生活经验,对间接证据有无证明力、证明力大小,能否形成证据链,能否达到待证事实可能性占优势的程度,必要时辅助以测谎手段进行判断;因证据的证明力无法判断导致争议事实真伪不明时,依据举证责任的分配作出裁判。审判实务中,应当正确运用证据规则认定案件事实,最大限度地达到法律事实与客观事实的统一,达到社会效果与法律效果的统一,通过审判,规范民间借贷行为,引导民间资金流向趋于理性,保护诚实合法守信,制裁违法失信行为。

【典型案例 6.1】　借贷双方均缺乏确凿证据的,如何处理?

【案情】　农民何某从 1998 年起便经营养殖业,由于经营有道,逐渐有了一些积蓄。2000 年,何某办了一家养殖场并向当地的农村信用社贷款 10 万元。贷款合同约定:信用社向何某发放 10 万元贷款,期限为 1 年。何某以其养殖场的厂房、设备等价值 10 万元的资产为担保。2001 年,贷款期限届满,何某向信用社提出由于目前养殖场处于扩大经营规模阶段,资金紧张,希望延长贷款期限。信用社考虑到帮助农民致富是党和国家的一贯政策,也是信用社的职责所在,而且何某的养殖场经营状况较好,具有还贷能力,遂同意了何某的要求。双方另行签订了贷款合同。合同约定:信用社向何某发放贷款 10 万元,期限为 4 年。前后两份合同的编号相同,而且用于抵押财产也相同。同时,信用社考虑到金融机构的内部规定,在新签订的贷款合同中没有注明该合同是对前一份 1 年期的贷款合同所作的变更,同时,将合同签订日期注明为 2000 年。2004 年年底,贷款期限届满。当信用社通知何某归还贷款时,何某却置之不理。经信用社再三催促,何某仍然拒不还贷。信用社向当地人民法院提起诉讼。

信用社在起诉状中将双方签订贷款合同的过程如实做了陈述,并向法庭提供了两份贷款合同和发放贷款的凭据,但未能就后一份 4 年期的贷款合同为前一份 1 年期贷款合同的变更,两者发放的是同一笔贷款提供确凿的证据。何某正是看中了这一点,早有准备。他希望通过钻法律的空子,赖掉贷款。但何某也未能就两份合同系同时签订的,针对两笔不同贷款的合同提供相应的证据。

信用社提出,何某为经营需要向本社贷款,后要求延长贷款期限,本社与其另行签订贷款合同,延长贷款期限。但延长的期限届满后,何某仍以种种理由拒绝偿还贷款,请求人民法院依法判决其履行合同义务。

何某提出,自己与某信用社在 2000 年同时签订了两份贷款合同。贷款期分别为 1 年和 4 年,金额都是 10 万元。合同签订后,信用社如约向自己发放了 1 年期贷款 10 万元,但未发放 4 年期贷款。1 年期贷款合同届满后,信用社未要求自己归还贷款,迟至 2004 年才提起诉讼,已经超过了民事诉讼 2 年的诉讼时效,因此,请求人民法院驳回信用社的诉讼请求。

【诉讼指南】 在本案中,信用社主张 4 年期的贷款合同为 1 年期贷款合同的变更,两者发放的实际上是同一笔贷款。何某则主张两份贷款合同相互独立,发放的是两笔不同的贷款。信用社虽然提供了证明贷款关系和发放贷款的事实存在的证据,但未能就两份贷款合同之间存在的变更关系提供相应的证据。而何某也未就两份合同相互独立提供相应的证据。在这种情况下,应认定哪方主张的事实成立,支持谁的诉讼请求呢?

《民事诉讼法》第 64 条第 1 款规定:“当事人对自己提出的主张,有责任提供证据。”最高人民法院《证据规定》第 2 条也规定:“当事人对自己提出的诉讼请求所依据的事实或者反驳对方诉讼请求所依据的事实有责任提供证据加以证明。没有证据或者证据不足以证明当事人的事实主张的,由负有举证责任的当事人承担不利后果。”这就是我们通常所说的民事诉讼中“谁主张，谁举证”的原则。按照该原则，信用社应当对自己主张的事实，即4年期贷款合同实际上是为延长贷款期限而对1年期贷款合同所作的变更，两者针对的是同一笔贷款，承担举证责任。但问题的关键在于，信用社应当在多大程度上证明该事实的存在。如果信用社未能就两份合同的关系提供确凿证据，但根据已有证据，其主张的事实又合乎情理，在法律上能否认定该事实成立，支持其诉讼请求？对此，我们应当看到，法律上认定的事实毕竟不同于客观事实，因为客观事实已经无法再现，它是法官根据已有证据进行合乎逻辑的判断和推理后加以认定的，不可能达到绝对真实的程度。因此，不能要求当事人对其主张的事实承担证明其绝对真实的举证责任。如果在现有证据的基础上，当事人主张的事实合乎情理，具有较高的可信度，就应当在法律上认定该事实，支持当事人基于该事实提出的诉讼请求。

在本案中，何某主张的事实，即两份贷款合同相互独立，发放的是两笔不同的贷款，存在以下几个疑点：首先，两份合同为何使用同一编号？尽管合同编号并不具备直接的法律意义，但在认定本案中两份合同关联性的问题上应作为重要依据。其次，两份贷款合同用于贷款抵押的财产相同。金融机构对贷款抵押有严格的审查制度，如果两份合同是同时签订的且相互独立，信用社为何同意何某以价值仅10万元的同一笔财产为两笔10万元的贷款做抵押？再次，何某称信用社只根据1年期贷款合同向其发放了10万元贷款，而未发放4年期的10万元贷款。那么，其为何一直未要求信用社按照合同约定发放贷款？最后，在1年期贷款合同到期后，信用社在何某未归还贷款的情况下，为何一直未采取措施追还贷款，而是迟至2004年才向人民法院提起诉讼。作为金融机构，如此怠于履行其基本职责，显然不合情理。反观信用社主张的事实，即4年期的贷款合同为1年期贷款合同的变更，两者发放的实际上是同一笔贷款，则上述疑点都可以得到合乎情理的解释。在当事人双方签订的1年期贷款合同到期后，由于何某暂时不能归还贷款，信用社同意延长贷款期限，双方签订了一份4年期的贷款合同，作为对先前签订的1年期贷款合同的变更。但考虑到金融机构的内部管理规定，在新签订的贷款合同中没有注明该合同是对前一份1年期的贷款合同所作的变更，同时，将合同签订日期注明为2000年。因此，两份合同使用同一编号，用于抵押的财产也相同。信用社向法庭提供了两份贷款合同和发放贷款的凭据，虽然不能直接证明两份合同的关系，但从这些证据出发，信用社主张的事实是合乎情理的,何某的主张则有悖常理。本案应当认定信用社主张的事实成立,支持其诉讼请求。

从另一个角度看,何某向信用社贷款10万元未还是不争的事实。"欠债还钱"体现了法的首要价值——公正;而诉讼时效制度的宗旨在于促使权利人及时行使权利,稳定现有的社会秩序,同时避免因时隔久远证据灭失,不利于民事纠纷的解决,该制度注重的是法的效率价值。如果采纳信用社的主张而实际上认定事实错误,则何某须向信用社偿还贷款本息,其时效利益未得到依法保护——牺牲的是法的效率价值;而如果采纳何某的主张,但实际上认定事实错误,则信用社的贷款本息不能收回,同时何某严重违背诚信的行为得逞,法官的错误判断纵容了不法行为——牺牲的是法的公正价值。假定前述两种错误的发生具有相同的可能性,应首先维护法的首要价值——公正,采纳信用社的主张,支持其诉讼请求。

2. 民间借贷案件审理中应当着重审查哪些事实?

民间借贷案件审理中,人民法院应当根据金额大小、交付凭证、出借人的经济能力、当地或者当事人之间的交易方式、交易习惯、借贷双方的亲疏关系以及当事人的陈述等因素,结合其他证据,依据民事诉讼高度盖然性的证明标准,综合判断借贷事实是否发生。

对金额较小的现金交付,出借人作出合理解释的,一般可以认定借贷事实存在。对于金额大小的界定,鉴于本省各地经济发展状况、出借人个体经济能力存在差异,可由法官根据个案具体情况裁量。

3. 民间借贷案件审理中"高度盖然性"的证明标准如何把握?

在审判实践中,民间借贷多指发生于自然人之间的借贷纠纷、自然人与法人之间的借贷纠纷。民间借贷多发生于熟人之间,在亲情与友情面前,在法律知识缺失情况的普遍存在下,借贷行为不可避免的具有一定的盲目性和不规范性。一旦出现因信用风险引起的纠纷,就会因手续不完备而无法得到法律的保护,给社会带来不安定因素。在借贷双方出现纠纷诉至法院时,法官往往在查明案件基本事实的过程中面临因书面证据的缺失造成认定事实的困难;对例如借款协议等书面证据的真伪难以认定,进而对案件如何定性产生困惑等种种问题。

(1)审判实践中高度盖然性证明标准的适用

审判实践中,当事人提供的证据很多情况下只有一张借据或欠据,即孤证,在这种情况下,根据该条规定,法官在审理民间借贷案件时,应全面审查案件事实,依据高度盖然性的证明标准,综合判断借贷事实是否发生。

《证据规定》第73条规定:"双方当事人对同一事实分别举出相应的证据,但都没有足够的依据否定对方证据的,人民法院应当结合案件情况,判断一方提供证据的证明力是否明显大于另一方提供证据的证明力,并对证明力较大的证据予以确认。"此规定即为高度盖然性规则。《最高人民法院关于依法妥善审理民间借贷纠纷案件　促进经济发展　维护社会稳定的通知》第7条规定:"……人民法院在审理民间借贷纠纷案件过程中,要依法全面、客观地审核双方当事人提交的全部证据,从各证据与案件事实的关联程度、各证据之间的联系等方面进行综合审查判断。对形式有瑕疵的'欠条'或者'收条',要结合其他证据认定是否存在借贷关系;对现金交付的借贷,可根据交付凭证、支付能力、交易习惯、借贷金额的大小、当事人间关系以及当事人陈述的交易细节经过等因素综合判断……"这是高度盖然性规则在民间借贷案件审理中的具体运用。

(2)高度盖然性规则的概念和内涵

第一,高度盖然性规则的概念。高度盖然性规则是指在举证规则的基础上,将双方当事人举证内容所赋予的证明力作比较,以优势原则作为内心确信的标准。高度盖然性规则的理论源自于西方自由心证制度,主张民事案件的证明标准只需达到特定高度的盖然性即可,即这种高度达到"法官基于盖然性认定案件事实时,应该能够从证据中获得待证事实极有可能如此的心证,法官虽然还不能排除其他可能性,但已经能够得出待证事实十之八九是如此的结论"的程度即可。客观真实虽是司法证明活动所应追求的终极目标,但人们对已发生的案件事实的认识往往不可能绝对反映事件的本来面目,这就决定了民事诉讼的证明标准只能是法律事实。

第二,高度盖然性规则的内涵。高度盖然性是在证据优势基础上法官形成的内心确信;优势证明是一种盖然性证明,是一方当事人提供的证据比另一方当事人提供的证据更有说服力,从而证明争执事实存在的可能性远大于其不存在的可能性。法官应当根据证据取得的方式、证据形成的原因、证据的形式以及证据提供者的情况及其与本案的关系,综合全案情况对证据的证明力进行审查判断，权衡双方当事人提供的证据的证明力大小，作出盖然性判断。法官作出高度盖然性判断的过程，本质上就是形成内心确信的过程，在形式上表现为对证据的审查判断，在主观上是对证据的真伪和证明力，以及证据所证明的事实在内心形成确信的过程。

第三，审判实践中如何适用高度盖然性规则。具体到民间借贷案件审理中，法官应全面审查案件事实。民间借贷合同具有实践性特征，合同的成立，不仅要有当事人的合意，还要有交付钱款的事实。因此，在民间借贷纠纷案件的审理中，当事人只以借条起诉的，首先看当事人之间的合意，即借据是否真实有效，在该前提下，还应审查履行情况。对于小额借款，出借人具有支付借款的能力，如果当事人主张是现金交付的，除了借条又没有其他证据的，按照交易习惯，出借人提供借据的，一般可视为其已完成了举证责任，可以认定交付借款事实存在。而对于大额借款，涉及几十万甚至几百万的金额，当事人也主张是现金交付，除了借条没有其他相关证据的，则还要通过审查债权人自身的经济实力，债权债务人之间的关系，交易习惯及相关证人证言等来判断当事人的主张是否能够成立，仅凭借条还不足以证明交付钱款的事实。当事人没有借条，但是有证据能够证明借款事实确实存在，借款人又无相反证据予以推翻的，综合考察债权债务人之间的交易习惯、亲疏关系等，结合法庭审理情况由法官自由心证做出裁判。因此在审理中，一方对对方证据提出合理怀疑的，对方应当提供证据排除合理怀疑，或提供其他证据以加强己方的证明力。法官根据双方举证情况，综合判断认定借贷事实是否发生。

(3)民间借贷案件审理中适用“高度盖然性”证明标准应遵循的原则

适用“高度盖然性”证明标准时，应遵循以下原则，以避免法官自由裁量权过大：

第一，坚持“规则法定”原则，即包括证据规则在内的各种程序规则的设置、规定必须是明确的、具体的、可操作的，尽量减少由法官据情自由裁量的范围。

第二，法官对案件事实的判断和认定，都必须建立在双方当事人举证和质证的基础上，必须以证据为依据，以区别法官的主观臆断。

第三，法官必须恪守中立，依据举证规则自动调节当事人的举证责任负担，不受任何外界因素的干扰，影响内心公正。

第四，法官应在判决书上明确、具体地阐述认定事实的根据和理由。这是保障司法公正与实施“高度盖然性”证明标准的客观载体。高度盖然性规则更要求法官对认定待证事实存在与否的理由在判决书中详加说明，这样易于使当事人理解法官认定的事实只是形式真实，而形式真实虽然符合法律规定，但与客观真实之间是有着差异的，以及其所承担的举证责任与诉讼风险之间的辩证关系，从自身的因素寻找败诉原因，促使败诉方服判息诉，减少社会各方对法官的误解，维护人民法院的司法权威。

第五，适用高度盖然性规则应由集体判定。在对于证据与待证事实之间呈现出较为复杂的案件适用高度盖然性规则时，应当组成合议庭集体判定。首先，当证据与待证事实之间存在盖然性而必须运用高度盖然性规则判定时，双方当事人对案件事实必然有较大争议，证明过程也相对繁杂。因此不宜再适用简易程序独任审理，而应适用普通程序审理。其次，确立了高度盖然性规则后，法官必然就享有了判断证据证明力的自由，使得其对事实的认定具有了最终的权威地位，这时法官对事物的主观认识就会直接影响到他对案件事实的认定，最终影响到对案件的实体处理，这就要求法官必须具备一定的法学理论知识、文字表达能力、逻辑分析本领、社会生活经验以及清正廉明的优良品质。因此，只有用集体的力量并且相互监督，保证高度盖然性规则的正确落实。

【典型案例 6.2】　“高度盖然性”证明标准如何适用？

【案情】　被告马某与王某系夫妻，二被告以做生意为由向原告张某借款 100000 元，并为其出具借条一张，双方约定月息 4 分，同时约定需附有原告向被告转账的银行转账单该借条方可生效。签约当天，原告张某从银行支取现金 96000 元交付二被告。借款到期后，原告以多次催要欠款未果诉至法院，要求被告偿还欠款 100000 元。原告向法院提交了借款当日从银行支取现金 96000 元的客户回单及二被告为其出具的欠条，并称另外还从家里支取现金 4000 元支付给二被告，共计 100000 元。二被告对原告诉请的欠款数额持有异议，对原告所称另外支付的 4000 元借款不予认可。

法院经审理认为，依照《民事诉讼法》规定的“谁主张，谁举证”的原则，当事人对自己提出的诉讼请求所依据的事实或反驳对方诉讼请求所依据的事实，除免证事实外，都有责任提供证据加以证明。当没有证据或虽有证据但该证据与证明对象没有关联或证据本身的真实性存在问题时，都不能证明其主张为真。本案中，二被告向原告借款96000元的事实清楚，有原告借款当日从银行支取现金的客户回单及借条为证，故该请求予以支持。关于原告称另外还支付给二被告4000元的诉请，因没有相关证据予以佐证，故不予支持。

【诉讼指南】 高度盖然性是在证据优势基础上法官形成的内心确信。法官应当根据证据取得的方式、证据形成的原因、证据的形式以及证据提供者的情况及其与本案的关系，综合全案情况对证据的证明力进行审查判断，权衡双方当事人提供的证据的证明力大小，作出盖然性判断。

具体到本案，原告从银行支取现金96000元并支付给被告的事实清楚，证据充分，该部分请求可以予以支持。但另外4000元，由于原告据以支撑其诉讼请求的证据仅为其个人的陈述，无法达到排除对该理由真实性的合理怀疑。况且二被告为原告出具的借条中明确约定“借款利息为月息四分，并需附有银行转账单该借条方可生效”，法院可以推定这4000元很可能被原告作为第一个月的利息提前予以了扣除。故法院对原告的这部分主张成立的意见没有采信，是符合法律规定的。依据《民事诉讼法》和相关司法解释之规定，应由原告承担举证不力的诉讼后果。

4. 民间借贷诉讼中的证据有哪些？

证据是指证明事实是否客观存在的材料。证据在民事诉讼中有着极其重要的意义，它既是人民法院认定事实的根据，也是人民法院作出裁判的基础。我国《民事诉讼法》规定的证据种类有以下几种：

(1)当事人的陈述。其是指案件的当事人向人民法院提出的关于案件事实和证明这些事实情况的陈述。由于民事纠纷是在当事人之间进行的，所以，他们最了解争议的事实。对于人民法院来说，当事人的陈述是查明案件事实的重要线索，应当给予重视。但是，双方当事人在案件中处于对立地位，他们之间存在利害冲突，可能会夸大、缩小甚至歪曲事实。所以，人民法院对于当事人的陈述应当客观地对待，注意其是否有片面和虚假的成分。既不可盲目轻信，也不能忽视其作用。只有把当事人的陈述和案件的其他证据结合起来，综合研究审查，才能确定其是否可以作为认定案件事实的根据。

(2)书证。其是指以文字、符号所记录或表示的,以证明待证事实的文书,如合同、书信、文件、票据等。书证是民事诉讼中普遍并大量应用的一种证据。

(3)物证。其是指用物品的外形、特征、质量等说明待证事实的一部或全部的物品,如质量不合格的家具、被汽车撞坏的自行车等。

(4)视听资料。其是指用录音、录像的方法记录下来的有关案件事实的材料,如用录音机录制的当事人的谈话、用摄像机拍摄的人物形象及其活动等。视听资料是随着科学技术的发展进入证据领域的。

(5)电子数据。其是指与案件事实有关的电子邮件、网上聊天记录、电子签名、网络访问记录等电子形式的证据。这是2012年《民事诉讼法》修改后新增加的证据种类。

(6)证人证言。其是指证人以口头或书面方式向人民法院所作的对案件事实的陈述。证人所作的陈述,既可以是亲耳听到、看到的,也可以是从其他人、其他地方间接得知的。由于民事纠纷的产生和变化总会被某些人直接或间接地了解,所以,证人证言在民事诉讼中被广泛应用。人民法院认定证人证言,可以通过对证人的智力状况、品德、知识、经验、法律意识和专业技能等的综合分析作出判断。

(7)鉴定意见。其是指具备资格的鉴定人对民事案件中出现的专门性问题,通过鉴别和判断后作出的书面意见,如医学鉴定、指纹鉴定,产品质量鉴定、文书鉴定、会计鉴定等。由于鉴定意见是运用专业知识所作出的鉴别和判断,所以,具有科学性和较强的证明力,往往成为审查和鉴别其他证据的重要手段。原民事诉讼法使用了“鉴定结论”的表述,2012年《民事诉讼法》将“鉴定结论”修改为“鉴定意见”。这主要是考虑用“鉴定意见”的表述更为科学、准确,更符合鉴定活动的本质特征。鉴定意见作为鉴定人个人的认识和判断,表达的只是鉴定人个人的意见,对整个案件来说,鉴定意见只是诸多证据中的一种证据,审判人员应当结合案件的全部证据,加以综合审查判断,从而正确认定案件事实,作出正确判决,而不是被动地将“结论”作为定案依据。2005年2月第十届全国人民代表大会常务委员会第十四次会议通过的《全国人民代表大会常务委员会关于司法鉴定管理问题的决定》和2012年3月第十一届全国人民代表大会第五次会议通过的《全国人民代表大会关于修改〈中华人民共和国刑事诉讼法〉的决定》中也都已经将“鉴定结论”修改为“鉴定意见”。

(8)勘验笔录。其是指人民法院对能够证明案件事实的现场或者不能、不便拿到人民法院的物证,就地进行分析、检验、勘查后作出的记录。它是客观事物的书面反映,是保全原始证据的一种证据形式。比如,一些相邻关系纠纷,房屋产权纠纷、农村宅基地界址纠纷等,往往需要审判人员对现场情况亲自了解,将勘验情况制成笔录。

民间借贷诉讼中,比较常用的证据有书证、证人证言、当事人陈述、视听资料、鉴定意见。

【典型案例 6.3】 借款人能否以手机短信来证明自己已经还款的事实?

【案情】 2004 年 7 月 26 日,蒋叶某向季某借款 10000 元,并出具了借条,约定还款期限为 2004 年 12 月。2005 年 5 月,季某向人民法院提起诉讼,称:蒋叶某借款一直未还,自己几次向其索要,蒋叶某均借故推托,现请求人民法院依法判决蒋叶某归还借款。蒋叶某在庭上答辩称:借款已于 2004 年 12 月 25 日偿还。由于还款时季某称借条不在身边,以后再还给蒋叶某,故当时蒋叶某未能取回借条。事后,两人因其他事情发生冲突,季某以借条为据,要求重新偿还借款。蒋叶某当庭展示了手机上储存的季某发送的短信,内容为:“借条还在我这里,过两天就还给你。钱你已经还了,放心,我不会再向你要了!”

原告季某的代理人提出,手机短信不是法律规定的合法的证据,其真实性无法保证。被告将其作为证据使用,不具有证明借款已经偿还的法律效力。

蒋叶某提出,手机短信的真实性是可以证明的,法律也没有禁止手机短信作为证据使用。自己保存的季某发送的短信足以证明借款已经偿还。

【诉讼指南】 本案的关键在于蒋叶某在法庭上出示的手机短信能否作为证据使用,如果能够作为证据使用,则蒋叶某反驳季某的主张有相应的证据支持,如果不能作为证据使用,则蒋叶某主张自己已经还款无法得到法律支持。

证据有几种法定形式,《民事诉讼法》第 63 条规定:“证据包括:(一)当事人的陈述;(二)书证;(三)物证;(四)视听资料;(五)电子数据;(六)证人证言;(七)鉴定意见;(八)勘验笔录。证据必须查证属实,才能作为认定事实的根据。”

随着社会的发展,一些新的证据形式开始出现并在诉讼中得到应用。手机短信息就是其中之一。所谓手机短信息,是随着通信技术的发展以及信息网络的建立和完善而出现的一种通过电信运营商的信号网络进行传输的数字化通信方式。它在人们的日常生活中广泛应用并出现在诉讼活动中。手机短信能否作为证据使用,是法律面临的一个新问题。

判断手机短信能否作为证据采用,必须考察其是否具备证据的客观性、关联性、合法性。

(1)证据的客观性,是指证据作为已发生的案件事实的客观遗留,是不以人们的主观意志为转移的客观存在。手机短信作为移动通信营运商信号网络链接的一种新型通信方式,其主要工作原理是把人们所表达的意思转化为数字信号,并通过信号网络传输至对方手机,呈现在对方的手机屏幕上,因此互无“真迹”,一个指令也可轻易地修改或删除,从而有人对手机短信的客观性提出质疑。但易删改的特性并不能否定手机短信的客观性,能够证明案件真实情况的数字化形式的手机短信毫无疑问是客观存在,不是无法感知的虚幻的东西。在网络信号正常的情况下,手机短信一旦由发出方发出,即在接收方的手机上有直观显示,并在移动通信营运商的服务器上有相应的记录。而且,从修改手机短信的技术难度来看,对于一般手机用户来说,直接在手机的短信收件箱中修改信息不太可能。因收件箱中的手机短信息是只读文件,不能直接在收件箱中修改。如果以另存编辑方式修改信息内容,则会改变该信息的位置,如转移到草稿箱或发件箱中,不可能仍停留在收件箱。从一条手机短信的基本内容来看,存储于收件箱的信息均带有发信人名称、发信人的手机号码、发信时间等具体资料,而且移动运营商的操作系统中也有相应记录。

(2)证据的关联性,是指证据必须与需要证明的案件事实或其他争议事实具有一定的联系。换言之,一个证据必须有助于证明案件事实或其他争议事实,因此关联性又可以称为证据的“证明性”。手机短信的另一个显著特点就是对应性。每一个手机号码均对应一个唯一的用户,手机短信的收发只能在特定的两个手机号码之间进行,也即其是特定的两个手机用户之间进行，这种对应关系可以由移动通信营运商与用户的服务协议来证明。在没有其他相反证据的情况下，两个特定的手机号码之间的短信收发行为可认定为两个特定的用户之间在特定的时间发生的通信行为。

(3)证据的合法性，是指提供证据的主体、证据的形式和证据的收集程序或提取方法必须符合法律的有关规定。

从以上分析来看，手机短信具备证据的"三性"，即客观性、关联性和合法性，因此是可以作为证据使用的。但与此同时也应当看到，从技术的角度来看，手机短信毕竟存在被伪造、篡改后不留痕迹，同时受环境、技术的影响容易出错的可能，所以应将手机短信归入间接证据的范畴。所谓间接证据是指与案件主要事实有间接联系的材料，只能佐证与案件有关的个别情节或片段，而不能直接证明案件的主要事实。但把若干间接证据联结起来，经过综合分析和推理，对于查明案件主要事实也具有十分重要的作用。因此，对手机短信应结合全案的其他证据来综合判断其证据效力。

在本案中，蒋叶某所提供的手机短信是储存在其手机上的信息，是不以人的意志为转移的客观存在，具有证据的客观性。蒋叶某所提供的手机短信内容是关于债权债务的处理，而且信息发出方的号码正是季某的手机号码。由此看来，手机短信与本案事实的关联性是毋庸置疑的。同时，蒋叶某所提供的证据是自己的手机上储存的信息，并在庭审时当庭展示。因此，本案中的手机短信是适格证据，具有证据效力。而且，蒋叶某提供的手机短信与季某提供的借条相互印证，因而构成一条完整有效的证据锁链，证明了蒋叶某欠款已还的法律事实。

5. 民间借贷诉讼中证人证言的证据效力如何？

在美国，有"无证人即无诉讼"的法谚，可见证人证言的重要性。我国现行《民事诉讼法》将它列为法定证据种类之一，而司法解释更进一步规定，证人必须出庭作证，其证言要经双方质证，才可认定其证据效力。

民事诉讼中的证人，一般都与诉讼当事人存在一定的亲密关系，毫无关系的自然人之间因没有利益的驱动，很少会愿意出庭作证。很多时候，法官们似乎只相信书证、物证的效力，总认为证人证言的主观成分太多，虚假的可能性太大，无法与书证相提并论。往往在某些以证人证言为主要证据的案例中，会很随意地作出"证据不足"的判决。

但在民事诉讼法中，证人证言仍是法定证据之一，因此仍然应该审慎地对待它。对于证词的真实性，应通过双方的质证来确认，而绝不应由审理者凭主观臆断而肆意否认。

我国的民间借贷，多数采用口头方式，发生纠纷起诉到法院时，往往举证非常困难，导致出借人因证据不足而败诉，客观上造成借款人背信弃义、逃避债务，影响和谐、诚信的社会风气。所以，证人证言应当作为重要的证据形式之一，与其他证据相辅相成，共同作为查明事实、分清责任的依据。在其他证据缺失的情况下，证人证言尤显重要。

6. 民间借贷当事人的陈述可以作为证据吗？

当事人陈述是在任何一个民事案件审理过程中都存在的一种诉讼材料，直接影响到事实审理的结果，现行《民事诉讼法》第 63 条将当事人陈述列为七种证据之一。

当事人就事实所作的所有陈述，都具有证据功能。主要表现在以下几个方面：

（1）起诉书、答辩状中的陈述。当事人在起诉书或答辩状中，对事实所作的叙述，有较强的证据效力。如果该当事人推翻在起诉书或答辩状中的事实陈述，必须提出充分的理由和证据，否则，法庭不会同意当事人改变陈述。

（2）在法庭审理中的陈述。在法庭审理中，对主张的解释、对事实的叙述、对证据的肯定或否定以及说明、辩论终结后的最后陈述等，都属于当事人陈述的范畴，均具有证据效力。若改变以前的陈述，必须举出相应的证据，否则不被法庭认可。

（3）接受法庭询问的陈述。在法庭审理中，法官对于某一些证据或事实认为不清楚，需要当事人予以澄清，或者进一步解释说明，此时对法官问话的回答，同样具有证据效力，对于法官认定事实至关重要，应当谨慎、明确地回答。

（4）对案件事实的相关说明。有时对事实或证据材料，需要作出一些书面说明，此种说明也属于当事人陈述，具有证据效力。

此外，得到当事人特别授权的代理人所作的上述陈述，视为当事人陈述。

7. 录音可以作为证据吗?

录音可以作为证据使用。录音属于视听资料。视听资料是指用录音、录像磁带或者其他科学方法反映的形象和声音,以及电脑中存储的资料等,是用来证明案件事实的一种证据。视听资料在我国是一种独立的证据种类,它对于民事案件的审判具有其他证据无法替代的优越性,但其本身又具有易于伪造和篡改的缺陷。应对视听资料的证据能力进行合理地判断,并通过有效的途径赋予其证据能力,对非法证据进行排除。

1995 年 3 月最高人民法院就私自录音的证据效力问题作出了《关于未经对方当事人同意私自录制其谈话取得的资料不能作为证据使用的批复》,这是我国司法实践中第一个非法证据排除规则。2001 年 12 月 6 日最高人民法院又通过了《证据规定》,其中第 68 条、第 69 条就视听资料作为有效证据的条件、证据能力等作了较为具体的规定。第 68 条规定:"以侵害他人合法权益或者违反法律禁止性规定的方法取得的证据,不能作为认定案件事实的依据。"这条规定较之于前述 1995 年的批复,在一定程度上完善了我国司法实践中的非法证据排除规则。进而第 69 条规定,存有疑点的视听资料不能单独作为认定案件事实的依据。该条被有的学者认为是补强证据规则。实践中,对于视听资料证据力的审查判断,需考虑以下几点:(1)视听资料的来源是否可靠;(2)视听资料的形成时间、地点;(3)视听资料的收集是否合法;(4)视听资料的内容是否真实可靠;(5)结合本案的其他证据审查其关联性。

【典型案例 6.4】 私自录音形成的录音带能否作为借款事实的证据?

【案情】 安平某与翟卿某相识多年。翟卿某从所在单位下岗后,经济困难,做起了小买卖。由于经营无方,生意惨淡,为此多次向安平某借款。安平某考虑到两人多年的友谊,每次均慷慨应允。但令他不解的是,翟卿某生意有了转机之后,却绝口不提借款之事。为了收回借款,安平某向翟卿某明确提出了还款。但出乎他意料的是,翟卿某竟然矢口否认借款一事。在忍无可忍的情况下,安平某一纸诉状将自己多年的老朋友告到了法院。

安平某提出,自己曾在 2002 年 8 月和 11 月以及 2003 年 5 月分别借给翟卿某3笔钱,分别为10000元、5000元和10000元。2003年4月,翟卿某偿还了10000元。从此以后,对借款绝口不提,自己曾向其多次索要,翟卿某均以种种借口推托。由于两人是多年的老朋友,当初借钱时碍于情面,没有打借条,现请求人民法院依法判决翟卿某清偿拖欠的借款。安平某向人民法院提供了多名证人的证言,证明上述事实,同时还提供了一盒偷录的向翟卿某要钱时发生争吵的录音带。

翟卿某承认自己曾向安平某借款10000元,但主张自己已经偿还。对安平某主张的其他借款予以否认。对安平某提供的上述证据,翟卿某辩称:安平某提供的证人证言是伪证,录音带是在自己还钱以前录下的,录音带可人为剪辑、拼凑,不能反映案件事实,没有辅证作用。安平某提出翟卿某可以申请鉴定,如录音带有假,自己愿意给付5倍的赔偿。翟卿某未提出鉴定申请。在这种情况下,法庭根据安平某的申请,委托有关机构对原被告进行心理测试,报告显示:双方在10000元的次数上,对"两次"有相对一致的记忆。

【诉讼指南】《民事诉讼法》第63条虽然规定视听资料可以作为证据使用,但对未经对方当事人同意取得的视听资料是否可以作为证据使用以及证明力等问题,未作明确规定。最高人民法院在给河北省高级人民法院的批复(法复〔1995〕2号)中规定:"未经对方当事人同意私自录制其谈话,系不合法行为,以这种手段取得的录音资料,不能作为证据使用。"从而否定了私自录制的录音资料的证据资格。2002年4月1日起正式实施的最高人民法院《证据规定》第70条第3项规定:"一方当事人提出的下列证据,对方当事人提出异议但没有足以反驳的相反证据的,人民法院应当确认其证明力:……(三)有其他证据佐证并以合法手段取得的、无疑点的视听资料或者与视听资料核对无误的复制件。"第82条规定:"本院过去的司法解释,与本规定不一致的,以本规定为准。"从上述规定可以看出,对录音资料能否作为证据使用,批复以"经对方当事人同意"为条件;而《证据规定》则代之以"以合法手段取得"。换言之,私自制作的录音资料,只要采集手段不损害对方的合法权益和公共利益及其他人的利益,就可以作为证据使用,但必须有其他证据佐证,录音资料本身不存在疑点,而且对方当事人没有足够证据进行反驳。批复与《证据规定》相抵触,应当以规定为准。

在本案中,安平某虽然不能为其主张提供直接证据:借款人出具的借条,但其提供的证人证言、录音带等间接证据和心理测试结论相互印证,已经形成了较为完整的证据链条,证明其主张的事实具有较高的可信度,也就是具有高度的盖然性。因此,可以认定翟卿某借款15000元未还的事实。理由如下:(1)安平某与翟卿某是多年的好朋友。出于朋友的信任,在借款时未要求对方出具借条,是在情理之中的。(2)安平某向法庭提供的录音带证明双方有借贷关系,而且翟卿某有借款未还的行为。双方为此曾发生矛盾。而且,在安平某提出如果录音带有假,自己愿意加倍赔偿的情况下,翟卿某未申请鉴定,由此可以推定翟卿某有较大的撒谎概率。(3)心理测试的结论显示:当事人双方在10000元的次数上,对"两次"有相对一致的记忆。这与安平某的陈述相符合,翟卿某有撒谎的可能性。

根据《证据规定》第73条第1款"双方当事人对同一事实分别举出相反的证据,但都没有足够的依据否定对方证据的,人民法院应当结合案件情况,判断一方提供证据的证明力是否明显大于另一方提供证据的证明力,并对证明力较大的证据予以确认"的规定,本案中,当事人双方对自己主张的事实都没有提供确凿的证据,但安平某提供的证据证明其主张的事实具有较高的可信度,在盖然性上明显优于未提供任何证据、仅凭空主张借款已经偿还的翟卿某。因此,可以认定安平某主张的翟卿某借款未还的事实。

8. 借条在民间借贷案件中的证据效力如何把握?

民间借贷案件当事人之间由于借贷关系发生前存在某种信赖关系,往往不签订书面借款合同,借款人只给出借人打一张借条作为双方借贷关系成立的凭证。但一旦双方之间产生矛盾,彼此关系恶化,借款人很可能矢口否认,出借人起诉到法院时也往往只有一张借条作为直接证据。

在这种情况下,如何对借条进行证据认定,对案件的处理就具有决定性的作用。目前,对于借条在民间借贷案件中的证据效力主要有以下观点:

(1)借条是书证,在必要时也可以成为物证,根据《证据规定》第70条的规定,它的效力优于其他的证据;况且根据一般生活常识,如果双方不存在事实上的借贷关系,借款人也不会随便给借条持有人出具借条,在借款人没有相反的证据足以推翻借条效力的前提下,借条持有人胜诉。

(2)民间借贷是实践性合同,要证明借贷关系的成立,不能仅凭一张借条就加以认定,原告还要证明其确已支付了借款。因为,现实中存在很多借款人已经还款但没有要回借条的情况,也存在被人强迫打借条等特殊情况,单凭一张借条不能证明借贷关系的成立，原告没有完成举证责任。

(3)民间借贷案件的借贷事实发生非常复杂，情况各不相同，在审理中，要将具体案件具体分析。尤其是原、被告双方和证人的证言存在诸多相互矛盾的时候，要进一步调查借款人的出借能力及贷款人的还款能力、借贷的起因及用途、出借人交付的时间和地点以及交付的形式，综合考量债权债务人之间的关系、交易习惯以及证人的证言可信度等因素予以认定。民间借贷是实践性合同，原告应当就履行了“提供借款”义务承担举证责任，被告否认借款事实或主张已经将债务偿还的，应对相应事实承担举证责任。要将借条和其他证据结合起来审慎认定。

《合同法》第 210 条规定：“自然人之间的借款合同，自贷款人提供借款时生效。”民间借贷合同的性质是实践性合同，即借贷合同的生效应当以出借人给付钱款为条件，出借人应当就履行了“提供借款”义务承担举证责任。再据《证据规定》第 2 条：当事人对自己提出的诉讼请求所依据的事实或者反驳对方诉讼请求所依据的事实负有责任提供证据加以证明。没有证据或者证据不足以证明当事人的事实主张的，由负有举证责任的当事人承担不利后果。

慎重认定借条的证据效力，谨慎认定借贷关系的成立，具体情况可分为以下两种：

第一，传统民间借贷中借条具有显著的证据效力。传统民间借贷案件，数额较小，当事人之间身份较为亲密，出借人具有支付能力，如果当事人主张是现金交付，除了借条又没有其他证据的，按照民间传统借贷的交易习惯和具有的救急功能，出借人提供借条的，一般可视为其已完成了举证责任，可以认定交付借款事实存在。借款人没有相反证据可以推翻的情况下，可以认定借款事实存在，被告应当还款。

第二，民间资本借贷案件中借条要结合其他证据审慎认证。民间资本借贷数额较大，当事人借贷的目的都具有营利性，风险意识理应较强。当事人主张是现金交付，除了借条没有其他相关证据的，则需要进一步审查出借人的经济实力、借款人的偿付能力、债权债务人之间的关系、交易习惯、相关证人证言以及借贷行为发生前、后双方的业务往来、交往联系等因素，运用逻辑推理、生活常识等，准确掌握案件事实，判断借贷事实是否真实发生。必要时传唤出借人、借款人本人到庭，陈述款项、现金交付的原因、时间、地点、支付方式、钱款用途等具体事实和经过,并接受对方当事人和法庭的询问。在认定交易习惯时,要充分考虑行业的特点、社会的风俗习惯、借贷的目的和当事人间的习惯性做法等因素。

对此,《民间借贷司法解释》第16条明确规定,原告仅依据借据、收据、欠条等债权凭证提起民间借贷诉讼,被告抗辩已经偿还借款,被告应当对其主张提供证据证明。被告提供相应证据证明其主张后,原告仍应就借贷关系的成立承担举证证明责任。被告抗辩借贷行为尚未实际发生并能作出合理说明,人民法院应当结合借贷金额、款项交付、当事人的经济能力、当地或者当事人之间的交易方式、交易习惯、当事人财产变动情况以及证人证言等事实和因素,综合判断查证借贷事实是否发生。

【典型案例6.5】 债权人仅提供借据复印件的能得到法院支持吗?

【案情】 范某向罗某借款1万元,并且给罗某出具了借据。因借款到期后已经过了较长的一段时间,罗某向范某催还借款时,范某矢口否认。二人争执不下,罗某便向当地人民法院起诉,要求范某返还自己的借款1万元。罗某向法院提交了借据的复印件,称原件由于时间较长丢失了。

原告罗某提出,由于范某向其借款的时间已经很久了,自己不慎将借据原件丢失,但是复印件确实与原件是一致的,范某应当向自己偿还借款1万元。被告范某的代理人提出,原告罗某仅出具了借据的复印件,没有出示原件,范某对此复印件又不予承认,因此根据相关法律的规定,该借据复印件不能证明范某向罗某借款1万元的事实。

【诉讼指南】 《民事诉讼法》第63条规定:"证据包括:(一)当事人的陈述;(二)书证;(三)物证;(四)视听资料;(五)电子数据;(六)证人证言;(七)鉴定意见;(八)勘验笔录。证据必须查证属实,才能作为认定事实的根据。"其中,书证是指以文字、符号、图形等形式所记载的内容或表达的思想来证明案件事实的证据。其之所以被称为书证,是由于它具有以下两个特征:(1)它的外观呈书面形式。这种书面表现形式是多种多样的,既有书写的、打印的,也有刻制的;既有纸张的,也有竹木、布料、石块的等。(2)它所记载或表示的内容能够证明案件事实,这也是书证最根本的特征。日常生活中,书证的具体表现形式有文书、商标图案、合同、票据等。本案中,原告罗某提供的借据复印件属于书证，即以其文字所表述的内容来证明自己提出的事实。

《民事诉讼法》第70条规定："书证应当提交原件。物证应当提交原物。提交原件或者原物确有困难的，可以提交复制品、照片、副本、节录本。提交外文书证，必须附有中文译本。"根据该条规定，原告罗某应当向法院提交借据原件。

原《民诉意见》第78条规定："证据材料为复制件，提供人拒不提供原件或原件线索，没有其他材料可以印证，对方当事人又不予承认的，在诉讼中不得作为认定事实的根据。"现《民事诉讼法司法解释》第111条规定："民事诉讼法第七十条规定的提交书证原件确有困难，包括下列情形：（一）书证原件遗失、灭失或者毁损的；（二）原件在对方当事人控制之下，经合法通知提交而拒不提交的；（三）原件在他人控制之下，而其有权不提交的；（四）原件因篇幅或者体积过大而不便提交的；（五）承担举证证明责任的当事人通过申请人民法院调查收集或者其他方式无法获得书证原件的。前款规定情形，人民法院应当结合其他证据和案件具体情况，审查判断书证复制品等能否作为认定案件事实的根据。"本案中，原告罗某提供的是借据的复印件，同时罗某也没有其他材料可以印证范某向其借款的事实，而被告范某又不予承认借据复印件的真实性，因此，罗某提交的该借据复印件不能作为认定本案事实的根据，不能证明范某向其借款的事实，根据《证据规定》第2条的规定："当事人对自己提出的诉讼请求所依据的事实或者反驳对方诉讼请求所依据的事实有责任提供证据加以证明。没有证据或者证据不足以证明当事人的事实主张的，由负有举证责任的当事人承担不利后果。"因此法院不会支持原告罗某的诉讼请求，应当判决驳回罗某的诉讼请求。

9.借款协议、借条、欠条、收条在民间借贷中证明力一样吗？

民间借贷作为一种普遍的社会经济现象，在我国不仅历史悠久，而且形式多样，分布广泛。由于民间借贷具有自由性、广泛性和不规范性等特征，因此，在证据表现形式上，反映债权债务关系的权利凭证也就呈现出随意性和多样性。最常见的书面凭证有"借款协议"、"借条"、"欠条"、"收条"。这些证据在名称上虽然相差无几，但法律含义却迥然不同，对事实的证明力也有区别。现实生活中特别是在经济文化水平较落后的农村，许多当事人文化程度不高,法律知识缺乏,容易混淆概念,不能正确地理解各种名称的含义,诸如错把“收条”当“借条”,误认为“欠条”就是“借条”等类似事情时有发生,其结果将直接导致自己在诉讼中处于不利地位,合法权益得不到及时、有效地保障。所以,准确了解、掌握和运用在民间借贷中的“借款协议”、“借条”、“欠条”、“收条”,具有十分重要的现实意义。

【典型案例 6.6】 借款人不承认他人代签借条的,如何处理?

【案情】 古某竹与经营家电的个体户钱展某存在业务往来关系,古某竹一直给钱展某供货。2006 年 2 月至 10 月间,古某竹以经营资金短缺为由先后 4 次向钱展某借款合计 63000 元,由古某竹出具借条,共有 4 张借条,其中两张金额总计 35000 元的借条为古某竹亲笔签名,另外两张价款总计 28000 元的借条由古某竹的弟弟古某军在落款处以古某竹的名义代签。2007 年 1 月,钱展某多次与古某竹交涉还款之事,古某竹表示 2 份由自己亲笔签名的借条可以还钱,但对于其弟以其名义代签的另外两张借条他不能承担还款义务。二人因此发生争议,钱展某于是向人民法院起诉,要求法院判令古某竹、古某军兄弟二人立即偿还 63000 元借款。钱展某提出,古某竹与其素有业务往来关系,因此古某竹称自己经营资金短缺时,其同意向其借款。古某竹向自己借款共计 63000 元,并先后出具了合计 63000 元的 4 张借条,足以证明双方之间的借贷关系,虽然其中两张借条是由其弟代签的,但其弟当时表示是古某竹同意的,但鉴于古某竹与古某军兄弟二人后来对此说法不一,因此古某竹和古某军二人应当共同依法承担偿还 63000 元的责任。

古某竹提出,对于钱展某出具的 4 张借条,其中 2 张是自己亲笔签字的,但另外 2 张不是自己亲笔签字,对于原告提出其弟古某军代签另外 2 张借条是自己同意的,其不能认同,因此没有自己亲笔签字的 2 张借条是其弟古某军擅自以自己的名义签署的,应由其弟自行承担偿还责任。

古某军提出,对于价款总计 28000 元的 2 张借条是哥哥古某竹口头通知自己可以代签的,所以 63000 元应当全部由古某竹承担,自己不应当承担。

【诉讼指南】 原《最高人民法院关于人民法院审理借贷案件的若干意见》第 14 条规定:“行为人以借款人的名义出具借据代其借款,借款人不承认，行为人又不能证明的，由行为人承担民事责任。"从该条规定不难看出，本案中，借款63000元究竟是应当由古某竹承担偿还责任，还是应当由古某军承担偿还责任，关键在于古某军在借款总计28000元的2张借条上代哥哥古某竹签字的行为是古某竹授权或者同意的还是古某军的个人行为。

民事诉讼遵循"谁主张，谁举证"的一般原则。《民事诉讼法》第64条第1款规定："当事人对自己提出的主张，有责任提供证据。"《证据规定》第2条规定："当事人对自己提出的诉讼请求所依据的事实或者反驳对方诉讼请求所依据的事实有责任提供证据加以证明。没有证据或者证据不足以证明当事人的事实主张的，由负有举证责任的当事人承担不利后果。"

在本案中，古某军承认自己在借款总计28000元的2张借条上代哥哥古某竹签字，原因是哥哥古某竹口头通知其，让其代签，但是古某军没有提出任何证据证明他的上述主张，那么根据《民事诉讼法》第64条第1款、《证据规定》第2条和原《最高人民法院关于人民法院审理借贷案件的若干意见》第14条的规定，古某军应当承担偿还24000元借款的责任。

俗话说"亲兄弟，明算账"，手续一定要"清爽"。否则，因平时的疏忽，一旦形成法律纠纷、对簿公堂，在无法提供有效证据时，往往会产生诸如本案中的欠款事实、责任主体等方面的争议纠缠，当事人很有可能将要为其法制意识的淡薄和疏忽而耗时费力地打起"疲劳"官司、"徒劳"官司，或者"连锁官司"、"马拉松官司"，并为其法制意识的淡薄和疏忽而付出"埋单"的代价。

【典型案例6.7】　欠条未明确年份的，应当如何处理？

【案情】　沈之某经营一家超市，与郭庆某在生意上有往来。郭庆某因资金周转紧张，向沈之某借款5万元。考虑到双方多年的合作关系，沈之某没有拒绝。借款到期后，沈之某找到郭庆某要求偿还欠款。郭庆某称最近生意不好，请求宽限一些时日，双方约定12月底归还，并在欠条上注明"12月底归还"字样。但一直到2003年10月，郭庆某仍未归还欠款。沈之某以欠条为据，向人民法院提起诉讼，要求郭庆某偿还借款本息。

原告沈之某提出，2000年6月3日，郭庆某因缺钱向我借款5万元，并出具欠条一张，但欠条上只写了"6月3日"，未写年。次年催收时，郭庆某在欠条的右上角写明"12月底归还"。但郭庆某到期仍不还款，请求判令郭庆某归还借款本金5万元及支付逾期利息。

被告郭庆某提出，借款是在2000年6月3日，“12月底归还”也写于2000年，沈之某的起诉已超过2年诉讼时效，请求判决驳回其诉讼请求。

【诉讼指南】 在本案中，郭庆某出具的欠条和后来加注的承诺还款的时间，都没有注明年份。借款人郭庆某认为沈之某向自己主张还款的时间是2000年12月底，催收约定的还款时间距起诉时间已经超过两年，已经超过了诉讼时效。而沈之某认为自己向郭庆某催款约定的还款时间是2001年12月底。我国《民法通则》第135条规定：“向人民法院请求保护民事权利的诉讼时效期间为二年，法律另有规定的除外。”因此如果催收约定的还款时间是2000年12月底，则本案已经超过诉讼时效，沈之某的诉讼请求应当被驳回，但如果郭庆某承诺的还款时间是2001年12月底，则本案没有超过诉讼时效。那么应当支持沈之某主张的2001年12月底，还是郭庆某主张的2000年12月底呢？

郭庆某在欠条上加注的“12月底归还”没有写“年”，能否据此认为当事人约定的债务履行期限不明确，根据《合同法》第62条第4项“履行期限不明确的，债务人可以随时履行，债权人也可以随时要求履行，但应当给对方必要的准备时间”的规定，认为沈之某随时可以要求郭庆某还款，郭庆某以时效抗辩的理由不能成立呢？《合同法》第62条规定：“当事人就有关合同内容约定不明确，依照本法第六十一条的规定仍不能确定的，适用下列规定……”可见，适用第62条的前提是“依照第六十一条仍不能确定时”。而《合同法》第61条规定：“合同生效后，当事人就质量、价款或者报酬、履行地点等内容没有约定或者约定不明确的，可以协议补充；不能达成补充协议的，按照合同有关条款或者交易习惯确定。”《合同法》第206条也规定：“借款人应当按照约定的期限返还借款。对借款期限没有约定或者约定不明确，依照本法第六十一条的规定仍不能确定的，借款人可以随时返还；贷款人可以催告借款人在合理期限内返还。”故当借款期限没有约定或约定不明确时，先要依据“合同有关条款或交易习惯”来确定，而不能直接得出债权人可以随时主张权利的结论。本案的“交易习惯”就是书写习惯。按照书写习惯，两个时间写在一起而都只写月、日而无“年”时，这两个时间一般发生在同一年；如果不是同一年，应当加以区分，这是生活常识。郭庆某在出具欠条时没有写“年”，沈之某在催收时郭庆某也没有写“年”，按照习惯，还款与借款的时间一般是同一年。否则，出借人自应要求借款人写明“2001”，正是因为发生在同一年，才会都省略书写“年”，这种写法符合书写习惯。沈之某已经承认借款时间是2000年，因此催收也应推定是2000年。

沈之某主张“12月底归还是2001年书写”，系将还款时间确定在2001年12月31日前，引起了合同内容的变更，即还款时间的变更，根据《证据规定》第5条“在合同纠纷案件中，主张合同关系成立并生效的一方当事人对合同订立和生效的事实承担举证责任；主张合同关系变更、解除、终止、撤销的一方当事人对引起合同关系变动的事实承担举证责任”的规定，沈之某应对“2001年书写”承担举证责任。但事实是沈之某未能举证证明“12月底归还系在2001年书写”。

沈之某未能证明郭庆某承诺还款的时间是2001年12月底，而郭庆某主张的2000年12月底能够得到法律的认可，因此本案已经超过诉讼时效，沈之某的诉讼请求无法得到法院的支持。

10. 借款协议、借条、欠条、收条的不同含义如何界定？

借款协议是指借贷双方为确定借款权利和义务而订立的借款合同，是借贷双方就借款的意思达成的合意。常见格式有：“协议书：经双方协商，某某人向某人借款100元。借款人某某人，时间。”“某某人向某人借款100元，七日内归还。借款人某某人，时间”其关键词是“协议”、“协商”、“几日内归还”。《合同法》第13条规定：“当事人订立合同，采取要约、承诺方式。”要约是希望和他人订立合同的意思表示，该意思表示应当符合两个条件：一是内容具体确定；二是表明经受要约人承诺，要约人即受该意思表示约束。《合同法》第21条规定：“承诺是受要约人同意要约的意思表示。”第25条规定：“承诺生效时合同成立。”民间借贷法律关系的成立需要两个要件，即双方当事人有借贷的合意和借款给付的事实。借款协议只是借贷双方要约、承诺形成的过程，只能证明双方形成了借贷合意，不能证明借款给付的事实成立。因为合同成立与合同生效、合同履行是不同的概念，借款协议的订立是合同的成立，款项的给付是合同的履行。

借条是指在当事人依据借款合同收到款项、物具后为对方当事人出具的履行凭证，也称借据。借条常见的格式是“借条：今借到某人100元。借款人某某，时间。”其关键词是“今借到”。民间借贷合同是实践性合同，借款合同自贷款人向借款人提供借款时生效。《合同法》第210条规定:“自然人之间的借款合同,自贷款人提供借款时生效。”借条作为设定民间借贷法律关系的重要依据,不仅能够证明双方当事人借贷合意已形成,而且还能证明贷款人已向借款人履行了款项给付义务,因此,借条是民间借贷中最直接、最有力、最关键的证据,能够直接证明双方当事人借贷关系成立。如果对方当事人没有确凿的相反证据足以推翻借条所记载的内容,当事人请求归还借款的诉讼请求一般会得到法院支持。

欠条是指当事人为确定债权而出具的法律凭证,是对以往双方经济往来的一种结算,表明自欠条形成之日起,双方之间形成一种新的纯粹的债权债务关系。欠条常见的格式是:“欠条:今欠某人100元。欠款人某某人,时间。”其关键词是“今欠”。《民法通则》第84条规定:“债是按照合同的约定或者依照法律的规定,在当事人之间产生的特定的权利和义务关系,享有权利的人是债权人,负有义务的人是债务人。债权人有权要求债务人按照合同的约定或者依照法律的规定履行义务。”欠条可以证明的是一种债的关系,双方当事人之间具有欠款法律关系。但是,由于债的形成原因有很多,可以基于多种事实而产生,既可能因为借贷而产生,也有可能因为买卖、租赁、劳务、损害赔偿等而产生。所以,欠条只能证明双方具有债权债务关系,不能证明该债权债务关系形成的原因,也不能证明该债权债务是当然合法有效的。

收条是在当事人收到款项、物具为对方当事人出具的履行凭证。收条的常用格式是:“收条:今收到某某人100元。收款人某某人,时间。”其关键词是“今收到”。收条在法律上是一种履行凭证,其本身只能证明收条持有人履行了某种给付行为这一客观事实,不能证明给付行为发生的原因、性质以及法律后果。首先,收条本身不能证明给付行为发生的原因。现实中,交易双方发生给付行为的原因有很多,仅货币就有货款、还款、借款、捐款、赔偿款、代收款等各种可能,而不同的给付原因所产生的法律性质、后果也不相同。其次,收条本身不能证明给付行为的法律性质。不同的给付原因体现了不同的法律性质:货款体现了买卖关系;借款体现了借贷关系;还款体现了欠款关系;捐款体现了赠予关系;赔偿款体现了民事侵权关系;代收款体现了委托关系。不同的法律关系在诉讼中所产生的请求权是不相同的,举证责任也不尽相同,法院审理的思路和途径也不相同,裁判结果也可能会

完全不同。最后,收条本身不能证明给付行为所产生的法律后果。收到借款的法律后果是债的产生,收到货款、还款、赔偿款的法律后果是债的消灭,收到代收款的法律后果是收条持有人与他人之间形成法律关系。在民间借贷纠纷案件中,收条能有多大的证明力,应当结合其他证据才能发挥作用。

【典型案例 6.8】 代签欠条的,还款责任应当由谁来承担?

【案情】 王晓某是某村最大的一家养殖户。王晓某与镇里的一家专营肉类的商店保持着长期的供货关系。2005 年 9 月,王晓某给商店送 100 公斤猪肉,双方未即时结清货款,于是,商店店员郝某给王晓某出具一张欠条,暂欠王晓某猪肉款 1500 元。落款为:某商店。2006 年 1 月,王晓某在多次交涉无果的情况下以郝某为被告提起诉讼,要求郝某支付所欠猪肉款 1500 元。

王晓某提出,虽然欠条上的落款是某商店,但是,事实是郝某以某商店的名义向自己收购猪肉,拖欠肉款 1500 元。商店只是个名义,真正的债务人是郝某。商店拒绝代其承担还款责任。因此,郝某应当履行债务,偿还欠款。

郝某提出,1500 元欠条是其受雇于某商店期间代某商店所写,自己并非该欠条的债务人,债务人是某商店,欠条的署名也足以证明这一点。王晓某要求自己承担偿还责任,没有事实和法律依据。

【诉讼指南】 在本案中,王晓某主张落款为某商店的欠条为郝某所写,郝某应支付欠款;郝某承认欠条为自己所写,但认为自己是代某商店书写欠条,自己不是债务人,不同意支付欠款。而除了欠条之外,当事人双方均未提供其他证据。在这种情况下,谁的主张应当得到支持呢? 这主要取决于本案中双方的证据情况,具体分析如下:

首先,王晓某主张真正的债务人是郝某。王晓某举出欠条已经证明的事实是:自己为债权人;欠款额和欠款理由。欠条未证明的事实是:落款为"某商店"名称的欠条为谁所写,即郝某是否是欠条的行为人。鉴于郝某已经认可落款"某商店"的欠条为自己所写,则欠条行为人为郝某。行为人对自己的行为承担责任,这是众所周知的事实。故郝某作为完全民事行为能力的人,应对自己的民事法律行为承担民事责任,即郝某对自己以"某商店"

名义所写欠条形成的债务应由自己承担。

其次，郝某认为自己不应对自己出具欠条的行为承担责任，即行为人认为自己对自己的民事法律行为不应承担民事责任，这是行为人郝某为反驳行为相对人又提出的新的诉讼请求所依据的事实。其以新的事实反驳对方的主张应承担举证责任。郝某认为商店才是真正的债务人，他是代商店签的欠条，也就是说，他主张王晓某与“某商店”之间买卖关系成立，他与“某商店”之间雇佣关系成立。《证据规定》第5条规定：“在合同纠纷案件中，主张合同关系成立并生效的一方当事人对合同成立和生效的事实承担举证责任；主张合同关系变更、解除、终止、撤销的一方当事人对引起合同关系变动的事实承担举证责任……”根据上述规定，郝某应当对其主张的事实予以证明，但是郝某无法证明上述事实。

最后，本案中，郝某书写了落款为“某商店”的欠条，故其为书写欠条的行为人。王晓某持有欠条，是出具欠条行为的相对人。落款“某商店”的欠条本身，只能证明书写欠条行为人使用了“某商店”的名称，并未证明独立于书写欠条行为人和书写欠条行为相对人之外还有单独参加欠条民事法律关系主体的第三人的存在，即并不能证明“某商店”与书写欠条行为人郝某是分离的主体。《证据规定》第5条规定：“……对代理权发生争议的，由主张有代理权一方当事人承担举证责任。”《民法通则》第66条规定：“没有代理权、超越代理权或者代理权终止后的行为，只有经过被代理人的追认，被代理人才承担民事责任。未经追认的行为，由行为人承担民事责任。本人知道他人以本人名义实施民事行为而不作否认表示的，视为同意。”根据上述规定，郝某陈述自己是某商店的代写欠条人，有无代理权就应由郝某承担该举证责任。郝某没有举证证明自己有代理某商店的权利，也未证明自己是职务代理行为，既没有证据证明自己是代理他人书写欠条，也没有证据证明他人追认自己书写欠条的行为，那么郝某书写落款为“某商店”的欠条，其本人就为该欠条当事人，由其本人承担该欠条责任。

11. 借款协议、借条、欠条、收条的各自证明力如何认定？

证据的证明力是指证据证明案件事实的能力。总体说来，借条的证明力最大，能够证明借贷合意的成立、借款事实的发生，一般情况下可以直接作为定案的依据。欠条的证明力较次，能够证明债权债务关系存在，在查明

债权债务关系产生的基础事实即欠条形成原因后也能作为定案依据。借款协议和收条的证明力最次,借款协议只能证明当事人的借贷合意成立,收条只能证明双方财物交接的事实,两者都不能证明债权债务关系成立,更不能证明双方已形成借贷关系。当原告向法院提起诉讼要求被告归还借款但提供的唯一证据是借款协议、或借条、或欠条、或收条时,原告可能面临不同的裁判结果。

第一,借款协议作为唯一证据。因为借款协议只能证明双方的借贷合意,不能证明借款协议已经实际履行,所以,原告还必须提供能够证明借款款项已经实际交付的证据,否则,法院将可能以借贷关系不成立为由判决驳回原告的诉讼请求。

第二,借条作为唯一证据。借条能够同时证明借贷合意和借贷事实的成立,正常情况下,只要原告向法院提供了借条,原告的举证责任即已完成,如被告不能举证证明借款已经归还的,法院就会判决支持原告要求被告归还借款的诉讼请求。当然,民间借贷纠纷案件纷繁复杂,特别是在以现金交付的大额民间借贷案件中,当被告抗辩借款事实未发生时,法官会基于日常经验法则对借条事实发生的真实性产生合理怀疑。在此情景下,法官可能要求原告(出借人)说明借款时间、地点、原因、用途、支付方式、支付依据、基础合同以及自身经济状况等,通过进一步审查债权人自身的经济实力、债权债务人之间的关系、交易习惯及相关证人证言等情况,综合判断债务的真实性和合法性,最后达到内心确认。司法实践中,法官运用日常经验法则和高度盖然性标准,通过一系列的间接证据组成证据锁链来否定借条这样的直接证据的案例也不乏鲜例。

第三,欠条作为唯一证据。欠条是双方当事人确定债权债务的权利凭证。如果原告向法院起诉所依据的证据是借条,只需向法院简单地陈述借款的事实经过即可,对方要抗辩或抵赖一般很困难。但如果原告提供的证据是欠条,则还必须向法院陈述欠条形成的原因,即债权债务形成的基础事实,如对方对此事实进行否认、抗辩,欠条持有人还必须进一步举证证明欠条形成的基础事实,法院经过审查认为欠条形成的基础事实成立、债权债务合法有效后才能作出有利于债权人的判决。

第四,收条作为唯一证据。收条只能证明收条持有人履行了某种给付行为的客观事实,但这种客观事实发生的原因、性质以及法律后果,均不能

证明。如果收条持有人仅以收条为据向法院提起诉讼要求相对人归还借款，在通过其他途径仍无法查清给付行为基于何种事实的情况下，法院可能会以原告证据不足为由判决驳回其诉讼请求。

12. 借款协议、借条、欠条和收条的相互关系及运用如何把握?

借款协议、借条、欠条和收条都是表示当事人意思自治确定合同法律关系的书面凭证，都能在不同程度上证明某种法律事实和法律关系的存在，虽然在证据的证明力有所不同，但它们之间又是相互联系，如借条中包含有借款协议；借款属于欠款，但欠款不一定是借款；收条有可能是借款，也有可能是还款，等等。在民间借贷纠纷案件中，借款协议、借条、欠条和收条可能不是孤立的，有时一个民间借贷法律关系中会同时出现借款协议、借条、欠条和收条这些证据相互交织的情况。法院会在不同的情形下对案件事实、性质作出不同的认定，最后做出不同的裁决。

第一，债权人同时持有借款协议和收条。借款协议是证明双方当事人借贷合意的凭证，收条是款项给付的履行凭证。有借款协议作前提，收条就能起到三个证明作用:一是双方的法律关系是借贷关系；二是双方的借款事实已经发生；三是债权人的合同义务已履行完毕。此时，收条就是债权人的债权凭证。

第二，债权人持有借条或欠条，债务人持有收条。虽然借条与欠条在证明基础事实方面有着不同的证明力，但相同之处是都能证明双方存在债权债务关系。当收条与借条、欠条相对立时，收条的证明作用是:一是债务人已经履行了给付义务；二是债权人的债权可以抵销。此时，收条就成为债务人履行义务的凭证。

第三，一方当事人持有借条，另一方当事人持有欠条。借条是借贷关系的权利凭证，欠条是债权债务关系的权利凭证，当借条与欠条对立时，虽然两者形成的原因可能不同，但在债务履行方式上都是给付货币，双方互享债权，互负债务，种类相同，依照法律规定可以相互抵销。

13. 民间借贷举证责任如何分配?

债权人应当对借贷金额、期限、利率以及款项的交付等借贷合意、借贷事实的发生承担证明责任。债务人就其抗辩主张的债权受妨害或者受制

约、债权已经消灭或者部分消灭的事实承担证明责任。一般而言，借条作为直接证据能够印证借款关系，但就款项交付情况，特别是金额较大的款项交付，应结合款项交付凭证加以判断。如款项通过银行转账的，应提供银行资金往来凭证；如款项系现金方式给付的，法院可以要求出借人本人、法人或者其他组织的有关经办人员到庭，陈述款项现金交付的原因、时间、地点、款项来源、用途等具体事实和经过，并接受对方当事人和法庭的询问。

正确对待借据的证据意义。借据是证明双方存在借贷合意和借贷关系实际发生的直接证据，具有较强的证明力，法院应当审慎审查借据的真实性。除非有确凿的相反证据足以推翻借据所记载的内容，一般不轻易否定借据的证明力。但如果借条存在必要记载事项的缺漏、书写笔迹、材质凭肉眼即能看出异常之处等情形，借条持有人即债权人有义务进一步提供证据加以证实，法官不能判定原告持有借据的行为具有事实自证的效果。

生活经验法则的运用。尽管法庭审理中，证据对案件事实的认定起着最为核心的作用，当事人在法庭的辩论也是围绕证据的“三性”展开的。但对于法官来说，在形成心证的过程中，除了要考虑当事人提交的证据有无证明力及证明力大小外，还应综合考虑案件背后所蕴藏的日常生活经验，选择相关的经验法则来填补证据上的不足。在民间借贷关系中，对于经验法则的搜集与选择应着重围绕借贷双方之间的关系、贷方是否具有相应的财产能力、外界因素的影响、借贷双方的借款方式及走款途径等方面展开。如有违反日常生活经验之处，法官可以凭良知和理性形成内心确认排除其证明力。

依照职权调查取证。对双方当事人有恶意串通侵害案外第三人利益嫌疑的情形，法院应依照职权做必要的调查取证工作，必要时应依法通知第三人参加诉讼。对原告所举直接证据真伪不明的，法院应在举证责任分配的基础上，做必要的调查取证，这比较符合基层司法实践的实际。

【典型案例6.9】　借款合同中如何进行举证责任的分配？

【案情】　2002年8月19日，林云某为解决投资项目资金需要向周赵某借款200000元，并出具一份借条给周赵某。借条的内容显示：“现借到周赵某先生人民币二十万元整，作为投资项目用途，特立此据，定于2002年10月

底归还。借款人:林云某,2002 年 8 月 19 日。”2002 年 9 月 16 日,周赵某通过转账方式又借款 300000 元给林云某。2002 年 9 月 17 日,林云某通过转账方式偿还周赵某借款 210000 元。2002 年 9 月 18 日,林云某又通过转账方式偿还周赵某借款 90000 元。在借款 200000 元的借款期限届满后,林云某未能依约定归还借款给周赵某,周赵某经追索未果,遂向法院提起诉讼,请求林云某偿还借款 200000 元并支付相应的利息。

原告周赵某提出,林云某为解决项目投资资金向周赵某借款并出具借条给周赵某,借款事实清楚,债权债务明确,证据充分,因此双方之间的债权债务关系成立。在借款到期后,林云某未依约归还借款给周赵某,已经构成违约,应当承担相应的民事责任。林云某除应当归还借款本金 200000 元给周赵某外,还应从借款逾期之日即 2002 年 11 月 1 日起支付借款的利息给周赵某。

被告林云某提出,周赵某诉林云某所欠款项,林云某已经于 2002 年 9 月 17 日通过招商银行网上银行系统从本人的招行一卡通划账到周赵某的招行一卡通,划款额为 210000 元,林云某与周赵某的该债权债务关系已经终止,因此法院应当驳回周赵某的诉讼请求。

【诉讼指南】 本案的争议焦点为借款合同中如何进行举证责任的分配。《证据规定》第 2 条规定:“当事人对自己提出的诉讼请求所依据的事实或者反驳对方诉讼请求所依据的事实有责任提供证据加以证明。没有证据或者证据不足以证明当事人的事实主张的,由负有举证责任的当事人承担不利后果。”这是有关举证责任的规定。本案属于借款合同,第 5 条规定:“在合同纠纷案件中,主张合同关系成立并生效的一方当事人对合同订立和生效的事实承担举证责任;主张合同关系变更、解除、终止、撤销的一方当事人对引起合同关系变动的事实承担举证责任。对合同是否履行发生争议的,由负有履行义务的当事人承担举证责任。对代理权发生争议的,由主张有代理权一方当事人承担举证责任。”周赵某主张林云某拖欠其借款 200000 元,则应就借款关系存在的事实承担举证责任,周赵某提供了借条,而且林云某对借条的形式和内容均未提出异议,可见周赵某已经初步完成其举证责任。林云某称上述借款已于 2002 年 9 月 17 日归还。在此情况下,举证责任应当转移到被告林云某,林云某应当提供证据证明已归还周赵某借款 200000 元,林云某应当提供的证据系反驳证据。林云某为反驳周赵某的主张提供了招商银行个人银行专业版历史交易单,称通过银行转出的 210000

元(含利息)是归还周赵某借款的款项。林云某提供的证据虽不充分,但从证据表面看有一定的合理性,即林云某为反驳周赵某提供了初步证据。在此情况下,周赵某对被告林云某提供的反驳证据有责任进一步提供证据,予以反驳被告的抗辩,举证责任又重新转移到原告周赵某。周赵某补充提供2002年9月16日借款300000元的证据及两次分别收到林云某还款210000元、90000元的证据,从而反驳了被告林云某的抗辩,并得到了法院的支持,因此法院应当认定被告林云某未偿还借款200000元。

关于对证据的综合判断和认定,《证据规定》第64条规定:"审判人员应当依照法定程序,全面、客观地审核证据,依据法律的规定,遵循法官职业道德,运用逻辑推理和日常生活经验,对证据有无证明力和证明力大小独立进行判断,并公开判断的理由和结果。"在本案中,除原告周赵某补充的证据可以反驳被告林云某的抗辩外,林云某的抗辩不足以采信的理由仍有以下几点:(1)借条是债权凭证,在被告林云某认可借款已收到的情况下,林云某反驳称已归还借款,但借条仍在原告手上,理由不符合常理;(2)被告称借款已归还,但借款金额为200000元,被告2002年9月17日转给原告的款项为210000元,被告称其中有10000元是利息,但双方为自然人,没有约定利息应视为不支付利息,被告林云某称有利息10000元依据不足;(3)被告在庭审时称,周赵某、林云某双方的交易、出入账从来没有借条凭证,但本案却有借条作为凭证,本案情况与被告林云某所作陈述存在矛盾,因此被告林云某的辩称理由不成立。

【典型案例6.10】 质疑还款凭据的真实性,应否承担举证责任?

【案情】 林某原本是一家国有企业的销售人员,2000年下岗。下岗后,在街道办事处的帮助下,林某办起了一家小型的加工厂,生意越做越红火,2004年3月,经人介绍,潘勤某向林某借款5万元,并给林某出具一张借条。同时,林某表示还款时如果自己不在当地,可将款给自己的表弟鲍旭某,鲍旭某是加工厂的经理。2005年春节过后,林某持借条向潘勤某催收借款,潘勤某称借款已还,双方发生纠纷,林某向人民法院提起诉讼。在答辩中,潘勤某出示了鲍旭某开具的收条。林某否认自己收到了还款,同时对收条是否为鲍旭某出具表示质疑。但由于鲍旭某离开林某的加工厂后去向不详,林某又不能提供鲍旭某的笔迹，无法对该收条的真实性进行鉴定。

林某提出，借条是最有力的证据。潘勤某主张借款已经支付，但借条却未收回，无法令人信服。其提供的还款收条的真实性需要进一步证明。该举证责任应当由潘勤某承担。

潘勤某提出，自己已经偿还借款，有鲍旭某的收条为证。鲍旭某是原告的亲属与雇员，借条的真假，原告完全有条件证实，应当由原告对借条的真实性承担举证责任。

【诉讼指南】 在本案中，潘勤某是否将借款支付给了林某，是本案的存疑事实。如果潘勤某是否将所借款项支付给了林某的事实得以确认，本案即会迎刃而解。但是，能证明此存疑事实真相的唯一证据只有鲍旭某出具的这张收条，且鲍旭某外出后地址不详，林某又表示不能提供鲍旭某的笔迹样本，无法收集其他证据来证明收条是否客观真实。因此，由谁对收条是否客观真实承担举证责任，即成了正确解决本案纠纷的关键。

《证据规定》第2条规定："当事人对自己提出的诉讼请求所依据的事实或者反驳对方诉讼请求所依据的事实有责任提供证据加以证明。没有证据或者证据不足以证明当事人的事实主张的，由负有举证责任的当事人承担不利后果。"

这就是通常所说的"谁主张，谁举证"原则。根据该条的规定，有人认为，收条客观真实性的证明责任应由被告潘勤某承担。理由是该案系一般民事纠纷案件，不属于实行举证责任倒置的特殊侵权案件，应按"谁主张，谁举证"的分配原则分配举证责任。既然被告潘勤某主张该收条系鲍旭某所出具，就应提供收条确系鲍旭某所出具的相关证据。任何证据都须具备客观性、关联性和合法性，才能作为定案的依据。根据证据规则，证据"三性"应由提供证据一方负证明责任。本案对收条是否为鲍旭某所出具存有疑问，就意味着提供证据一方尚未完成对收条这一证据具备"三性"的证明责任，因此，提供证据一方尚应当继续承担补充证明责任。否则，如该收条因是否客观、真实未得证明而得不到采纳，则举证不能的法律后果只能由提供证据但未被采纳的一方承担。

这种意见对"谁主张，谁举证"原则的理解过于简单化。在审判实践中如何适用"谁主张，谁举证"的原则，正确地将举证责任分配给提出主张的一方承担，应当进行具体分析。就本案而言，双方争议的焦点是所欠货款是否已经清偿,被告潘勤某主张清偿,原告林某则主张未清偿,双方均对欠款清偿与否提出了自己的主张,是显而易见的。为此,双方都负有对自己提出的主张提供证据加以证明的责任。在当事人双方针对案件的同一事实分别提出了肯定与否定的不同主张的情况下,首先应由提出肯定这一事实的一方举证,然后由另一方举证。被告潘勤某主张借款已清偿,提供了鲍旭某的收条佐证。此时,原告林某对被告潘勤某提出的证据有异议,应由原告林某承担提供反驳被告潘勤某主张、并能证明自己主张的证据的证明责任。被告潘勤某提供的收条是否具有证明力,并不影响原告林某应承担的举证责任,以被告潘勤某提供的证据的证明力未得到确认,要求其继续承担举证责任,并以此免除原告林某的举证责任,在举证责任的分配上有失公平。在双方都负有举证责任的情况下,因证据本身无相关证据印证而难以确认真伪时,让提供证据的一方,而不是未提供证据的一方承担不能举证的法律后果,也不符合“谁主张,谁举证”的原则精神。

从举证责任负担的合理性来看,被告潘勤某主张已清偿借款,有第三人出具的收条佐证。如果第三人参加了诉讼,可当场承认或否认出具过收条,原告或被告如有异议,最简单有效的方法就是申请作笔迹鉴定,即可证明收条的真伪。如第三人鲍旭某拒绝鉴定,只能由其承担举证不能的法律后果,不应要求被告补充举证。在第三人缺席的情况下,第三人的举证责任应转移给原告林某负担。因为,从利害关系上看,第三人依附于原告林某而与被告潘勤某相对立,要求利害关系相同一方替代负担举证责任,显然比要求利害关系对立一方替代负担举证责任合理。而且,被告潘勤某有充足的理由相信第三人鲍旭某有权代理原告林某收取欠款,由第三人出具收条而将款交付第三人也符合情理。更何况原告林某是第三人的雇主和亲戚,较之被告潘勤某更容易了解第三人的情况,更有条件收集、提供第三人笔迹。原告林某既然不认可其雇员代理收款行为,那于情、于理、于法都应对其否认的主张负举证责任。

14. 民间借贷孤证排除规则如何适用?

对此,《民间借贷司法解释》第16条明确规定,原告仅依据借据、收据、欠条等债权凭证提起民间借贷诉讼,被告抗辩已经偿还借款,被告应当对其主张提供证据证明。被告提供相应证据证明其主张后,原告仍应就借贷关系的成立承担举证证明责任。被告抗辩借贷行为尚未实际发生并能作出合理说明，人民法院应当结合借贷金额、款项交付、当事人的经济能力、当地或者当事人之间的交易方式、交易习惯、当事人财产变动情况以及证人证言等事实和因素，综合判断查证借贷事实是否发生。第17条明确规定，原告仅依据金融机构的转账凭证提起民间借贷诉讼，被告抗辩转账系偿还双方之前借款或其他债务，被告应当对其主张提供证据证明。被告提供相应证据证明其主张后，原告仍应就借贷关系的成立承担举证证明责任。

民间借贷案件中，原告作为提起诉讼的一方，首先承担着举证责任，需要证明借款事实的存在。证明借款事实存在需要有两方面的证据：第一方面是借款凭证，即借条；第二方面是付款事实。

根据《证据规定》第2条的规定："当事人对自己提出的诉讼请求所依据的事实或者反驳对方诉讼请求所依据的事实有责任提供证据加以证明。没有证据或者证据不足以证明当事人的事实主张的，由负有举证责任的当事人承担不利后果。"如果严格按照法理进行解释，那么原告应同时提供上述两方面的证据，缺少任何一项，即应认为是证据不足。例如，当事人往往仅凭存款借据起诉，如果当事人本人又拒不到庭陈述相关事实，法官根据孤证不能认定当事人所诉借款是否证实发生，其诉请缺乏法律依据，那么就应承担对其不利的法律后果。但是在司法实践中，因考虑到当事人在民事案件举证活动中举证的能力、举证的难易程度及举证可能性等实际情况，也不应一概而论，而需要对于各种情况进行具体的区分。

一般情况下，借据或欠据能够证明借贷关系的存在。但是，随着民间投资经营型借贷的剧增，一张借据上记载的借贷现金额越来越大，很多远远超出了原告的收入水平范围，那么，原告是否具备出借数额款项的资信能力对于审查借贷关系是否存在就尤为重要，所以，在数额较大的借贷中，出借方的资信能力也是要考虑的一个重要因素。

对于原告仅能对于付款事实进行举证，但没有借款凭证。在这种情况下，原告无法证明其付款的用途，不能认定借款事实存在。在现今市场经济如此活跃的社会，各经济主体间的经济往来频繁，相互之间付款、交易、借贷随时都可能发生，如果人民法院在被告否认借款事实的情况下仅凭付款凭证就认定借贷关系存在，势必造成市场交易的混乱，市场上人人自危。

在民事案件诉讼过程中，"孤证不能定案"的原则，并不是处处都必须适用。根据证据与案件主要事实的证明关系的不同,我国将证据分为直接证据与间接证据。在民事诉讼中,间接证据必须严格按照“孤证不能定案”的原则进行认定。但对于直接证据的认定,则不能时时适用该原则。民事诉讼由于其采用优势证据规则,并且证明标准较刑事诉讼较低,因此,直接证据作为孤证使用时,在符合证据合法性、真实性、客观性三大特征的情况下,可以作为认定案件事实的依据。民间借贷案件中的借条、欠条,都是直接证据,所以在认定时不能一概而论,而需要分情况进行认定。

综上,在民间借贷案件审理中,对于孤证的认定,应结合借款数额、双方当事人的陈述,综合考虑,而不能一概而论。因借款数额不同而对于举证责任产生不同的要求,同样存在法理上的依据。

【典型案例 6.11】 孤证规则在数额较小的借贷中如何适用?

【案情】 被告分两次向二原告借款共计 3 万元。被告经法院合法传唤无正当理由拒不到庭,法院依法进行了缺席审理。在审理过程中,二原告仅向法院提供借条一张、借据一张,并称借款系通过现金支付,因此无法提供付款凭证。法院最终判决支持了原告的诉讼请求。

【诉讼指南】 人民法院在本案的审理中,显然认为该笔借款属于“数额较小”的范畴,因而认定原告在借款事实的问题上,举证责任已经完成。

15. 间接证据在民间借贷纠纷案中如何运用? 通过间接证据能否定有限借据的证明力吗?

民间借贷是指自然人之间、自然人与非金融机构的法人或者其他组织之间,一方将一定数量的金钱借给另一方,另一方到期返还本金并按约定支付利息的民事法律行为。民间借贷是民间资本的一种投资渠道,也是民间金融的一种形式。随着我国金融市场法律体系的逐步完善,民间借贷关系将会更趋规范,市场也更趋开放。对民间借贷所引起的相关纠纷,原《审理借贷意见》第 1 条规定:“公民之间的借贷纠纷,公民与法人之间的借贷纠纷以及公民与其他组织之间的借贷纠纷,应作为借贷案件受理”。《民间借贷司法解释》第 1 条明确规定,本规定所称的民间借贷,是指自然人、法人、其他组织之间及其相互之间进行资金融通的行为。经金融监管部门批准设立的从事贷款业务的银行业金融机构及其分支机构,因发放贷款等相关金融业务引发的纠纷,不适用本规定。

在处理民间借贷纠纷案件的审判实践中,难度较大的往往是对借款事实的认定,而非法律关系的定性。如当事人就相关借款事实发生争议,则需依据有关证据规则,对双方提供的证据加以综合分析判定。

《证据规定》第 5 条第 1 款、第 2 款规定:在合同纠纷案件中,主张合同关系成立并生效的一方当事人对合同订立和生效的事实承担举证责任;主张合同关系变更、解除、终止、撤销的一方当事人对引起合同关系变动的事实承担举证责任。对合同是否履行发生争议的,由负有履行义务的当事人承担举证责任。故在民间借贷纠纷案件中,原告作为债权人提出诉讼请求时,首先应该向法院提供其权利发生并已经届期的相关事实成立的证据。由于借贷双方当事人的义务履行有先后顺序,债权人主张合同权利的发生,其应该为两个要件事实的成立负举证责任,一个是借款合同关系的成立和生效,另一个是其已经按约履行了出借款义务。一般来说,就是要提供借款合同、借据以及其他能够证明双方存在债权债务关系的证据。因此,在此类合同纠纷案件中,一般情况下,只要债权人提供了这两份证据,其初步举证责任即已完成。债务人则需对此提出反证,证明债权人所主张的事实并不存在。

如当事人双方提供了数个证据且有矛盾,则在审查认证时就需要判断相关证据效力的高低,去伪存真。具体审查证据过程时,要严格按照《证据规定》审查。就证据的证明力而言,根据《证据规定》第 77 条确立的最佳证据规则,直接证据的证明力一般大于间接证据。借款合同、借款人出具的借条、欠条、还款书等证据作为直接证据,证明力应当高于其他书证、视听资料和证人证言,一般应当作为认定案件的主要证据。但如果双方当事人对同一事实分别举出相反的证据的,则应当分别进行审查,并结合其他证据综合分析认定,不能简单地否定间接证据的证明力。《证据规定》第 73 条第 1 款规定:“双方当事人对同一事实分别举出相反的证据,但都没有足够的依据否定对方证据的,人民法院应当结合案件情况,判断一方提供证据的证明力是否明显大于另一方提供证据的证明力,并对证明力较大的证据予以确认。”该规定明确了民事审判中的高度盖然性的证明标准。因此,在审理中对间接证据的判断、分析和认定,亦显得尤为重要。

【典型案例6.12】 民间借贷纠纷中间接证据如何适用？

【案情】 原告赵某以江苏某工具有限公司（以下简称工具公司）于2000年11月28日、2001年2月19日、3月12日先后三次向其借款共计1782029元，并于2001年5月承诺保证在2003年3月11日前归还借款本息为由，请求法院判令工具公司给付借款本金1782029元及其利息。赵某为支持其诉讼请求，向法院提交了三份证据：1. 汇款人为赵某、收款人为工具公司的电汇凭证（回单）三份，用以证明其分三次借给工具公司共计1782029元。2. 有工具公司董事签名的"关于偿还赵某同志的借款及利息的保证"（以下简称"还款保证"），用以证明工具公司认可案涉三笔借款并承诺在2003年3月11日前归还。3. 工具公司有关工商登记材料，用以证明在"还款保证"上签名的董事会成员的身份。

被告工具公司则辩称，双方间不存在借款关系。赵某提供的三份汇款凭证是其从工具公司的账册中私自撕下的，相应的三笔汇款属其在公司任职期间的职务行为，系外商的返利款；"还款保证"上的个人签名均是真实的，但其内容系赵某伪造，"还款保证"是赵某在有柳加某等六人签名盖章的空白纸上私自制作的。故请求依法驳回赵某的诉讼请求。工具公司为支持其答辩主张，向法院提交了：工具公司有关记账凭证及银行电划贷方补充报单，会计周柏某、陈小某、刘素某及柴晓某出具的情况说明，赵某于2002年9月13日要求向公司借款而给柳加某的信件，赵某银行存折，2001年3月15日有柳加某、刘素某、李某、柴晓某、卢德某签字盖章的向上海市浦东新区外高桥工商局出具的申请书、委托书等证据。

法院经审理查明，赵某系工具公司董事，负责公司的财务工作，后离职。柳加某为公司的法定代表人、董事长、总经理，卢德某、李某、刘素某为公司董事，柴晓某为公司监事。

2000年11月28日，2001年2月19日、3月12日，赵某办理了三笔汇款事项，分别以电汇的方式汇入工具公司账户458640元、724800元、598589元，共计1782029元。相应的三份中国银行电汇凭证（回单）载明的汇款人为赵某，收款人为工具公司，汇款用途分别为还款、往来、往来。相应的三份银行电划贷方补充报单第三联载明的内容与之相同。同时，赵某分别制作了工具公司的记账凭证，载明：摘要“汇入投资款①……260000；②……449262.26；③美元兑换$ 54600×8.4=458640”，科目“银行存款”、借方金额1167902.26元，科目“其他应收款—投资款”、贷方金额1167902.26元，制单赵某；摘要“收往来款”，科目“银行存款”、借方金额724800元，科目“其他应收款—无锡森鑫”、贷方金额724800元，制单赵某；摘要“还款”，科目“银行存款”、借方金额598589元，科目“其他应收款—投资借款”、贷方金额598589元，制单赵某。

2001年3月15日，为在上海外高桥保税区设立公司，柳加某、刘素某、李某、柴晓某、卢德某签字盖章向上海浦东新区外高桥工商管理局出具了申请书、委托书各一份。在该申请书及委托书中，卢德某签字处的左边有擦刮痕迹。工具公司称该申请书、委托书是在有柳加某、刘素某、李某、柴晓某、卢德某、赵某六人签章的空白纸上制作的，在擦刮处原有赵某的签章，因赵某不是所申请成立的公司的股东，故将其签章擦改掉。

赵某提供的“还款保证”载明：由于工具公司“在前期筹建、基建的过程中，资金需求量较大，为缓解资金短缺的压力，特向赵某同志借款人民币壹佰柒拾捌万贰仟零贰拾玖元（1782029元），具体的借款时间为：2000年11月28日借款458640元；2001年2月19日借款724800元；2001年3月12日借款598589元。此项借款保证于2003年3月11日前全部归还，利息按同期人民银行公布的贷款利息率支付。若逾期不还，赵某同志可向其户口所在地法院起诉。此据！”。工具公司“董事（签名）：”、“附：汇款凭证”，及柳加某、刘素某、李某、柴晓某、卢德某、赵某的个人签章。该“还款保证”未注签署时间，且除柳加某等六人签名外的其余内容均为打印字体。赵某诉讼中称还款保证的签署时间为2001年5月。经比对，前述申请书及委托书上柳加某、刘素某、李某、柴晓某、卢德某五人的个人签章与“还款保证”上个人签章中的该五人签章，两者顺序完全相同；且前者卢德某签字旁有涂擦痕迹，该涂擦处的位置与“还款保证”中的赵某签章处位置一致。诉讼中，经司法鉴定，“还款保证”中赵某签名字迹及印章形成于2000年12月前。

法院认为，根据双方诉辩，本案争议的焦点在于赵某提供的证据能否证明其所主张的借款给工具公司的事实成立。

在本案中，赵某系依据三份电汇凭证（回单）（证据1）及“还款保证”（证据2)、工具公司高管人员工商登记材料(证据3)向工具公司要求其偿还借款本息。其提供的工商登记材料证明了“还款保证”载明的签章人员的身份,工具公司对此无异议,法院予以确认。但三份电汇凭证(回单)载明的汇款用途为还款、往来,该凭证(回单)亦原已由赵某自己装订入公司账册,且与赵某自己制作的公司记账凭证记载一致。赵某在本案中主张该三份凭证记载的款项系其对工具公司的借款,依据不足。而赵某提供的“还款保证”,内容及形式上存在重大不合理之处。经比对工具公司提供的有柳加某、刘素某、李某、柴晓某、卢德某五人个人签章的2001年3月15日申请书、委托书,两者的个人签章存在诸多相同之处,且赵某签章的位置与前述涂擦痕迹的位置一致。同时,“还款保证”载明由工具公司董事签名,但柴晓某系工具公司监事,并非该公司董事。另,“还款保证”无签署日期,而赵某诉称其签章时间为2001年5月,又与司法鉴定结论相矛盾。综上,因该“还款保证”有较多不合常理之处,尚不足以确认该“还款保证”系工具公司对赵某作出的偿还借款本息承诺的真实意思表示。故赵某仅依其提供的三份电汇凭证(回单)及“还款保证”主张案涉三笔电汇款属其对工具公司的借款,证据不足。法院依法判决驳回赵某要求工具公司给付借款本金1782029元及其利息的诉讼请求,诉讼费由赵某承担。

判决后,赵某提出上诉,二审法院判决驳回上诉,维持了一审判决。

【诉讼指南】 本案中,赵某主要是依据三份电汇凭证(回单)、“还款保证”向工具公司要求其偿还借款本息。该两份证据均为直接证据。就其证明力而言,初步看,该部分证据证明力较强。赵某提供的电汇凭证证明了其三次汇款给工具公司,“还款保证”证明了工具公司的董事们确认并承诺向赵某偿还该借款。根据电汇凭证,能够认定从赵某账户上三次付款给工具公司。“还款保证”如果属实,亦能够确认双方间构成借款合同关系。根据这两份证据,似乎可以认定工具公司向赵某借款并承诺了还款。但通过对该两份直接证据的分析,结合工具公司提供的其他间接证据,却得不出这种结论。

首先,三份电汇凭证(回单)载明的汇款用途为还款、往来,而该凭证的内容均由赵某自己填写,该凭证(回单)作为汇出行给汇款人的回单,亦原已由赵某装订进了工具公司会计账册中,且又与赵某在负责工具公司财务工作时自己制作的公司记账凭证记载的内容一致。工具公司的财务人员证明了赵某负责具体的公司财务工作，赵某亦予以认可。而赵某作为专业的财务人员，对事关其自身利益的、三份数额大且有一定时间间隔的重要凭证，按常理，不会一而再、再而三地作为公司业务凭证记账。同时，工具公司所提供的其他公司财务资料又证明了赵某与公司存在利用赵某账户进行走账的行为。因此，赵某在本案中称其当时系错装订入公司账册，并主张该三份凭证（回单）记载的款项系其对工具公司的借款，依据不足。

其次，就赵某提供的“还款保证”而言，工具公司主张案涉“还款保证”系赵某在工具公司为工作方便，由柳加某、刘素某、李某、柴晓某、卢德某、赵某六人曾预先签章的空白纸张上私自添加内容形成的，并提供了相关人员的证言及有柳加某、刘素某、李某、柴晓某、卢德某五人个人签章的2001年3月15日申请书、委托书等间接证据予以佐证；赵某虽对此予以否认，但经比对，两者的个人签章存在诸多相同之处；且“还款保证”中赵某签章的位置与前述申请书及委托书中个人签章处有涂擦痕迹的位置一致。同时，从“还款保证”载明的签章人员的身份来看，“还款保证”载明由工具公司“董事（签名）：”，但柴晓某系工具公司监事，并非该公司董事，由其在“还款保证”上明确的公司董事签字处签章亦不符常理。另外，“还款保证”上没有签署日期，而赵某诉称其签章时间为2001年5月，这又与司法鉴定关于其签章形成时间在2000年12月前的鉴定结论相矛盾。综上，该“还款保证”有较多不合常理之处，尚不足以使法院确认该“还款保证”系工具公司对赵某作出的偿还借款本息承诺的真实的意思表示。故赵某仅依其提供的三份电汇凭证（回单）及“还款保证”主张案涉三笔电汇款属其对工具公司的借款，证据不足。最终法院依据形成证据锁链的间接证据，否定了赵某提交的有限直接证据的证明力，判决驳回了赵某要求工具公司向其偿还借款本息的诉讼请求。

由此可见，在审理民间借贷纠纷案件时，我们不能机械地仅凭借直接证据作出认定，而应当正确分配举证责任，对当事人提供的各种证据，包括直接证据、间接证据，认真分析各证据的真实性、各证据与案件事实的关联程度、各证据之间的联系等方面，进行综合审查判断。

16. 测谎技术在审理借贷纠纷中如何运用？

（1）测谎结论的属性分析

第一，测谎的科学原理。测谎，学名CPS多道心理测试，是测试人对于一些能对被测人形成不同程度刺激的问题，按一定的编排程序，依次向被测人提问，只要求他回答“是”或“不是”，或者不回答，并通过对被测对象回答问题的过程中某些生理参量进行测试，从而判断被测对象是否说谎的鉴别活动。由于生理反应是不以人的主观意志为转移的，而且心理刺激与生理反应存在伴生关系，所以对测谎对象进行心理刺激（要求他们回答设置的问题），并运用测谎仪器设备记录测谎对象在回答问题的过程中某些生理参量的变化，通过分析测谎仪器设备所记录的图谱，对被测谎对象在回答有关问题时是否说谎作出判断，这就是测谎的科学原理。

第二，民事诉讼中测谎结论之属性。对民事诉讼中测谎结论的性质，理论界、实务界观点不一，争议较大。从理论层面看，在测谎结论可否作为证据使用的问题上，从是否符合证据“三性”的角度出发，大致有肯定说、否定说和有限采用说三种观点。肯定说认为，在民事诉讼中使用测谎技术并未被法律所禁止，既然“法无禁止即可为”，测谎结论就具有合法性；测试的内容与案件事实密切相关，测谎结论自然符合证据的关联性要求；测谎技术的运作机理是利用科学仪器，记录被测试者因说谎而产生的心理压力作用于自身植物神经系统所引发的一系列生理反应，因而具有客观性。否定说则认为，我国是成文法国家，在法律没有明确测谎结论的证据地位以前，就不能说其具备了合法性；测谎技术达不到100%的准确率就不能认可其客观性；测谎结论不能直接证明案件事实，不能完全满足关联性的要求。至于有限采用说，主要是借鉴英美国家证据法的“有限采用”规则，从证据的可采性角度认为，测谎结论不能直接用来证明民事诉讼的一方当事人应否承担责任，还需要其他证据进行补强。①

在立法层面，最高人民检察院在1999年9月《关于CPS多道心理测试鉴定结论能否作为诉讼证据使用的请示》的批复中指出，“测谎鉴定结论可以帮助审查判断证据，但不能作为证据使用。”实务界对于该批复也有不同意见，部分观点认为，最高人民检察院的批复具有普遍的法律效力，测谎结论在刑事诉讼中不能作为证据使用，在民事诉讼中也不应例外；也有部分观点认为，这一批复对采信测谎结论进行了抽象否定、具体肯定，故在民事诉讼中可以作为证据使用。

---

① 何家弘：《测谎结论与证据的“有限采用规则”》，载《中国法学》2002年第2期。

笔者认为，民事诉讼中测谎结论可以作为证据资料使用，理由如下：其一，测谎结论虽然不在我国目前《民事诉讼法》规定的八种证据（书证、物证、视听资料、证人证言、当事人陈述、鉴定意见、勘验笔录、电子数据）之列，但民事诉讼法所规定的八种证据形式，只是一种大类别的划分，并未对所有的证据进行分门别类，亦未明确规定这八种证据形式的内涵、外延，所以我们不能以测谎结论未明确纳入我国法定的八种证据形式就简单地否定它的证据价值。其二，鉴定结论是指具有专门知识和技能的人员接受当事人或法院委托，就诉讼中的专门问题运用专业知识或借助各种科学仪器和设备，进行分析、比较而作出的科学结论。测谎是具有心理学和生理学知识的人运用科学仪器对被测者的生理参量进行测试，推导其是否说谎的科学过程。测谎结论与鉴定结论具有共性（结论的确定性与不确定性并存且均具有针对性、书面性、确定性、可重复性），故在广义上可视为鉴定结论的一种，属于法定的证据形式。其三，测谎结果具有证据的"三性"：测谎所依据的理论都是科学的生理学、医学、心理学、统计学原理，都是公认的科学规律，测谎结论是建立在客观规律的基础上，因此测谎结论具有客观性；测谎中所提出的针对性问题与案件事实相关联，测谎活动中引唤出被测人对客观真实地反映，与案件实际情况相关联，因此测谎结果具有关联性；测谎技术在民事诉讼领域中的应用没有做出禁止性的规定，来源合法，测谎结果亦可归属于法定证据鉴定结论的一种，形式合法，因此测谎结果具有合法性。但是，由于目前测谎结论还不能达到100%的准确率，实务中不能单独以测谎结论作为认定事实的依据，应当结合其他证据，综合分析认定。

（2）借贷纠纷中的测谎程序

①明确举证责任

《民事诉讼法》第64条规定，"当事人对自己提出的主张，有责任提供证据"；《证据规定》第2条规定，"当事人对自己提出的诉讼请求所依据的事实或者反驳对方诉讼请求所依据的事实有责任提供证据加以证明。没有证据或者证据不足以证明当事人的事实主张的，由负有举证责任的当事人承担不利后果"。借贷纠纷案件中，债权人对于借款事实应提供证据加以证明。当债权人提供了借据、借条，债务人对此不持有异议的，应当认定借款事实的存在。债务人对于借条、借据真实性并无异议，而是以胁迫、欺诈等事由主张无效，应对此负有举证责任。当债务人对借条、借据的真实性提出异议，主张并非其本人签署时，在无其他证据证明的情况下，可以通过笔迹鉴定等方法加以确定。上述情形，当事人提供的证据足以证明案件事实，应根据《民事诉讼法》第64条及《证据规定》第2条进行认定，不宜进行测谎。

《证据规定》第73条规定，“双方当事人对同一事实分别举出相反的证据，但都没有足够的依据否定对方证据的，人民法院应当结合案件情况，判断一方提供证据的证明力是否明显大于另一方提供证据的证明力，并对证明力较大的证据予以确认。因证据的证明力无法判断导致争议事实难以认定的，人民法院应当依据举证责任分配的规则作出裁判”。但在借贷纠纷的审理过程中，往往易陷入证据“僵局”——当事人所举证据互相对抗，无法应用优势证据规则，法官对于案件事实存在与否难以确信；双方当事人举出的证据证明力相当但都有“瑕疵”，不能使得待证事实达到高度盖然性的要求，这时可考虑引入测谎程序，作为当事人继续举证的新方式。

在大额借贷纠纷中，债权人不仅应提供借条、借据，还应对借款已经交付负有举证责任。债权人主张现金支付，但未能提供证据加以证明且债务人对此不予认可时，可以考虑引入测谎手段加以鉴别。如上海市浦东新区人民法院审理的（2008）汇民一（民）初字第7745号案件，原告陈某称其在2008年6月1日向被告汤某交付了74万元案涉借款，被告汤某对此不予认可，主张其从未收到原告陈某任何款项，双方各执一词，使案件事实处于不明状态，最终导致法院引入测谎程序帮助断案。①

在债权人仅提供收条、银行汇款单等借款交付凭证，而没有提供借据等借贷合意凭证时，对方对款项性质提出异议的，借助其他证据仍无法证明借款性质的事实，测谎可作为债权人对款项为借款而非货款、投资款的一种举证方式。如山东省淄博市中级人民法院审理的（2004）淄民一终字第119号案件，原告谢某起诉被告孙某民间借贷纠纷一案中，原告谢某提交了三张借条，主张被告孙某欠其35000元，被告孙某对借条真实性没有异议，但主张当时其与原告谢某系上下级关系，该35000元系其替公司要回的货款或福利（后已进行冲抵），孙某只是拿该收条做账而已。该案经历一审二审，最终二

① 傅胤胤、樊珺莹、李业亮：《民间借贷纠纷中测谎的应用》，载《人民司法·案例》2010年第6期。

审法院引入测谎程序认定案涉款项并非借款，对一审判决进行改判。[1]

②测谎程序的启动

第一，应当根据当事人的申请而启动。借款纠纷属于民事案件，当事人是诉讼活动的主体，当事人有权自由处分其诉讼权利，是否提出、提出何种证据，都是其意思自治之体现。故申请或接受测谎，都应由当事人自主决定，法院不可强行干预。如双方当事人达成合意并签署书面协议，共同向法院申请测谎并同意将测谎结论作为证据使用，法院经过审核，可接受当事人测谎申请，启动测谎程序；如形成证据僵局时，法院可以对当事人进行释明，告知双方当事人有选择测谎的权利，再由双方当事人启动测谎程序，但此种情形下法院只能履行告知义务，不能强迫当事人接受，更不能擅自启动测谎程序；如一方当事人申请测谎另一方不置可否，法院可根据案件的实际情况，向另一方当事人提出可以进行测谎的建议。法官征询意见时应始终保持居中超然的态度，不能表露任何的偏向，更不能通过不恰当的言语表述，使当事人产生如果不接受测谎将可能败诉的精神压力。

第二，应当告知被测者有关测谎的相关情况。借款纠纷尤其是民间借贷的大部分当事人，缺乏必要的法律专业知识，对测谎了解甚少，甚至有人将其与刑事诉讼中的测谎程序混为一谈，认为接受测谎是法定义务，部分法官在未充分释明的情况下便进行测谎，往往造成该类当事人在测谎结论不利时以重大误解为由要求撤销测谎结论。因此，在当事人提出或接受测谎申请后，法院应当及时履行释明义务，告知受测者在法律上无接受测谎之责任；在实施测谎前测谎机构应向被检测者说明测谎仪器的操作原理、检测的程序，检测的目的及检测结果的用途、效果等，消除被测人的心理恐惧获得被测人的对测谎技术的信任。只有被测人在对测谎的原理、方法、法律后果充分了解的基础上作出选择，才能体现测谎的公平性，也才能最大程度的保障被测人的人身权利、保证测谎的真实性。

第三，应当由法院决定是否进行测谎。双方当事人均自愿提出书面测谎申请并同意将测谎结果作为证据使用的，法院一般应接受申请，但如申请的事项通过现有证据即可证明或与案件并无关联的，法院对该测谎申请可以不予接受；案件审理过程中法院认为某案涉事实需通过测谎确定并向双

---

① 吴丹红：《民事诉讼中的测谎——基于证据法角度分析》，载《中外法学》2008 年第 6 期。

方当事人释明，经释明后双方当事人均提出书面测谎申请的，法院应接受测谎申请；一方当事人提出书面测谎申请，另一方当事人经法院征询后同意进行测谎的，可以进入测谎程序；一方当事人提出书面测谎申请，另一方当事人不同意的，法院不应许可进行测谎（实务中有不同看法，如江苏省淮安市中级人民法院再审的崔景涛诉陈德勤借款纠纷案，淮安市中级人民法院仅依再审申请人的单方申请即决定进行测谎，并以测谎结论作为间接证据进行判案）。[①]

第四，应当充分保障被测人的诉讼权利。法院接受测谎申请后，应当严格按照法定流程进入测谎程序。在双方当事人均在场的情况下，通过摇号确定测谎机构。及时告知当事人测谎人员组成、测谎具体时间、地点，当事人对测谎人员的组成提出异议并要求相关人员回避的，应先暂时中止测谎程序，并依据《民事诉讼法》中回避的相关规定，决定是否更换测谎人员。当事人对测谎时间、地点提出合理建议时，应当予以采纳。

（3）测谎结论的审查及适用

第一，测谎结论应接受当事人质证。测谎结论是测谎人员接受委托，对被测试者进行测试后，对相关数据进行分析后得出的结论。测谎结论中包含了测谎人员的认识、经验，其结论是否正确，理由是否成立，作为有利害关系并有可能接受其约束的当事人有权知道该结论形成的依据和理由。[②] 测谎结论作出后，法院应在开庭前将测谎结论送达双方当事人，并组织双方当事人对测谎结论进行开庭质证。如果当事人申请通知鉴定人出庭质证，法院应通知鉴定人出庭接受当事人质询。对于当事人补充鉴定、重新鉴定的请求，法院应根据《证据规定》第 27 条的规定，要求申请方提供证据，并进行严格审查，审慎处理。

第二，测谎结论应作为间接证据使用。测谎结论目前只能作为间接证据使用，用以加强法官的内心确信。主要原因如下：其一，测谎结论并不能达到百分之百的准确，还存在一定的误差。虽然我国目前的测谎技术取得了长足的进步，甚至有些统计结果表明在办理的数百起测谎案件中，没有发

① 刘洁：《测谎结论在民事诉讼中具有可采性吗？——兼论江苏淮安中院再审崔景涛诉陈德勤借款纠纷案》，载《证据科学》2011 年第 19 卷第 5 期。

② 韩冰：《测谎证据在民事诉讼中的应用》，载《行政与法》2006 年第 6 期。

现一起错案。[1] 但测谎的准确度仍然可能受到许多因素的影响，比如被测人总体性质、测试人员和被测人个人特点、测试中测试人员和被测人之间建立的关系、测试的方法、是否使用了反测试的方法（如服用镇静剂）等。正因影响测谎准确率的因素众多，且目前缺乏采信测谎结论的相应质证程序，相关程序规则没有建立，因此，测谎结论在一般情况下并不能作为单独证明事实的证据。其二，测谎结论虽然具有证据的"三性"，但仅是对当事人陈述的一个加强，而加强的部分只能反映当事人在某一事实上是否撒了谎，并不涉及案件的全部事实，故测谎结论必须与其他证据结合起来进行综合审查判断，才能作为诉讼证据采用。故在审理借贷纠纷中引入测谎程序后，绝对不能把测谎结论作为唯一的定案依据，不能仅凭测谎结论一项证据就认定一方当事人败诉，而要结合其他证据、综合考量。[2]

第三，测谎结论应作为补强证据，有限采用。补强证据规则是指某一证据不能单独作为认定案件事实的依据，只有在其他证据以佐证方式补强的情况下，才能作为定案的证据。[3]《民事诉讼法》第 71 条规定："人民法院对当事人的陈述，应当结合本案的其他证据，审查确定能否作为认定事实的依据。"测谎结论只能用来审查言词证据的真实可靠性，不能直接用来直接证明案件事实，需要与其他证据相结合，作为整个案件的证据链条上的一个环节，有限采用。只有在与其他的证据相关联的情况下，形成一个比较一致的证明体系，才能最终发挥其证明作用。例如，借款纠纷中，债权人债务人就借款是否已经交付发生争议并申请测谎，即使测谎结论对一方不利（如测谎结论是债权人在该问题有说谎的倾向），也不宜直接认定出借人没有交付款项，而仍应综合其他证据，如有无证人证言、出借人有无银行取款记录、借款人有无大额支出、出借人与借款人之间是否存在长期经济往来等综合加以考量认定。

17. 民间借贷纠纷中如何排除非法证据？

审判实践中，有些案件的当事人主张对方持有的借条、收条等证据是通

---

① 宋英辉：《关于测谎证据有关问题的探讨》，载《法商研究》1999 年第 2 期。
② 古豪莉：《测谎结论证据属性研究》，载中国优秀硕士学位论文全文数据库。
③ 廖中洪主编：《证据法精要与依据指引》，人民出版社 2005 年版，第 391 页。

过暴力、胁迫等非法手段获取的，对于此类案件如何处理，实践中有不同的观点。有观点认为，在民间借贷纠纷案件中，借据等是证明借贷双方存在借贷合意的证据，被告主张对方通过非法手段获取借据等，其实质是主张自己在订立借贷合同时受到胁迫，意思表示不真实，根据《合同法》的规定，一方以胁迫的手段使对方在违背真实意思的情况下订立的合同，属于可变更、可撤销的合同。被告如果在民间借贷纠纷案件中主张存在此情况，说明借贷合同可能是受胁迫订立的，所以，法院应向主张受胁迫的一方释明，由其另行提起诉讼撤销或变更借贷合同。原民间借贷纠纷案件应中止诉讼。

笔者认为，受胁迫的当事人当然有权主张撤销或变更借贷合同，但从证据法的原理考虑，能够作为认定案件事实的证据必须是合法的、真实的并且与案件有客观联系，合法性是证据的首要条件。且民间借贷纠纷案件中，出借人也可能主张借款人以暴力等手段逼迫其出具收条。因此，在审理民间借贷纠纷案件中，一方当事人提出对方提供的证据系以非法手段获取，应当进行审查。最高人民法院、最高人民检察院、公安部、国家安全部、司法部《关于办理刑事案件排除非法证据若干问题的规定》规定，非法证据，应当予以排除，不能作为定案的根据。这一司法解释虽然是针对刑事案件的，但该规定的精神在民事案件中也值得参照。且《证据规定》第 65 条也规定，审理案件时应审核证据的形式、来源是否符合法律规定。所以，在审理案件中应当对证据是否合法进行审核、认定，不合法的证据不能作为认定案件事实的依据。据此，在民间借贷纠纷中，如果能够证明原告据以主张民间借贷关系成立的证据是通过胁迫等非法手段获取的，即可认定原告没有提交合法证据证明其主张，可以从原告的诉讼请求证据不足来驳回其诉讼请求，而无须让被告另行提起诉讼变更或撤销合同。

审判实践中不易掌握的是如何认定胁迫。《民通意见》第 69 条规定："以给公民及其亲友的生命、健康、荣誉、名誉、财产等造成损害，或者以给法人的荣誉、名誉、财产等造成损害为要挟，迫使对方作出违背真实的意思表示的，可以认定为胁迫行为。"根据这一规定，可将胁迫的构成要件理解为：第一，行为人具有胁迫的故意。所谓胁迫的故意，是指行为人明知自己的行为会使相对人陷入心理上的恐惧而作出违背真实意愿的意思表示，而希望或放任这种结果的发生。第二，行为人实施了胁迫行为。胁迫行为不仅包括直接给相对方施加损害，也包括以言语威胁将要给相对方施加损害。第三，胁迫行为是针对特定的当事人实施的。确定胁迫行为是否构成，应当以特定的受胁迫人而不是一般人在当时的情况下是否感到恐惧为标准来加以判断。即使一般人不感到恐惧，而受胁迫人感到恐惧，亦可构成胁迫。由于受胁迫时，当事人往往孤身一人，难以提供直接证据证明受胁迫的情况，审判实践中，可从主张受胁迫方当时是否报警或何时报警、当时有无就医、其主张的非法证据本身是否有其他疑点等方面进行判断。

一方当事人在审理期间主张对方当事人以其他非法手段取证的，应当要求其提供涉嫌非法取证的人员、时间、地点、方式、内容等证据或证据线索，法院应当对相关证据或证据线索进行审查或调查。

18. 如何在特殊身份关系当事人之间的借贷纠纷中运用优势证明标准？

中国传统社会是一个人情社会、熟人社会，人与人之间交往大多通过亲情、友情、交情等各种关系联系起来，按照亲疏、内外、生熟程度区别对待与之交往的不同对象。费孝通先生曾经在《乡土中国》中提出了中国社会关系“好像把一块石头丢在水面上所发生的一圈圈推出去的波纹。每个人都是他社会影响所推出去的圈子的中心……像水的波纹一般，一圈圈推出去，愈推愈远，愈推愈薄”。熟人之间的交往是依靠道德标准去评价，法律规则、程序、证据等理念会大打折扣。一旦双方关系破裂发生矛盾，不得不选择司法途径来解决纠纷的时候，道德层面上的行为约束机制与法律层面上刚性规则便发生冲突。发生在特殊关系当事人之间的民间借贷纠纷案件就是法律与道德相碰撞的具体表现。

发生在具有特殊关系当事人之间的民间借贷行为具有一定的特殊性。借贷双方因为关系密切，相互信任，往往碍于情面不会出具类似借条、收条等书面凭证，只有一个简单的口头约定，即便出具借据等，形式和内容也不够规范。当双方关系破裂产生纠纷后，作为认定法律事实的基础——证据就会显得十分单薄，案件事实难以认定。例如，发生在父子、兄弟等近亲属之间的金钱交付行为是赠与还是借贷？发生在恋人之间尤其是有同居关系的当事人之间的款项交付或出具借条的行为，是共同生活支出还是个人支出？是真正的借贷还是所谓的“分手费”？为努力追求法律事实与客观事实的统一，尽量做出符合中国民情、社情以及广大民众普遍接受的判决，人民法院在审理此类案件中应当运用日常生活经验法则来审查证据，结合搜集间接证据和事实推定来确立自由心证，决定证据的可采性和关联性，并据此作出判决，实现实体意义上的公正，促使案件案结事了。

所谓日常生活经验法则，就是运用日常生活的经验和常识来合理判断证据。经验法则是法官在日常生活中认识和领悟的客观事物的必然联系或一般规律，具有普遍公认或不证自明的性质。《证据规定》第64条规定："审判人员应当依据法定程序，全面、客观地审核证据，依据法律的规定，遵循法官职业道德，运用逻辑推理和日常生活经验，对证据有无证明力和证明力大小独立判断，并公开判断的理由和结果。"这是我国以司法解释的方式明确规定以经验法则评判证据价值和认定案件事实。日常生活经验法则具有两个基本特征：第一，它是一种客观意义上的普通知识，作为基本常识而为公众普遍认可。第二，它是法官对一般生活经验加以提炼而作为认定待证事实的根据。

在审判实践中，日常生活经验对于认定事实和适用法律具有重要的作用，通常体现在以下几个方面：第一，决定证据的关联性。诉讼证据的关联性，指诉讼证据与案件的待证事实之间有客观联系。第二，决定证据的可采性。证据是否需排除，是证据可采性的应有之义。第三，发挥证据之间的推理作用，减轻当事人的举证责任。有些案件难以找到直接证据，无法直接证明当事人主张的事实。在此情况下，依据各种间接证据，借助于经验法则以推定待证事实，就会减轻当事人的举证负担，有利于保护当事人的合法权益。第四，适用经验法则有利于正确认定事实和公正作出裁判。第五，适用经验法则有利于法官正确地理解和适用法律。

19. 在审理具有特殊关系当事人的民间借贷纠纷案件中，如何运用经验法则确立自由心证？

（1）仔细审查直接证据和间接证据的效力

原告提供了证明债权债务关系存在的直接证据，但并不等于证据就达到了证明标准，债权债务关系就必然真实、可信。当双方当事人提供了数个证据且相互之间存有矛盾时，在一般情况下，法官应当按照证据规则来审查认证，判断相关证据效力的高低，如直接证据的证明力应当大于间接证据，借款合同、借据、相关鉴定结论等证据的证明力应当高于其他书证、视听资料和证人证言。但在具有特殊关系当事人的民间借贷纠纷案件中，不能简单地否定间接证据的证明力,因为这类民间借贷案件双方当事人之间本来就存在特殊身份关系,在借贷关系发生时一般不会留下有利的相关书证等直接证据,但当事人可能会提供很多相关的证人证言、视听资料等间接证据来证明其主张的事实。对这些间接证据的判断、分析和认定,应当根据《证据规定》第77条确立的最佳证据规则进行审查认证。如果贷款人的口头陈述符合生活常理且有其他相关证据能够证实,就应当综合当事人陈述及其他相关证据综合认定。既要对当事人提供的书证予以充分审查,又不要忽视其他相关证据,确保在证据形成关联性的基础上综合认定。

(2)合理运用优势盖然性标准

《证据规定》第73条第1款规定:"双方当事人对同一事实分别举出相反的证据,但都没有足够的依据否定对方证据的,人民法院应当结合案件情况,判断一方提供证据的证明力是否明显大于另一方提供证据的证明力,并对证明力较大的证据予以确认。"此条确认了民事审判中的高度盖然性的证明标准。该标准要求,凡是发生的盖然性高的,主张该事实发生的当事人不负举证责任,相对人应就该事实不发生负举证责任。因为在事实不明而当事人又无法举证时,法院认定盖然性高的事实发生,远较认定盖然性低的事实不发生,更能接近真实而避免误判。但是,《证据规定》中没有明确民事诉讼中的盖然性证明标准的具体程度究竟是达到占优势盖然性(信任度为50%~70%)还是高度盖然性(信任度为70%~90%)。在一般的民间借贷案件中,法院为了提高审判质量,普遍采用的是高度盖然性的证明标准。但在具有特殊关系当事人的民间借贷案件中,笔者认为,可以适当降低证明标准,考虑采用占优势盖然性的标准。例如,原告以欠条为证据主张还款,被告抗辩借款已经归还,但不能提供还款的支付凭证或收据。此时,如果有证人证言、录音录像资料、手机通话记录等其他间接证据证明借款已归还,且被告在诉前的许多行为不符合生活常理,诉讼中又无法作出合理解释,法院可以通过系列间接证据构成证据锁链,来认定被告已经还款的事实。又如,原告陈述双方系口头借款协议,无法提供书面借据,但能提供相应的证人证言、备忘记录、录音录像资料、短信往来、手机通话记录等证据,虽然证明力较低,但能形成证据链,同时法官结合借款数额、当事人的经济能力等因素,运用日常生活经验法则可以形成内心确信,此时,原告向被告出借钱款的可能性就较大,即可认定原告完成了举证责任。

(3)注重审查证人证言

证人证言作为民事诉讼证据之一,虽然证明力较低,但在现实生活中最为广泛,也最易获取。事情的发展总有前因后果,正常人的行为举措一般不会违背生活常理,法官要善于从纷杂的证人证言中洞察细微,辨别真伪,努力探究案情的来龙去脉。在以口头形式订立的民间借贷合同发生纠纷后,案件本身只有数个证人证言,没有证明力高于证人证言的其他书证、物证等证据,且数个证人证言相互之间存在矛盾时,此时在审查认定时要注重审查证人证言之间的内在联系以及证人与当事人之间的关系。例如,证人提供的系对其有亲属关系或者其他密切关系的一方当事人有利证言,其证明力应当低于其他证人证言;当庭出庭作证的证人所作证言应高于未出庭证人所作证人证言;数次证言内容保持一致的证人证言高于数次证言不一致的证人所作的证言。当然,这里要注意,仅是证明力低,而非没有证明力。

(4)扩大调查和搜集证据的范围

特殊关系当事人的民间借贷纠纷离不开特殊的生活圈和交往圈,在现有直接证据和间接证据都不能促使法官对案件事实达到内心确认时,依职权扩大调查和搜集证据范围,是一条行之有效的方法。调查和搜集证据的范围包括:一是借贷双方之间身份关系背景。由于民间借贷中信任因素起着较大的作用,双方之间的社会关系、身份关系、商业往来经历对更好理解借贷事实有着较为重要的作用。通过正确分析借贷双方的特殊关系,可以更为全面地认识纠纷形成的来龙去脉,也有助于深入地透析案件的真实情况。二是出借方是否具有相应的财产能力,这是考量借款事实真实性的重要间接、辅助证据。三是外界因素的影响。在个案中,借款方否认借贷关系存在的一个理由是受到胁迫而写下的借条。对于这种情况,借款人应就其受到胁迫的事实负担举证责任。四是借贷双方的借款经过、方式、付款途径、资金来源。真实的借款现金给付必然离不开特定的交付时间、地点、人员、场景等,这些细节问题对于作虚假陈述的一方当事人来说,在数次的庭审、谈话中很难不留下破绽。五是交易习惯。根据民间借贷案件的常识,数额不大的借贷案件一般通过现金支付,但是对于大额款项如几十万元时,通常人们不会携带现金进行交易。六是当事人陈述中的疑点。在双方当事人各执一词,事实真伪难以判断时,必定有一方当事人进行了虚假陈述,法官可以从当事人在庭审陈述中的疑点问题入手展开调查取证,判断是否属于谎言，借以达到釜底抽薪之效果。必要时可以采用测谎手段，帮助确立心证，也可给不诚信的当事人造成心理压力。

20. 借贷事实的司法审查原则如何把握？

司法形式主义是指司法仅依据法律制定的规则进行裁判，而不必过多地考虑案件判决结论的实质正义的一种司法理念。由于法律规则背后已经预设相应的价值判断，司法裁判者无须再为之进行价值判断。形式主义方法论旨在实现法律适用的统一性与法的安定性价值。该方法被称为一种科学的研究方法；法律被认为是一门系统化的、逻辑自足的学问，通过法律概念的分析和逻辑法则的运算，即能得出法律的答案。此种观念自然符合人们对于平等的正义的渴求，即法律应该不分轩轾地援用到一切情况、一切人物，不分贫富，无分贵贱。但笔者认为，建立在该意义上的正义不过是一种形式的正义，过度的形式主义法律思维会使法律在适应新的不断变迁的社会与经济环境时受到不当的限制。形式主义方法论还忽视了法官的能动作用。法官在作出一个法律决定时，毋宁是一种价值选择，该种价值选择并不是随意的，而是根植于对一定时期的社会现实与法伦理的理解。形式主义的司法判断结果是一种全有全无的状态，使结果走向极端，从而导致不正义。[①] 法律不是极端，而是中庸。亚里士多德在讨论德性时说，一个有德性的人处于一种中间状态，"德性就是中庸，是对中间的命中。"[②]比如，勇敢是一种中庸，处于恐惧和自信之间，过于自信是鲁莽，而过于恐惧就成怯懦。类似地，节制处于麻木与放纵之间；慷慨处于挥霍与吝啬之间；友爱处于冷漠与谄媚之间。依亚里士多德看来，德性处于过度与不及的中间，过度与不及都属于恶。故而，中庸可谓正义。

民间借贷案件的证据审查中，借款人通常只能提供借条，而无其他相应

---

① 此种不正义在我国物权变动理论与司法实践中表现得极为典型，房屋二重买卖中，第一买受人支付价款并占有房屋数十年，但未办理登记，出卖人反悔将房屋赠与亲戚或出卖给自称不知情的第三人，并办理登记手续。我国司法实践竟然认可此类第三人的所有权取得，其理论根据即在物权变动须经登记而生效，第三人已经取得登记，故应由第三人取得所有权。该规则严重破坏诚实信用原则，过分形式主义的适用登记生效规则而产生的不正义。参见陈永强：《未登记已占有的房屋买受人的权利保护》，载《环球法律评论》2013 年第 3 期。

② ［古希腊］亚里士多德：《尼各马科伦理学》，苗力田译，中国人民大学出版社 2006 年版，第 34 页。

证据，对此，如果仅凭借条而为判断，即可能产生不正义。为此多个地方高级人民法院均规定了实质主义的司法判断标准，这一点无疑具有重要的进步意义。比如，《浙江省高级人民法院关于审理民间借贷纠纷案件若干问题的指导意见》（浙高法〔2009〕297 号）第 14 条、第 16 条规定，对于借据有异议的，法院应当根据双方提供的有效证据，结合案件的其他证据及相关情况，对借据的真实性进行综合审查判断。法院对当事人借据的真实性采用实质审查原则。此外，债权人尚需要对借贷金额、期限、利率以及款项的交付等借贷合意、借贷事实的发生承担证明责任。尤其对于现金交付的情形，债权人仅凭借据起诉而未提供付款凭证，债务人对款项交付提出合理异议的，法院可以要求出借人本人、法人或者其他组织的有关经办人员到庭，陈述款项现金交付的原因、时间、地点、款项来源、用途等具体事实和经过，并接受对方当事人和法庭的询问。浙江省高级人民法院上述指导意见第 17 条规定，当事人必须到庭而无正当理由拒不到庭的，应承担相应后果。法院应当根据现金交付的金额大小、出借人的支付能力、当地或者当事人之间的交易方式、交易习惯以及借贷双方的亲疏关系等诸因素，结合当事人本人的陈述和庭审言辞辩论情况以及提供的其他间接证据，依据民事诉讼高度盖然性的证明标准，运用逻辑推理、日常生活常理等，综合审查判断借贷事实是否真实发生。《上海市高级人民法院关于审理民间借贷案件若干问题的指导意见》（沪高法民一〔2009〕17 号）第 4 条也规定，民间借贷纠纷案件对于借款人的自认仍应进行审查，为防止当事人通过虚假诉讼恶意侵害国家、集体或第三人的合法权益，在双方当事人诉辩主张无明显对抗，或案件的处理可能涉及第三方利益的，针对不同情况，还应当分别审查：（1）借款人自认缔结口头合同的，应审查口头合同订立的时间、地点、约定的内容、履行的过程、经办人情况等细节；（2）借款人自认收到大额资金的，若钱款通过银行转账进行交付的，还应审查银行往来凭证；若通过现金方式进行交付，还应审查交付的金额、时间、地点、次数、在场人员、出借人的资金来源、出借人和借款人的经济状况等细节，必要时可审查出借人与借款人的关系、出借人家庭其他成员的经济状况、借款人与家庭其他成员的关系、所借钱款的用途等情况。

从上述规定可以看出，我国司法实践开始出现采取实质主义的司法倾向。“当古代契约理论赖以存在的基础已发生根本性动摇的情况下，契约自由的公正性也就越来越具有形式的意义，契约自由并没有完全实现社会正义。"[①]形式主义司法方法论的摒弃虽然在一定程度上增加了司法成本，但能够带来更多的实质正义。在"屠宏毅诉俞磊民间借贷纠纷案"中，浙江省宁波市北仑区人民法院即采用实质主义方法论，认为借条不是唯一的债权凭证，除了借条还应向法院提供已经交付借款的证据；[②]在"朱跃祥诉朱学金、赵香园民间借贷纠纷案"中，儿子是债权人，父母是借款人，父母已年过八旬，儿子将该债权转让给第三人，由第三人向父母追债，一审法院认定债权转让有效，二审法院判决驳回，理由就在于该债权转让违反公序良俗而无效。二审法院采纳了实质主义的司法方法，认为，当具体发条在特殊情形下有可能导致个案当事人的权利或法律认可的秩序遭到损害时，为达到个案的社会妥当性、避免结论的荒唐，就应当突破具体规则，选择适用基本原则裁判。[③] 诚然，父母与子女之间的借贷关系不同于普通公民之间的借贷关系，子负有法定扶养义务，此种债务关系虽然真实，但若通过债权让与而由一个第三人来行使对父母的高额债务，实际上将父母的晚年生活陷入重大困境之中，本案采用公序良俗原则否认了债权让与的效力是正确的。

但应注意的是，能动司法不可过度，需要慎之又慎，实质审查应当限制一定的范围之内，只有当适用法律规则的结果具有明显的不当性或不公正性，以至于依据法律人的法律理性所不能接受这样的后果时，法院才可依据原则对规则进行修正或限制。法律原则具有不明晰性，常常难以精确确定，但法院仍不能因为其不确定性而放弃原则的适用。法律原则能够使规则在更高的法律伦理的意义上得到适用，体现法秩序的一般价值，实践中应适时发挥其作用。

21. 借据单证的实质审查原则如何把握？

在审理民间借贷案件中，借贷事实的认定既是民间借贷案件审理的起点，也是司法实践的难点之一。由于民间借贷的法律关系简单、证据单一，

---

① 王林清：《论契约自由的自由与不自由》，载《中国公证》2004年第4期。

② 浙江省高级人民法院：《案例指导2009年卷》（总第二卷），中国法制出版社2010年版，第109～115页。

③ 浙江省高级人民法院：《案例指导2009年卷》（总第二卷），中国法制出版社2010年版，第109～115页。

其主要证据就是借据，实践中通过虚构债务经由诉讼程序达到规避法律、逃避债务的目的从而损害第三人合法权益的情况时有发生，故而，借贷事实的审查不能机械适用证据规则，应当对民间借贷案件的全部证据，包括从各个证据与案件的关联程度、证据间的相互印证等进行综合判断，而不能片面认定证据或根据个人主观臆断取舍证据。对此，我国法院实践中积累了一条实质审查、综合判断的基本经验，即应当根据借贷金额大小、款项交付凭证、贷款人的经济能力、当地或者当事人之间的交易方式、交易习惯、借贷双方的亲疏关系以及当事人的陈述等因素，综合判断借贷事实是否发生。[①] 单证分为两种情形：一种是一方完全否认借贷事实存在的；另一种是相对方完全认可借贷事实的，后一种情形又常常与虚假债务和诉讼相伴随。

（1）仅有借据之单证，相对方否认借贷事实的

仅有借据而无其他相关证据，相对方主张借贷关系不成立的，对于这一情形，《最高人民法院关于审理民间借贷案件适用法律若干问题的解释》的征求意见稿中提供了两种处理意见：

第一种意见：原告主张以现金支付的方式出借款项，除借条（据）、收条（据）、欠条（据）外，不能提供其他证据证明存在借贷关系，被告否认并且提供了足以怀疑借贷关系存在的证据，人民法院应当驳回原告的诉讼请求。第二种意见：原告主张以现金支付的方式出借款项，除借条（据）、收条（据）、欠条（据）外，不能提供其他证据证明存在借贷关系，被告否认，经审查无法认定借贷关系是否存在，对于数额较小的借贷，人民法院可以判决借款人还款；对于数额较大的借贷，人民法院应当驳回贷款人的诉讼请求。借款数额大小的标准由各高级人民法院根据各地经济发展水平予以确定，并报最高人民法院备案。

在这两种意见中，笔者认为，第一种意见强调证据之间的对抗性；第二种意见则强调对借据真实性的审查，并以数额大小区分裁判规则。就第一种意见而言，只有当反证足以推翻借据时，此时驳回原告的诉讼请求才是合理的。原告不仅要提供证明借贷关系存在的证据——借条（据）、收条（据）、欠条（据），还要提供已经支付借款的证据。如此一来，才能够与民间借贷合

---

① 《最高人民法院关于审理民间借贷案件适用法律若干问题的解释》（2013 年 8 月征求意见稿）第 22 条。

同是实践性合同的要义相吻合。[①] 要推翻借据的真实性即意味着借据或者是虚假的、不存在的，或者是由其他法律关系引起的。对于因其他法律关系产生的借据，司法解释征求意见稿已经给出了解决方案。[②]

在第二种意见中，法院以数额大小来区分对待，数额小则支持，数额大则驳回，笔者认为这种区分没有正当性，因为决定法院是否驳回请求的是原告的借贷主张是不是真实存在的，而不取决于借贷的量。[③] 数额大小实际上仅仅在举证方面可以作出不同的判断标准，但不能直接因为数额而支持或驳回。对于数额小的借贷，依据生活经验，出借人一般具有支付能力，只要"出借人提供借据并作出合理解释的，一般视为出借人已经完成举证责任，可以认定借款事实存在"。[④] 但对于数额较大的借款，则需要进一步审查出借人的经济实力，借款人的偿付能力、业务往来等因素综合判断。

比较这两种意见，笔者认为，当仅有借据之单证，相对方否认借贷事实的，如何审查借贷行为的真实性问题，应当建立一种真实性的审查标准和审查程序。前述浙江省高级人民法院的指导性意见作了大胆尝试。按照其第17条规定，首先，在相对方提出异议的情况下，由债权人"对借贷金额、期限、利率以及款项的交付等借贷合意、借贷事实的发生承担证明责任"。其次，

---

① 《合同法》第210条规定，自然人之间的借款合同，自贷款人提供借款时生效。由此可见，自然人之间借款系实践性合同，以款项的交付作为合同生效的要件。然而，对于自然人与企业之间、或者企业与其他组织之间民间借贷合同是诺成性合同还是实践性合同，法律并未规定，需要由司法解释加以统一规范。

② 《最高人民法院关于审理民间借贷案件适用法律若干问题的解释》(2013年8月征求意见稿)第21条规定："原告依据借条(据)、收条(据)、欠条(据)等债权凭证向人民法院提起诉讼，被告或保证人对双方基础法律关系的效力或履行事实提出抗辩，并提供证据证明纠纷确因其他法律关系引起，人民法院释明后，原告同意按照其他法律关系审理的，人民法院按照其他相应法律关系审理；原告坚持不同意的，人民法院应当驳回其诉讼请求。"

③ 《江苏省南京市中级人民法院关于审理民间借贷纠纷案件若干问题的指导意见》(2010年10月6日颁布)第18条的第2款和第3款就是以数额大小区分不同裁判规则的实证："对于数额较大的现金交付，债权人仅凭借据起诉而未提供付款凭证，债务人对款项交付提出合理异议的，人民法院可以要求出借人本人、法人或者其他组织的有关经办人员到庭，陈述款项现金交付的原因、时间、地点、款项来源、用途等具体事实和经过，并接受对方当事人的质询和法庭的询问。无正当理由拒不到庭的，应承担相应的法律后果。对于数额较小的现金交付，出借人作出合理解释的，一般视为债权人已经完成证明责任，可以认定借贷事实存在。对于金额大小的界定，可根据出借人个体经济能力差异等，由法官根据个案具体情况裁量。"

④ 江苏省徐州市中级人民法院课题组：《当前民间借贷纠纷若干疑难问题分析》，载奚晓明主编：《商事审判指导》(总第31辑)，人民法院出版社2013年版，第194页。

对于现金交付，“法院可以要求出借人本人、法人或者其他组织的有关经办人员到庭，陈述款项现金交付的原因、时间、地点、款项来源、用途等具体事实和经过，并接受对方当事人和法庭的询问。”最后，债权人“无正当理由拒不到庭的，应承担相应后果。”笔者认为，浙江省高级人民法院确立的审查程序也有待进一步完善的地方：第一，借据乃是由债务人所签，那么首先即应由作为债务人的借款人进行举证，证明或解释为何在不存在的借贷事实关系的借据上签名。当债务人的反证足以怀疑借据的真实性时，才进一步由债权人进行举证，而不是立即由债权人作进一步的举证。第二，应首先由作为债务人的借款人亲自到庭陈述，借款人陈述合理的，才需要由债权人亲自到庭陈述，陈述款项现金交付的原因、时间、地点、款项来源、用途等具体事实和经过。此处适用的是举证责任转移的分配原理，当原告提供了借据后，被告承担反驳借据的证明责任，被告的反证使得借据的真实性存在重大疑问的，法官从而无法对借据形成内心确信的，举证责任再次转由原告进一步举证，围绕案件事实的判断与确信程度在当事人之间分配与转移举证责任是合理的。

综合以上几点，笔者认为，可以试图确立借贷事实的真实性审查程序与审查原则。在审查程序上，①借款人否认借据，须提出反证，且异议具有一定的充分性；②由债务人与债权人双方亲自到庭陈述和质证，陈述款项现金交付的原因、时间、地点、款项来源、用途等具体事实和经过；③赋予没有合法理由而未亲自到庭一方不利的法律后果。在审查原则上，一是秉承有利于债权人原则，首先由债务人亲自到庭解释为何其亲自签名的借据在债权人处；二是亲自出庭原则，债务人无正当合法理由不到庭解释说明的，应由债务人承担不利后果。姚垂春等与刘序民间借贷纠纷上诉案中，北京市第二中级人民法院判定，在借据为孤证且存疑的情形，传唤当事人到庭核实借款形成过程及相关事实，但被传唤人无正当理由拒不到庭，应由其承担不利后果。①

(2)仅有单证，相对方完全承认但可能为虚假债务的

仅有借据而被告均予承认的，看似毫无疑义，实则隐藏着大问题，这也是我国民间借贷纠纷一大显性特色。司法实践中，此种情形在夫妻离婚、逃

① 北京市第二中级人民法院(2011)二中民终字第15742号民事判决书。

避债务、恶意串通等情况下较为常见。依据实质审查原则,法院对于借款之真实性应予查明。具体要考虑以下方面:

第一,出借人与借款人关系的审查。法院审理案件中应当查明双方的关系,需要询问是否属于亲戚之间的借贷,是否存在隐匿财产、逃避债务、恶意串通的情形或可能,并告知作虚假陈述和提供伪证的法律后果。

第二,在亲戚关系的借贷中,需要审查借款的交付时间、地点、金额来源等,但此类审查因可能涉及当事人隐私,甚至与案件毫无关系的其他事实,因此审查亦不可过度。

第三,借款目的审查。动机问题法院不能介入①,但在借贷事实的虚假可能性很大时(如交付大额现金),应当可以询问当事人借款的目的、用途等非当事人隐私的借贷真实性的因素。实质审查结果如涉嫌刑事案件,如伪造证据虚假诉讼、借法院判决达到确定虚假债务的目的,应及时移送相应公安机关。

22. 民间借贷中笔迹鉴定的举证责任如何分配?

借贷合同法律关系中,通常仅由借款人出具借据,但借款人主张借据内容不真实或者对签名的真实性提出异议的,法院审理便需要进行笔迹的真实性鉴定。司法实践中遇到的难题是应由谁来提出鉴定申请以及承担鉴定费用?

对于此种情形,最高人民法院民间借贷司法解释征求意见稿中提出了一条原则,即当笔迹真实性存疑时,双方当事人均可以提出鉴定申请,以鉴定的方式来确定笔迹的真实性。对于双方均未提出鉴定申请,但笔迹真实性确实可疑时,应当区分两种情形分别处理:第一种情形,被告提供了相应证据证明借条(据)、收条(据)、欠条(据)的真实性存在疑点的,由原告申请司法鉴定,被告应当提供笔迹比对样本;原告不申请司法鉴定的,人民法院不予认定该借条(据)、收条(据)、欠条(据)的真实性。第二种情形,被告虽对借条(据)、收条(据)、欠条(据)的真实性提出异议,但未提供反驳证据或

---

① 法律行为中的动机是指直接推动民事主体实施法律行为的内心起因,是实施法律行为的内在驱动力,动机并非法律行为的构成要素之一,我国学界通说也认为动机不应当影响到法律行为的效力。参见陈爽:《论对法律行为中不法动机的规制》,载《广西政法管理干部学院学报》2007 年第 1 期。

者提供的证据不足以证明借条(据)、收条(据)、欠条(据)的真实性存在疑点的,由被告申请鉴定并提供笔迹比对样本;被告不申请司法鉴定,或者虽然申请司法鉴定但拒不提供笔迹对比样本的,可以认定该借条(据)、收条(据)、欠条(据)的真实性。[①]

在申请鉴定的程序与要件上,上述规定是对司法实践所采取的普遍做法的概括。第一,被告否认签名的真实性但未提供反驳证据或者提供的证据不足以反驳的,先由被告申请鉴定,相关鉴定费用与风险亦应由被告负担。第二,被告的反驳或反证可以证明借据的真实性存有重大疑问时,由原告申请鉴定,并承担相关鉴定费用。笔者认为,上述程序与要件是合理的,该规定同时明确了当事人的两项项法定义务,一项是鉴定申请义务;另一项是提供笔迹比对样本义务。未履行这两法定义务,当事人都将承担不利的法律后果。原告不申请鉴定的,原告的诉讼请求将被驳回,当原告申请鉴定后,被告则必须配合提供笔迹比对样本。但是,对于第一种情形下被告不提供笔迹比对样本的法律后果,上述征求意见稿并未规定,故而第一种情形仍有缺陷。笔者认为,此处应当增加规定:被告未提供笔迹比对样本的,可以认定借据的真实性,以此作为不履行法定义务之违反诚信行为的责罚。

23. 民间借贷纠纷中特殊情形的举证责任如何分配?

(1)仅依据金融机构划款凭证起诉的处理。当原告仅依据金融机构划款凭证提起诉讼,被告辩称划款系偿还双方以前的借款且借条已经灭失的情形,应由被告对其抗辩主张承担举证责任。如被告举证不力的,则被告之抗辩不能成立。但被告提供了相应证据证明其主张的,则借贷事实并不立即被推翻,而是对于借贷关系成立的举证责任转由原告承担,原告须进一步举证。

(2)在债权人能证明给付事实但不能提供借款协议,双方对借贷关系存在争议的,债权人应当就双方存在借贷关系进一步提供证据。对债权人能提供借款协议但无法证明给付事实的,将举证责任分配给主张协议已实际履行的债权人;对债权人能证明给付事实,也能提供借款协议,但债务人对

---

① 《最高人民法院关于审理民间借贷案件适用法律若干问题的解释》(2013 年 8 月征求意见稿)第 23 条。

借款协议或签名的真伪提出异议的，将申请鉴定的举证责任分配给主张协议虚假的债务人；对借款属于债务人个人债务还是夫妻共同债务不明的，将借款用于夫妻日常共同生活或经营的举证责任分配给债权人。①

(3)非法证据的排除。在采用暴力、胁迫等非法手段取得的借条(据)、收条(据)、欠条(据)等凭证，属于非法证据。经审查确认为非法证据的，不能作为定案的依据。②

(4)虚假诉讼的举证与防范。为了防止虚假诉讼，各地司法实践均确立了一定的审查原则与程序，如浙江省高级人民法院上述指导性意见规定了五个方面：(一)传唤出借人、借款人本人或者相关经办人员到庭陈述，并告知无正当理由拒不到庭的不利法律后果；(二)要求当事人进一步提交其他相关证据，包括申请证人出庭作证；(三)告知相关利害关系人，并依据利害关系人的申请或者依职权通知其参加诉讼。其他债权人参加诉讼的，列为第三人；配偶参加诉讼的，列为共同原告或者共同被告；(四)依职权进行调查取证；(五)依法可以采取的其他措施。③ 对于虚假诉讼，《最高人民法院关于审理民间借贷案件适用法律若干问题的解释》(征求意见稿)第22条作出进一步规定，人民法院审理民间借贷案件，经查明属于虚假民事诉讼，当事人申请撤诉的，人民法院不予准许，应当判决驳回原告的诉讼请求，并依照《民事诉讼法》第十章有关妨害民事诉讼的规定作出处理。这一规定对于惩罚虚假诉讼无疑具有重要的指向作用。

---

① 最高人民法院民一庭第五合议庭：《建立和完善我国民间借贷法律规制的报告》，载奚晓明主编：《商事审判指导》(总第32辑)，人民法院出版社2013年版，第137~138页。

② 《最高人民法院关于审理民间借贷案件适用法律若干问题的解释》(2013年8月征求意见稿)第20条。

③ 《浙江省高级人民法院关于审理民间借贷纠纷案件若干问题的指导意见》第30条。

CHAPTER

7

第七章

民间借贷的担保

要点提示

合同的担保,实质上是合同债的担保,是指促使债务人履行其债务,保障债权人的债权得以实现的法律措施。因债的担保而产生的借贷纠纷是民间借贷纠纷中的重要组成部分,在司法实践中,其常见表现形式为保证、抵押,兼有让与担保、质押担保等特殊情形。在上述表现形式中,尤以保证居多,是目前民间借贷纠纷实务中最主要的担保方式。本章重点阐明了保证担保的主要表现形式,保证方式的认定规则、不同情形下保证的效力判定以及民间借贷纠纷中其他形式的担保等,希望有助于对民间借贷担保债务实务中存在的司法难点的处理形成有效指引。

1. 民间借贷的担保形式有哪些?

民间借贷合同属于金钱之债。出借人为了保障自己出借的金钱债权得以实现,往往要求借款人借款的同时提供担保。根据借款合同本身的特点,在借款合同中可以适用保证、抵押和质押三种担保形式,而定金和留置不能适用。

保证是指保证人和债权人约定,当债务人不履行债务时,保证人按照约定履行债务或者承担责任的行为。保证人属于借款合同中的第三人,借款人是被保证人,出借人是债权人。

抵押是指为担保债务的履行,债务人或者第三人不转移财产的占有,将该财产抵押给债权人,债务人不履行到期债务或者发生当事人约定的实现抵押权的情形时,债权人有权就该财产优先受偿。借款人或者第三人为抵押人,出借人为抵押权人,用于提供担保的财产为抵押财产。

质押是指为担保债务的履行,债务人或者第三人将其动产出质给债权人占有的,债务人不履行到期债务或者发生当事人约定的实现质权的情形时,债权人有权就该动产优先受偿。借款人或者第三人为出质人,出借人为质权人,交付的动产或登记的权利为质押财产。

【典型案例7.1】 口头质押合同能否有效?

【案情】 原告张某和被告王某同住一村,互为邻居。张某盖房需要资金,于是向王某借款5000元,借款期限1年,为了让王某放心,张某口头许诺以家里的耕牛一头作为质押。王某同意,接受耕牛,提供借款。当年农忙时分,张某要牵回耕牛,遭到王某拒绝。两人遂诉至法院。法院判定此质押合同成立有效,在张某未归还欠款之前,王某有权继续占有该质物。

【诉讼指南】 本案的争议焦点是:未签订书面质押合同但实际占有质物的质押合同的效力问题。

根据《物权法》的规定,为担保债务的履行,借款人或者第三人将其动产或财产权利交付给出借人占有或登记,借款人不履行到期债务或者发生当事人约定的实现质权的情形时,出借人有权就该动产或财产权利优先受偿。借款人或者第三人为出质人,出借人为质权人,交付的动产或登记的权利为质押财产。

《物权法》第210条规定:“设立质权,当事人应当采取书面形式订立质权合同。”《合同法》第10条规定:“当事人订立合同,有书面形式、口头形式和其他形式。法律、行政法规规定采用书面形式的,应当采用书面形式。当事人约定采用书面形式的,应当采用书面形式。”法律之所以规定质押合同应当采用书面形式,主要是考虑以书面形式明确双方权利义务,避免以后发生争议,但并没有规定不采用书面形式订立质押合同必然无效。《物权法》

第212条规定："质权自出质人交付质押财产时设立。"出质人与质权人订立动产质权合同，该合同自成立时生效。出质人实际移转质物交付给出借人占有时，质权设立，发生效力。所以质权设立以交付质押财产为准。《物权法》第214条规定："质权人在质权存续期间，未经出质人同意，擅自使用、处分质押财产，给出质人造成损害的，应当承担赔偿责任。"所以，在质权存续期间，出质人无权擅自使用、处分质押财产。

本案中，双方借款合同成立，双方均认可，并且能够被证实。同时，质物已经实际交付出借人王某占有，双方当事人也无争议，所以虽然以口头方式、不是以书面方式订立质押合同，但质物已交付，双方质押关系成立有效。在借款未归还，质权存续期间，未经王某同意，张某无权使用该质物。

需要注意的是，依法应当登记而设立质权（权利质押）的，没有书面质押合同，登记机关不予登记，那么质权就无法设立，口头质权合同也就无法具有相应的法律效力。

【典型案例7.2】 到期未能还款，质物能否直接归出借人所有？

【案情】 崔某向贾某借款人民币5000元，为了保证还款，崔某把家里的34英寸背投电视作为质押物，交付与贾某。同时，双方在借款合同上约定"到期未能还款，34英寸背投电视归贾某所有"。借款期限已到，崔某未能还款。过了一段时间，崔某经人指点，认为贾某不能获得该电视所有权，想要回电视，遭到拒绝，遂起诉要求返还财产。

【诉讼指南】 本案的争议焦点是：质物能否直接抵顶债务。

《物权法》第211条规定："质权人在债务履行期届满前，不得与出质人约定债务人不履行到期债务时质押财产归债权人所有。"这是关于禁止流质的明确规定。禁止流质约定，主要是考虑债务人往往在紧急时刻借款，债权人可以利用债务人的这种不利境地和自己的强势地位，迫使债务人与其签订流质约定，以价值过高的质押物担保小的债权额，在债务人不能清偿债务时，取得质押物的所有权，从而牟取不当利益。为了保障出质人的合法利益，为了保证担保活动的平等、自愿、公平和诚实信用，法律规定禁止流质约定。《担保法解释》第57条规定：当事人在抵押合同中约定，债务履行期届满抵押权人未受清偿时，抵押物的所有权转移为债权人所有的内容无效。

该内容的无效不影响抵押合同其他部分内容的效力（该条也适用于动产质押）。所以，虽然关于流质的约定被法律认定无效，但不影响质押合同其他部分内容的效力。

结合本案，根据《物权法》第212条的规定，质权自出质人交付质押财产时设立质物已被出借人贾某占有，则质权已经设立。但出借人和出质人在质权合同中不得订立流质条款，即不得约定在借款债务履行期届满后，借款未受偿的，质物的所有权转移为出借人所有。然而流质条款并不影响质权合同的效力。借款人崔某不履行到期债务，贾某可以与崔某协议以质押财产折价，也可以就拍卖、变卖质押财产所得的价款优先受偿，但崔某不能要求将质物要回。

【典型案例7.3】 担保人应承担的担保债务是否及于其配偶？

【案情】 被告梁宣某、郑剑某系夫妻。2010年8月19日，被告叶清某向原告借款100000元，并于当日出具借据一份，约定借款月利率为3%，未约定借款期限，被告梁宣某承诺为借款提供担保，承担连带保证责任，并以担保人名义在借据上签名。借款1个月后，原告向被告叶清某催讨借款，被告叶清某以各种理由推脱，拒不还款。再后被告叶清某及被告梁宣某、郑剑某均外出，下落不明。原告遂诉至法院。

案件焦点为被告梁宣某为债务人叶清某提供担保而产生的债务是否为夫妻共同债务。

法院经审理认为，原告依据被告叶清某出具的被告梁宣某以担保人名义签名的借据要求被告梁宣某承担保证责任即代借款人叶清某偿还借款本金的请求正当，法律依据充分，本院予以支持。该借据中约定的利率，超过了借款行为发生时中国人民银行公布的人民币一年期贷款基准利率的四倍，对超出部分本院不予支持。被告梁宣某因债务人叶清某向原告林某借款而提供担保系其个人行为，担保行为的受益者是债务人叶清某而非被告梁宣某的家庭，被告郑剑某作为被告梁宣某的妻子并没有从中受益。被告梁宣某因为提供担保承担保证责任而形成的债务应当为被告梁宣某的个人债务。该债务与夫妻共同生活或生产经营无关，除非被告郑剑某知道并认可被告梁宣某的担保行为，否则该担保债务不应当视为夫妻共同债务。而原告未能举证证明被告郑剑某知道并认可被告梁宣某的担保行为，故本院对原告要求被告郑剑某与被告梁宣某共同承担清偿责任的主张不予支持。在本案审理过程中，原告向本院提出撤回对被告叶清某的起诉，为原告自行处分民事权利的行为，且不违反法律规定，本院予以准许（民事裁定书另行制作）。被告梁宣某、郑剑某经本院传票传唤无正当理由拒不到庭参加诉讼，本院依法缺席审理与判决。依照《民法通则》第108条、《担保法》第18条第2款、《民事诉讼法》第130条、《审理借贷意见》第6条、《证据规定》第2条第2款的规定，判决如下：

（1）被告梁宣某应于本判决生效之日起10日内向原告林某偿还担保借款本金100000元及自2010年8月19日起至实际还清借款之日止以实际尚欠本金为基数，按月利率1.77%计算的利息。（2）驳回原告林某的其他诉讼请求。

【诉讼指南】　本案的焦点在于担保人独自对外作出的担保的意思表示的效力是否及于其配偶。《最高人民法院关于适用〈中华人民共和国婚姻法〉若干问题的解释（二）》（以下简称《婚姻法解释（二）》）第24条规定："债权人就婚姻关系存续期间夫妻一方以个人名义所负债务主张权利的，应当按夫妻共同债务处理。"原告正是根据此条文要求被告郑剑某与被告梁宣某共同承担还款义务。但是，该条文对"债务"一词有一个限制性的定语"以个人名义所负"，如何理解这一定语的内涵，就成为判断"债务"是否为夫妻共同债务的关键所在。司法实践中，"夫妻一方以个人名义所负债务"通常被认定为夫妻一方以个人名义向债权人借贷所产生的债务，这一债务是夫妻一方与债权人之间产生的直接的债务，即夫妻一方实际取得了借款，其家庭也因此获得了利益。而在存在担保的民间借贷或金融借款法律关系中，直接取得借款，得到利益的是借款人，担保人只是纯粹地承担保证义务，并未获得利益。同时，担保人为债务人提供担保，是其处分自身民事权利的行为。由此产生的法律责任应由担保人自己承担，而不能及于其配偶，除非其配偶明示愿意共同承担保证责任。

【典型案例7.4】 第三人同意借款人对出借人作出的优先支付承诺的性质如何认定?

【案情】 2008年1月16日,晶都建筑公司承包温岭市文化广电新闻出版局的"王伯敏艺术史学馆工程",工程中标总价4775217元。2008年1月23日,晶都建筑公司将该工程转包给林大某、案外人杨炳某。2008年5月20日,林大某出具给赵玲某承诺书承诺:"温岭市王伯敏艺术史学馆前期工程款周转资金困难现向赵玲某借款伍拾万元,周转资金。该工程款汇到晶都公司时,先支付工人工资后,再先付赵玲某该项借款。"陈岳某代表晶都建筑公司在林大某的承诺书下方书写:"温岭市王伯敏艺术史学馆工程进度款到我晶都公司账户时,先支付工人工资后,同意林大某以上意见。"2008年5月21日,林大某向赵玲某交付借款50万元。此后,温岭市文化广电新闻出版局已汇给晶都建筑公司工程款2766786.30元。

赵玲某认为晶都建筑公司作出的先付承诺书明确了其承担保证责任的意思表示,遂主张由债务人林大某承担逾期未还款的民事责任、保证人晶都建筑公司对之承担连带担保责任。晶都建筑公司予以否认,认为该先付承诺书并不构成担保法意义上的保证,故其不是林大某借款的保证人,不应承担连带保证责任。

案件焦点为作为第三人的晶都建筑公司向债权人赵玲某出具的同意优先支付承诺的性质如何认定,其是否应当对林大某的还款承担民事责任。

温岭市人民法院经审理认为:原告赵玲某与被告林大某之间形成的民间借贷关系,自愿、合法,应认定有效。因双方未约定还款期限,故原告可以催告林大某在合理期限内偿还借款。现被告林大某未及时偿还,应当承担赔偿原告利息损失的违约责任。本案被告林大某因王伯某艺术史学馆工程需要而向原告借款,被告晶都建筑公司向原告承诺工程进度款到其公司账户在支付工人工资后最先支付原告的借款,意在加强债的履行能力,双方之间已形成一定的权利义务关系。被告晶都建筑公司应对温岭市文化广电新闻出版局汇到其账户的全部工程款负有监督使用的义务,并非仅针对林大某承包期间的工程款。被告林大某借款后,温岭市文化广电新闻出版局已汇给被告晶都建筑公司工程款2766786.30元,在支付工人工资后,应足以偿还原告借款,但却至今未履行向原告承诺的义务,导致林大某至今未偿还借款，故其应对林大某不能偿还的上述借款及利息损失部分承担补充赔偿的违约责任。

温岭市人民法院依照《合同法》第107条、第206条的规定作出如下判决：

(1)被告林大某于判决生效后10日内偿还原告赵玲某借款50万元及自2010年2月1日起按中国人民银行公布的金融机构同期贷款基准利率的标准计算至判决确定的履行之日止的利息损失；(2)被告温岭市晶都建筑有限公司对上述借款及利息损失被告林大某不能偿还部分承担赔偿责任。

赵玲某持原审起诉意见提起上诉。

台州市中级人民法院经审理认为：林大某向赵玲某借款50万元未还是实。本案争议的是晶都建筑公司是否应当对林大某的还款承担民事责任。晶都建筑公司经理陈岳某代表公司出具的承诺优先支付书，只能表明晶都建筑公司同意林大某对到账工程款优先用于支付人工工资和本案借款而作出的承诺，并不能以此认为晶都建筑公司对林大某的还款提供了保证担保或愿意承担直接偿付责任。因此，赵玲某要求晶都建筑公司对林大某的还款承担共同偿付责任，无事实与法律依据。况且，温岭市文化广电新闻出版局汇给晶都建筑公司的2766786.30元并非都是林大某享有的工程款，现有证据无法认定林大某在晶都建筑公司处的工程款已经足以支付其工人工资或晶都建筑公司将林大某应得的工程款移作他用。综上，晶都建筑公司的上诉主张成立，本院予以支持。原审判决认定事实清楚，但适用法律不当，依法予以纠正。判决如下：

(1)维持浙江省温岭市人民法院(2010)台温商初字第341号民事判决主文第一项；(2)撤销浙江省温岭市人民法院(2010)台温商初字第341号民事判决主文第二项；(3)驳回被上诉人赵玲某的其他诉讼请求。

【诉讼指南】 本案处理重点主要在于与借贷合同无关的第三人向合同债权人出具同意优先支付承诺的性质认定。在实践中，第三人作出同意优先支付之类的书面承诺函，多体现为发给债权人的一种书面陈述，表明当事人对债务人清偿债务承担道义上的责任，或者督促债务人清偿债务等。但由于此类书面函名称上较为含糊，形式上容易与保证函、债务承担书等类似承诺书互为混淆，故应根据其所载内容具体加以区分。

具体到本案中，一、二审法院审理思路出现分歧，其主要原因即在于对该优先支付承诺书的内容存在不同理解。一审法院认为赵玲某在诉讼中出示的由晶都公司书写的优先支付承诺意在加强林大某对所借款项的履行能力,双方之间形成特定的权利义务关系,即晶都建筑公司应对案中全部工程款负有监督使用的义务。但二审法院认为该优先支付承诺只能表明晶都建筑公司同意林大某对到账工程款优先用于支付人工工资和本案借款而作出的承诺,并不能以此认为晶都建筑公司对林大某的还款提供了保证担保或愿意承担直接偿付责任,且其针对的工程款仅限于林大某在晶都建筑公司处的部分而非全部工程款项,遂对一审判决予以改判。

二审法院的认定值得赞同。根据本案承诺内容,晶都建筑公司应当仅负有监督林大某应得部分工程款使用的义务,而非就全部工程款提供的保证或代为直接还款的义务。首先,从承诺的存在形式来看,其是晶都建筑公司在林大某出具给赵玲某的承诺书上签署的同意意思表示。对于林大某而言,其只能对自己所有的工程款份额行使处分权,超越其所有权限作出的安排除非经晶都建筑公司事后追认,否则不生效力。其次,假设该承诺指向的为全部工程款,晶都建筑公司的同意优先支付承诺作为一种事后追认,这种追认的后果明显与保证无异,而构成保证必须具有明确承担保证责任的意思表示,案中晶都建筑公司只是同意借款人林大某关于工程款打入自己账户后的处理办法——先支付工人工资后,再先支付该借款,并未构成担保法意义上的保证。最后,从承诺出具的背景来看,晶都建筑公司是该工程的名义承包方,借款人林大某是挂靠其下的实际施工方,该工程款必然最先打入晶都建筑公司账户。晶都建筑公司基于工程需要作出的这一承诺,其前提考虑是借款人林大某作为实际施工方这一事实,其义务范围仅限于通过控制工程款去向这一方式客观上督促林大某清偿借款,但该义务的行使也存在诸多前提,如林大某存在应得部分工程款项,该款项必须确实已经打入晶都建筑公司账户,该款项必须在足额支付工人工资后存在剩余。

因此,晶都建筑公司的义务是在上述前提均满足后,监督林大某将应得工程款优先支付给赵玲某,该监督义务的存在基础同样是剩余款项仍留在晶都建筑公司账上,其客观上拥有处置权。从根本上而言,本案同意优先支付承诺仅是约定晶都建筑公司作为款项流通过程中的第一经手人负有的特定协助义务,而非构成担保法上的保证,或是愿意直接承担债务偿还的意思表示。

2. 对于民间借贷中房屋抵押流质条款如何认定?

当前,因为国际国内经济形势变化等多种因素的影响,民间借贷纠纷案件不断攀升。在民间借贷案件中,自然人与自然人之间的借贷占有较高比例。随着现代社会个人信用的下滑,出借人借款时要求借款人提供抵押物成为常态,而在自然人之间的大额借贷中,抵押物大多为个人所有的房产。我们在审判实践中发现,当房产成为借贷抵押物时,出借人与借款人常常会在借款协议或担保协议中约定,借款人不能归还借款时,以抵押的房产抵偿债务。此类约定,在协议中通常采取以下表述方式:

(1)出借人与借款人约定在借款人到期不能归还借款时,"借款人同意以其抵押的房屋抵偿债务"或"出借人有权以借款额收购抵押的房产"。

(2)出借人与借款人明确约定作为抵押的房屋价格,在借款人到期不能归还借款时,"出借人收购抵押房屋,借款自动转为购房款"。

对于上述约定,审判实践中,在当事人自身对约定没有提出异议情况下,法官常常会忽视对约定效力的审理。《物权法》第186条规定:抵押权人在债务履行期届满前,不得与抵押人约定债务人不履行到期债务时抵押财产归债权人所有。《担保法》第40条规定:订立抵押合同时,抵押权人和抵押人在合同中不得约定在债务履行期届满抵押人未受清偿时,抵押物的所有权转移为债权人所有。第53条规定:债务履行期届满抵押权人未受清偿的,可以与抵押人协议以抵押物折价或者以拍卖、变卖该抵押物所得的价款受偿;协议不成的,抵押权人可以向人民法院提起诉讼。上述法律条款是关于流质契约禁止的规定,表明了我国立法对流质契约的严格禁止态度。流质契约,是指当事人在签订抵押合同时,或者债权清偿期届满前,约定在债务履行期届满抵押权人未受清偿时,抵押物的所有权转移为债权人所有的契约。流质契约又称为"流押契约"、"流抵契约"、"抵押物代偿条款"。禁止流质契约的立法目的主要有:

(1)维护债务人的利益。债务人一般在经济上处于弱势地位,其在签订抵押合同时,往往会因眼前一时的急需而不惜以价值较高的财产担保小额债权。债权人也会利用债务人这种不利处境而提出种种苛刻的条件,迫使其签订流质契约。如果允许流质契约有效,则在债务人不能履行债务时,就会使债权人不经清算程序即取得抵押物的所有权,这实际上是一种暴利行为，严重损害了债务人的利益，也违反了民法的公平、等价有偿原则。正如学者们所指出的："债务人举债多处于急迫窘困境地，债权人可利用之迫使债务人以高价之物供作较小债权担保，图谋债务人清偿不能时不经任何程序而取得担保物的所有权，牟取非分利益。"因此，从保护处于弱势之债务人的角度，流质契约应予禁止。

（2）保护债权人的利益。实践中，并非所有的流质契约都不利于债务人，有些时候它也可能损害债权人的利益。债权人如果在订立合同时对标的物的价值作错误的估计，或因市场行情的重大变化而使标的物的价值暴跌，或由于对债务人的信誉为过分的信赖，而没有要求与债权数额相等的抵押物担保，如果承认流押契约的效力，则债权人只能获得标的物的所有权，而债务人则可以拒绝为债务清偿。因此，禁止流质契约，从债权人的角度而言，也可以防止抵押权设定后，抵押物价值急剧下降，导致债权人的债权不能完全实现的风险，从而维护债权人的利益。

（3）维持抵押权的价值权性。抵押权是一种变价受偿权，以取得物的交换价值为目的，只有在债务履行期限届满，债权未受清偿时，才能以抵押物折价或以其变价款优先受偿。在抵押物折价或变价清偿债务时，要经过清算程序，对抵押物价值进行评估，以抵押物折价或变价款对债务进行清偿。对于超出债务数额的部分变价款，仍归抵押人所有，对不足清偿的部分由债务人继续履行。而根据流质契约条款，抵押权人与抵押人不经任何程序，即由债权人取得抵押物的所有权，这与担保权的价值权性有悖，担保物未经折价或变价，就预先约定担保物移转于担保权人所有，与担保权的变价受偿性不符。造成价值转移失衡，损害债务人的利益。

因此，对于借贷协议或担保协议的上述约定，我们在审理中必须审查其是否构成流质契约，如构成流质契约，则应当确认其无效：

（1）出借人与借款人在借款的同时或借款期限届满前约定，在借款人到期不能归还借款时，"借款人同意以其抵押的房屋抵偿债务"或"出借人有权以借款额收购抵押的房产"的情形。上述约定形成的时间、约定的内容符合《物权法》、《担保法》中关于流质契约的构成要件，应当确认当事人的该约定无效。

（2）出借人与借款人在借款期限届满后约定，因借款人到期无力归还借款，"借款人同意以其抵押的房屋抵偿债务"或"出借人同意以借款额收购抵

押的房产”的情形。流质契约的一个重要构成要件是相关约定形成于债务到期之前，根据《担保法》第53条的规定，债务履行期届满抵押权人未受清偿的，可以与抵押人协议以抵押物折价。因此，出借人与借款人在借款期限届满后的上述约定，虽然约定内容与前述相同，但其性质属于折价协议而非流质契约，在不违反其他法律禁止规定的情形下，双方的上述约定合法有效。

【典型案例7.5】 房产作为民间借贷合同的抵押物应注意什么？

【案情】 2008年10月，吴某因结婚急需用钱，想到了好友王某炒股赚了一笔钱，应该可以借到钱。于是，吴某向王某借款，王某为了保证能及时收回借款，要求吴某提供担保，吴某用结婚的新房作为抵押，并出示了登记在吴某名下的房屋所有权证书。出于对好友的信任，王某也未办理抵押登记手续。当借款到期时，王某要求吴某还钱，但吴某无力还钱。王某要求吴某用房屋抵债，但这时才知道吴某结婚用的新房根本就不是他的，是借用其姐姐的房屋，房产证是伪造的。无奈，王某诉至法院，要求法院支持借条上的房产抵押有效。结果法院未能支持其诉讼请求。

【诉讼指南】 本案的关键在于吴某借用其姐姐的房屋能否产生抵押效力。

根据我国《物权法》的规定，抵押物必须是抵押人有权处分的财产。《物权法》第180条第1款规定房屋作为不动产可以抵押。但是根据相关法律规定和民间借贷的特点，下列房产不能设定民间借款抵押：

(1)权属有争议的房地产；

(2)学校、幼儿园、医院等以公益为目的的事业单位、社会团体的教育设施、医疗卫生设施和其他社会公益设施；

(3)列入文物保护的建筑物和有重要纪念意义的其他建筑物；

(4)已依法公告列入拆迁范围的房地产；

(5)被依法查封、扣押、监管或者以其他形式限制的房地产；

(6)依法不得抵押的其他房地产。

实践中，未取得合法建设手续的在建工程、违章建筑等，这些房产都属于法律禁止抵押的，当事人如果提供这些房产为民间借贷设定抵押，抵押合

同和抵押权无效。

另外，值得注意的是，抵押合同应当依法登记，否则不得对抗善意第三人。依据《物权法》第187条的规定，以该法第180条第1款第1项至第3项规定的财产或者第5项规定的正在建造的建筑物抵押的，应当办理抵押登记。抵押权自登记时设立。

本案中吴某拿自己根本没有所有权的房产来抵押，更没有也无法办理抵押登记手续，违反了法律规定，此抵押合同无效。在现实生活中，有许多借款人以假的房产或自己没有所有权的房产来进行抵押，或者以法律规定不得抵押的房地产作为抵押，如何查清这些房屋的性质需要出借人重点关注，必须按照法律规定办理房产抵押登记，才能辨别真伪，谨防上当受骗。

【典型案例7.6】 借款人把房产证交给出借人作为抵押，未办理抵押登记手续，之后又擅自把房屋出卖该如何处理？

【案情】 2006年3月23日，夏某向张某借款50万元用于购进货物，双方签订了“借款协议”，约定：张某以银行汇款的方式向夏某提供人民币50万元，夏某于2007年3月22日前还款，利息按照中国人民银行一年期贷款利率的3倍计算；如果到期未归还欠款，每拖欠一天按照总欠款的1%计算违约金。夏某以自己名下位于北京市朝阳区某某小区6号楼2单元201室房屋（建筑面积101.83平方米）作为抵押。随后张某以银行汇款的方式向夏某提供人民币50万元，收执了夏某提交的房屋所有权证书，但一直没有办理抵押房屋的抵押登记手续。2007年6月，由于夏某一直没有归还借款，张某将夏某诉上法庭。庭审中法庭查明2006年2月，夏某将该房屋的房屋所有权证书挂失补办，并将该房屋卖给他人，房屋所有权证书已经变更。

【诉讼指南】 本案的关键点在于未办理抵押登记的房产被恶意出卖，效力如何界定。

《物权法》第179条规定：“为担保债务的履行，债务入或者第三人不转移财产的占有，将该财产抵押给债权人的，债务人不履行到期债务或者发生当事人约定的实现抵押权的情形，债权人有权就该财产优先受偿。”但是根据法律规定，应当订立书面抵押合同，对此，《物权法》第187条规定：“以本法第一百八十条第一款第一项至第三项规定的财产或者第五项规定的正在

建造的建筑物抵押的,应当办理抵押登记。抵押权自登记时设立。”所以,以下财产需要进行不动产抵押登记:(1)建筑物和其他土地附着物;(2)建设用地使用权;(3)以招标、拍卖、公开协商等方式取得的荒地等土地承包经营权;(4)正在建造的建筑物。抵押权自登记时设立。

抵押权设立后,如果借款人不履行到期债务或发生当时约定的实现抵押权的情形,出借人有权就该抵押财产优先受偿。所以,如果双方签订了抵押合同但没有办理抵押登记,抵押权没有设立,债权人不享有抵押权人的权利。如果该期间抵押人将该财产出卖或者重新设立其他的抵押权,不能要求出卖行为或重新设立的抵押无效。

另外,《物权法》第9条规定:“不动产物权的设立、变更、转让和消灭,经依法登记,发生效力;未经登记,不发生效力,但法律另有规定的除外。”第15条规定:“当事人之间订立有关设立、变更、转让和消灭不动产物权的合同,除法律另有规定或者合同另有约定外,自合同成立时生效;未办理物权登记的,不影响合同效力。”出借人与抵押人签订不动产抵押合同后,如果没有违反《合同法》的有关规定,合同合法有效,虽然没有进行抵押登记,抵押权未设立,不能对抗善意第三人,但在出借人和抵押人之间,仍然受该抵押合同约束,出借人可以要求抵押人继续办理抵押登记手续或承担违约责任。

本案中,由于张某虽然保存了夏某的房产证书,但并没有办理房屋抵押登记,故抵押权未设立,夏某重新办理产权证书并将房屋卖给他人并不违反法律规定。但是夏某违反了抵押合同规定,擅自处分了抵押物,应当承担抵押合同的违约责任。

【典型案例7.7】 抵押物能否直接归属债权人?

【案情】 胡某和王某共建了一幢楼房用于出租。2004年5月,胡某因公司资金周转不开,遂向钱某借款30万元,约定还款期限为3年,钱某提出要胡某用出租的楼房作为抵押,约定“欠款到期不还,抵押楼房归钱某所有”等内容。之后胡某将该登记为自己名下的房屋办理了抵押登记并将产权证书交付钱某。2007年胡某公司破产,无力偿还借款。同年5月,钱某找到胡某要求协助办理过户手续,遭到拒绝,钱某随即起诉,要求法院根据抵押条款,强制将该房屋过户。诉讼中法院查明,该房屋为胡某和案外人王某共同

共有。

【诉讼指南】 本案关键在于抵押物可否直接抵顶债务。

根据《民通意见》第89条的规定,“在共同共有关系存续期间,部分共有人擅自处分共有财产的,一般认定无效。但第三人善意、有偿取得该财产的,应当维护第三人的合法权益”。

本案中,此幢楼房是胡某和王某的共同共有财产,但作为物权凭证的房屋所有权证书上登记为胡某一个人所有,并没有其他共有人,并且已经办理了关于该房屋的抵押登记。根据《物权法》第106条的规定:无处分权人将不动产或者动产转让给受让人的,所有权人有权追回;除法律另有规定外,符合下列情形的,受让人取得该不动产或者动产的所有权:(1)受让人受让该不动产或者动产时是善意的;(2)以合理的价格转让;(3)转让的不动产或者动产依照法律规定应当登记的已经登记,不需要登记的已经交付给受让人。受让人依照前款规定取得不动产或者动产的所有权的,原所有权人有权向无处分权人请求赔偿损失。当事人善意取得其他物权的,参照前两款规定。

根据该规定,胡某将该登记为自己名下的房屋办理了抵押登记并将产权证书交付钱某,应当认定钱某是善意第三人,善意取得抵押权,该房屋抵押权生效。

同时,根据我国《物权法》第186条的规定,抵押权人在债务履行期届满前,不得与抵押人约定债务人不履行到期债务时抵押财产归债权人所有。作为抵押权人的钱某却与胡某约定“欠款到期不还,抵押楼房归钱某所有”等内容,这明显违背了上述法律的规定,应认定为无效。又根据我国《合同法》第56条第2款的规定,合同部分无效,不影响其他部分效力的,其他部分仍然有效。《担保法解释》第57条规定:当事人在抵押合同中约定,债务履行期届满抵押权人未受清偿时,抵押物的所有权转移为债权人所有的内容无效。该内容的无效不影响抵押合同其他部分内容的效力。双方对楼房归属的约定条款虽然无效,但关于该房屋的抵押担保还是有效的,钱某可以根据《物权法》规定与胡某协议以抵押财产折价或者以拍卖、变卖该抵押财产所得的价款优先受偿,或者可以请求人民法院拍卖、变卖抵押财产,但不能要求直接将该房屋过户至其名下。

3. 借款人向出借人出具授权，其处理担保房屋委托书的效力如何认定？

在自然人之间的大额借贷中，自然人常常以个人所有的房产作为借贷的担保，在审判实践中我们发现，出借人为了实现债权的方便，要求借款人向其出具处置担保房的授权委托书，授权出借人可以作为借款人的代理人，有权转让作为担保的房产。当借款人到期不按约定还款时，出借人就会不经借款人同意的情况下，直接转让作为担保房产，通过转让款来实现自己债权。此种收回借款的方式，在职业高利贷放贷群体中非常流行，也引发了以下几类纠纷：

(1)当出借人持委托书转让作为担保的房屋，转让价格过低或低价转让给出借人的利害关系人时，借款人无法接受，诉讼到法院主张出借人处分行为无效。

(2)借款人将房产作为借款担保时，未告知配偶一方，房产被出借人转让后，借款人的配偶诉讼到法院主张房产担保及转让行为无效。

(3)出借人持委托书转让作为担保的房产后，借款人拒绝搬出房屋，房屋买受人诉讼到法院要求借款人迁让。

对于借款人向出借人出具授权其处理担保房屋委托书行为的效力，审判实务中争议较大。

第一种意见认为：法律对此种行为并没有禁止性规定，出借人所持的授权委托书是出借人自愿出具的，故出借人有权在委托书授权范围代为处分作为担保的房产。

第二种意见认为：借款人在借款期限届满前向出借人出具此类委托书，通常都是在其急需借款，在出借人利用其优势地位要求下，被迫出具的。出借人取得此种授权委托人，就变相取得了房屋所有人的相关权利，其实质就是出借人与借款人在借款期限履行期届满前约定到期不能归还借款时，房产权利变相转移给了出借人。因此，双方约定并出具持有该授权委托书，违反《物权法》第 186 条及《担保法》第 40 条关于流质契约禁止的规定，属于无效行为。

笔者倾向于第二种意见。但需要指出的是，对于借款期限届满后，借款人无力归还借款，经协商后借款人向出借人出具授权其处理担保房屋委托书的行为，笔者认为应属有效授权。

审判实务中，当出借人持无效的授权委托书已处分了作为担保的房产时，仅确认此种授权委托书及出借人处分房产的行为无产，并不能最终解决矛盾纠纷。《合同法》第51条规定：无处分权的人处分他人财产，经权利人追认或者无处分权的人订立合同后取得处分权的，该合同有效。《物权法》第106条规定：无处分权人将不动产或者动产转让给受让人的，所有权人有权追回；除法律另有规定外，符合下列情形的，受让人取得该不动产或者动产的所有权：(1)受让人受让该不动产或者动产时是善意的；(2)以合理的价格转让；(3)转让的不动产或者动产依照法律规定应当登记的已经登记，不需要登记的已经交付给受让人。受让人依照前款规定取得不动产或者动产的所有权的，原所有权人有权向无处分权人请求赔偿损失。根据上述法律规定：

(1)当出借人持无效的授权委托书处分了作为担保的房产时，如买受人构成《物权法》第106条善意取得的，借款人请求买受人返还房屋的，法院不应予以支持。就出借人持无效的授权委托书处分了作为担保的房产所造成的损失，应当根据出借人与借款人之间过错，按照过错原则分担。

(2)当出借人持无效的授权委托书处分了作为担保的房产时，如买受人不构成《物权法》第106条善意取得的，借款人请求买受人返还房屋的，根据《合同法》无效合同相互返还原则，法院应予支持。由于造成出借人借款债权不能得到清偿的，出借人可以依据借款关系，另行向借款人主张。

【典型案例7.8】 在借据左侧空白处签名，是否应当认定为共同借款人或保证人？

【案情】 于某、江某和李天某三人是同事。2007年10月18日，于某借给江某100万元整，江某向于某出具借据一张，借据上打印如下文字："今借到于某人民币100万元整，期限为1年，年利率为15%。"江某在借据下方书写"借款人江某"。李天某在借据的左侧空白处签名。

借款到期后，江某下落不明。于某遂以李天某在借据上签字为由，将李天某诉至法院，请求其偿还100万元借款本金和相应的利息。李天某在庭审中辩称其虽然在借据上签字，但是，既非保证人，亦非共同借款人，而仅是证明人，不应承担还款责任。

于某提出，李天某在借据上签名，而未书写其他内容，应视为对江某和于某之间借贷关系的认可，故应当认定李天某为共同借款人或保证人。在江某下落不明的情况下，李天某应当承担还款义务。

李天某提出，自己虽然在借据上签名，但是不能据此认定其为共同借款人或保证人，因而也不应当承担还款义务。

【诉讼指南】 首先，李天某不存在借款的意思表示，不是共同借款人。民事法律行为是以意思表示为核心的行为，没有意思表示就没有法律行为。所谓意思表示是指行为人把发生一定私法上效果的内心意思以一定的方式表达于外部的行为。从现有证据看，李天某签名的位置在借据的左上方，而不是在"借款人"处，可见其没有借款人意思表示，借款行为未成立。于某也承认事实上借款是由江某受领并使用的。

其次，李天某也不存在保证的意思表示。《担保法解释》第22条规定："主合同中虽然没有保证条款，但是，保证人在主合同上以保证人的身份签字或者盖章的，保证合同成立。"原《审理借贷意见》第13条规定："在借贷关系中，仅起联系、介绍作用的人，不承担保证责任。对债务的履行确有保证意思表示的，应认定为保证人，承担保证责任。"从上述规定中不难看出，保证法律关系的成立也以当事人明确的愿意承担担保责任的意思表示为前提，从借据上同样看不出李天某有这样的意思表示，因此，保证行为同样未成立。

再次，在李天某没有保证的意思表示的情况下，不能推定保证法律关系成立。保证责任不同于一般的民事责任，它是保证人基于与债务人的特殊关系而承担的一种单务、无偿的法律责任，不享有要求对方对待给付的请求权。正是因为保证责任与一般债务这一质的区别，保证行为不能像其他民事行为那样适用推定。"保证不能推定"是一项原则。

在本案中，如果仅仅根据李天某在借据上签字的行为就要求其承担保证责任，实际上是一种推定，但这种推定违反了"保证不能推定"的担保法基本原则，会导致过于偏袒一方（债权人）利益而剥夺另一方正当权利。

最后，从公平解释原则的角度看，认定李天某不负偿还借款的责任更为合理。公平解释是民法解释学上的重要原则之一，它要求如果合同当事人所表达的意思模棱两可时，法院应当在区别对待的基础上兼顾双方的利益：若是无偿合同，应按对义务人责任较轻的含义解释；反之若是有偿合同，则应按对双方均较公平的含义解释。法官在审理必须对合同进行解释的案件时，必须克服先入为主的思维定势，不能仅凭李天某在借据上签名就预先认定其必须承担某种责任。

4. 涉及保证的民间借贷合同中，保证人参加诉讼的方式是什么？

根据《担保法》的规定，保证的方式有一般保证和连带责任保证。连带责任保证的债务人在主合同规定的债务履行期届满没有履行债务的，债权人可以要求债务人履行债务，也可以要求保证人在其保证范围内承担保证责任。根据《担保法》的上述规定，主债权债务合同的债务人未按约定履行债务的，债权人既有权选择债务人履行债务，也可以选择承担连带责任保证的保证人承担保证责任，还可以选择债务人和保证人连带承担责任，至于如何选择是债权人的自由。因此，在民间借贷连带责任保证中，出借人仅起诉借款人或者仅起诉保证人的，法院不应主动追加保证人或者借款人为共同被告。由于保证债务具有补充性，即在主债务人不履行债务时，替代主债务人向债权人偿付。且保证人承担了保证责任后，有权向主债务人追偿。如果出借人仅起诉保证人，而保证人申请追加借款人参加诉讼时，应如何处理？笔者认为，在连带责任保证中，主债权人有权选择承担责任的主体，因此，如果出借人不同意追加借款人为共同被告，法院则不应追加，而应就出借人与保证人之间的保证合同进行审理。

关于一般保证，《担保法》规定，一般保证的保证人在主合同纠纷未经审判或者仲裁，并就债务人财产依法强制执行仍不能履行债务前，对债权人可以拒绝承担保证责任。一般保证与连带保证最主要的区别在于一般保证的保证人享有先诉抗辩权。先诉抗辩权，又称检索抗辩权，其历史可上溯到罗马法时代。赋予一般保证的保证人先诉抗辩权的原因在于，保证人与主合同债权人之间原本没有债权债务关系，保证人多是出于好意而为债务人提供担保，因而其承担的风险较大。并且保证债务具有补充性的特点，只有在主债务人不履行债务时，才由保证人承担责任。为平衡、协调债权人、保证人之间的利益关系，需要赋予一般保证的保证人先诉抗辩权。

与此同时，也要对先诉抗辩权进行一定的限制。《担保法》第 17 条第 3 款规定，有下列情形之一的，保证人不得行使先诉抗辩权：(1) 债务人住所变更，致使债权人要求其履行债务发生重大困难的；(2) 人民法院受理债务人破产案件，中止执行程序的；(3) 保证人以书面形式放弃前款规定的权利的。

由于《担保法》只规定了债务人住所变更时，一般保证的保证人不得行使先诉抗辩权，而现实生活中，导致债权人难以要求债务人履行债务的重大困难显然不限于此。因此，《担保法解释》第 25 条进一步规定，《担保法》第 17 条第 3 款第 1 项规定的债权人要求债务人履行债务发生的重大困难情形，包括债务人下落不明、移居境外，且无财产可供执行。此外，《担保法解释》第 125 条又规定，一般保证的债权人向债务人和保证人一并提起诉讼的，人民法院可以将债务人和保证人列为共同被告参加诉讼。但是，应当在判决书中明确在对债务人财产依法强制执行后仍不能履行债务时，由保证人承担保证责任。审判实践中，应如何理解适用《担保法》第 17 条与《担保法解释》第 25 条、第 125 条。笔者认为，《担保法》第 17 条及《担保法解释》第 25 条的规定是对一般保证的保证人先诉抗辩权的限制，如果出现这些情形，则一般保证的保证人不得行使先诉抗辩权，主合同债权人可以单独起诉保证人，要求其承担保证责任。如果没有这些情形，则主合同债权人不得单独起诉一般保证的保证人，但可以同时起诉主合同债务人和保证人，此时一般保证的保证人不得以其享有先诉抗辩权为由进行抗辩。但法院判决时，应在判决中明确主合同债务人首先承担履行债务，如经强制执行后主合同债权人仍无法实现债权，则保证人应承担保证责任。这样做并未否定一般保证保证人的先诉抗辩权，因为先诉抗辩权对于保证人的意义在于延缓和暂时阻却主合同债权人的请求权，但不能在根本上否定一般保证保证人的保证责任，且法院的判决同样保障了保证人的权利。从减少诉讼成本、提高诉讼效率的角度考虑，此规定可以较好的平衡双方的利益关系。

对此，《民间借贷司法解释》第 4 条明确规定，保证人为借款人提供连带责任保证，出借人仅起诉借款人的，人民法院可以不追加保证人为共同被告；出借人仅起诉保证人的，人民法院可以追加借款人为共同被告。保证人为借款人提供一般保证，出借人仅起诉保证人的，人民法院应当追加借款人为共同被告；出借人仅起诉借款人的，人民法院可以不追加保证人为共同被告。今后的司法实践当以此为裁判依据。

【典型案例 7.9】 民间借贷中如何确定保证人的保证方式？

【案情】 原告李某和被告张某很熟悉。2007 年 9 月，张某自称有项目，但资金上有缺口，便向李某借款。出于信任，李某同意了。9月29日，双方写下一张借条，约定：李某向张某借款30万元，借期2个月。同时张某让自己的亲戚赵某提供担保。赵某当场在借条上写下“担保人：赵某”字样。借款到期后，张某未能还款，竟然不知去向。李某为了追回欠款，就紧紧盯住担保人赵某。

李某多次催要欠款没有结果后，到法院起诉张某、赵某，要求二被告立即归还借款30万元。对于原告李某的说法，被告赵某并没有异议，不过，赵某在法庭上辩解说：“张某向李某借钱，是他们的事情，与我没有关系，我只是在借条上签了个名字而已，我从没有拿到过李某的借款，所以没有理由叫我来还钱。”

在庭审中，李某称：“根据第二被告赵某的家庭实际情况，我只要求他承担欠款30万元当中的10万元的担保责任，免除他对余款20万元的担保责任。”法院最终判决：被告张某归还李某30万元，被告赵某对张某30万元债务中的10万元承担连带清偿责任。

【诉讼指南】 本案的关键在于如何确定保证人的保证责任是连带保证还是一般保证。

原《审理借贷意见》第13条规定：“在借贷关系中，仅起联系、介绍作用的人，不承担保证责任。对债务的履行确有保证意思表示的，应认定为保证人，承担保证责任。”根据我国《担保法》第16条的规定，保证的方式有一般保证和连带责任保证两种。“一般保证”中担保人的责任相对较轻，一般保证的保证人在主合同纠纷未经审判或者仲裁，并就债务人财产依法强制执行仍不能履行债务前，对债权人可以拒绝承担保证责任。而“连带责任保证”中担保人的责任较重，连带保证的债务人在主合同规定的债务履行期届满没有履行债务的，债权人可以要求债务人履行债务，也可以要求保证人在其保证范围内承担保证责任。

《担保法》第19条规定，当事人对保证方式没有约定或者约定不明确的，按照连带责任保证承担保证责任，也就是说，只有在借条上注明“一般保证”，或是写明“在债务人不能履行债务时，保证人才开始承担保证责任”时，保证人才承担法律责任较轻的“一般保证”责任。如果没有特别注明，则一律推定为法律责任较重的“连带保证”。

本案中，赵某亲笔在借条上写下“担保人”三个字，已经明确表示对双方的借款承担保证责任,并且没有明确保证责任是一般保证,也就把自己置于法律责任较重的"连带保证"之中了。由于原告李某同意赵某只承担部分的保证责任,属于对自己权利的合法处分,法院同意其处分行为。

【典型案例7.10】 保证期间过后,保证人是否还需再承担保证责任?

【案情】 原告杨红某与被告张月某、郑少某、张朝某、蔡国某于2009年5月7日签订一份借款合同书,约定被告张月某、郑少某向原告借款80万元。借款期限为六个月,即自2009年5月7日起至2009年11月7日止。利息及支付方式双方另行协商。被告张朝某、蔡国某为被告张月某、郑少某向原告借款承担担保责任。福建君宇律师事务所吴俊某、袁伯某对借款合同书进行见证,证明借款合同书是杨红某、张月某、郑少某、张朝某、蔡国某真实意思表示。2009年5月7日,被告张月某、郑少某向原告出具借条一张,约定向原告借款55万元。2009年4月9日,被告张月某、郑少某向原告出具借条一张,约定向原告借款25万元。

案件焦点为被告张朝某、蔡国某是否应承担保证责任。

法院经审理认为:被告张月某、郑少某向原告借款80万元,有见证书、借条为证,四被告对借款事实均予以认可,事实清楚,证据充分,足以认定。现约定还款期限已过,原告有权要求被告张月某、郑少某履行还款义务,因此原告请求被告张月某、郑少某偿还借款80万元,合理合法,应予支持。原告主张双方在借款时口头约定为月利率5%,但未能提供证据证明,本院不予支持,根据原《审理借贷意见》第9条的规定,被告张月某、郑少某应支付给原告自2010年6月1日起至本判决确定还款之日止按中国人民银行同期同类贷款利率计的利息。关于被告张朝某、蔡国某的保证责任,因原告未能提供证据证明其在保证期间要求被告张朝某、蔡国某承担保证责任,因此被告张朝某、蔡国某依法免除保证责任。

法院依照《民法通则》第90条、第108条,《合同法》第111条,《担保法》第19条、第26条,《审理借贷意见》第9条的规定,判决如下:(1)被告张月某、郑少某应于本判决生效之日偿还给原告杨红某借款80万元并支付自2010年6月1日起至本判决确定还款之日止按中国人民银行同期同类贷款利率计的利息;(2)驳回原告对被告张朝某、蔡国某的诉讼请求;(3)驳回原告的其他诉讼请求。

【诉讼指南】 本案处理的重点是保证期间的适用。保证期间,又称保证责任的期限,是指依照法律的规定或者当事人的约定,保证人承担保证责任的期限。我国保证期间的意义在于,法定或约定的保证期间届满,保证人对先前约定提供保证的主债务不再承担保证责任。保证期间事关保证责任的承担实现,在保证制度中处于关键地位。保证期间事关保证责任的承担实现,在保证制度中处于关键地位。保证期间是限定保证责任存续的期限,债权人对保证人所拥有的是实体上的权利,即"当债务人不履行债务时,保证人按照约定履行债务或承担责任"。而保证期间届满时,债权人的这种权利将不复存在。根据《担保法》第25条、第26条的规定,在责任性质和保障程度上,连带责任保证都要比一般保证的要求更高,保证人所承担的责任风险更大,对债权的保护也更加充分,它们是两种截然不同责任承担方式。在保证期间起算点这一具体操作方式上的区别对待可使这两者的属性得到充分的体现。一般保证,保证期间自主债务履行期届满之日开始计算,即债权人在未催告债务人履行债务或未对其提起诉讼、申请仲裁之前,保证人可以先诉抗辩权拒绝承担保证责任,由上述可知,此时保证人的保证责任并未产生。对于连带责任保证,所谓连带性,就是在债权人提出债务履行要求时保证人与债务人的地位应当是同等的。因此,在保证期间内,债权人可要求债务人履行的同时也可要求保证人履行,从二者中选其一。此时即为保证责任的产生之时,保证期间的起算点。如同本案中,由于当事人对保证方式没有约定,因此担保方式为连带保证,对于连带保证的保证期间,其期间起算点较一般保证较为严苛,保证期间为自主债务履行期届满之日起六个月,即自2009年11月8日起至2010年4月7日止。原告虽主张在此期间有电话向被告张朝某要求其承担保证责任,但经本院依法释明后,未能提供相应证据证明,应承担举证不能的不利法律后果。因此被告张朝某、蔡国某依法免除保证责任。因此,在司法实践中,对于民间借贷等经济纠纷中若存在保证责任,应区分保证责任方式的不同情形注意审查保证期间,进一步分析认定是否超过保证期间,保证人是否应承担保证责任。

【典型案例7.11】 在主合同履行期限变更的情况下担保人是否承担保证责任?

【案情】 2010年6月5日,林钟某由王小某担保向黄荣某借人民币80000元(以下币种均为人民币),并由林钟某出具借条给黄荣某,借条载明:兹今向黄荣某借到人民币现金:捌万元整(80000.00元)用于生意周转,借期一年,月息2%,合计人民币壹仟陆佰元整(每月),此据。借款人:林钟某。王小某在该借条上书写"本人自愿为林钟某担保捌万元整,如到期无力偿还,本人自愿为林钟某偿还"。

2010年9~10月,黄荣某、林钟某在王小某未书面同意的情况下将该借款期限更改为半年,并于2010年12月21日向清流县人民法院提起诉讼,要求林钟某、王小某承担还款责任和担保责任。王小某书面抗辩借期由一年改为半年未经其书面同意、担保人仅承担原担保责任、该次起诉时间为2010年12月21日、其担保责任的期限未到、担保人享有先诉抗辩权,要求法院驳回黄荣某的起诉。

2011年1月19日黄荣某以"王小某提出借款期限未到,到期后再起诉"为由撤回起诉,清流县人民法院裁定准予撤诉。

2011年6月28日即借款一年期届满后,原告黄荣某以借款期限一年为由再次起诉要求林钟某、王小某承担还款责任和担保责任。

王小某辩称:王小某为林钟某担保为一般担保,且未约定保证期间,保证期间为债务履行期届满之日起6个月,本案已超过保证期间、担保人享有先诉抗辩权,要求法院驳回黄荣某的起诉。

案件焦点为被告王小某是否需要承担一般担保责任。

法院经审理认为,黄荣某与林钟某、王小某之间形成的借贷关系、担保关系合法有效、受法律保护。被告王小某辩称其担保期限已过,不需承担担保责任的问题,本院认为,原告黄荣某与被告林钟某未经被告王小某书面同意变更借款期限,被告王小某在原担保范围内承担担保责任,被告王小某的保证期间为原合同约定的期间,即被告王小某保证期间为(自2011年6月6日起至12月5日止)6个月,故其辩解不能成立,不予采纳。依据《担保法》第17条第1款、第2款的规定,当事人在保证合同中约定,债务人不能履行债务时,由保证人承担保证责任的,为一般保证。一般保证的保证人在主合同未经审判或者仲裁,并就债务人财产依法强制执行仍不能履行债务前,对债权人可以拒绝承担保证责任。被告王小某为被告林钟某向原告黄荣某借款依法应承担一般保证人的保证责任。被告林钟某经送达传票未到庭参加诉讼,清流县人民法院依法缺席判决。

综上,被告王小某对被告林钟某偿还8万元承担一般保证责任,若被告林钟某财产经依法强制执行仍不能履行债务,则被告王小某在8万元的范围内就未清偿部分承担保证责任;被告王小某承担保证责任后,有权向被告林钟某追偿。据此,清流县人民法院于2011年9月28日作出判决。

宣判后,双方当事人均未提出上诉,一审判决已经发生法律效力。

【诉讼指南】 本案是一起看似简单的借款合同纠纷,需要解决的问题有以下几点:

(1)享有先诉抗辩权的王小某是否是可以作为本案的共同被告

依据《担保法》第125条的规定,一般保证的债权人向债务人和保证人一并提起诉讼的,人民法院可以将债务人和保证人列为共同被告参加诉讼。但是,应当在判决书中明确在对债务人财产依法强制执行后仍不能履行债务时,由保证人承担保证责任。该条规定的是人民法院"可以"将享有先诉抗辩权的担保人列为共同被告,只是需要在判决书主文中明确其一般保证责任的承担方式,即在强制执行借款人无果后才能执行一般保证人。具体到本案,王小某为借款人林钟某担保系一般保证,明确只承担本金8万元的还款责任,法院作为裁判主体在明确担保人王小某承担责任方式的前提下是可以将王小某一并作为被告参加诉讼的,况且黄荣某2010年12月21日起诉林钟某时已将王小某一并作为被告参加诉讼,其行为符合《担保法》第125条的规定,系黄荣某行使诉权的表示。从减少当事人诉累和节约司法资源的角度出发,也应支持当事人将一般保证人与借款人一并起诉至法院,综上王小某是可以与借款人一并作为被告参加诉讼的。

(2)在主合同履行期限变更的情况下担保人是否应承担保证责任

依据《担保法解释》第30条第2、3款"债权人与债务人对主合同履行期限作了变动,未经保证人书面同意的,保证期间为原合同约定的或者法律规定的期间。债权人与债务人协议变动主合同内容,但并未实际履行的,保证人仍应当承担保证责任"的规定,借款人林钟某与出借人黄荣某未经担保人王小某书面同意更改了借款期限,属于借贷双方对主合同履行期限的变动。

本案借贷双方虽对主合同履行期限做了变动，但却未实际履行，出借人黄荣某也以一年期满后起诉的实际行动来证明该变更并未实际履行，按上述法律规定，王小某作为保证人仍应承担担保责任。

（3）如何认定担保人王小某的保证期间

担保人王小某在2011年6月28日的案件中抗辩其担保期限已过，不需承担保证责任，其抗辩是基于承认该借款期限为半年的情况下做出的。但从2010年12月21日案件中，王小某的抗辩意见却是“借款期限为一年，担保期限还未到，担保人无须承担保证责任”。针对王小某两次完全相反的抗辩意见，该案的审理应综合两个案件的审理情况。首先，担保人王小某的该种抗辩已经违反了诚信诉讼的原则，其最终目的是要逃脱其担保责任。其次，2010年6月28日案件，出借人黄荣某也系信赖王小某的抗辩而做出的撤诉，待到期后再主张权利，王小某两次相反的行为损害的是出借人的信赖利益。最后，出借人黄荣某2011年6月28日案件起诉的几点也是基于王小某2010年12月21日案件的抗辩。综合两个案件的审理情况，该案的借款合同认定的借款期限为一年。因借款合同中当事人未约定保证期间，出借人黄荣某有权自主债务履行期届满之日起6个月内要求保证人王小某承担保证责任。故本案王小某的保证期间为2011年6月6日起至2011年12月5日止6个月。另，笔者曾得到建议从保证合同的诉讼时效出发解决本案的纠纷。根据《担保法解释》第36条“一般保证中，主债务诉讼时效中断，保证债务诉讼时效中断；连带责任保证中，主债务诉讼时效中断，保证债务诉讼时效不中断”的规定，2010年12月21日出借人第一次起诉借款人和担保人时，该笔主债务的诉讼时效即已经中断，保证期间已经经过，保证合同的诉讼时效开始起算后即随主债务的诉讼时效中断。2011年1月19日出借人黄荣某撤诉后，保证合同的诉讼时效即开始起算，至2011年6月28日出借人黄荣某再次起诉，并未超过保证合同2年的诉讼时效，担保人一样需承担保证责任。

综上所述，在主合同履行期限变更并未实际履行的情况下担保人应在原合同约定的或者法律规定的保证期间内承担保证责任。

【典型案例7.12】 在无意思联络的连带共同保证中，债权人向部分保证人主张权利的，其效力是否及于未被主张权利的其他保证人？

【案情】 2009年8月20日，刘顺某、孙丽某向冯玉某借款7万元，并出具借条一份，约定借款期限为一年，到2010年8月20日前还清，未约定借款利息。孙春某与刘某作为担保人分别在借条上签字，未约定保证方式及保证期限。2010年8月20日刘某代刘顺某偿还借款3.5万元，冯玉某为刘某出具收条一份，并在收条中明确表示放弃对刘某剩余债权的主张，只要求孙春某承担剩余借款本金35000元及逾期利息3000元。孙春某认为双方未约定保证期间，在法定的保证期间内，冯玉某未向其主张权利，其保证责任已经免除。

案件焦点为在连带共同保证中，债权人在保证期间内向部分保证人主张权利，其效力能否及于未被主张权利的其他保证人，其他保证人的保证责任是否免除。

一审法院经审理认为：当事人对保证方式没有约定或约定不明确的，应该承担连带保证责任。连带责任保证人的保证期间为主债务履行期限届满之日起6个月内，超过此期限，债权人未要求保证人承担保证责任的，保证人免除保证责任。被告孙春某主张原告到2011年6月21日才向法院起诉要求被告承担保证责任，已经超过法律规定的6个月担保期限，被告的保证责任已经免除，原告不予认可，但没有提供证据证明其在还款期限届满之日起6个月内要求被告孙春某承担担保责任。据此判决：驳回原告冯玉某的诉讼请求。

冯玉某以其在保证期间内曾通过刘某向孙春某主张权利为由提起上诉。

二审法院经审理认为：刘某与孙春某存在利害关系，证人刘某的证言无其他证据佐证，不能证明其在保证期间内向孙春某主张权利。就涉案借款的保证而言，冯玉某与孙春某并未约定保证方式及保证期间，故孙春某应在还款期限届满后的6个月内，即2010年8月21日起6个月内，对涉案借款承担连带清偿责任，冯玉某虽主张在该期间内曾通过刘某向被上诉人孙春某主张权利，但并无有效证据证实，其主张不能得到支持。原审判决认定事实清楚，适用法律正确，判决结果适当，应予维持。据此判决：驳回上诉，维持原判。

【诉讼指南】 本案的关键问题是在连带共同保证中，债权人在保证期间内向部分保证人主张权利，其效力能否及于未被主张权利的其他保证人，其他保证人的保证责任是否免除。合议庭形成两种意见：多数意见认为保证人之间的连带责任仅指在责任承担的数额和顺序上具有连带性，但各保证责任仍具有独立的法律地位，保证期间届满而未被主张权利的保证人，其保证责任消灭。具体到本案，两保证人之间虽是连带共同保证，但两者是分别提供保证，并无意思联系，冯玉某向刘某主张权利的意思表示也不必然到达孙春某，故孙春某的保证责任已免除。少数意见认为多个保证人共同提供连带保证的，保证人是作为一个整体共同对债权人承担保证责任，债权人向其中任何一人主张权利，其效力自然及于所有保证人，未被主张权利的保证人保证责任并不免除。《最高人民法院关于审理民事案件适用诉讼时效制度若干问题的规定》第17条第2款虽是针对诉讼时效的规定，但这种涉他性的立法精神对保证期间也应当适用。故孙春某仍应承担保证责任。本案经本院审判委员会讨论后向上一级法院请示，上级法院同意合议庭多数意见，遂作出以上判决。

笔者认为，本案应重点审查共同保证人提供保证的具体情形，如果各保证人之间互有意思联络，以“联保”的形式作为一个整体共同提供担保，则未被主张权利保证人的保证责任不能免除；如果各保证人之间并无意思联络，各保证人不知悉其他保证人的存在，或者先签字的保证人不知悉后签字保证人的存在，则未被主张权利保证人的保证责任免除。根据涉案借条的书写情况及刘某与孙春某的关系看，本案属于第二种情形，因冯玉某仅表示放弃向刘某主张剩余债权，故其未实现债权仍然可以向借款人主张。

【典型案例 7.13】　担保案件中的一般保证与连带保证如何区分认定？

【案情】 2010年4月15日、5月26日，张某先后两次从原告处借款共计14万元，并约定利息为每月每元2分，均由黄召某、秦笃某提供担保。两笔借款到期后，经原告多次进行催要，张某均以无钱为由推辞未还。由此，原告将担保人黄召某、秦笃某诉来法院，并在诉讼中依法追加张某作为被告参加诉讼。原告请求责令被告张某偿付借款本金14万元、利息15600元，另两被告承担连带责任。

案件焦点为本案是否系债权人、债务人串通,骗取两保证人提供保证,两保证人是否应承担民事责任;两担保人是否为一般保证,债权人是否应先向债务人主张权利,而不应直接起诉担保人;2010年8月30日归还的16000元,是归还的涉诉债权还是2010年8月20日所借的另一笔案外借款。

法院经审理认定:2010年4月15日,经黄召某、秦笃某担保,张某向原告借款7万元,张某给原告出具借条1份,约定借款期限1个月。黄召某、秦笃某分别给原告出具保证书1份,内容为"如果张某到期不还此款,我自愿偿还本金与罚款"。同年5月26日,经黄召某、秦笃某担保,张某向原告借款7万元,张某给原告出具借条1份,约定"按月息2分计息,自2010年5月26日至2010年6月5日止,每超期一天,加罚总额的2%"。黄召某、秦笃某分别给原告出具保证书1份,内容为"自愿为张某担保此借款,如果张某到期不还此款,我自愿尝还本金与罚款"。

另查明,2010年8月20日,经秦笃某担保,张某向原告借款25000元。2010年8月31日,秦笃某以其所经营的平阴慧鑫电器销售有限公司开具转账支票1张给原告,金额16000元。

以上事实有借条3份、转账支票记账凭证1份及当事人的庭审陈述予以证实。

法院认为,本案中原告所主张借款有2份借条予以证实,被告张某亦予认可,本院确认为有效证据。被告黄召某、秦笃某系该两笔借款担保人,其虽辩称系原告与张某恶意串通,骗取担保,本院认为,被告黄召某、秦笃某系完全民事行为能力人,其应当知道提供债务保证的法律后果,且其无相关证据证实其主张,故黄召某、秦笃某之辩解主张,本院不予采信。本案涉诉两笔债权,被告黄召某、秦笃某对于担保方式无明确约定,在借条中写明"如张某到期不还,我自愿偿还",并无证据表明其是在张某没有履行能力偿还时才承担保证责任,故黄召某、秦笃某主张所提供的担保为一般保证,没有法律依据,依法认定黄召某、秦笃某对涉诉两笔债务承担连带清偿责任。

关于2010年8月31日秦笃某出具支票所偿付的款项,原告认为系偿付2010年8月20日的借款,三被告主张系偿付本案原告诉讼的债权,法院认为,原告与张某之间存在三笔借款,分别是2010年4月15日、5月26日、8月20日,其中前两笔借款为涉诉债权,第三笔为未约定借款期限的非涉诉债权。2010 年 8 月 31 日所偿付数额不足以清偿三笔借款。依照《合同法解释(二)》第 20 条之规定,张某 2010 年 4 月 15 日出具的借条,期限为一个月,系最先到期的债权,故 16000 元应优先偿还该笔借款。原告所称此款系归还的 2010 年 8 月 20 日的借款无事实及法律依据。

对于被告所主张两次还款 47000 元,原告不认可,被告亦无证据证实,不予采信。

原告所主张两笔借款中,2010 年 4 月 15 日的借款未约定利息,依法视为不支付利息,其所主张利息可自其诉讼主张权利之日起至判决书生效之日止按中国人民银行同期贷款利率计算;2010 年 5 月 26 日的借款虽写有按“月息 2 分计息”,但不明确,故所主张利息自借款之日起至判决书生效之日止按中国人民银行同期贷款利率计算。

依照《合同法》第 60 条、第 107 条、第 206 条、第 207 条,《担保法》第 18 条、第 31 条,《民事诉讼法》第 64 条之规定,判决如下:

(1)被告张某于本判决书生效后 10 日内支付原告借款本金 124000 元。(2)被告张某于本判决书生效后 10 日内支付原告借款利息(第一笔以 54000 元为基数,自 2010 年 11 月 12 日起至判决书生效之日止按中国人民银行同期贷款利率计算;第二笔以 7 万元为基数,自 2010 年 5 月 26 日起至判决书生效之日止按中国人民银行同期贷款利率计算)。(3)被告黄召某、秦笃某对上述被告张某应付款项承担连带清偿责任。黄召某、秦笃某承担保证责任后,可向张某进行追偿。

【诉讼指南】　本案是一起典型的民间借贷纠纷案件,处理本案的关键是认定保证方式。《担保法》规定的保证方式有一般保证和连带责任保证,两种保证方式的诉讼主体、责任的承担等方面都不相同,略述如下:

(1)保证方式的表述

《担保法》第 17 条第 1 款规定:“当事人在保证合同中约定,债务人不能履行债务时,由保证人承担保证责任的,为一般保证。”根据该条规定,保证合同中只要出现债务人:“不能履行债务,由保证人偿还”的表述,只要出现“能”字的表述,保证人承担的就是一般保证责任,本案中当事人约定“如到期不能还清全部欠款,由欠款担保人倪某某负责偿还”,当事人约定了在债务人不能偿还的情况下,保证人承担保证责任,而债务人能与不能偿还,必须经法院强制执行债务人一切可以执行的财产后,仍不能清偿债务,保证人才承担保证责任，此种保证责任就是一般保证责任。根据《担保法》第18条、第19条的规定，保证合同中约定保证人承担连带责任保证或未约定保证方式的，保证人应承带连带责任保证。

(2)诉讼主体

根据《民诉意见》第53条、《担保法》第18条第2款的规定，因保证合同纠纷提起的诉讼，如是一般保证，债权人只起诉保证人的，人民法院应当通知被保证人作为共同被告参加诉讼，而连带责任保证纠纷中，债权人可选择起诉当事人，即债权人可以起诉被保证人或任一保证人，或者将被保证人和保证人一并起诉。

(3)判决的表述

根据《担保法解释》第125条、《担保法》第18条第2款的规定，一般保证判决书中，首先判决债务人向债权人偿还债务，然后应明确在对债务人财产依法强制执行后仍不能履行债务时，由保证人承担保证责任，而连带责任保证判决书中，如债权人只起诉保证人的，判决保证人向债权人直接偿还债务，如债权人将债务人与保证人一并起诉，首先判决债务人向债权人偿还债务，然后保证人对被保证人的债务人承担连带清偿责任。

(4)责任的承担

根据《担保法》第17条第2款、《担保法解释》第20条、第131条的规定，一般保证人承担保证责任的前提是对债务人的一切可以执行的财产强制执行后，仍不能清偿债务后，才向债权人承担清偿责任，连带责任保证人不享有一般保证人的上述权利，在债务人不履行债务时，只有一个连带责任保证人时，债权人可以要求其直接清偿债务，如二个以上的连带责任保证人对债务的担保无份额的约定，债权人可以要求任一连带责任保证人对整个债务承担清偿责任。

本案中，黄召某、秦笃某作为保证人在张某出具的欠条上签字的行为，属于对保证方式约定不明，应推定为连带责任保证。债务履行期届满债务人张某没有履行债务的，债权人谢峰可以要求保证人黄召某、秦笃某在其保证范围内承担保证责任。

在本案中，另有一问题值得注意，即债权人和债务人有多笔借贷业务时债务人还款的认定问题。依据《合同法解释(二)》第20条之规定(债务人的给付不足以清偿其对同一债权人所负的数笔相同种类的全部债务，应当优先抵充已到期的债务；几项债务均到期的，优先抵充对债权人缺乏担保或者担保数额最少的债务；担保数额相同的，优先抵充债务负担较重的债务；负担相同的，按照债务到期的先后顺序抵充；到期时间相同的，按比例抵充），可以比较清楚地分清债务偿还的先后顺序问题。

5. 民间借贷担保合同被认定无效后如何处理？

设定担保关系的唯一目的是确保主债权债务关系中的债权实现，所以担保关系的一个重要特点就是其依附于主债权债务关系，如果主债权债务关系不存在，就没有担保关系存在以及实现的可能和必要。在民间借贷、担保关系中，体现主债权债务关系的是借贷合同，担保合同关系必须以借贷合同的存在为前提。从这个意义上讲，担保合同是借贷合同的从合同，即当两个合同相互关联，其中一个合同对另一个合同有影响或制约时，受影响、制约的合同为从合同。作为从合同，担保合同因借贷合同的发生而发生、变更而变更、消灭而消灭。因此，担保合同的效力首先受到借贷合同效力的影响。借贷合同无效的，根据《民法通则》第 58 条、《合同法》第 56 条的规定，借贷双方之间的借、还款权利义务关系自始不发生法律效力，此时，即便担保合同符合合同有效的一切条件，也会归于无效。但是，担保合同随借贷合同无效而无效只是认定担保合同效力的一般规则，并不是绝对的。

《物权法》第 172 条规定，担保合同是主债权债务合同的从合同。主债权债务合同无效，担保合同无效，但法律另有规定的除外。因此，在特定情况下，担保合同可以独立存在，不受借贷合同效力的影响。例如，为担保债务的履行，债务人或者第三人对一定期间内将要连续发生的债权提供担保财产的，债务人不履行到期债务或者发生当事人约定的实现抵押权的情形，抵押权人有权在最高债权额度内就该担保财产优先受偿。这是《物权法》关于最高额抵押权的规定，设定最高额抵押权的目的是为一定期间内连续发生多笔交易而产生的债权一次性提供担保，以提高交易效率、节省交易成本。由于最高额抵押权针对的是一段时间内发生的多笔交易，如果其中一笔交易无效，最高抵押权不应随之无效，否则就无法实现其提高交易效率、节省交易成本的目的。因此，最高额抵押合同应当具有相对的独立性。具体在民间借贷、担保关系中，如果连续发生的多笔借贷关系中的一笔借贷关系无效，不影响整个最高额抵押合同的效力，对于其他有效的借贷关系，仍有担保的效力。除非所有借贷关系均无效,最高额抵押合同才整体无效。

《担保法》第14条规定的最高额保证应当也属于此类情况。此外,《担保法》第5条规定,担保合同是主合同的从合同,主合同无效,担保合同无效。担保合同另有约定的,按照约定。从条文理解,当事人可以约定主合同无效时担保合同有效。但是《担保法》此处规定的情形“是针对国际贸易中通行的见索即付、见单即付的保证合同”,[①]与民间借贷、担保关系无关。审判实践中还需注意的是,主合同借款人涉嫌犯罪并不必然导致担保合同无效。担保人以主合同借款人涉嫌犯罪为由主张不承担担保责任的,应当首先依法认定主合同的效力,进而确定担保人的责任。

除受主债权债务合同效力的影响外,作为一种合同,还要看担保合同本身是否有《合同法》第52条规定的情形,即一方以欺诈、胁迫的手段订立合同,损害国家利益;恶意串通,损害国家、集体或者第三人利益;以合法形式掩盖非法目的;损害社会公共利益;违反法律、行政法规的强制性规定。如果担保合同自身存在这些情形,即使主债权债务合同有效,担保合同也将归于无效。此外,《担保法》及《担保法解释》还规定了一些情况下担保合同无效,包括:担保人不具有担保能力,如《担保法》第8条、第9条、第10条、第29条及《担保法解释》第3条、第17条、第18条等的规定;用禁止担保的财产提供担保,如《担保法》第36条、第37条及《担保法解释》第4条等的规定。

根据《担保法》第5条的规定,担保合同被确认无效后,债务人、担保人、债权人有过错的,应当根据其过错各自承担相应的民事责任。这是民法过错责任原则的具体体现。如果主合同债务人本人为担保人,主合同被确认无效后,只是主债权失去担保。债权人与债务人之间的权利义务关系,按照法律规定处理,无须再考虑担保合同的问题。如果第三人为担保人,根据造成担保合同无效的原因不同,担保合同被确认无效后的责任承担,也可以分为两个方面:担保合同因主债权债务合同无效而无效;主债权债务合同有效而担保合同无效。

(1)主合同无效导致担保合同无效。根据《担保法解释》第8条的规定,

---

① 全国人大常委会法制工作委员会民法室编:《〈中华人民共和国物权法〉条文说明、立法理由及相关规定》,北京大学出版社2007年版,第303页。

如果担保人无过错,根据责任与过错相适应的原理,担保人不承担责任。例如,主合同的债权人与债务人以合法形式掩盖非法目的导致主合同无效,过错在于主合同当事人,责任应当由其自行承担。如果担保人有过错,担保人承担民事责任的部分,不超过债务人不能清偿部分的三分之一。审判实践中需注意的是,担保人可能不是主合同的当事人,所以担保人的过错,不是指担保人对于主合同无效有过错,而是指担保人明知主合同无效仍提供担保,或者担保人明知主合同无效仍促使主合同成立或者为主合同的订约充当媒介等过错。虽然主合同无效时,不须考虑担保合同自身的效力,而应直接认定为无效,但是担保人的上述行为可能使得债权人产生误解从而订立主合同,并遭受损失,因此,担保人的行为与债权人的损失有因果关系,担保人应对其过错行为导致的损害后果承担赔偿责任,这正是担保人不能完全免责的原因。

(2)主合同有效而担保合同无效。根据《担保法解释》第7条的规定,如果债权人无过错,担保人与债务人对主合同债权人的经济损失,承担连带赔偿责任。这种情况往往是债务人与担保人相互串通,损害债权人的利益,属于共同侵权行为,因此,其应当承担连带赔偿责任。如果债权人、担保人有过错,担保人承担民事责任的部分,不应超过债务人不能清偿部分的二分之一。这种情况下,债权人的损失系其与担保人混合过错所致,所以应分担责任。

【典型案例7.14】　担保合同无效,担保人应否承担责任?

【案情】　2009年12月7日,沈卫某(时任东海信用社负责人)以为一企业转贷需要资金为由向张某借款200万元,约定于2009年12月22日到期归还,沈卫某提供了户名为沈菊某的银行账号,由东海信用社提供担保,沈卫某出具了借条。张某于同年12月8日分两次将200万元汇入沈卫某指定的沈菊某的银行账户。同年12月25日,沈卫某归还了借款101万元,尚有99万元未归还。张某多次催要,沈卫某未予归还。

案件焦点为:(1)沈卫某借款事实是否存在。(2)启东市农村信用合作联社东海信用社应当承担何种责任。

法院经审理认为:沈卫某向张某借款200万元,有张某提供的借条证实,事实清楚，证据充分。东海信用社在借据的担保人栏盖章，该盖章行为表明其对沈卫某的借款行为进行担保，该保证行为合法有效。沈卫某已向张某归还了101万元借款，应当承担归还尚余借款99万元的义务，东海信用社在担保时未约定保证方式，应按照连带责任保证方式承担保证责任。张某请求的10万元借款利息，无证据证实，法院不予支持。对张某诉请的从沈卫某约定的还款之日起计算的逾期还款利息损失，该请求符合法律规定，法院予以支持。东海信用社辩称其不具备独立承担民事责任的主体资格及担保合同无效等，无事实和法律依据，法院不予支持。沈卫某经法院公告传唤无正当理由未到庭应诉，系其对自身诉讼权利的处置，不妨碍法院在查明事实的基础上依法缺席裁判。

法院依照《民法通则》第108条，《担保法》第6条、第13条、第19条，《中国人民银行法》第52条，《商业银行法》第3条第1款第11项、第93条，《民诉意见》第40条第6项之规定，作出如下判决：(1)沈卫某于判决生效之日起10日内归还张某借款人民币99万元，并支付自2009年12月23日起至判决确定的还款之日止按同期银行基准贷款利率计算的利息。(2)启东市农村信用合作联社东海信用社对沈卫某的上述债务承担连带清偿责任。

启东市农村信用合作联社东海信用社不服提出上诉。二审法院经审理后依法作出改判如下：

(1)撤销一审民事判决；(2)沈卫某于本判决发生法律效力之日起10日内归还张某借款人民币99万元，并支付自2009年12月23日起至判决确定的还款之日止按同期银行基准贷款利率计算的利息；(3)沈卫某不能清偿上述债务时，由东海信用社在沈卫某不能清偿部分的1/2之内对张某承担赔偿责任。

【诉讼指南】 合法的借贷关系受法律保护。张某将钱款借给沈卫某，由沈卫某出具了借条，双方的借贷关系成立且合法有效，东海信用社在该借贷关系中盖章进行担保，只要不具有免责事由，东海信用社就应承担相应法律责任。东海信用社系启东市农村信用合作联社的分支机构，其担保行为未经授权，该担保关系无效，但债权人存在过错，东海信用社应承担赔偿责任。关于东海信用社称张某与沈卫某之间借款事实没有发生，但本案有沈卫某所写的借条及张某根据借条上指定的账户汇款200万元凭证，东海信用社无证据否定借条及凭证所证明的事实，借款事实应当已经发生。

金融机构的分支机构没有法人的书面授权不具备对外担保资格，东海信用社作为启东市信用合作联社的分支机构，没有启东市农村信用合作联社的书面授权，对沈卫某借张某钱款进行担保应为无效。根据张某在起诉时所称，其知道沈卫某并不是自己个人借款，而是为企业转贷向其借款，且沈卫某当时是东海信用社负责人，张某在借款时应当审查东海信用社的担保行为是否征得启东市信用合作联社的授权，其未尽到谨慎审查的义务导致该担保行为无效，张某也具有过错。东海信用社作为启东市信用合作联社的分支机构，在未经启东市信用合作联社的授权下为沈卫某向他人借款进行担保，内部管理存在问题，也具有过错。根据《担保法解释》的规定，主合同有效而担保合同无效，债权人、担保人有过错的，担保人承担民事责任的部分，不应超过债务人不能清偿部分的1/2。

6. 因会计师事务所出具虚假验资报告，当事人将会计师事务所作为借款合同当事人主张承担赔偿责任的如何处理？

在民间借贷的实践中，为了判断借款人或保证人的资信能力，在借款人或保证人为企业的情况下，出借人一般会要求其出具验资等审计报告并予以审查。审计报告尤其是验资报告日益成为出借人判断借款人或保证人还款能力的重要参考，如审计报告判断为不实报告，出借人会以出具审计报告的会计师事务所存在过错为由要求其承担赔偿责任。

笔者认为，由于审计活动本身存在的专业性和特殊性，会计师事务所要承担的责任应从专家责任的角度来考虑，审判实践中应当尊重独立审计准则在审计活动中的指导地位，会计师事务所只要能够证明其并未违反法律法规、中国注册会计师协会依法拟定并经国务院财政部门批准后施行的执业准则和规则以及诚信公允的原则，就可以主张免责。如会计师事务所在审计活动中存在与被审计单位恶意串通等过错行为的，人民法院应判令其与被审计单位承担连带赔偿责任；如会计师事务所在审计活动中存在过失的，人民法院应根据其过失大小酌定相应的责任。

《最高人民法院关于审理涉及会计师事务所在审计业务活动中民事侵权赔偿案件的若干规定》第1条规定："利害关系人以会计师事务所在从事注册会计师法第十四条规定的审计业务活动中出具不实报告并致其遭受损失为由，向人民法院提起民事侵权赔偿诉讼的，人民法院应当依法受理。"因此，在民间借贷纠纷中，出借方对验资等审计报告存在信赖，成为利害关系人，应依法保护其合法权益。

【典型案例7.15】 民间借贷中会计师事务所出具虚假验资报告如何承担责任?

【案情】 1995年5月16日，甲公司因经营需要向乙公司提出借款200万元，并承诺该款于同年11月底还清，逾期不还由丙公司承担完全担保责任。同日，丙公司出具书面贷款担保书一份，同意为此笔贷款提供还款保证。后乙公司实际借给甲公司人民币52.2万元，该款经乙公司多次催要，一直未还。

丙公司原名称为益都商厦，系丁公司下属不具备法人资格的分支机构，丁公司于1990年6月18日出具民事责任担保书一份，承诺益都商厦在经营活动中的民事责任由该公司承担。1994年6月29日益都商厦更名为益都饭店，同年7月又经工商部门核准变更为现名，企业性质亦同时变更为独立法人，实行独立核算，变更后的丙公司系由丁公司全额出资开办，注册资金为1197.4万元，其中，固定资产为1064.9万元，流动资金132.5万元。

乙公司以甲公司、丙公司、丁公司为被告向法院提起诉讼，请求法院判令甲公司向乙公司归还借款本金52.2万元；丙公司、丁公司对上述债务承担相应的赔偿责任。诉讼过程中，乙公司又称，1994年南京会计师事务所为丙公司出具了虚假的验资报告，南京会计师事务所依法应在虚假验资金额的范围内对债权人承担赔偿责任。1998年12月，南京会计师事务所脱钩改制，南京财政局作为开办单位接收了南京会计师事务所剩余资产876893.96元。根据有关法律规定，南京市财政局应当在接收剩余资产的范围内对债权人承担责任，故向法院申请追加南京市财政局作为本案的被告。一审法院未予准许乙公司追加被告的申请。

一审法院认为，根据国家有关金融法规的规定，企业之间不得擅自拆借资金，本案中，甲公司向乙公司借款的行为属于企业之间的借款，故双方的借款合同应认定无效。甲公司所借乙公司资金52.2万元应当依法予以返还；根据借款及担保行为发生时的相关法律规定，主合同被认定无效后，作为从合同的担保合同亦应同时认定无效，其中担保人有过错的，应对主债务承担连带赔偿责任。本案中，丙公司应当知道乙公司与甲公司之间的借贷属企业之间的借贷，其担保行为存在一定的过错，故依法应对甲公司的上述债务承担连带赔偿责任。关于丁公司是否需承担赔偿责任，一审法院认为，南京市中级人民法院(2001)宁经初字第12号判决书已经就丁公司对丙公司的出资问题作出认定，其中，固定资产部分1064.9万元虽然认定出资不到位，但丁公司已在相关案件中实际清偿了1073万元，履行了出资不到位的清偿义务；而流动资金132.5万元也未出资到位的问题，因证据不足未予支持，本案中，乙公司未提供新的相关证据，故其认为丁公司该132.5万元出资不到位的理由不能成立。综上，一审判决：(1)甲公司于判决生效后10日内一次性返还乙公司人民币52.2万元。(2)丙公司对甲公司的上述债务承担连带赔偿责任。(3)驳回乙公司对丁公司的诉讼请求。

一审宣判后，乙公司不服提起上诉，请求撤销原审判决，依法改判丁公司承担赔偿责任。乙公司同时上诉称一审驳回其追加南京市财政局为被告的申请不当。被上诉人丁公司认为一审判决正确，请求维持原判。

二审法院认为，一审判决正确，应予维持。同时指出，因乙公司要求南京会计师事务所因出具虚假验资报告承担的赔偿责任与本案非同一法律关系，属非必要共同诉讼，故南京市财政局非本案必要共同被告，原审法院驳回乙公司要求追加南京市财政局为被告的申请并不违法。

【诉讼指南】 本案中丙公司确实存在出资不到位的情况，南京会计师事务所为丙公司出具了验资报告，本案南京会计师事务所是否承担责任是探讨的主要问题。

(1)如何界定虚假验资报告

本案中乙公司基于验资报告与出资的事实不符，即主张南京会计师事务所出具了虚假验资报告，要求将南京会计师事务所追加为被告。是否为虚假验资报告是确定南京会计师事务所承担责任的前提，关于虚假验资报告如何界定，会计界和法学界很长时间内有不同认识。

财政部颁布的《独立审计实务公告第1号——验资》第4条中规定："注册会计师执行验资业务，应当恪守独立、客观、公正的原则，并对验资报告的真实性、合法性负责"。按照该条第2款的解释："验资报告的真实性，是指验资报告应如实反映注册会计师的验资范围、验资依据、已实施的主要验资程序和应发表的验资意见"。会计界的人士认为这是关于注册会计师出具的验资报告是否符合"真实性"标准的法定解释，除此之外，其他解释都不是权威的，都不具有法定效力①。会计界一般认为遵守了上述真实性要求即不应构成虚假验资报告。即便经其验证的资本额与实际不符，也不能被视为“虚假的验资证明”。会计界的认识是基于以下原因：一是现在的审计早已不再如详细审计阶段那样逐笔审查，而主要是采用抽样技术进行审计，存在抽样风险，那种认为审计是一种保险的观点，实际上是对审计的本质缺乏了解，审计本身并不是对财务报告的一种担保，它只能合理地保证经审计的财务报告没有重大错报、漏报。二是注册会计师的职权限制及验资有其固有的局限性，如果出资者与被审验单位恶意作弊或与有关机构通同作弊，提供注册会计师不能识别为虚假的证明材料等情况，即使注册会计师以应有的职业谨慎态度执行验资业务，也可能得出不恰当的审验结论，导致所发表的审验意见与实际情况不符。三是由于公司的股东（他们通常是注册会计师的委托人）要在其支付的审计成本与取得的审计收益（即由于注册会计师发现财务报表中的错误而为股东挽回的损失）之间求得平衡。一般来说，审计程序越严密，发现错弊的可能性就越大。但是，这同时也意味股东所要支付的审计费用也越高。审计作为现代公司制度的产物，本来是公司股东监督公司管理层、防止其损害自己利益的有效手段。但是，如果股东为审计支付的费用超过了其借助审计所能挽回的损失，审计就没有给股东带来真正的利益。因此，股东或者财务报告的其他使用人必须权衡委托注册会计师进行审计的收益与成本。如果注册会计师能够在既定的审计成本下发现重大错弊，对于股东来说是一种利益最大化的选择。

法律界的人士在很长一段时间里都认为，验资报告应与实际相符合，否则的话即为虚假验资报告，他们旗帜鲜明地否定了会计界的“过程认定”，而采纳“结果认定”的立场。关于独立审计准则的地位，不少学者认为独立审计准则是行业协会制订的内部自律性规则，其制度价值在于保障审计质量并作为对其成员的审计失败是否追究纪律责任的依据，不能调整注册会计师与财务使用人之间的民事关系。②

2007年6月11日，《最高人民法院关于审理涉及会计师事务所在审计

① 刘家松、张志雄：《虚假验资报告与注册会计师的法律责任》，载《财经问题研究》2001年第9期。

② 刘正峰：《独立审计准则的法律地位研究》，载《中国法学》2002年第4期。

业务活动中民事侵权赔偿案件的若干规定》对注册会计师的责任在司法层面做了界定,平息了长期的争论。其中第7条规定,会计师事务所已经遵守执业准则、规则确定的工作程序并保持必要的职业谨慎,但仍未能发现被审计的会计资料错误;以及已经遵照验资程序进行审核并出具报告,但被验资单位在注册登记后抽逃资金,会计师事务所不承担民事赔偿责任。这说明最高人民法院接受了会计界的观点,将独立审计准则等审计规范作为认定会计师事务所责任的依据,实际上否定了"结果认定"的观点。

(2)会计师事务所对贷款人承担赔偿责任的法理基础

验资报告是向社会公众公开的,如虚假验资报告导致信赖该报告的第三人损失,第三人要求会计师事务所承担赔偿责任的理论基础是什么?学界观点较多,以下几种观点影响较大。

①契约责任说。此说认为,虽然提供了不实信息的注册会计师未受第三人直接委托,但可以从两者的接触推断注册会计师与第三人缔结了默示的信息提供契约。基于这种契约,可令注册会计师赔偿第三人因相信信息真实性而遭受的纯粹财产损害。成立默示契约的条件有三:首先是信息对于受领者具有重大意义,受领者意图将这一信息作为实质决定的基础;其次是信息提供者认识信息所具有的意义及该信息作为受领者决定的基础这一事实;最后是信息提供者具有该信息的专门知识,就信息提供受有特别委托并对信息提供有利害关系。①

②侵权责任说。第三人与注册会计师之间并无严格意义上的契约关系,虽然对会计师而言,使用信息的第三人存在合理的可被预见性,但该第三人毕竟是不确定的集体(多数人),此不同于契约责任只存在特定当事人之间的合同相对性原则,从而解决了适用合同责任所解决不了的验资机构与第三人之间权利义务关系的不足。根据侵权责任说,验资机构出具虚假验资报告的行为所侵犯的是对世权、绝对权,表现为违反法定义务,只能依侵权行为责任诉请赔偿。

③基于职业义务的第三种责任。由于验资机构性质和业务的特殊性,验资机构在从事验资活动时应当对委托人和第三人承担职业上的注意义

---

① [日]浦川道太郎:《德国的专家责任》,梁慧星译,载梁慧星:《民商法论丛》第5卷,第540页。

务,如果其在验资过程中违反了此种注意义务,则可能对遭受损失的第三人承担赔偿责任。①

《最高人民法院关于审理涉及会计师事务所在审计业务活动中民事侵权赔偿案件的若干规定》中明确了会计师事务所对利害关系人承担侵权赔偿责任。所谓的利害关系人指的是合理信赖或者使用会计师事务所出具的不实报告,与被审计单位进行交易或者从事与被审计单位的股票、债券等有关的交易活动而遭受损失的自然人、法人或者其他组织,本案中贷款人如基于验资报告的信赖实施了借款行为,贷款人则属于利害关系人。

(3)会计师事务所应如何承担责任

本案如判令丁公司在虚假出资、不实出资范围内承担补充赔偿责任,乙公司可以就作为审计单位的会计师事务所是否承担责任问题另行提起诉讼。诉讼中应审查以下事项:

①在会计师侵权民事责任领域,不实报告与报告使用人的损失之间的因果关系是借助于报告使用人对于不实报告的信赖这一中间环节而形成的。没有信赖关系,就不可能产生二者之间的因果关系。乙公司首先要举证证明其是基于对验资报告的信赖实施了借款,即证明其是利害关系人。

②会计师事务所应对其是否存在过错以及过错大小进行举证。人民法院可以推定验资机构在出具不实的验资报告时主观上存在过错(包括故意或者过失),会计师事务所应通过反证推翻这一推定。《最高人民法院关于审理涉及会计师事务所在审计业务活动中民事侵权赔偿案件的若干规定》采纳了过错推定的归责原则,由会计师事务所对其实施的审计过程是否符合独立审计准则的要求进行举证。同时,如果利害关系人明知会计师事务所出具的报告为不实报告而仍然使用的,人民法院应当酌情减轻会计师事务所的赔偿责任。

③如何确定损失赔偿的顺序。如会计师事务所在审计活动中存在与被审计单位恶意串通等过错行为的,人民法院应判令其与被审计单位承担连带赔偿责任;如会计师事务所在审计活动中存在过失的,被验资单位、被验资单位瑕疵出资股东、会计师事务所在向利害关系人承担责任时,根据造成

---

① 蒋大兴:《公司法的展开与批判——方法 · 判例 · 制度》,法律出版社 2001 年版,第 214 ~ 218 页。

利害关系人损害的原因力大小，首先应由被验资单位赔偿利害关系人的损失；被验资单位的瑕疵出资股东在事后未补足出资，且依法强制执行被验资单位财产后仍不足以赔偿损失的，瑕疵出资股东在瑕疵出资范围内向利害关系人承担补充赔偿责任；被验资单位、出资人的财产经依法强制执行后仍不足以赔偿损失的，才由会计师事务所在不实验资金额范围内承担相应的赔偿责任。

【典型案例7.16】 因公司未出资导致借款难还，会计师事务所虚假验资应当承担责任吗？

【案情】 秦川实业有限公司（以下简称秦川公司）系黄丽某、高昌某两人投资设立。秦川公司的注册资本为600万元，黄丽某、高昌某两人分别认缴500万元和100万元，但实际分文未到位。在秦川公司设立过程中，西庆会计师事务所凭银月投资有限责任公司出具的一张800万元银行汇票（复印件）和另一张证明黄丽某和高昌某向其投资600万元的书面材料，便出具了秦川公司注册资本为600万元的验资证明。验资完成后，秦川公司经当地工商行政管理局核准登记成立。

秦川公司成立后3个月向梁一某借款33万元，约定半年之内还款，但秦川公司未按约还款，声称没有能力还款。梁一某在数次催款过程中了解到秦川公司未出资而西庆会计师事务所出具虚假验资报告的情况，遂将秦川公司、西庆会计师事务所诉至法院，要求秦川公司归还借款33万元并赔偿利息损失，西庆会计师事务所出具虚假验资报告承担连带责任。

原告梁一某提出，其与被告秦川公司之间的借款行为合法人有效，秦川公司依法应当偿还其借款33万元，同时作为法定验资机构的西庆会计师事务所应当按照实际情况出具验资报告，而不应当虚假验资，因此被告西庆会计师事务所应当承担连带赔偿责任。

被告秦川公司提出，秦川公司向原告梁一某借款确有其事，但目前没有能力还款，待日后资金允许的情况下就归还借款。

被告西庆会计师事务所提出，虽然自身在验资过程中存在不规范之处，但借钱的不是自己，欠钱不还的也不是自己，因此不应当承担连带责任。

【诉讼指南】 《公司法》、《注册会计师法》对验资机构的工作程序、要求和法律责任都有严格的规定。《公司法》第208条第3款规定："承担资产评估、验资或者验证的机构因其出具的评估结果、验资或者验证证明不实，给公司债权人造成损失的，除能够证明自己没有过错的外，在其评估或者证明不实的金额范围内承担赔偿责任。"《注册会计师法》第42条规定："会计师事务所违反本法规定，给委托人、其他利害关系人造成损失的，应当依法承担赔偿责任。"

本案是一起债权人向债务人主张权利并状告验资机构出具虚假验资证明的案件。本案中，原告梁一某与被告秦川公司之间的借款事实清楚，秦川公司应依法返还借款。本案的关键是西庆会计师事务所出具虚假验资证明是否应承担赔偿责任。

验资证明是经登记注册的会计师事务所或审计事务所对公司发起设立时的注册资金进行验资后出具的法律文件，也是公司设立时必须具备的基本条件之一。作为法定的验资机构应核准公司发起设立时的资本规模及资本构成，保证出具的验资证明真实无误，以此保护与该公司交易的其他当事人的合法权益。

本案中，西庆会计师事务所是秦川公司的验资证明人，理应根据国家的上述法律法规，实事求是地出具验资报告，但它却在秦川公司注册资金实际根本未到位的情况下，仅凭案外人的银行汇票及证明，便出具了秦川公司注册资金为600万元的虚假证明，完全违背了国家的有关法律规定，由此造成的后果是既蒙骗了国家工商登记机关，扰乱了国家经济管理秩序，又给根本不具履约能力的秦川公司提供了"合法"身份，损害了债权人梁一某的合法权益。因此根据《公司法》、《注册会计师法》的规定，西庆会计师事务所应当在其验资不实的金额范围内承担赔偿责任。

7. 农房抵押贷款存在哪些问题？

（1）农村房屋普遍无产权证书。《物权法》第17条规定，不动产权属证书是权利人享有不动产物权的证明。实践中，农村房屋普遍仅具有集体土地使用权证，没有房屋产权证。集体土地使用权证对农房所占有宅基地享有使用权具有证明力，但不能证明农户对农房具有所有权。绍兴部分地方试点农房产权证制度，向农户发放农房产权证，但在产权证上记载"仅用于金融机构贷款"，引申含义即不能用于交易、过户，限制了农户对农房的所有权能,使农户对农房仅具不完全所有权。

(2)农房抵押法律效力受到限制。宅基地、自留地、自留山,属于农民集体所有,农民只是享有宅基地使用权,而不具备处分的权利。根据《担保法》第37条第2款的规定,耕地、宅基地、自留地、自留山等集体所有的土地使用权,除法律另有规定外,不得抵押。《物权法》第182条规定"地随房走、房随地走"的原则,要求以建筑物抵押的,该建筑物占用范围内的建设用地使用权一并抵押;以建设用地使用权抵押的,该土地上的建筑物一并抵押。农房虽然附着于农村宅基地之上,但农户只享有宅基地使用权,宅基地不能随房屋一同转移,即否认了房屋不动产的抵押特性,实践中造成金融机构在发放贷款后无法律保障的尴尬境地,最终导致抵押无法进行。

(3)农房抵押登记无明确法律依据。房屋抵押权的设定,除了签订抵押合同外,还需完成抵押登记。根据《房屋登记办法》第87条的规定,申请农村村民住房所有权转移登记,受让人不属于房屋所在地农村集体经济组织成员的,除法律、法规另有规定的除外,房屋登记机关应当不予办理。由此可知,农村房屋的移转登记仅发生于同村村民之间,而农村信用社等金融机构既不在同一行政村范围,更无法律、法规另有规定的除外情形。第88条也仅是允许乡镇、村企业的厂房等建筑物可以设定抵押权登记,没有涉及集体土地范围内的村民房屋抵押。基于此,房屋管理部门通常以集体土地范围内农房抵押权登记无法律依据为由,拒绝办理抵押登记,而根据《物权法》的规定,房屋抵押权自登记时设立,若农户无法办理抵押登记,则抵押权并未设立。

(4)农房抵押权实现存在困难。农房抵押后,一旦借款人无法履行债务,抵押权人需实现抵押权救济。但农房抵押权实现存在两个问题:一是农房的价值评估;二是现行法律框架下农房抵押权如何实现。农村房屋建设缺乏统一的可操作标准,建房材料、成本质量差异很大,而且农村房屋所处的位置,行政村离城市远近等,都会影响农房本身的价值。若一旦发生不良贷款,金融机构无法与抵押人协议以抵押农房折价或者以拍卖、变卖该农房所得的价款受偿,只能借助诉讼途径。但一方面,依据相关规定抵押农房的受让人仅限于无宅基地的同村村民,而同村村民碍于面子购买意愿往往不高;另一方面,国务院出台的《关于加强农村宅基地管理的意见》、《国务院关于深化改革严格土地管理的决定》以及国务院办公厅发布的《关于加强土地转让管理严禁炒卖土地通知》等政策，又禁止城镇居民购买农房。资产有效处置变现困难，影响了金融机构开展农房抵押贷款的积极性。

8. 农房抵押贷款纠纷如何处理？

在对待农房抵押贷款问题上，法院要从支持农村金融创新、回应农村经济社会发展需求的目的出发，立足于保障广大农民群众的根本利益，以维护农村金融稳定为原则，注重金融机构不良贷款风险的防范与农户通过农房抵押实现经济利益的平衡，同时强化司法裁判的规制职能，促进农房抵押贷款依法运行，防范和化解金融风险。

(1)明确裁判思路，妥当认定农房抵押贷款合同的效力。长期以来，由于缺少抵押物，农民贷款融资非常艰难，金融服务的缺席，影响了农村的进一步发展。农房作为农民的安身之所，实际上也给农民提供了特殊的社会保障，但以农房作为抵押物还有许多政策上的限制，这些限制也构成农民自身的顾虑。十七届三中全会明确“创新现代农村金融制度，扩大农村有效担保物范围”，中国人民银行等部门为土地承包经营权和宅基地使用权抵押贷款“开闸试水”，盘活了农村沉睡资产，对农民创业增收，刺激农村金融发展、培育新的内需增长点都将产生深远影响。法院充分发挥审判职能，对有利于农业发展、农民富裕、农村繁荣的各项改革举措提供大力支持，通过为农房抵押贷款提供法律服务和司法保障，促进当前农村房屋确权登记颁证制度的逐步健全和农村金融体制创新，推动土地管理制度改革的有序进行。

对于农房抵押合同法律效力问题，笔者认为，在《担保法》第36条中规定了国有土地使用权和房屋一体抵押的原则，第37条第2款禁止宅基地等集体所有的土地使用权进行抵押。《物权法》颁布后，将国有土地使用权和房屋一体抵押的原则调整为以建筑物抵押的，该建筑物占用范围内的建设用地使用权一并抵押。然而，法律的一大原则是非禁即入，对于农房抵押而言，首先，国家法律历来没有禁止农民的房子进行抵押。虽然《物权法》、《担保法》规定农村宅基地的土地使用权不能抵押，但农民的房子建在宅基地上，它已变成农民的财产，根据《担保法》第34条“抵押人所有的房屋和其他地上定着物可以抵押”及《物权法》第180条“债务人或者第三人有权处分的建筑物和其他土地附着物可以抵押”的规定，农房所有人应可以对其拥有的农房进行抵押。其次，农房抵押涉及的是宅基地使用权，《物权法》第182条规定以建筑物抵押的，该建筑物占用范围内的建设用地使用权一并抵押的原则，并未提及宅基地使用权须与土地上的建筑物一并抵押。最后，《土地管理法》第2条和第62条明确规定“土地使用权可以依法转让”、“农村村民一户只能拥有一处宅基地……农村村民出卖、出租住房后，再申请宅基地的，不予批准”，这表明农民的房子土地使用权是可以转让、出卖的，只不过农民只有“一锤子买卖”，今后不能得到第二处宅基地。因此，法院在认定农房抵押贷款合同的效力时，对于不存在其他无效因素的农村房屋抵押合同，一般不宜轻易认定为无效。而在出现农房抵押贷款合同无效情形下，借贷合同作为主合同，抵押合同作为从合同，按照《担保法解释》第7条、第8条的规定，借贷合同有效而抵押合同无效，债权人无过错的，抵押人与债务人对借贷合同债权人的经济损失承担连带赔偿责任；债权人、抵押人有过错的，抵押人承担民事责任的部分，不应超过债务人不能清偿部分的二分之一。借贷合同无效而导致抵押合同无效，抵押人无过错的，抵押人不承担责任；抵押人有过错的，抵押人承担民事责任的部分，不应超过债务人不能清偿部分的三分之一。

(2)注重对农房抵押权实质性审查。关于农房抵押权实质性要件方面，笔者认为，因农村房屋通常仅具有集体土地使用权证而没有房产证，一方面对于农户而言，在进行抵押贷款时无法对房屋所有权提供有力的直接证据。另一方面对于金融机构来说，房屋产权证意义更为重大，一是因为根据《物权法》第17条规定，不动产权属证书是权利人享有不动产物权的证明，房屋产权证作为农户对自己所有房屋权属的直接证据，在无证据证明房权证登记错误的情况下，法律直接推定房屋产权证记载的权利人为房屋的所有人；二是通常抵押人仅就拥有处分权的财产进行抵押，尽管物权法确定了抵押权的善意取得，但从防控贷款风险和减轻举证责任的视角，金融机构目前仅受理以自己所有的农房进行的抵押贷款；三是在债务人到期不能归还贷款本息或者发生当事人约定的实现抵押权情形时，虽然相关法律和司法政策对农房和宅基地的流转作了严格的限制，但具有房权证的农房在折价或变卖时在操作层面也较无房屋产权证的农房容易实现抵押权。因此，从防控金融机构的不良贷款风险方面考虑，法院在审查农房抵押权设立时，按照《物权法》第187条“不动产办理抵押登记，抵押权自登记时设立”的规定，注重审查抵押农房须取得集体土地使用权证和房屋产权证，并办理抵押登记。

对于农房抵押权与租赁权实现顺序问题。笔者认为，根据《物权法》第190条的规定，农房抵押权与租赁权的实现取决于两者设立的先后顺序。审判实践中，可区分以下情况进行处理：一是农村房屋抵押权自登记时设立，登记的抵押权可对抗其后发生的租赁关系；二是农村房屋抵押合同订立前，租赁合同已登记备案的或虽未登记备案，但租赁关系实际存在的，如承租人已经实际占有使用该不动产，租赁关系不受抵押权的影响。

(3)加强与政府职能部门协调，形成法院与政府协作机制。农房抵押贷款涉及农房产权登记发放、抵押权登记及实现、集体土地使用权流转等问题。支持和保障农房抵押贷款，需要法院及政府职能部门树立合作意识，整合各自资源，创新工作举措。国土局负责集体土地使用权证办理，建设局负责房屋所有权证办理，规划局负责规划调整，财政局提供财政保障，镇乡街道负责宣传和组织实施，法院负责农房抵押贷款违约后的司法裁判和处置。在农房抵押权登记及实现、集体土地使用权流转问题上，政府职能部门和法院需制订必要的制度予以保证，通过政府纪要等形式，建立健全农房抵押登记及流转管理的基本原则、基本条件、主要方式、基本程序、流转的土地收益分配与管理。在抵押权实现时，流转农房及所占宅基地的范围可适当扩大至试点乡镇乃至县级辖区内的农业户口人员。集体土地使用权流转上，探讨开展“宅基地租赁权”制度，在抵押权实现时，农房买受人取得农房所有权，至于农房所占用的宅基地，并非取得物权性质的“宅基地使用权”，而是取得债权性质的“宅基地租赁权”，基于该债权，房屋买受人既可以占有使用该宅基地，集体土地所有人也能收取相应的宅基地租金，用于保障抵押人的基本居住权，从而实现社会的和谐。

(4)注重社会效果，动态跟踪调研，合力化解纠纷。农房抵押贷款，不仅涉及金融机构不良贷款风险防范与农户通过农房抵押实现经济利益的平衡，甚至涉及农户居住权、生存权等根本利益。法院在裁判农房抵押贷款案件时，可遵从熟人社会认同的纠纷解决方式，着重运用村民和公众比较能够接受的情理来把握和认定案件事实，更加注重诉讼结果的真实性和合理性。发挥村民委员会、集体经济组织等农村基层组织对乡土社会、风俗人情以及农村交易习惯更有深刻体会和熟悉的优势，联动农村基层组织合力化解农房抵押贷款纠纷。法院通过处理农村房屋抵押贷款纠纷案件，及时收集掌

握农房抵押贷款中出现的新情况、新问题，分析涉诉案件的共性特征，及时总结审判经验，以司法裁判的方式，统筹兼顾各方利益，并注重保护广大农民群众的根本利益。

CHAPTER

8

第八章

民间借贷的转让

要点提示

民法上的债的转移,又称债的转让,是指债权人或者债务人将债权或者债务全部或者部分转让给第三人的行为。债的转让是债的主体变更,由新的债权人代替原来的债权人承受债权,或者由新的债务人代替原来的债务人承受债务,但债的权利义务内容不发生改变。本章就民间借贷的转让问题进行了重点探讨。

1. 债权转让的法律性质如何界定?

债权转让是指债权人将自己的特定债权及其附属权利全部或部分地转让给他人的法律行为。所谓债权转让的法律性质显然说的是这种转让行为应当具有的种种法律属性。

首先,债权转让是当事人间的合意行为。也即一种让与人与受让人之间订立的合同或协议。债权转让合同的成立是让与人与受让人双方意思表示达成一致的结果,不以通知债务人为要件。但作为让与人的原债权人负有通知债务人的义务,否则仍应承担债务履行的法律后果。

其次,债权转让的标的是业已生效的特定债权,也即特定债权人向特定

债务人的债务履行请求权。因此,一切债权原则上均可为转让标的,不仅包括合同债权,也应包括因不当得利、无因管理和侵权行为而发生的债权请求权。

最后,债权转让具有同一性,也即当事人订立转让债权的合同行为不能改变既存债权关系的内容和性质。这是债权债务关系之稳定性和连续性的内在要求。债权转让只是在法律上为当事人迅即完成交易提供便利和保障,不能害及债权本身,不得改变合同的主要条款,也不能把一种债权改换为另一种债权,如把借贷变成买卖。债权人转让债权是一种处分行为,固然可自由为之。但这种处分是建立在特定债权前提上的,不同于债权的更新或更改,仅仅是债权人的更换而已。从经济意义上看,债权转让是指同一宗交易的易手,不能有损于已成立并进行着的商品交换过程。我国《民法通则》和《合同法》并无债权更新或更改的规定,只承认合同债权的变更和转让。变更是指合同内容的变动,转让是指当事人一方的变动。合同变更,其实质是由当事人双方约定用一个新的合同取代原有合同,即新合同债产生而原合同债消灭。合同转让则只是更换一方当事人,其债权债务仍不失其同一性。

2. 不能转让的债权主要有哪些?

概括说来,不能转让的债权主要有以下几类:

一是性质上不可转让的债权。多为以特定人身关系为基础的债权,如抚养请求权、绘制肖像请求权;以债务人与债权人特定的信任关系为前提的雇用、委任、使用借贷、租赁等债权关系原则上不能转让。转让这些债权,势必破坏债的同一性。至于不作为债权既无转让的必要,也不能进行转让。但此类性质上不可转让的债权所生的损害赔偿请求权,通常认为可以转让。

二是法律上规定不可转让的债权,主要是那些与社会公益密不可分的债权,国外通常理解为不得扣押之债权,如《德国民法典》第400条就明确指出禁止扣押的债权不得让与。在我国,基于国家指令性计划而发生的合同债权,其转让受到法律限定。目前虽无直接的明文规定,但《经济合同法》第29条规定的“经济合同的变更或解除如涉及国家指令性计划产品或项目,在签订协议前应报下达该计划的业务主管部门批准”之精神,同样适用于债权转让。此外,依法经国家批准成立的合同债权必须取得原批准机关的批准,

方可转让。

三是当事人约定不可转让的债权,也就是债权人与债务人事先已有禁止转让的意思表示并作为债权成立的必要条款规定下来的债权。

3. 债权转让的内外效力如何认定?

债权转让的效力是指债权转让行为具有的约束力和影响力。就债权转让本身来看,其效力当发生在当事人即债权转让人和债权受让人之间。但由于债权转让只不过是既定债权债务关系的债权人发生变更,即由新的债权人取代原债权人的位置,主张原债权人的诸项权利,因此不免要对债务人及第三人的利益发生影响。这样,债权转让就不完全是转让人和受让人之间的"意思自治"了,而必须顾及债务人及第三人的利益。所以债权转让的效力也就具有内外之别。通常把发生在转让人与受让人间的效力称为债权转让的对内效力,发生在转让人与债务人及第三人间的效力称为债权转让的对外效力。这里所谓的第三人是指同债权转让有利害关系的其他民事主体。

(1)债权转让的对内效力

对内效力基于当事人的转让合意而发生,不能损及债权的同一性,所以伴随债权的从权利和瑕疵,均一并转让给受让人。

(2)债权转让的对外效力

对外效力也可称为债权转让的外接效力,实际是对债务人及第三人的影响,即债务人及第三人不能再向原债权人履行给付义务,而要向新的债权人履行。其关键在于通知债务人,也就是只有通知债务人时,债权转让始得对债务人及第三人发生效力。所以对外效力通常是指债权转让通知的效力,可从转让通知前后两个方面进行分析。

①转让通知前债权转让的效力问题。转让通知虽不是债权转让成立的要件,但却是对债务人发生效力的要件。因此转让通知前,债权转让对债务人及其他第三人应是无效的。如《日本民法典》第467条规定转让通知后债权转让的效力问题转让通知达于债务人时,债权转让即在债权人与债务人之间发生效力。根据我国民法学界的通说,债务承担是指在不改变债的内容的前提下,债权人、债务人通过与第三人订立转让债务的协议,将债务全部或者部分移转给第三人承担的法律事实。按照承担后原债务人是否免责

为标准,可以分为免责的债务承担与并存的债务承担。其中,免责的债务承担是指债务人经债权人同意,将其债务部分或全部移转给第三人负担,原债务人脱离债的关系,不再对所移转的债务承担责任。而并存的债务承担则是指债务人不脱离债的关系,第三人加入债的关系,与债务人共同承担债务。虽然免责的债务承担和并存的债务承担仅仅是理论上的习惯性划分,民法通则或合同法并没有明文的规定,但很多司法解释以及审判实践都体现并遵循了这种性质划分。因此,债务承担在性质上可以分为免责型和并存型两种,已经成为司法实践中的共识。

②转让通知后债权转让的效力问题。对于债务人来说,无论是免责性承担还是并存性承担,都不会影响到他的利益。而对于债权人来说,免责性承担与并存性承担之间就存在巨大的差别。因为一旦接受免责性的债务承担,那么事实上就是接受了一个新的债务人,原先的债务人将彻底脱离原来的债务关系,债权人对其不再享有任何要求履行的权利。因此,如果是债务人与第三人达成免责的债务承担,必须经过债权人同意。而即使是第三人与债权人达成免责的债务承担,根据相同的原理,也必须具有明确、真实的意思表示。需要说明的是,这种判定和推定原则当然不是将债权人利益的保护绝对化而置债务人利益于不顾,而是在权衡当事人双方的力量对比、利益轻重、信息优劣之后作出的判断和抉择。

4. 债务承担的性质如何认定?

(1)债务人与第三人存在合并或分立关系时的承担性质认定

债务人与第三人存在合并或分立关系时,相应的债务承担只能是并存性承担。按照《合同法》第90条的规定:“当事人订立合同后合并的,由合并后的法人或者其他组织行使合同权利,履行合同义务。当事人订立合同后分立的,除债权人和债务人另有约定的以外,由分立的法人或者其他组织对合同的权利和义务享有连带债权,承担连带债务。”《合同法》将债务人与第三人存在的合并或分立关系作为承担连带责任的充分条件,出发点显然也是最大限度地保护债权人的利益。需要注意的是,实践中当事人之间的合并或分立有很多种形式,有的附有合并或分立协议,这种情况下的合并或分立比较容易认定;有的则不具有相应的协议,但事实关系显然成立,绝不能以此为借口逃避相应的连带责任。

(2)债务人与第三人之间存在债权债务关系的承担性质认定

债务人与第三人之间存在债权债务关系时,除非有明确的免责性承担的意思表示,否则相应的债务承担仍然属于并存性的承担。实践中,往往会出现债务人对第三人享有债权,债权人、债务人与第三人遂以三方协议的形式成立一种债务承担,即由对债务人负有债务履行义务的第三人直接向对债务人享有债权的债权人履行债务。在这种情况下,虽然三方协议的存在可以避免当事人不知情的问题,但若没有明确的免责性承担的意思表示,仍应按并存性承担处理,债务人和第三人对债权人承担连带责任。因为在这种情况下,债权人对第三人的了解在信息上处于劣势,债务承担生效、第三人实施履行之后,往往会出现第三人不完全履行或者不能完全履行的情况,此时若剥夺债权人向原债务人要求债务履行的权利则实属不公。

【典型案例8.1】 集体企业改制为有限责任公司后的原有债务如何承担?

【案情】 被告侯万某原系济南市历城区郭店筑路队(以下简称筑路队)法定代表人。1995年11月23日、30日,1996年1月11日,侯万某先后以济南市历城区郭店筑路队的名义自原告处借款10000元、10000元、14800元,并出具欠条三张,约定利息为月息2%,未注明还款日期。后侯万某于1999年3月15日、2001年6月17日、2004年8月7日分别在三张欠条中签名进行了确认。因筑路队一直未偿还借款,原告诉至法院,要求判令被告侯万某、被告山东天拓建设有限公司偿还借款本金34800元,利息108280元。

筑路队系1989年12月29日由济南市历城区郭店建委组建成立的集体企业,2001年5月30日注销。企业注销登记材料中载明,由郭店建委负责清理该企业债权债务。2003年9月5日,济南市历城区郭店镇委员会作出郭发〔2003〕34号文件,对郭店镇建委系统各企业实施改制,将集体资产全部退出,投资主体多元化。改制范围为包括筑路队、安装工程队在内的郭店镇建委下属六个企业。2005年6月21日,安装工程队根据上述文件,聘请山东天平信有限责任会计师事务所以2004年12月31日为评估基准日对六企业合并资产负债表列示的全部资产和相关负债进行评估。山东天平信有限责任会计师事务所出具的《资产评估报告书》载明,评估后的总资产

29076711.58 元，负债为 21563124.9 元，净资产为 7513586.68 元。报告书长期借款中载明李修某 15000 元。同年 7 月 1 日，郭政发〔2005〕22 号文载明，原改制企业经审定后债权债务由改制后的新公司承继。2005 年 8 月 22 日，济南市历城区郭店镇人民政府（甲方）与杨恩某（乙方）、马圣某（丙方）、谢来某（丁方）签订股权转让协议，将在安装工程队的集体股权转让给乙、丙、丁；根据评估后的净资产额，由乙、丙、丁以股权比例以 6.655∶3.345 比量购入，即：由购买者三方支付镇政府货币资金 500 万元，镇政府赠净资产 2513586.68 元；甲方依法将股权转让给乙方、丙方及丁方后，其在济南市历城区郭店建筑安装工程队的权利义务，由乙方、丙方及丁方承担。2005 年 8 月 31 日，四方共同签署《资产转移证明》。2005 年 9 月 6 日，济南市历城区郭店建筑安装工程队更名为天拓公司，股东由原济南市历城区郭店镇人民政府变更为自然人股东杨恩某、马圣某、谢来某，企业的性质由集体企业变更为有限责任公司。

被告天拓公司辩称该公司改制时承担的债务明细中原告债权为 15000 元，且债权已过诉讼时效，不应偿还。

本案争议焦点为：(1) 企业改制后，原改制企业的债务如何承担；(2) 企业改制前债务的诉讼时效如何起算。

法院经审理认为，筑路队注销后，其债权债务由天拓公司承继。本案诉争借款发生在 1995 年 11 月 23 日至 1996 年 1 月 11 日期间，借条并未约定还款期限，李修某作为债权人有权随时要求债务人履行还款义务。李修某曾先后多次向筑路队原负责人侯万某索要债务，侯万某在借条中签字确认。现天拓公司未能提供证据证明李修某对筑路队注销及山东天平信有限责任会计师事务所公告要求债权人申报债权的事实知悉，因此并不能认定李修某当时已经知道其债权受到侵害，故天拓公司认为涉案借款的诉讼时效应当自筑路队注销或债权债务公示之日起算的主张不能成立。截至李修某起诉之日，该债权并未超过 20 年的最长民事权利保护期限，并未超出诉讼时效。据此判决被告山东天拓建设有限公司偿还原告李修某欠款 15000 元，利息 46410 元。

【诉讼指南】 《最高人民法院关于审理与企业改制相关的民事纠纷案件若干问题的规定》第 5 条规定，企业通过增资扩股或者转让部分产权，实现他人对企业的参股，将企业整体改造为有限责任公司或者股份有限公司的，原企业债务由改造后的新设公司承担。本案中，山东天拓建设有限公司通过购买取得安装工程队资产（包括负债），企业改制前已经委托会计师事务所进行了评估，山东天拓建设有限公司股东亦依评估报告确定的资产、负债数额支付了相应对价，故山东天拓建设有限公司承担债务的范围应以评估报告中记载的为准。审计报告记载李修某债权为15000元，故仅对其该部分请求予以支持。

诉讼时效是指权利人在法定期间内不行使权利即丧失胜诉权的制度。诉讼时效期间从知道或者应当知道权利被侵害时起计算。但如何认定知道或应当知道，实践中应区分以下情况：(1)明确约定履行期限的债权，自期限届满之日起算。(2)未约定履行期限的债权，自权利人主张权利时起算；若权利人主张权利时予以对方宽限期，则从该宽限期满之日起算。具体来说，债权人要求债务人履行债务，并向债务人明确债务履行期限的，诉讼时效从债权人确定的期限届满之日起计算，债权人要求债务人履行债务，债务人明确表示拒绝履行的，诉讼时效从债务人表示拒绝履行之日起算；债务人向债权人出具了履行债务计划，债权人无异议的，诉讼时效从履行计划载明的最后履行期届满之日起算。本案中，侯万某出具的借条没有约定还款期限，山东天拓建设有限公司接收债权债务前，已知李修某系债权人，故其应按照法律规定，通知李修某申报债权，并自李修某申报债权之日起开始试算诉讼时效。但山东天拓建设有限公司没有履行通知义务，导致李修某未能申报权利，故李修某债权并未超过诉讼时效。

5. 债务承担的构成要件如何界定？

所谓债务承担，指债的关系不失其同一性，债权人或者债务人通过与第二人订立债务承担合同，将债务全部或部分地转移给第二人承担的现象。债务承担可以分为免责的债务承担和并存的债务承担。

债务承担的构成要件如下：(1)当事人签订债务承担合同。(2)须存在有效的债务。(3)被转移的债务具有可转移性。(4)债务承担对第二人发生效力，区别于其他合同外第二人承担责任制度最重要的要件是，无论是哪一种类型的债务承担，第二人就债务的转移与债权人或者债务人意思表不一致，签订一个债务承担合同。

【典型案例8.2】 夫妻离婚协议中对债务承担的约定能否对抗债权人?

【案情】 2009年6月11日,被告唐旭某向原告出具借条,从原告处借款5万元,约定还款期限为2009年8月底,并在借条上认可以岳塘区宝塔街道芙蓉西路×号外23号门面产权证书抵押。被告唐旭某将借条、写有张巧某名字的同意书及产权证交给原告后,原告遂将借款交付给了被告唐旭某,借款到期后,被告一直未归还借款,遂产生了本案的纠纷。

原告赵之某起诉被告张巧某,理由如下:(1)借款是发生在被告唐旭某与被告张巧某婚姻关系存续期间,所以本案的债务应为夫妻共同债务;(2)被告唐旭某出具给原告的同意书上有被告张巧某的签名,可以认为被告张巧某是认可被告唐旭某借款的,因此,也可认为该笔借款是被告夫妻间的共同债务。但被告张巧某辩称:(1)其与被告唐旭某已经离婚,本案的借款系被告唐旭某的个人债务,且两被告离婚时以对债务承担进行了约定,即双方各自的债务由各自承担;(2)被告唐旭某出具给原告的同意书并非被告张巧某所写,且同意书上的签名也并非张巧某本人所签。故被告张巧某否认其应当承担本案的借贷债务。

经审理查明,被告唐旭某与被告张巧某于2006年1月12日在长沙开福区登记结婚,2011年5月17日离婚;被告唐旭某出具给原告的同意书及同意书上的签名均不是被告张巧某所写,且被告唐旭某承诺抵押的岳塘区宝塔街道芙蓉西路×号外23号门面系被告张巧某个人所有。

本案争议焦点为被告唐旭某与被告张巧某离婚协议中对债务承担所做的约定能否对抗债权人的权利。

法院认为:被告唐旭某向原告借款并约定还款期限,原、被告之间形成民间借贷关系,该民间借贷系双方当事人真实意思表示,不违反有关法律规定,双方均应按照约定履行各自义务,被告唐旭某应当归还原告借款本金5万元。该借款系被告唐旭某在与被告张巧某夫妻关系存续期间发生,被告唐旭某、张巧某不能举证证明在借款时,和原告约定借款为个人债务,该借款应当按夫妻共同债务处理,两被告应当共同偿还。被告张巧某辩称与被告唐旭某离婚时已约定债务由被告唐旭某承担,被告张巧某不应当在本案中承担还款义务,本院认为,被告唐旭某与被告张巧某离婚协议中对于债务承担的约定属于两被告之间的约定,只对两被告有效,被告张巧某的辩称理由不能对抗债权人的权利，对被告张巧某的该辩称理由本院不予支持。两被告未按约定的还款期限归还借款，应当承担逾期利息，原告的诉讼请求符合法律规定，本院予以支持。

法院依照《民法通则》第90条、《合同法》第207条、《审理借贷意见》第9条、《婚姻法》第41条、《婚姻法解释(二)》第24条之规定，作出如下判决：

被告唐旭某、张巧某于判决生效之日起10日内一次性归还原告赵志某借款5万元，并支付延期付款利息。(具体数额按照银行同期贷款利率自2009年9月1日起计算至判决指定给付之日止)

【诉讼指南】 本案处置的重点主要在于对夫妻离婚协议对债务承担约定的性质的理解。通常而言，夫妻存续期间一方以个人名义借款的，除非能够证明该借款是个人的债务，否则都会依法认为是夫妻的共同债务。即使夫妻之间对债务的承担有约定，也只在夫妻内部有效，不能对抗第三人。《婚姻法解释(二)》第24条规定，“债权人就婚姻关系存续期间夫妻一方以个人名义所负债务主张权利的，应当按夫妻共同债务处理。但夫妻一方能够证明债权人与债务人明确约定为个人债务，或者能够证明属于婚姻法第十九条第三款规定情形的除外”。

具体到本案中，被告张巧某辩称该借款为被告唐旭某的个人债务，但并未提供证据加以证明，故本案中的借款应理解为夫妻共同债务。被告张巧某与被告唐旭某离婚时就债务承担所做的约定只能在两被告之间有效，不能对抗债权人的权利。

6. 民间借贷中发生转借时合同效力如何认定?

转借，是指借款人将借入的金钱又出借给他人的行为。转借过程中存在着前后两次借贷行为，且两次借贷行为在性质上都是民间借贷。前一民间借贷合同的出借人只对其借款人(第一手借款人)有清偿债权的请求权，除了特别约定外，不能请求后一民间借贷合同的借款人(第二手借款人)对其清偿。除依法定程序享有代位请求权外，前一民间借贷合同的借款人(第一手借款人)只对其第一手出借人负有偿还责任，后一民间借贷合同的借款人(第二手借款人)只对前一民间借贷合同的借款人(第一手借款人、第二手出借人)即转借人负有偿还义务。

由于前后两个合同是不同的借贷关系，其中无论哪个合同无效，通常都不影响另一个合同的效力。比如，前一民间借贷合同被确认无效后，在正常情况下，不能同时认定后一民间借贷合同也无效，更不能要求后一民间借贷合同的借款人将借款返还给前一民间借贷合同的出借人。但是，在某些特殊情况下，如前一民间借贷合同的出借人出借的是赃款，借款人借入该赃款后又出借，司法机关追究出借人之刑事责任的同时追缴该笔赃款的，后一民间借贷合同就会无效。

【典型案例8.3】　擅自变更借条，债权人是否构成向第三人履行债务或债权转让?

【案情】　2009年年初，被告王辉某从杨秋某处取得借款现金50000元整，该笔款项系杨秋某于原告王亚某处取得的，王辉某与杨秋某签订了借款凭证，借款凭证上注明的债权人为杨秋某，债务人为王辉某。因该笔债务到期未还，2010年5月8日，杨秋某与王辉某遂更换借条，签订了新的借款凭证，当时，王亚某并未在现场。该借款凭证上记载："今向________借款人民币50000元整，定在2010年10月8日前还清，如超过还款时间借款人同意承担被借款人的经济损失及法律责任。借款人：王辉某。借款日期：2010年5月8日。"当时，该借款凭证上出借人处并未署名，后杨秋某将其署名为"王亚某"，并电话告知王辉某，王辉某明确表示不同意，称其只认可与杨秋某之间的借贷关系，并要求将出借人恢复为"杨秋某"。王辉某与杨秋某约定的借款利息为月利率5%，王辉某向杨秋某支付利息至2010年10月8日。

本案争议焦点为原告王亚某是否有权向被告王辉某主张债权。

因2009年年初，王辉某是向杨秋某借款，且在王辉某取得借款时，杨秋某并未向其明确告知出借人为王亚某，同时王亚某也并无证据证明其与王辉某之间存在事实上的借款合同关系，故2009年年初的那笔借款，债权人应为杨秋某。2010年5月8日，杨秋某与王辉某更换原来的借条，签订了新的借款凭证，虽然杨秋某将该借款凭证上的出借人署名为"王亚某"，但该署名是在王辉某不知情的情况下做出的，而且王辉某明确表示反对，称其只认可与杨秋某之间的借款合同关系。因王辉某并不赞同将其与杨秋某之间的借款合同关系更改为其与王亚某之间的借款合同关系，根据《合同法》第3条、第77条第1款之规定，本案中杨秋某未经王辉某的同意，擅自变更合同一方当事人的行为无效。因此,2010 年 5 月 8 日的借款凭证上所注明的出借人为“王亚某”与事实不符,本案所讼争的 50000 元借款,债权人应为杨秋某。故根据合同的相对性原理,王亚某权主张权利。依照《合同法》第 3 条、第 60 条第 1 款、第 77 条第 1 款,《民事诉讼法》第 64 条第 1 款之规定,判决:驳回原告王亚某的诉讼请求。

【诉讼指南】 (1)本案是否构成向第三人履行债务

向第三人履行债务的要件有:债权人与债务人达成债务人向第三人清偿义务的协议;第三人是债权的接受主体,但不是合同当事人;债务人未向第三人履行债务或者履行不符合约定的,应向债权人承担违约责任。本案被告原来与案外人杨秋某存在借贷关系,如果双方达成王辉某向王亚某履行义务的合意,王亚某也仅是债权的接受主体,而非借贷关系的当事人,王辉某未向王亚某履行还款义务时,也应由王辉某向杨秋某承担责任,即应由杨秋某向王辉某主张权利。但王辉某与杨秋某在更换借条时,双方并未达成王辉某向王亚某履行义务的协议,因此本案不构成向第三人履行义务。

(2)本案债权是否发生转让

债权转让的要件有:被让与的债权具有可让与性;债权人与受让人达成转让协议;债权人转让债权应通知债务人,未经通知,该转让对债务人不发生效力。债权发生转移,合同主体变更,第三人成为合同当事人,债务人不履行义务或者履行义务不符合约定时,第三人可直接向债务人请求承担责任。本案杨秋某与王辉某在更换借条时,杨秋某与王亚某并未达成债权转让的协议,王亚某也不知道杨秋某与王辉某之间的借贷关系,因此本案债权并未发生转让;且杨秋某将该借款凭证上的贷款人变更为“王亚某”时,王辉某并不知情,即未通知王辉某,即使本案债权发生转让,未经通知债务人,该转让对王辉某也不发生效力。

(3)擅自变更合同的行为无效

根据《合同法》第 77 条的规定,双方当事人经协商后方可变更合同。杨秋某将该借款凭证上的出借人署名为“王亚某”,但该署名是在王辉某不知情的情况下做出的,且王辉某事后明确表示反对,称其只认可与杨秋某之间的借款合同关系,因此,王辉某并不赞同将其与杨秋某之间的借款合同关系更改为其与王亚某之间的借款合同关系,杨秋某未经王辉某的同意,其擅自变更合同一方当事人的行为对王辉某没有约束力。

综上，本案讼争借款的债权人应为杨秋某，根据合同的相对性原则，王亚某无权向王辉某主张权利。

7. 出借人向第三人转让债权的，是否需要经过借款人的同意？

出借人向第三人转让债权的，应当及时通知借款人，但并非必须经过借款人同意才能转让债权。

《合同法》第 80 条第 1 款规定："债权人转让权利的，应当通知债务人。未经通知，该转让对债务人不发生效力。"

民间借贷中的债权转让虽然改变了借款人履行义务的对方当事人，但是借款人向谁履行债务对其影响并不大。所以法律并没有将借款人同意作为债权转让有效的条件，而将"通知"作为债权转让对借款人有效的条件。其意义在于把债权转让的主动权、决定权交给出借人，充分尊重出借人处分债权的自由，既合情又合理。

将"通知债务人"作为债权转让的有效条件，目的是使借款人知道债权转让的事实，知道向谁履行债务，以免因不知情而在履行过程中造成不必要的损失。出借人通知应当全面，如转让借款本金数额、时间、利息和担保权随同转让，受让人名称、地点等，都必须明确，并使"通知"到达借款人。如果因通知不明确造成借款人履行债务不当或者损失的，则由出借人承担责任。至于通知的形式，可口头也可书面。将债权转让及时通知借款人，债权转让即可对借款人发生法律效力。如果出借人未通知借款人，债权转让对借款人不发生法律效力。

【典型案例 8.4】 借款合同的债权人将自己的债权转让给第三人能否得到支持？

【案情】 北京轻盈塑料制品公司向沈之某借款 50 万元，双方签订了《借款合同》。后北京轻盈塑料制品公司法定代表人温某个人向沈之某归还了该笔借款，沈之某于是将 50 万元债权转让给温某，公司随后也出具了《承诺函》，对向沈之某借款的事实予以确认。温某根据债权已经转让的事实要求公司归还 50 万元欠款，经多次协商未果，温某向当地人民法院起诉，要求北京轻盈塑料制品公司归还50万元借款。

原告温某提出,自己作为个人向沈之某归还了借款,沈之某将50万元的债权转让给他,转让完成后,他就成为新的债权人,因此公司应当归还借款50万元。

被告北京轻盈塑料制品公司提出,自己是否向沈之某借款不清楚,对于盖有公司公章,并有温某等公司董事会成员签名的《承诺函》不予认可。

【诉讼指南】 本案的主要焦点在于债权转让的问题。所谓债权转让,是指不改变债的关系的内容,债权人将其债权移转于第三人享有的现象。债权人可以将债权全部转让给他人,也可以仅转让债权的一部分。债权的转让是债的主体变更的一种形式,它是在不改变债的内容的情况下,债权人本身的变更。债的转让有如下特征:债权让与具有非要式性;债权让与具有无因性,债权让与是基于各种各样的原因而产生的,可能基于买卖、赠与,也可能是代物清偿,但不论其原因为何及其有效与否,对于债权让与合同的效力并无直接影响;债权让与是处分行为,要求让与人就该债权必须具有处分权限和处分能力。

我国《合同法》第79条规定:"债权人可以将合同的权利全部或者部分转让给第三人,但有下列情形之一的除外:(一)根据合同性质不得转让;(二)按照当事人约定不得转让;(三)依照法律规定不得转让。"第80条规定:"债权人转让权利的,应当通知债务人。未经通知,该转让对债务人不发生效力。债权人转让权利的通知不得撤销,但经受让人同意的除外。"

根据上述规定,债权转让的构成要件如下:第一,应当有有效的债权存在。债权转让,须以债权的有效存在为前提,所以转让的债权应当是为法律所认可的具有法律上约束力的债权。若债权人让与的债权为无效或不存在,则债权转让也无从谈起。第二,债权转让须转让人与受让人之间达成协议,债权转让为处分行为,转让人应真正享有该债权且具有处分能力,同时转让人与受让人之间应当对债权转让事项达成合意。第三,债权转让中的债权须具有可让与性。对于法律规定不得转让、根据债权性质不得转让和当时约定不得转让的债权,债权人不得将其转让给他人。第四,债权转让须合法且不得损害社会公共利益。债权转让须合法是指债权转让的内容与形式必须符合法律规定。同时债权转让还需要遵守社会公共利益,如果债权转让违背了社会公共利益,则该转让行为无效。第五,债权转让须通知债务人。否则,债权转让对债务人不发生效力。债权转让需要通知债务人,但不必征得债务人的同意。一旦通知到债务人,则权利的转让发生效力;未通知,该转让对债务人不发生效力,债务人仍然可以向原债权人履行义务。

本案中,沈之某将债权转让给第三人符合上述法律规定的债权转让的构成要件,具体分析如下:

首先,北京轻盈塑料制品公司向沈之某借款的事实可以通过《借款合同》和《承诺函》得到证明,《借款合同》有北京轻盈塑料制品公司法定代表人签名和财务章,而《承诺函》上有北京轻盈塑料制品公司法定代表人签名和公司公章,因此北京轻盈塑料制品公司与沈之某借款的事实真实、合法,应当得到法律保护。

其次,根据《合同法》第79条的规定,作为债权人的沈之某可以将其债权转让给第三人。

最后,根据《合同法》第80条的规定,债权人可以转让债权,但同时也需要遵循一定的规则,即债权人转让债权时应当通知债务人。本案中,沈之某将其债权转让给温某,而温某又是北京轻盈塑料制品公司的法定代表人,依据相关法律规定,代表法人行使职权的是法定代表人,因此应当视为已经通知了北京轻盈塑料制品公司。

综上所述,债权人沈之某向温某转让债权的行为符合相关法律规定,债权转让后,温某即取得了要求债务人北京轻盈塑料制品公司偿还借款的权利。

8. 借款人向第三人转移债务时,是否需要征得出借人的同意?

民间借贷债权转让一般不会影响借款人履行还款义务和借款人的利益,但债务转让却有所不同。借款人向第三人转移债务的,必须征得出借人同意。

《合同法》第84条规定:"债务人将合同的义务全部或者部分转移给第三人的,应当经债权人同意。"

如果借款人有足够还款能力,而第三人无还款能力,在这种情况下,不取得出借人同意而以通知出借人为债务转移的生效条件,势必使出借人的债权难以实现,甚至会给借款人逃避债务提供便利。因而《合同法》和《民法通则》都规定债务转移必须取得债权人的同意,把债务转移协议是否生效的决定权交给债权人。如果债权人已经同意，且意思表示真实，那么债权能否实现的风险就由债权人自己承担。在借款人有还款能力而第三人无还款能力的情况下，出借人通常不会同意债权转移。如果同意转移，届时不能实现债权，不能反过来主张债务转移合同无效，也不得再向借款人主张债权。

【典型案例8.5】 第三人代为履行与债务转移如何区分认定？

【案情】 2010年4月7日，被告林某介绍案外人王某向原告黄明某借款60000元用于做生意周转，王某以A车作为抵押，借款期限半年(该笔借款转由案外人丁春某为债权人，现亦引发诉讼)。4月15日，王某又向原告黄明某借款70000元，该借款的期限亦为半年，并提供B车作为抵押。而被告林某则作为上述借款的经手人。2010年6月23日，被告林某向原告黄明某出具了该70000元的借条(同时向丁春某出具60000元的借条)，原告黄明某则将上述王某给其的借条给了被告林某。

上述事实有以下证据证明：(1)被告林某于2010年6月23日出具的借条，该借条载明：今借到黄明某人民币柒万元(70000)整。(2)王某2010年4月7日和15日向原告黄明某出具的两张借条，其中4月7日借条载明王某向黄明某借款60000元，期限半年，以A车作为抵押；而4月15日借条则载明王某向黄明某借款70000元，期限亦为半年，并以B车作为抵押。

本案争议焦点为被告林某出具借条的行为是否系其真实意思表示以及该借条的性质。

法院根据上述事实和证据认为：

(1)被告林某向法院提出，该借条系其在原告黄明某等人胁迫的情况下写下的，因此该借条违背其真实意思。从本案现有证据看，该事实只有被告林某本人的陈述，而没有证据显示被告在书写借条时原告有实施胁迫行为，《证据规定》第76条规定："当事人对自己的主张，只有本人陈述而不能提出其他相关证据的，其主张不予支持。但对方当事人认可的除外。"因此，武夷山市人民法院无法支持被告的此项抗辩。

(2)关于本案借条的性质问题，该问题涉及债务转移，所谓债务转移是指在不改变债的内容的前提下，债权人或债务人通过与第三人订立转让债务的协议，将债务全部或部分地转移给第三人，由第三人向债权人履行。包括并行的债务加人和免责的债务承担两种形式。在并行债务承担中原合同的债务人因没有经债权人的同意免责而需与新的债务承担人一并承担原来的合同债务;而在免责债务承担中原合同的债务人因经债权人的同意免责而脱离原合同债务关系,改由新的承担人承担债务。根据本案查明的事实,原告黄明某在被告林某向其出具借条后,已将原债务人王某出具的借条给了被告林某,其行为表明其已免除了原债务人王某的债务,而改由被告林某承担债务,这就可以认定:本案是免责的债务承担。且本案债务的转移承担并不为法律所禁止。

依照《合同法》第 86 条、第 206 条之规定,判决如下:被告林某应于本判决生效之日起 10 日内归还原告黄明某借款计人民币 70000 元。本案受理费 1550 元,减半收取 775 元,由被告林某承担。

上诉人林某上诉称:(1)诉争借款系黄明某借给案外人王某,因王某涉嫌犯罪,2010 年 6 月 23 日,被上诉人等多人逼迫上诉人同时写了五张借条,涉案金额 40 余万元,上诉人均未收到分文。上诉人始终认为被逼迫所写借条是无效的,况且民间借贷是实践性合同,本案又是抵押借款,上诉人并未实际占有该款,被上诉人也不是实际债权人。(2)一审认定“债务转移”是毫无根据的,程序违法,且诉前和诉中上诉人都明确不认可、不接受诉争债务的转移。本案诉争借款均不发生法律规定应当“通知”、“同意”之类的债务转移认可行为,王某更是不知晓,所谓“通知”都是在诉讼中由法院让羁押中的王某接受认可债的转移通知,显然违背了公平公正和当事人自治原则。综上,请求撤销原判,改判驳回黄明某的一审诉请。

二审法院根据上述事实和证据认为:本案诉争借款已实际支付,各方均无异议。《合同法》第 84 条规定:“债务人将合同的义务全部或者部分转移给第三人的,应当经债权人同意。”被上诉人黄明某持有借条并提起诉讼,说明黄明某认可林某为新的债务人;从一审法院向原债务人王某所作的调查笔录内容看,王某对此债务由林某承担也是认可的。因此,该债务转移合法有效。鉴于林某自愿(林某提出系受胁迫并无证据证明)向黄明某以出具借条的方式来最终确认两人之间的法律关系,这种行为亦不违反法律的规定,因此一审依借条而判决林某还款并支付相应利息并无不当。综上,上诉人上诉理由不能成立,应予驳回。

二审判决:驳回上诉,维持原判。

【诉讼指南】 本案从合同履行的特征看，涉及第三人履行债务，但第三人履行债务有第三人代为履行债务及合同债务转移两种情形，而合同债务转移又可分为免责债务承担和并行债务承担。在现实经济生活复杂多样、《合同法》有关此方面的规定较为笼统的现状下，实践中经常容易发生混淆，不同法官审理时在理解上也容易发生偏差，难免造成最终判案缺乏统一的标准。故有必要对第三人代为履行债务与合同债务转移区别问题进行探讨，以期对实践中准确理解两者的定性起到积极的作用。

第三人代为履行与债务转移在外部特征上均体现为第三人或承担人履行债务，且在履行后，原债务均产生消灭的法律效果。但两者在性质上截然不同，第三人代为履行实质上是一种债的履行方式，是一种履行承担，而不属于债务转移。两者主要的区别是：(1)第三人代为履行中的第三人并非合同的相对方，而债务转移中的承担人则主动加入而成为合同的相对方。(2)第三人代为履行中原合同债务人没有脱离原合同债务关系，仍是承担债务的相对方，而在债务转移中则要看是免责债务承担还是并行债务承担，在免责债务承担中原合同的债务人因经债权人的同意免责而脱离原合同关系，改由新的债务人承担。而在并行债务承担中债务加入的第三人属于债务承担人，具有合同当事人的地位，成为合同的主体，但原债务人的债务并不免除。其表现形式可以是债权人与第三人特别约定，债权人与第三人或者债务人与第三人，或债权人、债务人与第三人之间共同约定。(3)在第三人代为履行中，如第三人发生违约时，债权人只能追究原合同相对方的违约责任，而与第三人无关，在免责债务承担中，如新的承担人发生违约，则债权人可以追究新的承担人的违约责任，在并进债务承担中，债权人可一并追究原合同债务人和新的承担人的违约责任。

虽然合同债务转移可分为免责债务承担和并存债务承担两种情形，但目前法条中仅涉及对免责债务承担的规定，对现实生活中大量存在的并存债务承担尚欠缺明确的法条进行规范。

【典型案例8.6】 借贷关系中的第三人应承担什么责任?

【案情】 2002年3月，汤美某与某修理厂（以下简称修理厂）签订《借款合同》，约定：汤美某将300万元借给修理厂，期限为5年，时间从2002年

3月1日至2007年2月28日。合同签订后，汤美某将借款300万元给付修理厂，合同到期后，修理厂未履行还款义务。

2007年5月3日，修理厂所属的集团有限公司向汤美某出具《承诺函》，承诺其所辖修理厂共欠汤美某300万元，由集团有限公司负责归还，最后还款时间为2007年9月30日。同时，修理厂也向汤美某出具《承诺函》，承诺其与汤美某发生借款300万元，分两期于2007年11月1日前还清。但是，修理厂和集团有限公司均未如约履行还款义务。汤美某为收回借款，遂向当地人民法院提起诉讼，要求修理厂和集团有限公司归还欠款300万元。原告汤美某提出，修理厂向本人借款300万元，有双方签订的《借款合同》为证，同时修理厂和集团有限公司都向自己出具了《承诺函》表示愿意承担还款责任，所以修理厂和集团有限公司应当共同承担偿还责任。

被告修理厂提出，愿意偿还汤美某的借款，但目前资金紧张，希望过一段时间再偿还。

被告集团有限公司提出，虽然本公司向汤美某出具了《承诺函》表示愿意还款，但是毕竟修理厂才是《借款合同》的一方当事人，自己并非《借款合同》的主体，所以应当由修理厂承担相应的偿还责任。

【诉讼指南】　在本案中，被告集团有限公司的法律地位属于《借款合同》履行中的第三人。因在本案所涉合同签订时，集团有限公司并非合同一方当事人，只是在合同履行中，集团有限公司主动向本案汤美某承诺承担还款责任，履行合同中债务人应履行的义务。

集团有限公司主动向汤美某出具承诺函，自愿承担向汤美某还款责任的行为不属于《合同法》第65条规定的第三人代为履行债务。因本案无证据证明债权人汤美某与债务人修理厂协议、债务人修理厂与第三人集团有限公司协议或三方协议约定由第三人集团有限公司代债务人修理厂履行债务，且债务人修理厂并不知道第三人集团有限公司愿代其履行合同义务，在第三人集团有限公司向汤美某出具承诺函的同时，债务人修理厂也向汤美某出具承诺函表示继续履行合同义务。

集团有限公司公司主动向汤美某出具承诺函，自愿承担向汤美某还款责任的行为也不属于债务转移。因本案无证据证明债务人修理厂与第三人集团有限公司达成了债务转移的协议。

因集团有限公司主动承诺还款的行为属于并存的债务承担，即本案所涉合同的债务人修理厂并没有脱离合同关系，仍承担向债权人汤美某还款的责任，第三人集团有限公司主动加入本案所涉合同关系，并与债务人修理厂共同向同一债权人汤美某承担债务。同时，集团有限公司未与债务人修理厂约定还款份额，因此应当和债务人修理厂共同承担还款责任。

综上所述，集团有限公司和修理厂共同承担还款责任主要依据为：第一，集团有限公司承诺还款的行为不属于第三人代为履行债务，债务人修理厂不知道合同外的第三人集团有限公司代其履行债务；第二，本案借款合同所涉债务并未发生转移。由于集团有限公司既没有和修理厂，又没有三方共同签订债务转让协议，故本案所涉合同的债务并未转移给集团有限公司，集团有限公司和修理厂应共同承担还款责任。

9. 民间借贷中债权债务如何继承？

如果民间借贷的出借人死亡，该借款债权作为遗产可以被继承，并由继承人向借款人主张归还借款。

如果民间借贷的借款人死亡，并且留有遗产，继承人以遗产实际价值为限，向出借人清偿债务。如果没有遗产，继承人不承担清偿债务的责任。

实践中，针对借款债权，在继承时必须厘清被继承人遗产的范围，分清各个继承人的份额。例如，在夫妻关系存续期间发生的债权，如果夫妻间没有关于财产的特别约定，应当属于夫妻共同财产。出借人去世后，如果该借款债权没有被遗嘱处分，应当首先分割出其配偶或其他共有人的财产份额，其余的部分作为遗产由继承人继承取得，并由继承人作为权利人向债务人主张债权。

关于债务继承，实践中需注意共同继承人清偿被继承人借款债务存在的三种状态：

（1）继承前以遗产清偿。被继承人死亡后至遗产分割继承前，共同继承人就被继承人所负债务和遗产价值进行清算，以遗产清偿被继承人所负的债务，然后将剩余遗产进行分割继承。

（2）先分割遗产，后清偿债务。共同继承人可以先就遗产进行分割，同时就被继承人所负债务进行分割承担，然后再向出借人清偿债务。共同分割承担债务属于继承人内部约定，同时需明确该债务是否属于夫妻共同债务，如果属于夫妻共同债务应当由夫妻共同偿还。夫或妻一方死亡的，生存一方应当对婚姻关系存续期间的共同债务承担连带清偿责任。其他共同继承人在继承遗产范围内承担连带清偿责任。

(3)遗产已被分割而未清偿债务时,如有法定继承又有遗嘱继承和遗赠的,首先由法定继承人用其所得遗产清偿债务;不足清偿时,剩余的债务由遗嘱继承人和受遗赠人按比例用所得遗产偿还;如果只有遗嘱继承和遗赠的,由遗嘱继承人和受遗赠人按比例用所得遗产偿还。

【典型案例8.7】 借款人死亡,由谁承担还款责任?

【案情】 顾晓某和吴明某是好朋友,2005年6月5日,顾晓某因为要做生意,就在好朋友林某的担保下,向吴明某借款10万元,并向吴明某出具"借到现金10万元"的借据一张,并写明担保人为林某。人有旦夕祸福,10万元钱刚刚借到,6月15日,顾晓某便在一起交通事故中不幸死亡。吴明某得知此事后,非常伤心,但同时想到自己的借款如何收回的问题,便向顾晓某的家人出示了借条,要求他们归还顾晓某借自己的10万元。岂料,顾晓某的妻子管至某却说自己并不知道丈夫借这笔钱,顾晓某的父母更说自己不知情。无奈之下,为讨回自己的10万元钱,2006年5月31日,吴明某将顾晓某的妻子管至某、顾晓某的父母及担保人林某告上了法庭。

原告吴明某提出,自己借给顾晓某10万元,有借条为证,现在顾晓某死亡,顾晓某的妻子、父母及保证人应当偿还该笔借款。

被告管至某提出,自己对顾晓某给吴明某出具的借据没有异议,但是顾晓某借吴明某10万元钱一事自己并不知情,而且顾晓某借款是用于做生意,该款未用于家庭生活,所以自己不应当承担还款义务。

被告顾晓某的父母提出,他们不应该作为被告,一是顾晓某借款一事他们不知情,对借款原因、数量、用途均不知晓;顾晓某系成年人,且婚后另立门户独立生活,对自己的行为负完全法律责任。顾晓某身亡后,他们放弃了顾晓某所在单位给付的抚恤金,顾晓某所在单位给付的一切费用均由管至某领取,且于2006年6月21日已与管至某达成了书面协议。二是他们不具备还债能力,两人均年逾七旬,长年有病,仅靠微薄的退休金勉强维持生活,经历丧子之痛后,自己的生活还无人照料,没有能力还钱。

被告林某提出,顾晓某的妻子、父母应当首先承担偿还借款的责任。

【诉讼指南】 本案中，被告管至某之夫顾晓某生前借原告吴明某现金10万元，有顾晓某所打借条为证，事实清楚，证据充分。根据《合同法》第210条的规定："自然人之间的借款合同，自贷款人提供借款时生效。"吴明某将10万元现金提供给顾晓某，顾晓某向吴明某出具了借条，他们之间形成了一种合法的借贷法律关系。《民法通则》第90条规定："合法的借贷关系受法律保护。"因此，顾晓某依法负有归还借款的义务。所以，如果顾晓某没有发生车祸身亡，应当偿还吴明某借款10万元。

本案的特殊之处就在于顾晓某借款后死亡，那么顾晓某死亡后，该笔借款应当由谁来偿还呢？

根据《继承法》的规定，顾晓某的父母、妻子均是第一顺序继承人，他们有权利继承顾晓某的遗产。《继承法》第33条规定："继承遗产应清偿被继承人依法应当缴纳的税款和债务，缴纳税款和清偿债务以他的遗产实际价值为限。超过遗产实际价值部分，继承人自愿偿还的不在此限。继承人放弃继承的，对被继承人依法应当缴纳的税款和债务可以不负偿还责任。"管至某和顾晓某的父母作为遗产第一顺序继承人，对顾晓某的债务在其继承遗产范围内负有依法清偿的责任。但由于顾晓某的父母已经放弃了继承顾晓某遗产的权利，按照《继承法》第33条的规定，他们可以不负清偿责任。管至某继承了顾晓某的遗产，因此，她应当以顾晓某的遗产为限对该笔借款负清偿责任。

《婚姻法解释(二)》第26条规定："夫或妻一方死亡的，生存一方应当对婚姻关系存续期间的共同债务承担连带清偿责任。"根据该条规定，顾晓某的妻子管至某也应当对债务承担连带清偿责任。林某与债权人吴明某之间存在保证法律关系。林某自愿作为顾晓某和吴明某之间的借贷行为的保证人，而且对保证的方式没有明确约定。《担保法》第19条规定："当事人对保证方式没有约定的或者约定不明确的，按照连带责任承担担保责任。"第21条规定："当事人对保证担保的范围没有约定或者约定不明确的，保证人应当对全部债务承担责任。"所以，林某对该笔借款负连带清偿责任。

CHAPTER 9

第九章 民间借贷与夫妻债务

要点提示

随着民间金融的发展，民间借贷纠纷越来越多地诉诸法院，给司法裁判带来了诸多挑战，其中夫妻共同债务的认定是其中的难点之一。我国立法与司法解释对夫妻债务的性质认定的规定不甚明确，虽然各级法院纷纷出台有关审理民间借贷纠纷案件的指导意见，其中也对夫妻债务问题进行了规定，但实务中面对类似的案情，各地法院基于不同的裁判思路，常常会出现不同的裁判结果。本章就民间借贷与夫妻债务问题进行了梳理和阐释。

1. 夫妻共同债务如何认定？

夫妻共同债务是指在婚姻关系存续期间，夫妻双方或一方为维持共同生活需要，或出于共同生活目的从事经营活动所引起的债务。理论上，认定婚姻关系存续期间的债务属于夫妻个人债务还是共同债务，考虑如下两个判断标准。(1)夫妻有无共同举债的合意。如果夫妻举债系双方共同意思表示，不论该债务所带来的利益是否为夫妻共享，该债务均应视为共同债务；(2)夫妻是否分享了债务所带来的利益。尽管夫妻事先或事后没有共同举债的合意，但该债务发生后，夫妻双方共同分享了该债务所带来的利益，同样视为共同债务。

实践中，夫妻共同债务主要表现在以下两方面：

（1）生活性债务，是指婚姻关系存续期间，夫妻双方或一方因共同生活需要引起的债务。包括：①购置共同生活用品所负债务；②购买、装修、修缮共同居住的房屋所负债务；③夫妻因正常取得、管理、使用、收益、处分共同财产形成的债务；④为支付一方医疗费用所负的债务；⑤夫妻一方或双方为履行法定扶养或赡养义务所负的债务；⑥为支付夫妻一方或双方的教育、培训费用所负的债务；⑦夫妻从事正当的文化、教育、体育、娱乐活动等所负的债务；⑧为支付正当必要的社会交往费用所负的债务。

（2）经营性债务，是指夫妻为共同生产、经营活动所负债务。包括：①婚前购置经济动植物及有价证券等在婚后产生收益，为购置这些财产所负的债务；②夫妻共同从事工商业或在农村承包经营所负债务；③购买生产资料所负债务；④共同从事投资或其他金融活动所负债务；⑤上述经营活动中所缴纳的税金；⑥夫妻一方从事上述生产、经营活动，所得收益主要用于家庭共同生活需要或夫妻另一方也分享了该生产经营活动收益。

【典型案例9.1】 夫妻共同债务和个人债务如何认定？

【案情】 曲玲某与吴建某系夫妻关系。曲玲某向顾明某借款人民币60000元，先后出具《借条》两份。1998年4月25日《借条》载明："今借到顾明某现金60000元，借期2年，年利率10%，如到期不能偿还，愿重新更改借条，借款人：曲玲某签名，吴建某盖印，1998年4月25日。"2010年4月25日《借条》载明："我与吴建某于1998年4月25日向顾明某借人民币60000元，约定年息10%，经顾明某多次讨要，我们一直没有还款，现经双方核对尚欠顾明某本金149299元，利息6719元，此据，借款人，曲玲某，2010年4月25日。"曲玲某对借款至今未还。另确认，曲玲某于2010年10月21日提交书面答辩状称吴建某系自己拿出私章向顾明某借款，并将借款用于其哥哥吴某养鱼，欠顾明某借款金额本息人民币149299元及2008年至2010年4月25日利息人民币6719元，共计人民币156018元。顾明某于2010年8月27日诉至一审法院，请求判令：由曲玲某、吴建某共同偿还顾明某人民币

156018元。

案件焦点为:(1)顾明某主张本案借款本息系曲玲某、吴建某夫妻共同债务,曲玲某对此予以认可,但吴建某提出异议;(2)顾明某持有的借条上有曲玲某的签字及吴建某的名字印章,曲玲某对签字及印章认可,吴建某对其印章提出异议;(3)顾明某、曲玲某主张借款用途是用于购房,吴建某认为借款是虚假的。

昆明市五华区人民法院经审理认为:本案中,首先,顾明某系依据1998年4月25日和2010年4月25日曲玲某出具的金额为人民币156018元的两份《借条》请求判令曲玲某、吴建某夫妻共同偿还,虽然曲玲某认可其欠顾明某借款本息共计人民币156018元的事实,但由于顾明某系以借款属于曲玲某、吴建某夫妻共同债务为由诉请两人共同偿还,而曲玲某未出庭,且曲玲某的主张与吴建某的利益有直接关系,故曲玲某的意见不能构成自认,不应免除相应责任。吴建某自己拿出私章借款,并将借款用于其哥哥吴某投资养鱼仅为曲玲某一方陈述,且前一份《借条》上加盖了吴建某印章,而后一份《借条》却没有加盖,显然顾明某以此认定借款即曲玲某、吴建某夫妻借款带有主观性,与事实不符。其次,吴建某当庭否认曾经使用过私章,曲玲某作为吴建某的妻子以及私章持有人,应当承担举证责任,对于该事实曲玲某并未提交任何证据予以支持。最后,依曲玲某陈述借款系用于给吴建某哥哥吴某投资养鱼的,那么该笔债务非夫妻共同债务。在1998年出借60000元应属大笔款项,由吴某向曲玲某、吴建某出具的借条与曲玲某、吴建某向顾明某出具的借条是环环相扣的,符合逻辑的。对此曲玲某在吴建某否认借款事实的前提下,应当承担举证责任。曲玲某未能证实该笔债务属夫妻共同债务。综上,对顾明某主张由曲玲某、吴建某共同承担债务的请求,不予支持;顾明某与曲玲某之间的权利义务关系,可另案解决。曲玲某经传票传唤,无正当理由拒不到庭参加诉讼,视为自动放弃权利。

一审法院依照《民法通则》第84条,《证据规定》第2条判决:驳回原告顾明某的诉讼请求。

顾明某持一审起诉意见提起上诉。昆明市中级人民法院经审理认为:首先,关于借款的真实性,曲玲某对1998年4月25日及2010年4月25日两份《借条》上其本人的签字予以认可,顾明某与曲玲某之间的债权债务关系有证据证实,本院对该借款真实性予以确认。其次,关于借款的性质,即是否应认定为夫妻共同债务的问题。《婚姻法》第41条规定:"离婚时,原为夫妻共同生活所负的债务,应当共同偿还",从该法的立法本意来看,"为夫妻共同生活"所负的债务,是构成夫妻共同债务的本质特征。《最高人民法院关于人民法院审理离婚案件处理财产分割问题的若干具体意见》第17条规定"夫妻为共同生活或为履行抚养、赡养义务等所负债务,应认定为夫妻共同债务,离婚时应当以夫妻共同财产清偿",也充分说明了"为夫妻共同生活"所负是夫妻共同债务的本质特征,即只有债权人就婚姻关系存续期间夫妻一方以个人名义"为夫妻共同生活"所负债务主张权利的,在没有明确约定为个人债务或夫妻双方约定实行分别财产制且债务人知道该约定两种例外情形时,才能按照夫妻共同债务处理。因此,判断婚姻关系存续期间的债务属于夫妻个人债务还是共同债务,一方面应考察夫妻有无共同举债的合意,另一方面应考察该债务是否用于夫妻共同生活。本案涉及的借款,顾明某、曲玲某主张款项系用于购房房屋及借给吴建某的哥哥,吴建某对该主张不予认可,对此,第一,从曲玲某在(2001)五法西民初字第629号案件中提交的顾明某所写的《说明》来看,本案涉及的借款60000元中的42000元系在1995年发生,即产生于曲玲某和吴建某登记结婚之前,与曲玲某在本案中陈述的借款时间、用途相矛盾;第二,曲玲某提交的证据不足以证实1998年发生的借款系用于借给吴建某的哥哥养鱼,即便该事实存在,该款项也并非用于夫妻共同生活;第三,对1998年4月25日《借条》上"吴建某"的印章,吴建某否认系其加盖或其知道该事实,对此,顾明某及曲玲某未能提交证据证实吴建某有愿意承担该债务的意思表示。综上,顾明某、曲玲某提交的证据不足以证实吴建某有举债的合意或借款是为了用于夫妻共同生活,本案涉及的借款应认定为曲玲某的个人债务。如上所述,本案涉及的借款系曲玲某的个人债务,应由其偿还,吴建某不承担还款责任。至于应还款的金额,因曲玲某与顾明某约定的利率并未超过银行同类贷款利率的四倍,不违反法律的禁止性规定,且经双方核对确认的金额为156018元,故本院对该金额予以确认。综上,一审适用法律不当导致判决有误,本院予以纠正;上诉人上诉请求成立的部分,本院予以支持,其余部分本院予以驳回。

昆明市中级人民法院依照《婚姻法》第41条,《最高人民法院关于人民法院审理离婚案件处理财产分割问题的若干具体意见》第17条,《合同法》第8条、第196条及《诉讼费用交纳办法》第29条第2款之规定,作出如下判决:(1)撤销昆明市五华区人民法院(2010)五法北民初字第327号民事判决;(2)由曲玲某于本判决生效之日起30日内支付顾明某人民币156018元;(3)驳回顾明某对吴建某的诉讼请求。

【诉讼指南】 本案处理重点在于对夫妻共同债务的理解及认定。《婚姻法》第41条规定:"离婚时,原为夫妻共同生活所负的债务,应当共同偿还。共同财产不足清偿的,或财产归各自所有的,由双方协议清偿;协议不成时,由人民法院判决。"第19条规定:"……夫妻对婚姻关系存续期间所得的财产约定归各自所有的,夫或妻一方对外所负的债务,第三人知道该约定的,以夫或妻一方所有的财产清偿。"《婚姻法解释(二)》第24条规定:"债权人就婚姻关系存续期间夫妻一方以个人名义所负债务主张权利的,应当按夫妻共同债务处理。但夫妻一方能够证明债权人与债务人明确约定为个人债务,或者能够证明属于婚姻法第十九条第三款规定情形的除外。"《最高人民法院关于人民法院审理离婚案件处理财产分割问题的若干具体意见》第17条规定:夫妻为共同生活或为履行抚养、赡养义务等所负债务,应认定为夫妻共同债务,离婚时应当以夫妻共同财产清偿。下列债务不能认定为夫妻共同债务,应由一方以个人财产清偿:(1)夫妻双方约定由个人负担的债务,但以逃避债务为目的的除外。(2)一方未经对方同意,擅自资助与其没有抚养义务的亲朋所负的债务。(3)一方未经对方同意,独自筹资从事经营活动,其收入确未用于共同生活所负的债务。(4)其他应由个人承担的债务。结合上述规定,认定债务系夫妻共同债务还是个人债务,关键在于考察是否有举债的合意及债务是否用于共同生活,同时也就涉及举证责任分配的问题。

具体到本案中,一、二审法院审理思路出现分歧,其主要原因即在于对上述规定的理解存在差异。一审法院认为,曲玲某在吴建某否认借款事实的前提下,应当承担举证责任。曲玲某未能证实该笔债务属夫妻共同债务,故对曲玲某的自认亦不予采纳。而经二审审查,顾明某主张的该笔债务,有曲玲某的自认,且在吴建某与曲玲某本案之前的离婚案件中已经涉及,一审驳回顾明某的诉讼请求将导致其权利不能得到保护。但在审判实务中,关于举债的合意及是否用于共同生活较难把握,如何妥善处理夫妻关系存续期间债务问题,还需要在理解法条的基础上进行个案的分析把握。

现仅就以下问题简要分析:如何区分和处理夫妻共同债务和个人债务。

夫妻共同债务是指夫妻双方因婚姻共同生活及在婚姻关系存续期间履行法定抚养义务所负债务,包括夫妻在婚姻关系存续期间为解决共同生活所需的衣食住行等活动以及履行法定义务和共同生产、经营过程中所负债务。而个人债务是指夫妻一方与共同生活无关或者依法约定为个人所负担的债务。关于举债的合意。如果夫妻有共同举债的合意,或事前事后没有举债合意但分享了债务带来的利益,可以认定为共同债务。关于用于共同生活,如为家庭共同生活(购买生活用品、购买装修共同居住房屋)、为履行法定抚养及赡养义务、为支付夫妻一方或双方的教育培训费用、共同从事生产经营活动、协议约定为共同债务等情形,可以认定为共同债务。但如有以下情况,则属于夫妻一方的个人债务,夫妻一方的婚前债务,夫妻一方未经对方同意擅自资助没有抚养义务的人所负债务,遗嘱或赠与合同确定只归一方所有的财产所附随的债务,夫妻一方因个人不合理开支所负债务,一方事实侵权、违法犯罪行为所付债务等。关于举证责任分配问题。在涉及债权人与债务人之间的法律关系时,债权人只要证明该借款发生于夫妻关系存续期间;在涉及夫妻双方债务承担关系时,应由借款方承担举证责任,证明该借款系基于夫妻的合意或用于家庭共同生产或生活,如证据不足,则应由个人偿还。具体来说,当债权人起诉夫妻双方要求还款时,债权人只要证明债务形成于夫妻关系存续期间即完成举证责任,夫妻一方若否认共同债务且拒绝承担还款义务,需证明存在《婚姻法解释(二)》第24条的除外情形。《婚姻法解释(二)》第24条的立法本意在于加强对债权人的保护,但不能简单的依据该规定将夫或妻一方的对方债务简单的认定为夫妻共同债务,其他人民法院依据该对规定作出的关于夫妻对外债务纠纷的生效裁判,也不能当然地作为处理夫妻内部财产纠纷的裁决依据。当夫妻双方共同偿还债务后,如该债务确为夫妻一方的个人债务,在夫妻内部产生求偿关系,对外借款一方必须举证证明该借款用于家庭共同生活或履行共同义务,如不能举证,其应承担返还责任。当然,夫妻协议离婚或经法院判决离婚的,就债权债务问题所作的处理,仅对夫妻内部有约束力,不能对抗善意第三人,对假离婚真逃债的行为不能认同。综上,认定某一债务是夫妻共同债务还是个人债务,需要结合个案分析后作出判断,这对法官的个案分析把握能力有较高的要求,需在审判实践中更好把握尺度。

【典型案例9.2】　夫妻间有财产约定时共同债务如何认定?

【案情】　禄某与戚亚某于2003年1月30日结婚,于2011年3月21日离婚。2011年3月18日,禄某出具借条一份,言明:今有禄某借周某人民币(以下币种同)50万元整。后禄某一直未归还借款,周某遂诉至法院,提供借条、婚姻情况证明,以夫妻共同债务为由,要求禄某、戚亚某共同归还50万元。禄某认为,50万元是禄某个人问周某借的,与戚亚某没有关系,由禄某个人来归还。戚亚某认为,自己对借款不知情,借款的事实不存在,即使借款属实,该借款系禄某的个人借款,未用于家庭开支,且禄某与戚亚某于借款前已就离婚及财产分割作出约定,不同意承担共同还款责任,要求驳回周某的诉讼请求。

案件焦点为周某诉称的50万元借款是禄某的个人债务还是禄某与戚亚某的夫妻共同债务,是由禄某个人归还还是由禄某与戚亚某共同归还。

禄某向周某借款,立有借条,意思表示真实,应予认定。虽然禄某提出借款系赌债,但周某予以否认,禄某未提供证据证明,不予采信。公民之间合法的借贷关系受法律保护。禄某向周某借款后未归还款项,亦表示愿意归还,应承担还款的民事责任。本案的争议焦点为:周某诉称的50万元借款是否应由禄某、戚亚某共同偿还。首先,戚亚某表示不认识周某,不知该借款,借条上也无戚亚某的签名,不能表明戚亚某是共同借款人或该借款是禄某与戚亚某的共同意思表示。其次,禄某向周某借款数额较大,已明显超出日常生活所需,不属于合理的日常家事代理的范围;周某虽然提出禄某是因购房向其借款,且戚亚某明知,但未对其已尽到债权人善意且无过失注意义务以及其确有理由相信禄某的债务负担行为为夫妻共同行为提供证据证明,不符合表见代理的构成,故不能直接推定为夫妻共同债务。最后,结合禄某借款前频繁出入境、借款后三天内离婚的事实,难以认定上述借款用于家庭生活、经营或戚亚某分享了借款所带来的利益。且周某亦未进一步举证证明禄某与戚亚某有共同举债的合意或分享了债务所带来的利益或戚亚某事后对该债务予以追认。综上,本案所涉借款应认定为禄某的个人债务,不属于其与戚亚某的夫妻共同债务,戚亚某无须承担共同归还的责任。故判决禄某于本判决发生法律效力后10日内归还周某借款50万元,驳回周某的其他诉讼请求。

【诉讼指南】 按照《婚姻法解释(二)》第24条的规定,婚姻关系存续期间夫妻一方以个人名义所负债务除夫妻一方能够证明债权人与债务人明确约定为个人债务或第三人知道夫妻对婚姻关系存续期间所得的财产约定归各自所有的外,按夫妻共同债务处理。这是将夫妻一方在婚姻关系存续期间以个人名义所负的债务作为夫妻共同债务的推定,该推定是从减轻财产交易的成本,便于及时、合理解决纠纷的角度,在夫妻财产与第三人利益之间寻找一种符合公平正义的平衡点,更好地维护、兼顾夫妻的共同利益、夫妻的个人利益以及第三人的合法权益。但是如果只要债权人证明借款系发生于夫妻关系存续期间,就认定为夫妻共同债务,有违公平正义,无法合理平衡各方的利益。所以推定不宜随意或扩大,应慎重。笔者认为,推定适用的前提是夫妻一方的行为构成日常家事代理或表见代理。日常家事代理权有合理的范围,像一方擅自处分不动产,处分具有重大价值的财产之行为,处理与婚姻当事人一方人身有密切关联的事务,如领取劳动报酬、放弃继承权等,已超出了家事代理的范围,不应纳入日常家事范围。如夫妻一方的负债行为不属于家事代理的范围,可从是否构成表见代理进行考量。根据《合同法》第49条对表见代理的规定,在没有直接证据证明为夫妻共同债务时,债权人应就其有理由确信债务人的行为为夫妻共同行为即债务人有代理权承担举证责任。

【典型案例9.3】 公民生前以个人名义出具的欠条,死后其配偶和儿子是否有义务偿还?

【案情】 李某与苗某系夫妻关系,苗培某系其儿子;2008年6月18日苗某经其朋友王幸某担保,从丁贵某处借款30万元,约定期限3年,月利率3%;2011年10月苗某在一次交通事故中不幸身亡,原告听说李某在苗某去世后将其名下的房产抵押给了他人,原告索款无果,诉至法院。被告李某、苗培某认为,借条真假不明,借款事实是否存在被告不清楚。即使借款存在,也未用于夫妻共同生活和生产经营使用,苗培某没有继承苗某任何遗产,原告诉请两被告还款,缺少事实和法律依据,请求法院依法驳回原告的诉讼请求。被告王幸某认为原告起诉的是事实。

案件焦点为:(1)是否存在借款未还的事实;(2)公民生前以个人名义出

具的欠条，其死后配偶和儿子是否有义务偿还。

法院认为，被告虽对借条提出异议并提出鉴定申请，但未按指定期间交纳鉴定费，对被告的异议理由，依法不予支持，证人张印某和张坤某的证言与原告丁贵某、担保人王幸某的陈述相印证，原告还提供了借款当天银行取款单和借条原件，本院根据逻辑推理，结合日常生活经验，认定苗某向丁贵某借款30万元，月利率3%，至今未还的事实；原告考虑到苗某毕竟已经去世，同意利息按和定期存款利率接近的月息5.01‰计息，是对自己实体权利的处分，不违反有关法律规定，本院予以确认。债务应当清偿，如果属于苗某的个人债务，其继承人在继承苗某遗产范围内有义务清偿，如果属于夫妻共同债务，在苗某去世后，李某有义务偿还；因现行法律规定婚姻关系存续期间夫妻一方以个人名义所负债务，应当按夫妻共同债务处理。但夫妻一方能够证明债权人与债务人明确约定为个人债务，或者能够证明属于《婚姻法》第19条第3款规定情形的除外；根据修改后的《婚姻法》第19条第3款和《婚姻法解释(二)》第24条、第25条、第26条的规定，提供苗某以个人名义所负债务不属于夫妻共同债务证据的举证责任在李某，李某在本案中未能提供证据证明该债务不属于夫妻共同债务，因此该债务应视为苗某和李某夫妻的共同债务，李某应当偿还；王幸某作为担保人，应承担连带清偿责任；丁贵某向苗培某主张权利，因未能提供苗培某已继承苗某遗产的证据，该请求依法不予支持。依据相关法律规定判决：(1)被告李某于判决生效之日起10日内偿还原告丁贵某款30万元及其利息(从2008年6月18日起至款付清时止，按月息5.01‰计息)；(2)被告王幸某对本判决第一款项承担连带清偿责任；(3)驳回原告丁贵某对被告苗培某的诉讼请求。宣判后，各方当事人均未上诉，该判决已发生法律效力。

【诉讼指南】　选择该案例的原因是《婚姻法》经过几次修改，最高人民法院就婚姻家庭方面也作出多个司法解释，个别条文不详细或有冲突，有些法官和律师没有注意到立法理念上的变化，使用起来感到很茫然，法条似是而非。按旧的司法解释，婚姻关系存续期间夫妻一方以个人名义所负债务，是否认定为夫妻共同债务，其举证责任在原告，原告要举证证明该借款确实用于夫妻共同生活或为履行抚养、赡养义务等所负债务，才认定为夫妻共同债务。新的司法解释从保护债权人合法权益、维护交易安全的角度出发，把证明不是夫妻共同债务的举证责任分配给了债务人。看似一点点变化，实则不同,因为举证责任和败诉风险相联系。

配偶是否有义务还债,要看案件具体情况,如果属于夫妻一方的个人债务,其配偶只在继承遗产范围内清偿债务,没有继承遗产,不清偿债务。如果属于夫妻共同债务,双方均有义务偿还。

婚姻存续期间,对于一方以个人名义所负的债务,如何判断其属于夫妻共同债务还是夫妻一方的个人债务?我国审判实践中现有两种观点:一种观点认为,对于夫妻共同债务和夫妻个人债务的判断,主要看该以夫妻一方名义所负的债务是否用于夫妻共同生活,如果该笔负债所得实际用于夫妻共同生活,该笔债务就属于夫妻共同债务,债权人可以要求夫妻双方承担连带偿还责任;而如果该笔负债所得并未实际用于夫妻共同生活,则该债务就属于夫妻个人债务,债权人无权要求夫妻双方对该笔债务承担连带清偿责任。这种观点的法律依据是《婚姻法》第 41 条和《最高人民法院关于人民法院审理离婚案件处理财产分割问题的若干具体意见》第 17 条之规定。其中,《婚姻法》第 41 条规定:"离婚时,原为夫妻共同生活所负的债务,应当共同偿还。共同财产不足清偿的,或财产归各自所有的,由双方协议清偿;协议不成时,由人民法院判决。"《最高人民法院关于人民法院审理离婚案件处理财产分割问题的若干具体意见》第 17 条进一步规定:夫妻为共同生活或为履行抚养、赡养义务等所负债务,应认定为夫妻共同债务,离婚时应当以夫妻共同财产清偿。下列债务不能认定为夫妻共同债务,应由一方以个人财产清偿:(1)夫妻双方约定由个人负担的债务,但以逃避债务为目的的除外。(2)一方未经对方同意,擅自资助与其没有抚养义务的亲朋所负的债务。(3)一方未经对方同意,独自筹资从事经营活动,其收入确未用于共同生活所负的债务。(4)其他应由个人承担的债务。另一种观点则认为,婚姻关系存续期间,夫妻一方以个人名义所负的债务,原则上按照夫妻共同债务处理。但下列两种情形除外:(1)夫妻一方能够证明债权人与债务人明确约定为个人债务;(2)夫妻对婚姻关系存续期间所得的财产约定归各自所有,第三人知道该约定的。这种观点的法律依据是《婚姻法》第 19 条和《婚姻法解释(二)》第 24 条、第 25 条及第 26 条之规定。其中,《婚姻法》第 19 条规定:"夫妻可以约定婚姻关系存续期间所得的财产以及婚前财产归各自所有、共同所有或部分各自所有、部分共同所有。约定应当采用书面形式。没有约定或约定不明确的,适用本法第十七条、第十八条的规定。夫妻对婚姻关系存续期间所得的财产以及婚前财产的约定,对双方具有约束力。夫妻对婚姻关系存续期间所得的财产约定归各自所有的,夫或妻一方对外所负的债务,第三人知道该约定的,以夫或妻一方所有的财产清偿。"《婚姻法解释(二)》第24条规定:"债权人就婚姻关系存续期间夫妻一方以个人名义所负债务主张权利的,应当按夫妻共同债务处理。但夫妻一方能够证明债权人与债务人明确约定为个人债务,或者能够证明属于婚姻法第十九条第三款规定情形的除外。"第26条规定:"夫或妻一方死亡的,生存一方应当对婚姻关系存续期间的共同债务承担连带清偿责任。"笔者认为:《婚姻法》第19条第3款及《婚姻法解释(二)》第24条、第25条、第26条是从夫妻债务的外部关系的角度所作出的规定。也就是说,只要是婚姻关系存续期间,一方所欠债务应作为夫妻共同债务处理,债权人有权要求夫妻双方共同偿还。《婚姻法》第41条及《最高人民法院关于人民法院审理离婚案件处理财产分割问题的若干具体意见》第17条是从夫妻关系内部关系的角度所作出的规定,如果举债方要求配偶共同偿还债务,必须要举证证明这笔债务是基于双方共同的意思表示对外所借,或者该债务是用于共同生活。如果举债方无法证明,则配偶不应承担还款义务。因此,即使夫妻双方共同对外偿还了债务,夫妻一方在向另一方追偿时,也应当由举债方承担债务的发生系基于双方共同的意思表示,或者债务系用于共同生活的举证责任。按新法优于旧法原则,《婚姻法解释(二)》优于《最高人民法院关于人民法院审理离婚案件处理财产分割问题的若干具体意见》,对于夫妻一方以个人名义所负的债务,如果配偶无法举证证明债权人与债务人明确约定为个人债务或债权人知道债务人夫妻对婚姻关系存续期间所得的财产约定归各自所有的,该配偶就需要对该笔债务承担连带清偿责任。但是,如果以个人名义负债的一方没有证据证明该笔债务用于夫妻共同生活的,其配偶在偿还了该笔债务之后,有权向其追偿。如果一方已死亡,有众多继承人的,另一方在法定继承前,可以要求优先偿还该垫付款项。死者的子女对死者的个人债务或者死者夫妻的共同债务,如果继承死者夫妻的遗产,有义务在继承遗产范围内清偿债务,如果没有继承遗产,无义务偿还该债务。

2. 夫妻共同债务如何推定?

《婚姻法解释(二)》第 24 条将夫妻一方在婚姻关系存续期间以个人名义所负债务推定为夫妻共同债务,符合日常家事代理制度的基本法理。该制度是指夫妻因日常事务与第三人交往所为法律行为,视为夫妻共同的意思表示,由配偶他方承担连带责任的制度。因为夫妻之间的身份关系决定其对外产生“外表授权”,形成表见代理权,对夫妻一方所为之行为后果,他人有理由相信其为夫妻双方共同意思表示,夫妻另一方不得以不同意或不知道为由抗辩。乃系基于夫妻关系而营终身共同生活时一种便宜规定,以适应日常家事之需要。此于代理制度之目的在于使扩张社会生活关系,为私法自治之补充。其极大扩张了夫妻双方的意思自治能力,促进了经济交往,同时也有利于婚姻家庭生活的便利,减少婚姻生活成本,维护民事交往的安定性和稳定性,对于及时合理地解决纠纷,保护善意第三人和交易安全具有重要意义。很多大陆法系国家民法典对此都有规定,例如,《瑞士民法典》第 233 条规定:“配偶间任何一方以其自有财产和共同财产对以下债务负责:在其行使夫妻财产共同体的代理权或共同财产的管理权时发生的债务。”《日本民法典》第 761 条规定:“夫妻一方就日常家事同第三人实施了法律行为时,他方对由此而产生的责任负连带责任。但是,对第三人预告不负责任意旨者,不在此限。如果过分扩大日常家事代理范围,同样会危及家庭财产关系的稳定,不恰当加重一方的经济风险承受能力,损害夫妻一方的财产利益,故夫或妻的负债行为应在日常家事代理的合理范围内。”例如,《法国民法典》第 22 条规定:“夫妻各方均有权单独订立以维持家庭日常生活与教育子女为目的的合同。夫妻一方依此缔结的债务对另一方具有连带约束力。但是,依据家庭生活状况,所进行的活动是否有益以及缔结合同的第三人是善意还是恶意,对明显过分的开支,不发生此种连带责任。以分期付款方式进行的购买以及借贷,如未经夫妻双方同意,亦不发生连带责任;但如此种购买与借贷数量较少,属于家庭日常生活之必要不在此限。”

我国《婚姻法》没有直接规定日常家事代理制度,主要是由于我国在夫妻财产制上实行夫妻婚后所得共同财产制,夫妻财产约定意识极弱,实行财产约定制的夫妻少之又少,因此即使没有日常家事代理权的规定,法定财产制足以调整家事代理问题,婚姻关系存续期间发生的对外财产责任原则上均由夫妻双方共同承担。我国是通过司法解释的形式间接承认日常家事代理制度,即《婚姻法解释(一)》第17条第1款规定:“夫或妻在处理夫妻共同财产上的权利是平等的,因日常生活需要而处理夫妻共同则一产,任何一方均有权决定。”因此,就一般情形而言,婚姻关系存续期间,在日常家事范围内,将夫妻一方以个人名义所负债务推定为共同债务,由夫妻一方举证证明两种除外情形才能否定,总体上符合节省司法成本,侧重保护第三人合法权益和交易安全的立法潮流。

【典型案例9.4】　推定夫妻共同债务如何认定?

【案情】　2009年11月30日,被告吴祥某以购房急需资金为由向原告借款30万元,借款期限届满后,被告至今未还款。且两被告为逃避婚姻关系存续期间的共同债务,于2009年12月达成离婚协议,恶意转移夫妻共同财产。被告吴祥某未作答辩,被告陆畹某称对涉诉借款的真实性存在怀疑,被告吴祥某向原告的借款存在与第三者恶意串通,伪造夫妻共同债务情形,即使该借款属实,也没有用于两被告的家庭生活支出,因此该借款系被告吴祥某的个人行为,不是夫妻共同债务。原告吴柏某请求两被告共同偿还借款30万元及银行利息。被告陆畹某否认借款为夫妻共同债务,其主张应由吴祥某个人承担。

案件焦点为本案中所涉债务能否认定为夫妻共同债务。

丰泽区人民法院经审理认为:被告吴祥某向原告吴柏某借款30万元,有其出具给原告的借条为证,事实清楚,足以认定。《婚姻法解释(二)》第24条规定,债权人就婚姻关系存续期间夫妻一方以个人名义所负债务主张权利的,应当按夫妻共同债务处理,但夫妻一方能够证明债权人与债务人明确约定为个人债务,或者能够证明第三人知道夫妻对婚姻关系存续期间所得的财产约定归各自所有的除外。本案由于被告吴祥某系于两被告夫妻关系存续期间向原告借款30万元,而被告陆畹某又无法提供证据证明该债务存在上述两种法定除外的任一情形,故对原告认为被告吴祥某向其所借债务应按夫妻共同债务处理,要求两被告共同承担还款义务并从提起诉讼主张权利之日起计付利息的诉求,予以支持。

丰泽区人民法院依照《民法通则》第84条、第90条、第108条,《婚姻法解释(二)》第24条规定,判决:被告吴祥某、陆畹某应于本判决生效之日起20日内偿还给原告吴柏某借款30万元,并按中国人民银行同期同类贷款利率支付自2010年3月3日起至本判决确定的还款之日止的利息。案件受理费5800元,由两被告负担。

被告陆畹某持原审答辩意见上诉。泉州市中级人民法院经审理认为,被上诉人吴祥某经原审法院合法传唤,无正当理由,既未到庭参加诉讼,又未书面提出答辩并提交证据,视为自愿放弃诉讼权利。上诉人对本案借条系被上诉人吴祥某所出具的,予以认可,对借条内容的真实性有异议,却未提供相应的证据加以证明,应承担举证不能的责任。原判认定本案借条具有真实性、合法性及与本案待证事实的关联性,能够作为本案定案的依据正确。上诉人对此提出上诉的理由不足,本案不予采纳。本案借款发生于上诉人与被上诉人吴祥某婚姻关系存续期间,根据《婚姻法解释(二)》第24条的规定,上诉人提供的证据不足以证明本案借款存在夫妻共同债务的两种法定除外情形之一,即能够证明被上诉人吴柏某与被上诉人吴祥某明确约定本案借款为个人债务,或者能够证明被上诉人吴柏某知道上诉人与被上诉人吴祥某夫妻对婚姻关系存续期间所得的财产约定归各自所有,被上诉人吴柏某主张本案借款应按夫妻共同债务处理,原判予以采纳,并判决上诉人与被上诉人吴祥某共同承担偿还本案借款的责任,符合法律规定,应予维持。上诉人上诉主张本案借款为被上诉人吴祥某个人债务,依据不足,法院不予采纳。

泉州市中级人民法院判决:驳回上诉人陆畹某的上诉,维持原判。二审受理费5800元,由上诉人陆畹某负担。

【诉讼指南】 本案审理的关键在于夫妻共同债务的认定。夫妻共同债务是指夫妻双方因夫妻共同生活及在婚姻关系存续期间履行法定抚养义务所负的债务。主要包括以下几个方面:(1)婚前一方借款购置的财产已转化为夫妻共同财产,为购置这些财产所负的债务;(2)夫妻为家庭共同生活所负的债务;(3)夫妻共同从事生产、经营活动所负的债务,或者一方从事生产经营活动,经营收入用于家庭生活或配偶分享所负的债务;(4)夫妻一方或者双方治病以及为负有法定义务的人治病所负的债务;(5)因抚养子女所负的债务;(6)因赡养负有赡养义务的老人所负的债务;(7)为支付夫妻一方或双方的教育、培训费用所负的债务;(8)为支付正当必要的社会交往费用所负的债务;(9)夫妻协议约定为共同债务的债务;(10)其他应当认定为夫妻共同债务的债务。

根据《婚姻法解释(二)》第24条的规定,“债权人就婚姻关系存续期间夫妻一方以个人名义所负债务主张权利的,应当按夫妻共同债务处理。但夫妻一方能够证明债权人与债务人明确约定为个人债务,或者能够证明属于《婚姻法》第19条第3款规定情形的除外”。《婚姻法》第19条第3款规定,“夫妻对婚姻关系存续期间所得的财产约定归各自所有的,夫或妻一方对外所负的债务,第三人知道该约定的,以夫或妻一方所有的财产清偿”。换言之,如果夫妻双方没有特别约定,且第三人不知道该约定的,夫妻婚姻存续期间的所负的债务视为夫妻共同债务。具体到本案,被告陆畹某提供的证据不足以证明原告吴柏某与被告吴祥某明确约定本案债务为个人债务,也不能证明原告吴柏某知道被告陆畹某与被告吴祥某夫妻对婚姻关系存续期间所得的财产约定归各自所有。因此两级法院均认定该借款为夫妻共同债务。

【典型案例9.5】　“闪婚闪离”中夫妻一方对外举债的性质如何判定?

【案情】　原告吴德某主张本案债权债务关系存在,并提供了被告徐春某亲自出具的两份借条为据,被告徐春某经合法传唤,无正当理由拒不到庭,视为其放弃质证等诉讼权利,故对借条的证明效力应予以确认,据此,可以认定原告与被告徐春某之间借贷关系成立。被告徐春某向原告借款,理应及时归还,对借款期限没有约定,经出借人催告后在合理期限内未归还的,借款人应当支付逾期利息。原告称2011年1月下旬曾向被告要求还款并从此主张利息,但其未提供证据加以证实,故不应予以支持,原告提起诉讼主张权利后,被告徐春某仍不给付,可从原告起诉之日计算逾期利息。

本案中,两张借条虽然形成时间均在两被告夫妻关系存续期间,但根据《婚姻法》及其司法解释的规定,为夫妻共同生活所负的债务,方应由夫妻双方共同承担偿还责任。确认本案借款是否为夫妻共同债务,应考虑以下两个因素:第一,被告马春某与被告徐春某是否有共同举债的合意;第二,夫妻是否分享了债务带来的利益。原告作为巨额资金的出借人,对借款是否为两被告共同意思表示及借款用途应负有合理的注意义务,但原告未能举证证实借款经被告马春某认可以及用于两被告家庭共同生活的事实。此外，在审理过程中，原告吴德某对于涉案借款的经过、时间顺序、借款用途及款项来源陈述前后不一，且不能合理说明，故综合本案查明的事实，本案借款应认定为被告徐春某的个人债务，原告主张被告马春某对本案债务承担共同偿还责任的诉讼请求，不予支持。据此，江苏省扬州市邗江区人民法院依照《民法通则》第90条、第108条，《婚姻法》第41条之规定，并经该院审判委员会研究，判决：(1)被告徐春某于本判决生效之日起10日内偿还原告吴德某借款10万元并支付利息(利息计算：从2011年5月30日起至本判决确定的给付之日止，按中国人民银行规定的同期贷款利率计算。提前给付的，计算至实际给付之日)；(2)驳回原告徐春某对被告马春某的诉讼请求。本案受理费3300元，公告费300元，合计3600元，由被告徐春某负担。

【诉讼指南】 该案在审理过程中，对借款真实性及债务性质存在三种观点：第一种认为，庭审中原告对借款经过陈述不清，相互矛盾，该案借款不真实，应判决驳回原告的诉讼请求；第二种认为，该案借款真实且属两被告夫妻共同债务，应判决由两被告共同连带清偿；第三种认为，该案借款真实，但属被告徐春某的个人债务，应判决由被告徐春某个人负责偿还。笔者认为，虽然当今社会上存在为离婚而虚假欠债的现象，被告徐春某在两被告夫妻关系共存续5个月的期限内向外大量举债，存在虚假诉讼的可能。而该案客观事实如何法官不得而知，但从法律事实认定与证据裁判原则出发，可以确认借款事实。夫妻一方以个人名义举债应限定在日常家事代理或者为夫妻共同生活范围内。因此，该案缺乏适用《婚姻法解释(二)》第24条规定的前提条件，不能机械适用该司法解释判案，以免有损另一方合法利益。因此，第一种观点忽视事实认定与证据裁判原则关系，有损害原告合法权益的可能。第二种观点受制于《婚姻法解释(二)》第24条规定的限制。但忽视该司法解释的适用前提，忽视了举证责任的分配，有损害被告马春某合法权益的可能。第三种观点兼顾了社会效果和法律效果的统一。既可以防止损害该案债权人的利益，又可以防止原告与被告徐春某恶意串通虚假债务损害被告马春某权益，并有效遏制当前社会上夫妻一方利用闪婚闪离、制造虚假债务侵害对方利益的现象，达到净化社会风气的效果。对审理夫妻共同债务如何正确选择和具体适用裁判方法有一定的指导意义。

3. 在婚姻关系存续期间，夫或妻一方产生的民间借贷债务是夫妻共同债务吗？

在婚姻关系存续期间，夫或妻一方以个人名义所负债务，是夫妻共同债务。如果夫或妻一方能够证明出借人与借款人明确约定为个人债务，或者能够证明夫妻之间存在财产分别所有的约定且出借人知道该约定的，债务属于个人债务。

夫妻共同债务，应当由夫妻双方共同偿还，如果夫妻已经离婚，仍然承担连带清偿责任。

《婚姻法》第19条第3款规定："夫妻对婚姻关系存续期间所得的财产约定归各自所有的，夫或妻一方对外所负的债务，第三人知道该约定的，以夫或妻一方所有的财产清偿。"《婚姻法解释（二）》第24条规定："债权人就婚姻关系存续期间夫妻一方以个人名义所负债务主张权利的，应当按夫妻共同债务处理。但夫妻一方能够证明债权人与债务人明确约定为个人债务，或者能够证明属于婚姻法第十九条第三款规定情形的除外。"

根据上述规定，婚姻关系存续期间，夫或妻一方以个人名义所负的民间借贷债务，由于夫妻关系的人身依附性和紧密联系性，出借人有理由相信夫或妻以一方的名义发生债务是用于夫妻共同生活并使夫妻双方整体受益的，所以此类债务原则上应推定为夫妻共同债务。只有在以下两种例外情形下才按照个人债务处理：一是出借人与借款人明确约定该债务为个人债务；二是夫妻之间存在财产分别所有的约定且出借人知道该约定。在夫妻双方对财产的分配有约定的情况下，只有债权人知道该约定的，才能以个人的财产清偿债务；如债权人不知道该约定，并不能免除夫或妻另一方清偿债务的责任。对于上述两种例外情形，由夫或妻一方举出证据证明。

《婚姻法》第41条规定：离婚时，原为夫妻共同生活所负的债务，应当共同偿还。共同财产不足清偿的，或财产归各自所有的，由双方协议清偿；协议不成时，由人民法院判决。《婚姻法解释（二）》第25条规定：当事人的离婚协议或者人民法院的判决书、裁定书、调解书已经对夫妻财产分割问题作出处理的，债权人仍有权就夫妻共同债务向男女双方主张权利。一方就共同债务承担连带清偿责任后，基于离婚协议或者人民法院的法律文书向另一方主张追偿的，人民法院应当支持。

所以针对夫妻共同债务，应当由夫妻双方共同偿还，如果夫妻双方在出借人主张债权时已经离婚，尽管夫妻离婚时对财产和债务已经作出处理，但出借人仍有权就该债务向男女双方主张权利。一方就共同债务承担连带清偿责任后，可基于离婚协议或者人民法院的法律文书向另一方主张追偿。

【典型案例9.6】 夫妻间“借款打欠条”是否成立借贷关系？

【案情】 刘华某与付某原系夫妻。因感情破裂，二人于2006年11月经法院判决离婚，并对子女抚养、财产分割（包括夫妻共同财产及婚前个人财产）做出判决，且判决已经生效。但在二人婚姻关系存续期间，刘华某向付某借款3.5万元，并给付某出具了借条，借条上的时间为2005年2月13日。离婚后，付某持借条多次向刘华某讨要欠款，但刘华某对此拒不承认。无奈之下，付某只好向当地人民法院提起诉讼，要求刘华某偿还欠款3.5万元。

原告付某提出，被告刘华某于2005年2月13日向其借款3.5万元，并出具了借条，因此被告应当依法偿还原告借款3.5万元。

被告刘华某提出，其从未向付某借款，至于欠条可能是在其醉酒的情况下所为。审理中，刘华某对欠条的真实性存有疑问，但拒绝委托有关部门鉴定。

【诉讼指南】 本案中，刘华某向付某借款的时间为2005年2月13日，是在双方婚姻关系存续期间。《婚姻法》第19条规定：“夫妻可以约定婚姻关系存续期间所得的财产以及婚前财产归各自所有、共同所有或部分各自所有、部分共同所有。约定应当采用书面形式……”根据上述规定，刘华某与付某之间借款的行为应认定为是双方对部分财产的特别约定，在双方之间形成了明确的债的权利义务关系。现双方夫妻关系已经被依法解除，付某向刘华某主张债权，并无不当。

刘华某对付某向法院提交的欠条的真伪持有疑虑，可以申请有关部门予以鉴定，但其拒绝鉴定，且陈述欠条可能是其醉酒时所为，并无相应证据支持，所以法院对刘华某的主张不予支持。

从本案可以得到一个启示：夫妻间“借款打欠条”有的可能是开玩笑，有的则可能是认真的，但无论哪种情况，当他们之间发生严重分歧甚至离婚的

时候，该借款纠纷就要靠法律途径来解决。夫妻间借款是法律所允许的。如果夫妻间借款事实被认定，就要受到法律保护。因此，夫妻间“借款打欠条”也应慎重。

【典型案例9.7】 丈夫因工作关系向所在单位借款，借款应当由谁来偿还?

【案情】 谢某(男)与李某(女)于2000年结婚。婚后，李某在家操持家务，谢某在项岩机器设备厂做业务员，常年在外跑业务。家中的经济来源完全依赖谢某的工资。由于谢某常年在外，夫妻二人聚少离多，感情淡漠，加之李某在与谢某的父母共同生活的过程中，经常因生活琐事发生矛盾，两人也为此多次发生争吵，导致夫妻关系恶化。2003年1月，二人经过协商决定结束婚姻关系。但在协商分割财产的过程中，谢某提出，婚后为跑业务曾向所在单位借款10000元，至今尚未偿还。该项债务应由李某与其共同承担。李某认为，该项债务属于谢某的个人债务，应由其本人偿还，自己不应承担。两人因此发生争执，诉至人民法院。

谢某的代理人提出，谢某向单位借款的行为发生在谢某与李某婚姻关系存续期间，而且谢某借款跑业务也是为了保证其收入，鉴于李某没有收入来源，谢某将其全部工资收入都用于家庭生活，所以谢某向单位借款所负债务，属于夫妻共同债务，理应由夫妻双方共同承担。

李某提出，谢某向单位借钱所负债务是谢某的个人债务，应由谢某自己偿还，与自己无关。

【诉讼指南】 所谓为夫妻共同生活所负的债务，是指婚姻关系存续期间，夫妻双方或一方为维持共同生活的需要或处于共同生活的目的所负的债务。

为夫妻共同生活所负的债务有以下三个构成要件:(1)这些债务是为维持共同生活的需要或出于共同生活的目的所负的，包括抚养子女、赡养老人、医疗疾病、建造房屋、购置家用物品等所负的债务，也包括在婚姻关系存续期间，一方或双方为共同生活的目的或出于共同生活的需要，从事经营活动所负的债务。如果一方或双方不是为维持共同生活的需要或出于共同生活的目的所负的债务则应为个人债务，应由个人承担。(2)这种债务是连带之债。由于在婚姻关系存续期间取得的财产为夫妻双方共同所有，除双方

另有约定之外,对于共同所有的财产,夫妻双方有平等的处理权。这种对财产共同所有的关系和平等的处理权,决定了夫妻对共同债务不分份额地平等地承担偿还义务。债务人有权要求夫妻任何一方清偿全部债务。夫妻一方单独所负的债务,是指夫妻一方在婚前所负的债务或在婚姻关系存续期间为了满足自己生产经营的需要和个人生活的需要所负的债务。(3)这些债务是在婚姻关系存续期间所负的。

按照《婚姻法》和有关司法解释的规定,为夫妻共同生活所负债务具体包括:夫妻为共同生活或履行抚养或赡养义务等所负的债务;婚前一方借款购置的房屋、家用物品等财产,在婚后已经转化成夫妻共同财产所负的债务;个体工商户、农村承包经营户、夫妻双方共同经营所负的债务,以及一方从事经营,其收入主要用于维持共同生活所负的债务;在婚姻关系存续期间,一方因分家析产所分得的债务;在夫妻双方分居期间,缺乏劳动能力或缺少生活来源的一方,为了维持分居期间个人生活必需所负的债务;夫妻一方受另一方虐待,无法共同生活而离家出走,出走方为满足日常生活需要以及治疗疾病、扶养子女所负的债务。夫妻一方单独所负的债务具体包括:夫妻双方约定由个人承担的债务,但以逃避债务为目的的除外;一方未经对方同意,独自筹资进行经营活动,其收入确未用于共同生活所负的债务;一方因个人实施的违法行为所负的债务;一方为满足私欲而挥霍所负的债务;婚姻关系存续期间,夫妻双方因关系恶化而分居生活,一方从事经营活动所负的债务,其收入也未用于家庭共同生活的。夫妻一方单独所负的债务应当由本人偿还。

《婚姻法解释(二)》第24条规定:"债权人就婚姻关系存续期间夫妻一方以个人名义所负债务主张权利的,应当按夫妻共同债务处理。但夫妻一方能够证明债权人与债务人明确约定为个人债务,或者能够证明属于婚姻法第十九条第三款规定情形的除外。"我国《婚姻法》第19条规定:"夫妻可以约定婚姻关系存续期间所得的财产以及婚前财产归各自所有、共同所有或部分各自所有、部分共同所有。约定应当采用书面形式。没有约定或约定不明确的,适用本法第十七条、第十八条的规定。夫妻对婚姻关系存续期间所得的财产以及婚前财产的约定,对双方具有约束力。夫妻对婚姻关系存续期间所得的财产约定归各自所有的,夫或妻一方对外所负的债务,第三人知道该约定的,以夫或妻一方所有的财产清偿。"

本案的焦点就是谢某为外出跑业务向单位借款所负的债务的性质是夫妻共同债务还是个人债务。判断该债务的性质的关键是看其是否为夫妻共同生活的需要所负的债务，不能仅以该债务是谁经手或出面的表面现象来判断。谢某与李某结婚后，谢某在项岩机器设备厂做业务员，李某没有工作，在家操持家务，谢某的劳动收入用于维持夫妻和家庭的共同生活。谢某在工作期间，为工作的需要向所在单位借款所负的债务是在婚姻关系存续期间发生的，属于为夫妻共同生活所负的债务，应当由夫妻共同偿还。

【典型案例9.8】　夫妻一方的婚内借款，是否都是夫妻共同债务？

【案情】　被告邓春某与被告黄如某于2003年7月23日登记结婚，婚后生一女。因感情不和，两人自2009年11月起分居生活，分居期间，婚生女随黄如某生活。黄如某于2011年1月25日向本院起诉，要求与邓春某离婚。经本院主持调解，双方达成协议如下：两人自愿离婚；婚生女由黄如某抚养，邓春某每月支付抚养费200元；隆安县城蝶城路×号房产归黄如某所有；尚欠的银行按揭贷款18万元及欠邓春某母亲的5万元由黄如某偿还。

被告邓春某在与黄如某分居生活期间，以家庭生活所需为由，于2010年7月26日向原告借款10500元、于8月2日借款10000元、于8月5日借款5700元。此三次借款，被告邓春某均在自己的身份证复印件背面书写“借条”交原告收执，前两笔借款，分别定于同年8月1日、9月2日前偿还，如逾期则按银行利息的四倍计付利息。第三笔借款定于2010年8月10日前归还。然被告邓春某均未如期还款，因邓春某去向不明，在找不到邓春某的情况下，原告于2011年春节前后（2011年1月底2月初）找到被告黄如某，要求被告黄如某清偿邓春某的借款，未果，遂于2011年3月9日诉至本院，要求两被告共同偿还借款26200元及前两笔借款逾期后的四倍利息。案件焦点为被告邓春某向原告所借之款项是不是两被告的夫妻共同债务。

广西壮族自治区隆安县人民法院审理认为：根据《婚姻法》及相关司法解释的规定，夫妻共同债务是指夫妻一方或双方为共同生产、生活、履行抚养赡养义务所负的债务。被告邓春某在夫妻分居期间向原告借款，至黄如某提起离婚诉讼后，法院主持双方调解时，邓春某均未主张向原告所借之款属于夫妻共同债务,进而要求被告黄如某分担,据此可推定邓春某的意思为该借款是其个人债务;原告三次借款给邓春某,事前事后均未告诉黄如某。对于邓春某的借款理由,原告也未探究,可推定原告借款的对象是邓春某个人而非邓春某的家庭;由于两被告分居生活期间婚生女随黄如某生活,故可认定邓春某的借款未用于抚养子女,不属一方为抚养子女所负债务;又根据邓春某在10天内三次向原告借款数万元的事实,可认定该借款属邓春某个人消费,应当由邓春某自己承担。故原告要求黄如某共同承担,不予支持。

广西壮族自治区隆安县人民法院依照《民法通则》第108条、《最高人民法院关于人民法院审理离婚案件处理财产分割问题的若干具体意见》第17条第4项、《审理借贷规定》第6条的规定,作出如下判决:(1)被告邓春某偿还原告梁国某借款26200元及其利息(利息的计算,以10500元为本金,自2010年8月2日起;以10000元为本金,自2010年9月3日起,均按中国人民银行规定的同期流动资金贷款利率的四倍计算,至清偿之日止);(2)驳回原告梁国某要求被告黄如某承担责任的诉讼请求。

【诉讼指南】 本案的处理重点是被告邓春某的借款是不是夫妻共同债务。关于夫妻共同债务的问题,由于存在债务数额大、认定难、举证难、取证难,且债务的发生原因也越来越复杂化、多样化,甚至存在债权人与债务人勾结损害夫妻一方利益的情况,实务界在认定上一直存在较大的分歧,分歧集中于两方面:一是法律理解上的分歧,二是实践中难认定。关于夫妻共同债务的法律规定,《最高人民法院关于人民法院审理离婚案件处理财产分割问题的若干具体意见》第17条规定:"夫妻为共同生活或为履行抚养、赡养义务等所负的债务应当认定为夫妻共同债务。下列债务不关能认定为夫妻共同债务:夫妻双方约定由个人负担过重的债务,但以逃避债务为目的的除外;一方未经对方同意,擅自资助与其没有抚养义务的亲朋所负的债务;一方未经对方同意,独自筹资从事经营活动,其收入确未用于共同生活所负的债务;其他应由个人承担的债务。"对于一方借款,债权人起诉夫妻双方的,《婚姻法解释(二)》第24条规定:"债权人就婚姻关系存续期间夫妻一方以个人的名义所负债务主张权利的,应当按夫妻共同债务处理。但夫妻一方能够证明债权人与债务人明确约定为个人债务,或者属于婚姻法第十九条第三款规定情形的除外。"(《婚姻法》第19条第3款规定:"夫妻对婚姻关系存续期间所得的财产约定归自己所有的，夫妻一方对外所负的债务，第三人知道该约定，以夫或妻一方的财产清偿”）。以上两个法律规定，有人理解为，根据《最高人民法院关于人民法院审理离婚案件处理财产分割问题的若干具体意见》可看出，夫妻一方的婚内借款，不能绝对地一律认定为夫妻共同债务。但也有人认为《婚姻法解释（二）》极大地缩小了夫妻一方个人债务的范围，因此凡是夫妻一方的婚内借款，原则上应认定为夫妻共同债务，但书规定的为例外。由于对法律的理解存在较大的分歧，导致实践中难认定。笔者认为，《婚姻法解释（二）》的但书规定，侧重于保护债权人而忽视了对配偶一方利益的保护，如何在债权人与配偶一方的保护方面找到平衡点，需要具体案件具体分析。具体到本案，被告邓春某向原告借款，发生于夫妻关系存续期间，被告黄如某也没有证据证明债权人与债务人约定为个人债务，两被告间也没有约定婚内所得财产的归属，但是本案的债务仍不能认定为夫妻共同债务。第一，被告邓春某是在夫妻双方因感情不和而分居生活期间举债，不存在为夫妻共同生活或生产而举债的可能性。第二，夫妻分居期间，婚生子女随黄如某生活，故邓春某举债用于抚养子女的可能性也低。第三，邓春某在10天内连续三次借款数万元，不符合一般日常生活之常理，有举债挥霍之可能。第四，原告借款给邓春某之事实，被告黄如某当时并不知情，也说明原告是借款给邓春某而不是邓春某夫妻。第五，邓春某以家庭所需为由借款，其家庭所需为何，原告并不了解，也没有意识地要去了解，等于邓春某的借款是不是用于家庭，对于原告来说一概不管。第六，邓春某出具的借条中，没有被告黄如某签字，说明黄如某不是共同借款人。第七，两被告离婚时，邓春某并没有主张该债务是夫妻共同债务，说明邓春某本人也认为该债务是其个人债务。故本案之债务应认为个人债务。

通过本案的审理，笔者认为，在夫妻共同债务的认定上，应当综合考察夫妻一方举债的原因、举债之用途、举债的次数、债务的数额，债务的合法性，一方举债时夫妻关系状况、债权人起诉时夫妻关系状况、债权人、债务人、配偶一方对债务性质的意思等方面综合考察。同时作为债权人来说，也应当注意借出的风险，因为对于债权人来说，债务人越多，其债权越容易实现，因此如债权人欲借给夫妻双方，则应当要求夫妻双方共同签字。

4. 夫妻共同债务借贷主体如何认定?

对此,《浙江省高级人民法院关于审理民间借贷纠纷案件若干问题的指导意见》第 8 条规定,夫妻一方以自己的名义向他人借款,诉讼时夫妻关系仍然存续,出借人仅起诉借款人一方,人民法院无须追加借款人的配偶为共同被告。借款行为发生于夫妻关系存续期间,诉讼时借款人已经离婚的,出借人或者借款人均可以申请追加借款人借款时的原配偶为共同被告。

夫妻一方以自己的名义对外发生借款,发生纠纷形成诉讼时,出借人仅起诉借款人一方的,法院此时是无须追加另一方为共同被告的。现实生活当中,按照中国人的传统,一般并不发生夫妻二人同时以夫妻共同名义对外借款,一般出借人也视之为是夫妻共同借款。即便发生诉讼,夫妻关系存续期间,一般也不存在借款人的配偶否认债务的情形,且《婚姻法解释(二)》第 24 条对这一问题也已明确规定,只要发生于夫妻关系存续期间的债务,除债权人与债务人明确约定为个人债务或债权人明知夫妻存在约定财产制外,均应认定为夫妻共同债务。[①]《婚姻法》第 41 条以及《婚姻法解释(一)》第 17 条第 2 款则认为只要是夫妻二人有共同举债的合意而向出借人借款,就应当共同向出借人承担还款责任,而《婚姻法解释(二)》第 24 条则采取的是"一刀切"的态度,强调的是夫妻关系存续期间。前者的立法标准是夫妻共同生活,后者的立法标准是夫妻关系存续期间,前者注重的是本质,更加公平但不便于操作,但在审判实践中难以认定,后者注重的是形式,可能带来不公但是简便易行,本解释第 4 条也延续了《婚姻法解释(二)》的精神实质,便于法院在审判实践中的操作。在审判实践中,对于查清案件事实和责任承担来说都没有必要追加借款人的配偶为共同被告参加诉讼。关于夫妻婚姻存续期间发生的以个人名义借款,发生纠纷诉讼时,夫妻婚姻关系已经终止的,是否需要追加借款发生时的原配偶为共同被告应当根据案件审理需要和当事人是否申请决定。双方对于相互之间的债权债务关系没有争议,原夫妻二人也无异议的,根据原告的诉讼请求审理案件即可。双方对于借款是否为共同债务有争议或原夫妻二人一方认为是夫或妻个人债务的,应当追加另一方为共同被告,在查清案件事实的基础上,做出是否为共同债务

---

① 叶海华:《民间借贷案中如何认定夫妻共同债务》,载《法制与社会》2010 年 12 月(中)。

的认定。

另外,虽债务产生于婚姻关系存续期间,但夫妻关系处于名存实亡或分居,或者债务发生在夫妻双方离婚诉讼期间的,应当将双方列为共同被告加以审理。并对是不是夫妻共同债务在查清事实的基础上进行合理认定。

【典型案例9.9】 债权人就夫妻一方以个人名义所负债务向夫妻双方主张权利应如何处理?

【案情】 两被告是夫妻关系。2009年3月1日,被告李祥某在两被告婚姻关系存续期间向原告林梦某借款130万元,并立有借据为证。2010年9月,被告李祥某以渣铁货款抵偿原告231228元。后被告拖欠借款1068772元未还,原告遂于2010年12月22日以被告李祥某向原告借款是用于家庭周转,该借款系两被告的共同债务为由诉至本院,请求两被告共同偿还上述借款本金130万元。被告李祥某仅抗辩其为还赌债而于2008年下半年起陆续向原告借款及其从2009年3月至2010年9月以现金返还、货款抵偿等方式偿还原告部分借款。被告黄文某未作答辩。

本案焦点为原告林梦某就两被告婚姻存续期间夫妻一方以个人名义所负债务向夫妻双方主张权利,该债务是否应认定为夫妻共同债务。

长乐市人民法院经审理认为:在两被告夫妻关系存续期间,原告林梦某与被告李祥某之间以出具借据形式达成的借贷协议是双方真实的意思表示,应认定有效。由于双方未约定借款期限,原告有权随时要求被告李祥某偿还借款,被告李祥某应当清偿未还的借款1068772元。现原告就两被告夫妻关系存续期间一方以个人名义所负债务主张权利,由于两被告夫妻一方未能证明原告与被告李祥某就该债务明确约定为个人债务及属于《婚姻法》第19条第3款规定的除外情形,上述债务应当按夫妻共同债务处理,两被告应当共同偿还。被告黄文某经本院依法传唤未到庭参加诉讼,本院可依法缺席判决。

长乐市人民法院依照《民法通则》第90条、第108条,《婚姻法解释(二)》第24条的规定,判决如下:(1)被告李祥某、黄文某应于本判决生效后10日内共同偿还原告林梦某借款1068772元;(2)驳回原告林梦某的其他诉讼请求。

【诉讼指南】 在民间借贷纠纷司法实践中,债权人就婚姻关系存续期间夫妻一方以个人名义所负债务向夫妻双方主张权利,根据《婚姻法解释(二)》第24条规定,法院应予以支持。

《婚姻法解释(二)》第24条规定:“债权人就婚姻关系存续期间夫妻一方以个人名义所负债务主张权利的,应当按夫妻共同债务处理。但夫妻一方能够证明债权人与债务人明确约定为个人债务,或者能够证明属于婚姻法第十九条第三款规定情形的除外”。而《婚姻法》第19条第3款规定:“夫妻对婚姻关系存续期间所得的财产约定归各自所有的,夫或妻一方对外所负的债务,第三人知道该约定的,以夫或妻一方所有的财产清偿。”从以上规定可以推定,夫妻在婚姻关系存续期间,如对婚前财产或婚后所得没有约定的,夫妻一方以个人名义所负债务应当视为夫妻共同债务。

由于《婚姻法解释(二)》第24条笼统地以债务形成时间为切入点,规定属于婚姻关系存续期间以一方名义所负债务,原则上认定为夫妻共同债务,使得如何区分个人债务和夫妻共同债务成为司法实践中离婚案件审理难点,并导致在民间借贷纠纷案件中,债权人对债务人以其个人名义所负债务依据该规定主张夫妻双方共同偿还。这不利于未负债一方婚姻当事人及其他债权人合法权益的保护,若婚后一方当事人以其个人债务主张夫妻共同债务,或是与第三人恶意串通捏造虚假债务,都会对未负债一方婚姻当事人及其他债权人造成损害。人民法院在审理离婚案件时,对婚姻存续期间一方以个人名义对外举债,是否认定为夫妻双方共同债务,一直是一个比较突出且难以妥善解决的问题。对此,司法实践中一般要从两个方面进行考察:一是是否存在举债的合意,二是举债是否用于夫妻共同生活。确认婚姻关系存续期间的债务属于夫妻一方个人债务还是夫妻共同债务,一般应以这两个因素为衡量标准。如果夫妻有共同举债之合意,则不论该债务所带来的利益是否为夫妻共享,均应视为共同债务。在夫妻事先或事后均没有共同举债合意的情况下,如果该债务发生后,夫妻双方共同分享了该债务所带来的利益,或者举债是用于家庭生活消费、支付子女生活费或教育费用,偿还夫妻共同债务等,则该债务同样应视为夫妻共同债务。

本案中,如果被告李祥某向原告林梦某借款,被告黄文某并不知情,这说明双方没有共同举债的合意;如果没有双方共同合意且以一方个人名义所负债务,不能被证明用于家庭及子女其共同生活支出,或用于偿还夫妻共同生活期间所负其他债务,则该笔债务应当被判定属于被告李祥某的个人债务,由其个人负责偿还。因此,在民间借贷案件审理中,应比照离婚案件夫妻共同债务司法实践审理模式,强化个人名义负债一方当事人的举证责任,责成其对所负债务的时间、地点、内容、用途等进行详细举证;并以婚姻关系存续期间所负债务是否用于夫妻共同生活必要的、合理的支出,来区分个人债务和夫妻共同债务。

CHAPTER

10

第十章

民间借贷的虚假诉讼

要点提示

在我国,诉讼已经成为维护合法权益和解决争议的重要手段。但近年来,借助诉讼谋取不正当利益的虚假诉讼也呈多发态势。目前,以民间借贷形式进入审判程序的虚假诉讼频发,已严重威胁到了我国社会诚信体制的建立健全,与民事诉讼定分止争的价值定位相去甚远,也与建立公正高效权威司法制度的美好愿景背道而驰。

1. 虚假诉讼如何界定?

近年来,民间借贷案件成为虚假诉讼的高发领域。目前,学术界普遍将虚假诉讼解释为获取不正当利益,当事人采取冒名顶替、单方操纵或恶意串通等方式,通过隐瞒捏造事实、伪造变造证据进行民事诉讼,或者利用虚假或错误的仲裁裁决文书、公证文书申请执行,使法院作出错误裁判或执行,侵害第三人、集体利益、国家利益及司法秩序的行为。但是,民事虚假诉讼行为的法定解释尚未明确,对于民间借贷虚假诉讼行为仍然不易界定。但是有一个共同的认识:民间借贷虚假诉讼的本质是虚假的,诉讼只是当事人双方为实现非法目的而采用的手段。

(1)表象的合法性

虚假诉讼行为涉及的主体包括人民法院、行为人和被害人在内的多重主体。在多重主体中,被害人对虚假诉讼案件往往不知其所以然;人民法院对虚假诉讼案件往往不知其所以然;仅有行为人因事先恶意串通,不仅知其然,而且知其所以然。因此,虚假诉讼的虚假性,是在经司法部门查处证实之后逐步显现出来,而在此之前,虚假诉讼与正常民事诉讼相比,不论是其产生条件、诉讼构造、基本内容还是裁判结果,都具有表象的一致性。换言之,虚假诉讼有表象的合法性。

(2)当事人双方关系的特殊性

虚假诉讼的充要条件包括获取非法利益的主观目的、民事诉讼途径的选择、虚构法律关系和捏造案件事实手段方式的采取、行为人经恶意串通后作为诉讼当事人身份在诉讼中出现四个方面。诉讼双方当事人关系的特殊性源于虚假诉讼行为人在实现其非法目的的过程中的途径选择以及手段方式的采取。首先,从行为人虚构法律关系和捏造案件事实手段方式的采取看,虚假诉讼毕竟存在非法性和风险性,一般人不愿意与行为人进行“合作”,除非行为人愿意将所能获得的非法利益进行部分让度(鉴于行为人获取利益最大化的考虑,此种情形在实践中存在较少)。其次,从民事诉讼途径的选择看,虚假诉讼行为一旦披上诉讼的合法外衣,所作出的裁判结果具有拘束力、既判力和执行力。诉讼当事人必须按照结果确认的民事权利义务关系行事,不得再行争议,要求改变。对一方行为人(一般是被告)将产生不可逆的实际后果,作为合作对象的另一方行为人(一般是原告)可以依据诉讼结果“合法有效”地对非法利益主张权利,这对作为被告的一方行为人而言,是一个很大的风险。

鉴于以上考虑,行为人所物色的合作对象必须符合一定的条件,即该合作对象能够保证行为人“合法又稳妥”地实现其非法利益的最终获取:一是合作对象必须愿意为自己的非法虚假诉讼行为的合法化提供帮助并承担相应的风险;二是行为人能够确信和掌控合作对象不对虚假诉讼行为产生的非法利益有任何非分想法和企图,保证行为人获得非法利益的“稳妥”。所以,合作对象的选择至关重要,符合上述条件的最好人选就是亲戚、好友或者有其他密切关系的人。因此,虚假诉讼双方当事人关系一般具有特殊性。

(3)抗辩过程的弱化性

抗辩过程的弱化性是指庭审中诉辩双方对抗性弱甚至不存在实质对抗。抗辩过程的弱化性源于行为人事先恶意串通的对诉讼结果期望的实体指向的同一性。在民事诉讼中,所谓“无纠纷即无诉讼”。诉讼作为一项司法制度,从其产生之日起一直是纠纷解决的一项制度构建,其最终目的就是利用司法的中立性对纠纷进行居中裁判。诉讼作为一种行动,一种向着某种目标的行进,或者某种“过程”,这是从审判机关的角度出发进行解释的;而对于诉讼双方当事人而言,民事诉讼是指一方通过民事程序和审判据寻求对另一方当事人主张权利的法律程序。原告和被告属于二元对立的构造,即在解决民事权益相对立的主体之间的民事纠纷的民事诉讼中,同为诉讼当事人的原告和被告是相对立的,任何人均不得对自己提起诉讼,或者在诉讼中只有原告而无被告。因此,诉讼当事人双方的目标和行进的方向各自不同,为各自对立的目标和方向的最终实现,民事诉讼一般存在较为激烈的对抗。而在虚假诉讼中,因行为人为实现其主观目的的事先恶意串通,在虚假诉讼设计之初,即不存在各自对立的目标和方向,诉讼当事人对诉讼结果期望的实体指向具有的同一性,决定了庭审中诉辩双方对抗性弱甚至不存在实质对抗。抗辩过程的弱化性体现在庭审过程中,具体表现为:一是自认多。诉讼当事人双方对于案件事实人多不存在争议,法院对于案件基本事实认定,多通过当事人自认的方式予以确认。二是鉴定少。一方面,对于提供的虚假证据,因事先的串通,多为一方当事人真实撰写,没有进行文检鉴定的必要;另一方面,根据诉讼规则,法院一般不会主动依职权对涉案证据进行鉴定,而当事人出于诉讼成本节约以及主观目的方便实现的考虑,不会主动申请鉴定。三是类似于督促程序的诉讼版。根据我国民事诉讼法的规定,对于一些法律关系清楚、案件事实没有争议的请求债务人给付金钱、有价证券案件,债权人可以向有管辖权的基层人民法院以申请支付令的形式,通过法院的督促程序予以解决。而虚假诉讼基本类似于督促程序的诉讼版,而且不存在因债务人向人民法院提出的书面异议,使支付令自动失效,导致督促程序终结的情形。

(4)诉讼过程的便易性

在虚假诉讼案件中,行为人为获取非法利益,诉讼只是其实现最终目的的手段而已,其进行诉讼的直接目的是获得自己所需要的一纸裁判文书或

者调解书。因此,基于其达到直接目的的实现的便易性和效率性,其法律关系的虚构形式和案件事实的捏造方式直接导致了诉讼过程的便易性。诉讼过程的便易性,在司法实践中体现为以下几个方面:一是案件适用简易程序多。根据我国民事诉讼法的相关规定,基层人民法院和它派出的法庭审理事实清楚、权利义务关系明确、争议不大的简单民事案件,适用简易程序审理。而虚假诉讼行为人为其达到直接目的的实现的便易性和效率性考虑,其法律关系的虚构形式和案件事实的捏造方式,一般情况下符合上述要求。上述原因导致人多虚假诉讼案件适用简易程序进行审理。二是结案时间短。因简易程序的制度设计,其审限本身短于适用普通程序审理的案件。而且,行为人利用虚假诉讼实现的非法利益,往往是另一法律关系形成或利害关系实现的基础,其非法利益的最终获得还依赖另一民事关系或者行政关系进一步确认,因此,行为人双方对虚假诉讼的快速解决往往具有迫切性的特点,而这种特点往往会反映在行为人督促法官审理案件的时限上,反映在法院便民诉讼措施上,并最终反映在案件较短的结案时间上。三是以调解方式结案多。一方面,调解结案与法院裁判具有同等的法律效力,对于行为人其主观目的的实现没有任何负面影响;另一方面,调解结案不但可以节约行为人的诉讼成本,还因法院对调解结案的欢迎减少被查处的风险。四是一般不存在反诉、上诉以及当事人主动申请再审等情况,其原因同上。

(5)诉讼结果的唯一性

诉讼结果的唯一性源于行为人主观决定的诉讼当事人对诉讼结果期望的实体指向具有的同一性。理解诉讼结果的唯一性,须明确以下几点:一是诉讼结果是根据诉讼中当事人身份呈现的虚假诉讼行为人事先商议的结果,该结果所要达到的类型、方式、程度等均是行为人获取非法利益的主观目的所决定的。二是虚假诉讼涉及的其他主体包括人民法院、被害人在内的任何行为对诉讼结果的确定几乎没有任何影响及作为,除非依法定程序查明案件属于虚假诉讼案件。三是诉讼的结果,不论是判决还是调解,均具有确定性。依判决形式结案,一般是以法院全部支持原告诉讼请求而告终;依调解形式结案,一般也以原告人部分诉请得到满足而告终。

2. 人民法院在审理中发现有哪些情形的，应当严格审查判断是否属于虚假诉讼？

在审判实践中，民间借贷纠纷案件中虚假诉讼问题比较突出，当事人欲通过虚假债务经诉讼程序达到规避法律、逃避债务的目的，从而损害国家、集体以及其他人的合法权益。有的债务人在资金已经吃紧的情况下，迫于某些债权人追讨的压力，与其有特殊关系的人勾结进行诉讼，还有部分案件被告为逃避债务或者在离婚中多分得财产，虚构本不存在的借贷关系，双方串通诉至法院，企图通过诉讼调解由人民法院确认并不存在的债权，以对抗其他债权人。因原、被告双方对借款事实均予认可，法院在审理时很难判断。

如果在审理案件中存在下列情形就要提防是否涉嫌虚假诉讼，(1)原、被告双方对借据无异议的所谓“手拉手”式诉讼，即被告一方对原告一方的诉讼请求不持任何异议，迅速达成调解意向；(2)被告下落不明或者拒不应诉，代理人对借贷事实语焉不详；(3)当事人对借款事实叙述不清，陈述内容前后矛盾；(4)大额诉讼，仅有一张借据或欠据，没有任何支付凭证；(5)借款人资不抵债或涉及多起诉讼，而坚持与出借人轻易达成调解意向；(6)借款人只起诉担保人不起诉债务人的；(7)原告或被告在其他案件中曾有虚假诉讼、恶意诉讼的。

对此，《民间借贷司法解释》第 19 条明确规定，人民法院审理民间借贷案件时发现有下列情形，应当严格审查借贷发生的原因、时间、地点、款项来源、交付方式、款项流向以及借贷双方的关系、经济状况等事实，综合判断是否属于虚假民事诉讼：(1)出借人明显不具备出借能力；(2)出借人起诉所依据的事实和理由明显不符合常理；(3)出借人不能提交债权凭证或者提交的债权凭证存在伪造的可能；(4)当事人双方在一定期间内多次参加民间借贷诉讼；(5)当事人一方或者双方无正当理由不到庭参加诉讼，委托代理人对借贷事实陈述不清或者陈述前后矛盾；(6)当事人双方对借贷事实的发生没有任何争议或者诉辩明显不符合常理；(7)借款人的配偶或合伙人、案外人的其他债权人提出有事实依据的异议；(8)当事人在其他纠纷中存在低价转让财产的情形；(9)当事人不正当放弃权利；(10)其他可能存在虚假民间借贷诉讼的情形。

3. 民间借贷虚假诉讼如何防范？

法院在审理过程中应当防范和查处虚假诉讼，维护司法权威，促进诚信诉讼。涉嫌虚假诉讼的案件，人民法院一般应适用普通程序审理。对当事人一方或者双方涉及多起民间借贷的关联案件一般由同一合议庭审理。在审理过程中为防范虚假诉讼，不能机械适用证据规则，对民间借贷案件的全部证据，要依法全面、客观地审核双方当事人提交的全部证据，加大依职权调查取证的力度，注意从各证据与案件事实的关联程度、各证据之间的联系等方面进行综合审查判断，不能片面认定证据或者根据个人主观臆断取舍证据，尽量做到防患于未然。

法院要注意加强对调解协议合法性的审查，包括诉讼请求是否合法，当事人之间是否存在亲属关系或其他利害关系，起诉的事实、理由是否存在明显不合理的内容，一方当事人是否简单自认、未作抗辩等。原告对自己的诉讼请求负有举证责任，对于支持原告诉讼请求的举证责任应当具体包括提出证据的责任和说服责任。即便是被告承认原告的诉讼请求，法院也不宜径行支持原告的诉讼请求，否则很有可能使判决缺乏事实依据、违背案件的真实背景，甚至造成对第三人权益的侵害。

（1）首先要明确债权人的举证责任：

第一，提供借据等书证。在借据的认定方面，应加强对借据记载内容真实性和合法性的审查。债务人对借据的真实性提出异议的，双方当事人可以提供补充证据或者反驳证据，法官根据双方提供的有效证据综合案件相关情况，对借据的真实性进行综合审查判断。当事人之间对因买卖、承揽、股权转让等其他法律关系产生的债务，债务人以书面借据形式对债务予以确认，债权人据此提起诉讼，而债务人或担保人对基层法律关系的效力和履行事实提出抗辩并有证据证明纠纷确因其他法律关系引起的，原则上按照基础法律关系审理，但借据仍可作为基础合同履行的重要证据。

第二，证明借款已经交付的事实。因民间借贷是实践合同，需要审查借贷双方的借款方式、付款形式，在涉及资金流转的案件事实认定时，不能简单以当事人之间的借条、欠条、收条等直接定案，对于涉及个人的大额资金流转，应具体查实银行转账凭证和交易主体的账户资金流转情况。因此在审查时，出借人在提供借款人签名的借据、收据等书面文件之外，还必须对款项出借的时间、地点、具体过程和事由进行说明，以查清借款是否实际发生，款项是否实际交付、借款事由是否合法真实等情况。拒不承担说明义务或者本人拒不到庭作合理说明的，应承担举证不力的法律后果。多数时候需要运用法官的经验法则，判断当事人的陈述是否符合常情常理，一般数额不大的借贷，当事人一般通过现金支付，但是对于大额款项，通常不会携带现金进行交易。一般情况下，借条等书面证据的证明力最强，但是对于大额借贷，如果只有一张借条或者欠条，法官可以产生合理怀疑，通过自由心证来判断其证明力，若多个间接证据，如债权人自身的经济实力、债权人与债务人间的关系、交易习惯及相关证人证言等结合，形成的证据锁链所证明的案件事实具有高度盖然性，让法官产生了内心确信，则借条、欠条的证明力也可以被否定。

第三，贷方是否具有相应的财产能力，这是验证借款事实的辅助证据。借款能否实际履行的前提是贷款人具有履行的能力，故对贷款人资信的审查是必需的。资信能力仅能说明其能够一次性拿出巨额现金，但是该巨额现金是否交付以及其究竟是借款本金还是高息仍无法确定，这只能通过证据规则解决。

第四，借款性质及用途的事实。从举证责任的角度，原告必须首先就自己主张的诉讼请求提出充分证据加以证实，包括与被告的法律关系，在债权人仅提供收条、银行汇款单等借款交付凭证，而没有提供借据等借贷合意凭证时，债权人还应对款项为借款而并非其他投资款或者其他商业往来汇款提供证据证明。

第五，借贷双方之间的关系。民间借贷中信任因素起着很大的作用，双方之间的社会关系、商业往来关系，身份关系等对更好地理解借贷事实有着较为重要的作用，可以全面地认识纠纷形成的来龙去脉。

（2）对涉嫌虚假诉讼的案件，人民法院可以采取下列措施予以防范：①传唤出借人、借款人本人或者相关经办人员到庭陈述，并告知无正当理由拒不到庭的不利法律后果。②要求当事人进一步提交其他相关证据，包括申请证人出庭作证。③告知相关利害关系人，并依据利害关系人的申请或者依职权通知其参加诉讼。其他债权人参加诉讼的，列为第三人；配偶参加诉讼的，列为共同原告或者共同被告。④依职权进行调查取证。

（3）另外，民间借贷中也可以应用测谎技术。测谎并不违反民事诉讼法的禁止性规定，测谎结论可以作为认定案件事实的辅助参考。只要双方当事人对事实的陈述不一致，就可以考虑应用测谎技术，但是测谎结论并非法律明文规定的证据种类之一，所以如果仅仅只有测谎结论，不可以作为定案的依据，但是可以作为辅助参考，法官可以根据生活常识、当事人在法官面前陈述时体现出来的诚信程度等品格等，综合判断形成自由心证的依据。[①]

4. 民间借贷虚假诉讼如何制裁？

虚假民事诉讼具有利益指向，即从事虚假民事诉讼的人总是受一定利益驱动从事该行为的。虚假民事诉讼是以欺骗的手段，利用司法判决，以合法的形式掩盖非法的目的，最终实现侵害他人利益或者社会利益的目的。因此，虚假民事诉讼的危害性，首先直接表现为对他人权益的侵害，并且在侵害他人利益的过程中，利用了司法权的弱点。如夫妻，假借离婚名义，逃避债务，损害债权人的债权利益，或夫妻一方与他人串通，虚构债权债务，侵害另一方的财产权。其次是对方当事人权益的侵害。例如，虚假诉讼人趁另一方不在所在地时，虚构债权取得法院的缺席判决，最后强制执行另一方的财产。一旦虚假诉讼人成功，被侵害人除了受到直接的现实的损害，还有间接的、潜在的损失。虚假诉讼当事人玩弄法律，滥用诉讼权利，以法律赋予的权利为依托，以合法形式掩盖非法目的，误导人民法院做出有利于自己的判决、裁定，严重侵害他人的合法权益，导致司法活动偏离司法公正的目标，损害司法权威，削弱司法公信力。

总之，虚假诉讼的社会危害很大，一是损害国家利益或他人的合法权益。二是浪费国家司法资源，扰乱诉讼程序。三是严重危害国家和司法公信力，损害法院审判权威。因此要依法加大虚假诉讼制裁力度，对于经查证确属虚假诉讼的，要驳回原告的诉讼请求；构成妨害民事诉讼的，应当依照民事诉讼法的相关规定予以制裁；对于以骗取财物、逃废债务为目的的实施虚假诉讼构成犯罪的，要依照刑法的相关规定追究刑事责任。

针对近年来民间借贷虚假诉讼案件节节攀升的形势，有的法院对此进行了有针对性的调查研究并取得了审理此类案件的丰富经验。在借鉴这些

---

① 傅胤胤、樊珺莹、李业亮：《民间借贷纠纷中测谎的应用》，载《人民司法·案例》2010 年第 6 期。

经验的基础上，笔者认为，对于经审查确属民间借贷虚假诉讼案件，应作如下处理：

第一，对有虚假诉讼嫌疑的案件，当事人申请撤诉的，法院可以予以准许；经审查确认属于虚假诉讼的案件，当事人申请撤诉的，法院应不予准许。经审查确认属于虚假诉讼案件，尚未作出裁判的，依法裁定驳回起诉；已作出生效的裁判文书或民事调解书，法院应当依照审判监督程序撤销生效的裁判文书或民事调解书，并裁定驳回起诉。与虚假诉讼案件有利害关系的案外人，可以向法院提出再审的申请。检察院民行科根据利害关系人的申请，可以行使民行监督权利，提起抗诉。

第二，对参与制造虚假诉讼案件的当事人，可以依照《民事诉讼法》的有关规定，依法予以罚款、拘留（对个人的罚款额最高为 10 万元，对单位的处罚为 5 万元以上 100 万元以下，拘留的期限为 15 日以下），但是这项强制措施在不断增加的虚假诉讼案件面前在一定程度上仍显得有些苍白无力。因此，对虚假诉讼情节严重，构成犯罪的当事人，应及时移送其他司法机关调查，依法追究刑事责任。发生在民事诉讼领域的虚假诉讼，其危害性较作伪证等妨害司法的犯罪行为更为严重，因此对其实施刑事制裁是必要的，也是可行的。浙江省玉环县人民法院在审理周宗长巨额债务纠纷案时，发现了他与案外人串通提起虚假起诉。查明事实后，法院将案件移交公安机关侦查，最终法院以妨害作证罪分别判处周宗长有期徒刑 1 年 6 个月。笔者认为，根据虚假诉讼的特征，其本质属故意妨害国家机关对社会的管理活动，破坏社会秩序，情节严重的行为，应当构成妨害司法罪。司法实践中，对发生在民间借贷领域的虚假诉讼行为可以以妨害作证罪或伪造证据罪进行刑事责任追究。对协助债务人完成虚假诉讼的所谓的债权人，以帮助他人伪造证据罪追究刑事责任。

第三，对参与制造虚假诉讼案件的律师，应当向有关司法行政机关提出司法建议，依照《律师法》有关规定予以严肃处理。律师作为法律职业者，应当遵守基本的法律道德和法律职业操守，但是在利益的诱惑下，律师暗示或指使当事人做出不符合法律规定的行为也是时常发生，因此，笔者认为，对滥用诉权者不能姑息纵容。

对此，《民间借贷司法解释》第 20 条明确规定，“经查明属于虚假民间借贷诉讼，原告申请撤诉的，人民法院不予准许，并应当根据《中华人民共和国民事诉讼法》第一百一十二条之规定，判决驳回其请求。诉讼参与人或者其他人恶意制造、参与虚假诉讼，人民法院应当依照《中华人民共和国民事诉讼法》第一百一十一条、第一百一十二条和第一百一十三条之规定，依法予以罚款、拘留；构成犯罪的，应当移送有管辖权的司法机关追究刑事责任。单位恶意制造、参与虚假诉讼的，人民法院应当对该单位进行罚款，并可以对其主要负责人或者直接责任人员予以罚款、拘留；构成犯罪的，应当移送有管辖权的司法机关追究刑事责任”。

【典型案例10.1】 民间借贷虚假诉讼如何处理?

【案情】 2007年9月17日，案外人张某与李某因建设工程合同纠纷，张某向A法院提起诉讼要求李某支付拖欠工程款。2008年年初，法院经过审查后，作出民事判决：李某于判决书生效之日起10日内向张某支付工程款23万元及利息。2008年9月，张某向法院申请执行，A法院立案受理后查封了李某唯一的一处商品房。

2009年年初，王某以李某为被告，向B法院提起民间借贷诉讼，要求李某归还借款30万元及利息。B法院立案受理后以调解结案。王某出具的证据是借据一份。借据主要载明：李某因资金周转困难，向王某借款30万元，利息按银行同期贷款利率计算，落款时间2007年12月25日。2009年4月，王某申请执行，B法院致函A法院要求查封李某唯一的那处房产的执行分配。

为此，张某向检察院提出申诉，申诉认为李某为规避执行，与他人恶意串通、制造虚假诉讼。

【诉讼指南】 经审查发现，鉴定王某与李某借据的落款时间实际为2009年1月后。另查明，王某与李某在庭审中关于借款的时间、使用等陈述不一致且存在诸多矛盾。庭审后，王某自知无法自圆其说，遂提出撤诉申请，法院不予准许其撤诉，最终法院裁定驳回原告的起诉。

【典型案例10.2】 当事人自认的虚假诉讼中证据规则如何适用?

【案情】 2010年7月26日，范敏某和苏顺某、顺丰公司签订协议约定：

范敏某出借给苏顺某、顺丰公司2000万元，期限自2010年7月28日起至10月28日止，年利率20%，借款人确认出借人付款到苏顺某账户即视为收到出借款项，借款人承诺借入的资金用于顺丰公司业务发展需要，出借人有权监控资金的使用，如借款人未依约按期归还借款，逾期一日，借款人应按未付款项目万分之五的标准支付逾期付款违约金，如出借人发现借款人将该部分资金用于本合同约定之外的其他用途，除出借人确认该用途外，出借人有权要求借款人全额归还借款本金，并按合同约定支付违约金。

协议签订后，范敏某于2010年7月28日通过网银分5次打至苏顺某农行卡共计2000万元。苏顺某、顺丰公司于当日出具了收到2000万元的收条1张。

2010年8月5日，范敏某以其发现借款并未用于顺丰公司业务发展，而是被挪用到其他高风险行业为由诉至法院，要求苏顺某、顺丰公司归还借款本金2000万元及利息等，并同时申请对顺丰公司的厂房进行诉讼保全。法院于立案当日依法对被告顺丰公司厂房进行了保全。

经法院调解，双方当事人自愿达成如下协议，法院出具了民事调解书。

(1)经双方确认，苏顺某、顺丰公司结欠范敏某2000万元，并赔偿范敏某利息、违约金、律师费、诉讼费共计60万元。以上合计2060万元制订还款计划如下：苏顺某、顺丰公司于2010年10月15日前归还700万元，于2010年11月15日前归还700万元，于2010年12月15日前归还余款660万元。

(2)苏顺某、顺丰公司如有一期不按上述约定履行，范敏某可全额申请法院执行，并由苏顺某、顺丰公司支付所有未付款项按照每日万分之八计算的罚息。

(3)本案受理费减半收取70900元、保全费5000元，共计75900元，由范敏某与苏顺某、顺丰公司各半承担(苏顺某、顺丰公司应承担的37950元已计入上述第一条所列的赔偿款60万元之中，由苏顺某、顺丰公司按照上述第一条所列还款计划直接支付给范敏某)。

再审中除确认原审所查明的事实外，还查明：2010年7月28日，范敏某通过网银分5次打至苏顺某农行卡上的2000万元，当天，又从苏顺某农行卡中转至尹虎某(案外人)账户，尹虎某取出现金2000万元转至宜兴市兆昌贸易有限公司(法定代表人系范敏某的丈夫)，宜兴市兆昌贸易有限公司于同日分5次将2000万元通过网银转至范敏某账户。

2010年8月10日(起诉以后)范敏某以本票形式给付苏顺某1919.4万元和80.6万元(共计2000万元),其中80.6万元又由苏顺某作为利息于同日支付给范敏某。双方在庭审中认为7月28日的2000万元和8月10日的1919.4万元、80.6万元(共计2000万元)是同一笔款项,故双方之间的借款是真实的。

案件焦点为范敏某起诉以后于2010年8月10日以本票给付苏顺某的1919.4万元和80.6万元(共计2000万元),是否能够认定为案件的借款事实。

江苏省无锡市滨湖区人民法院经再审后认为:借款合同是借款人向贷款人借款,到期返还借款并支付利息的合同,借款人有按照约定的借款用途支配使用借款的权利。人民法院应当以证据能够证明的案件事实为依据依法作出裁判。2010年7月28日范敏某汇给苏顺某银行卡2000万元系事实,但该款已于汇款当日回到了范敏某账户。这表明,苏顺某在2010年8月5日范敏某起诉之日并未实际取得2000万元借款,尽管苏顺某自认,但涉及他人合法权益,人民法院仍应当根据事实作出裁判。范敏某在苏顺某未取得协议约定借款的情况下要求苏顺某归还借款,无事实和法律依据,对范敏某的诉讼请求不予支持。至于2010年8月10日范敏某以本票给付苏顺某的1919.4万元和80.6万元(共计2000万元)是在起诉后才发生的,与范敏某主张的7月28日借款2000万元不是同一笔款项,不能认定为本案的借款事实。据此,依照《合同法》第196条、第203条,《证据规定》第63条,《民事诉讼法》第177条第1款、第186条之规定,判决撤销原审民事调解书,驳回范敏某的诉讼请求。

再审决后,双方当事人均未提起上诉。

【诉讼指南】 假官司在审判过程中被称作虚假诉讼,是指民事诉讼的双方当事人出于某种动机和目的,合谋编制虚假事实和证据向法院提起诉讼,使法院作出错误的判决、裁定或调解的诉讼行为。

在虚假诉讼越来越多的今天,尽管另一方当事人自认,审判人员仍应依照《证据规定》第13条之规定,即对双方当事人无争议但涉及国家利益、社会公共利益或者他人合法权益的事实,人民法院可以责令当事人提供有关证据。在全面、客观地审核证据的基础上,依法作出裁判。

本案就是一起典型的虚假诉讼。2010年7月28日范敏某借款给苏顺某的“借款”事实是虚构的——同笔款项一天之内走了“回”字形，回到了范敏某手中。范敏某于2010年8月10日以本票给付苏顺某的1919.4万元和80.6万元，因为这个借款事实发生在2010年8月5日起诉之后，不是本案的借款事实。

通过深究案外事实发现当事人进行虚假诉讼的真实目的：原来双方确实要发生借款关系，苏顺某想借钱，范敏某也愿意将钱借给苏顺某。但为了资金安全，到时能够收回借款，范敏某要求苏顺某提供担保。苏顺某只有厂房，而且已列入拆迁范围，不能够作抵押了。于是，双方在律师的指点下想利用法律上的诉讼保全措施，将苏顺某的厂房保全后，再将2000万元款项给苏顺某。但是，要诉讼保全就要向法院起诉，现在法院对虚假诉讼审查的比较紧，只有借据（或者借款协议）法院是不能立案的，法院还要求当事人提供给付借款的转账、到账等原始凭据。于是，2000万元借款通过银行转账在当日又汇给了范敏某，这样，就有了给付借款的转账、到账的原始凭据。等到法院采取保全措施（查封厂房）后，再将借款支付给苏顺某。

5. 怎样解决虚构房屋买卖合同，套贷用于归还借款而引发的纠纷？

所谓套贷，即虚构交易套取银行贷款，现实生活中通常表现为房屋产权人为获取银行贷款，虚构与名义买受人之间的房屋交易，通过名义买受人向银行申请购房抵押贷款的形式获得银行贷款供自己使用。在当前借贷案件或房地产案件审理中，发现民间借贷的借款人在到期无力归还借款时，常常会与出借人虚构房屋买卖事实，采用套取银行贷款方式来归还到期借款，再分期归还银行贷款，这样相对于借款人而言，一是可以解还款的燃眉之急，二是通过房屋买卖的形式申请贷款，不仅较易获得银行批贷，且能享受一定的优惠利率，较之民间借款的高额利率而言融资成本较低；而相对于出借人而言，一是可以及时收回出借的款项，二是房屋已过户至其名下，有了一定保证。当前，这种通过套贷来还款的方式，已成为民间借贷借款人履行还款义务的一种较常用方式。

用套贷的方式来归还借款，不但存在触犯刑法、承担刑事责任的可能，而且在现实中已引发了以下民事纠纷：

（1）随着房价的上涨，出借人（即名义买受人）可能被利益诱惑，在借款人（即名义出卖人）还清银行贷款后，拒不返还房屋，甚至有的名义买受人擅自出售房屋或将房屋进行抵押借款，导致借款人诉讼到法院，请求确认双方之间的房屋买卖合同无效并要求返还房屋。

(2)因借款人(名义出卖人)无力按期归还银行按揭贷款，由于贷款是出借人(名义买受人)向银行申请的，银行将会向名义买受人主张债权，导致名义买受人向法院起诉，主张双方之间的房屋买卖合同及与银行的抵押贷款合同均无效。

由于这种套贷行为是以虚假的房屋买卖行为作为基础来实施，且双方签订有书面的房屋买卖合同，故诉讼中在双方对行为性质存在争议的情况下，如何认定于双方之间到底是房屋买卖法律关系，还是违法套贷行为，成为审判中的难点。

根据审判经验的总结，通常可以通过重点审查以下几个方面，综合进行认定：

(1)审查房屋买卖合同中的相关约定。在正常的房屋买卖中，房屋坐落、转让价款及支付时间、房屋交付、办理转让过户时间及违约责任等是买卖双方协商的主要内容，通常在买卖合同中都有明确约定。但对于一些套贷合同，由于其交易的虚构性，买卖合同大多简单、粗陋，甚至一些必要的合同条款也未作约定。这种情况下，如当事人又不能给出一个合理的解释，则应当考虑合同的真实性。

(2)审查房款的实际支付情况。由于房屋交易所涉金额一般较大，如果系真实买卖，资金的流向一般是有据可查的。对房款，尤其是首付款的支付情况，不能以一方出具的收款收据来判断，而应当看实际的资金流向，主要可以审查银行转账、本票承兑等情况。即使是以现金形式交付的大额房款，也可以通过审查资金来源进行判断。当事人无法解释清楚的大额现金付款不符合人们的通常交易习惯。

(3)审查房屋产权证及相关资料、票据的保管情况。正常的房屋买卖，在房屋过户后，房产证应由买受人保管。但在套贷情况下，由于交易系虚构，名义出卖人都会坚持保管已过户到名义买受人名下房屋的产权证以及其他相关材料。此外，由于套贷是为了使名义出卖人获取银行贷款，因此办理产权过户、缴纳交易契税等通常都由名义出卖人承担，相应的票据也常常保存在名义出卖人手中。

(4)审查当事人对交易细节的掌握程度。房屋买卖涉及的利益重大，当事人一般应当对交易磋商、合同签订、房屋过户的时间、场所，房款的支付时间、地点、批次、数额、支付方式等交易细节印象深刻。然而在套贷合同情况下，由于买卖合同并未真实履行，审判中询问上述细节时，当事人往往只能表示记不清楚或胡乱编造，必然前后矛盾，漏洞百出。

(5)审查实际的还贷情况。按照常理，贷款应由贷款人即买受人归还，但在套贷合同案件中，由于交易系伪造，实际都是由名义出卖人按月归还贷款。表现形式或者是名义出卖人持有还贷卡，或者是名义买受人将还贷账单逐月邮寄给名义出卖人。

(6)审查交易后房屋的实际居住情况。按照常理，房屋出卖后，房屋一般由买受人实际居住使用。但在套贷合同案件中，房屋通常仍然由名义出卖人实际控制。

套贷行为一旦经审查后被确认，就需要对以下几个问题作出认定和处理：

(1)房屋买卖合同的效力。因当事人的真实目的是套取贷款，故房屋买卖合同并非双方的真实意思表示，且套贷行为严重违反了我国现行的金融法律规定。根据《合同法》第 52 条的规定，双方签订的房屋买卖合同是以合法形式掩盖非法目的，故应认定房屋买卖合同无效。

(2)银行抵押贷款合同的处理。房屋买卖合同与银行抵押贷款合同不构成法律上的主从合同关系，房屋买卖合同无效并不当然导致抵押贷款合同无效，但《最高人民法院关于审理商品房买卖合同纠纷案件适用法律若干问题的解释》第 24 条规定：因商品房买卖合同被确认为无效或者被撤销、解除，致使商品担保贷款合同的目的无法实现，当事人请求解除商品房担保贷款合同的，应予支持。因此，根据该规定的精神，房屋买卖合同被确定无效，名义买受人请求解除与银行抵押担保合同的，应予支持。同时，在程序上，根据《最高人民法院关于审理商品房买卖合同纠纷案件适用法律若干问题的解释》第 25 条规定的精神，在房屋买卖合同纠纷的处理中，银行提出诉讼，可以为第三人参加诉讼；银行另案诉讼的，也可以与房屋买卖合同纠纷合并审理。

(3)恢复原状与借贷问题的处理。房屋买卖合同被确认无效、银行抵押贷款合同被解除后，根据法律规定，应当恢复原状。但名义买受人并未实际向名义出卖人支付过房款，套取的银行贷款也是名义出卖人占有用于向名义买受人归还借款，故在此类案件处理中，仍判决名义买受人负有涤除房屋上抵押权的义务，不利矛盾纠纷解决，可以考虑直接判决由名义出卖人负担涤除房屋上抵押权的义务，名义买受人负有协助义务，在涤除房屋上抵押权后，名义买受人有将房屋产权返还的义务。

如果名义出卖人（即借款人）在房屋买卖合同纠纷的诉讼中提出其套贷归还款项中，存在高利贷等属于借贷法律关系的争议问题，不适合在房屋买卖合同纠纷案件中一并审理，应当告知当事人另案就借贷问题主张。

6. 虚假按揭贷款如何界定？

自2005年以来，伴随着国家对房地产业的宏观调控政策，虚假按揭贷款案件逐年增多。由于法律法规的不明确，各地法院对这类案件的处理结果千差万别，影响了法院权威性和裁判文书的严肃性。

虚假按揭贷款案件，对人民法院在审理案件过程中如何判定相关合同的效力问题提出了挑战，也为法院正确处理或平衡几方当事人的关系，提出了新的命题。

(1)“按揭贷款”从法律上讲应为“商品房担保贷款”

“按揭”一词源于英国里托顿时代，是一种土地所有权的附条件让与担保制度[①]。商品房按揭作为一种融资购楼方式逐渐从香港传入我国内地，目前尽管“按揭贷款”已经是国内各商业银行总行制定的操作规程中的标准概念了，但却不是我国立法界确认的法律概念。

2003年3月24日，最高人民法院通过的《关于审理商品房买卖合同纠纷案件适用法律若干问题的解释》，将商品房按揭贷款行为统称为商品房担保贷款，包括以现房抵押的贷款合同和期房抵押的贷款。所以，该解释关于“商品房担保贷款”的规定就是对“按揭贷款”的特别规定。“按揭贷款”一词在法律上的标准名称就是“商品房担保贷款”[②]。

从我国现行法律规定来看，“按揭贷款”所涉各方主体主要包括银行、开发商、购房人（亦即借款申请人）、保险公司四方。上述主体在按揭贷款中包

① 许明月：《英国法中的不动产按揭》，载《民商法论丛》第11卷。

② 韩延斌：《〈关于审理商品房买卖合同纠纷案件适用法律若干问题的解释〉的理解与适用》，载《人民司法》2006年第5期。

括了银行与购房人之间的借款关系、购房人与开发商之间的商品房买卖关系、购房人与银行之间的抵押关系、开发商与银行、购房人之间的担保关系等一系列民商事法律行为。

(2)虚假按揭贷款的类型及各法律主体承担的风险

由于"按揭贷款"所涉主体的多样性、法律关系的复杂性,导致按揭贷款纠纷多发,尤其是地产商和银行业内为自身利益的考虑,隐瞒合同的签订过程,从而形成大量的以银行为原告的为实现债权而诉讼的虚假按揭贷款案件。

第一,虚假按揭的概念。所谓虚假按揭,是指房地产开发商以真实或者虚假的材料和主体的名义,假借购房向银行办理个人住房按揭贷款,从而套取银行资金的行为。虚假按揭可以分为两类:第一类,真实购房价格与假按揭房价差异不大,开发商只是为了快速回收资金,以略高于市场价采取了部分虚假按揭,真假难辨,且短期内假的就可以变成真的;第二类则是虚假按揭合同价款非常高,不合常理,且楼盘的购房人绝大部分是虚假的,往往有金融机构人员参与,甚至内外勾结,骗取银行贷款。

第二,虚假按揭的表现形式。虚假按揭贷款主要是因为开发商资金不雄厚、为货币尽快回笼或开发商蓄意套取银行资金而形成。目前由于国家调控政策效果明显,银行内部风险意识提高,虚假按揭贷款趋于减少态势。

一般来讲,虚假按揭贷款多发于21世纪初期,该类贷款纠纷近几年凸显,均因为开发商资金链断裂后,银行风险已经或即将形成。其表现形式主要有:

其一,内部关系人贷款。通过公司内部员工或员工亲属参与购房,并以个人名义向银行申请按揭贷款,由开发商统一负责偿还。

其二,外部关系人贷款。通过关联企业(子公司、母公司、建筑单位或业务往来企业等)的员工或员工亲属等个人名义,向银行申请按揭贷款,由开发商统一负责偿还。

其三,伪造贷款人资料。开发商借用或恶意使用他人身份资料申请按揭贷款,虚假借款人申请资料中大多显示其担任厂长、经理、董事长等职务,月薪水平从几千元到上万元不等,但实际上这些借款人大多学历较低,无稳定的职业,并且通常有着相同的地域特征,如多为异地人员,断供时间也较接近等。

其四,开发商统一划拨首付款或还款。开发商虚拟交易事实后,通常先后多次由其或通过第三方账户将资金转账至各个借款人的储蓄账户,用于缴付首付款,或直接虚开首付款收据作为向银行申请贷款的凭证。贷款发放后,一般也是由开发商统一转账或提现后替相关借款人还款。

其五,开发商拔高楼价蓄意制造"零首付"。发生个人住房虚假按揭贷款的楼盘平均价格一般都比当时同地段同类型的楼房售价要高,幅度为20%到50%不等,开发商通过人为虚增房价,在最大程度上套取银行资金,客观上造成银行发放"零首付"贷款,将所有风险转嫁给银行。

其六,开发商恶意重复售楼、售后再抵、抵后再售。开发商通常采取对已经销售的房屋不做销售备案,又向银行申请按揭贷款,或预售商品房后,不到房地产管理部门办理合同备案手续,隐瞒销售事实,又以开发项目(含预售商品房部分)办理在建工程抵押登记,从银行取得贷款,或在没有取得抵押权人同意的情况下,隐瞒开发项目已设定抵押的事实,擅自销售商品房。

其七,虚拟交易事实转移信贷资金。为了顺利转移信贷资金,有些开发商通过购买原材料等途径从按揭贷款账户中向其关联企业转移资金,再通过其关联企业将资金转移至个人储蓄账户,最终以大额现金提现形式将资金转出。

其八,房屋竣工后,开发商迟迟不办理房屋所有权证或抵押登记手续,为"一房二卖"或另外套取银行资金做铺垫。

其九,借款人维权意识差,对所购房屋不熟悉或对贷款条件不了解、不关心,被开发商虚假按揭贷款所利用。

第三,虚假按揭中各方的风险:

首先是银行的风险。各家银行都认为住房信贷是一块肥肉,属于优质资产,认为这部分资产不存在风险或者风险很小。实际上,随着虚假按揭现象的出现,银行的风险也在加大。虚假按揭以欺诈的方式骗取银行资金,增加了银行的经营风险,一旦开发商资金链断裂,银行将面临巨大的资金风险,并导致形成新的大量的不良资产。此外,按揭贷款中造假活动不经仔细辨认也可蒙混过关。在此过程中,信贷人员的个人努力程度、尽职程度无法准确衡量;虚假按揭到底是由于业务水平不高,还是由于审核不严,或者是故意勾结都不易区分;在虚假按揭暴露后,银行出于绩效考核和保全债权的考虑，往往采取民事手段挽回损失或者对相关责任人进行行政或经济处罚，而不追究相关责任人的刑事责任。

其次是个人的风险。按揭本身存在着多种法律关系，而购房人是各种法律关系的主要当事人，而虚假按揭所有的法律关系从形式上来说并不存在问题，但实质上这些关系都表现为一种虚假的、非真实的法律关系。

对个人而言，其造假所承担的是有限风险。个人以购房者名义帮助房地产开发商进行虚假按揭以后，一旦开发商无力还贷，从法律形式上来说，银行就会把形式上的购房人作为被告起诉来主张权利，但银行也只能将这些假购房者"购置"的房屋拍卖，个人在经济上并不会有任何损失。由于个人征信系统的不完善，虚假按揭缺乏相应的暴露机制和惩罚机制，在个人实际首付比例不高的情况下，个人造假的止损点往往就是所抵押的房产。

最后是开发商的风险。对开发商而言，如果其事先与形式上的购房人有内部协议，这种情况下购房合同虽然实质上不真实但往往很难被认定为无效，开发商也不会面临刑事责任风险。但是如果形式上的购房人以假当真，要求开发商交付房屋，不配合开发商办理相关手续，这时法律关系就会变得更为复杂，往往会引起连环诉讼。有些开发商借用他人身份证明，在他人不知情的情况下办理按揭手续，从银行套取贷款，这种行为一方面会导致合同无效，另一方面也会导致面临刑事法律风险。我国《刑法修正案（六）》规定：以欺骗手段取得银行贷款，给银行造成重大损失或者有其他严重情节的，构成骗取银行贷款罪。这种虚假按揭的行为，是以虚假的买卖合同关系进行虚假交易，目的是为了从银行获取贷款资金，给银行经营带来很大的风险。刑法的这项规定，目的就是为了规范金融秩序，保证信贷资金安全，虚假按揭之行为恰恰是违背了国家制定这条法律的初衷①。

（3）正确认识《最高人民法院关于审理商品房买卖合同纠纷案件适用法律若干问题的解释》在处理按揭贷款案件的作用和原则

近年来，不少法院在审理银行起诉的按揭贷款合同纠纷案件时，将按揭贷款合同与其他借款合同"一视同仁"，适用《合同法》和《民法通则》关于借款合同的相关条款，无论借款人的商品房买卖合同是否有效、商品房买卖能否实现，都只依按揭贷款合同内容，判决借款人偿还贷款本息。商品房出卖

① 张炜：《住房金融业务及法律风险控制》，法律出版社2004年版。

人(开发商)参加诉讼的,承担连带责任。这是我们对按揭贷款的概念和特殊性认识不足,对按揭贷款合同相关的司法解释不熟悉所致,属于适用法律错误。

“按揭贷款”是新型的信贷业务,了解其在我国立法中的准确概念的人很少。《最高人民法院关于审理商品房买卖合同纠纷案件适用法律若干问题的解释》颁布时间较早,从标题上又完全看不出与借款合同有关,内容上也没有“按揭贷款”的字样,其最后五条关于“商品房担保贷款合同”一词与银行一直通用的“商品房按揭贷款合同”概念的异同也没有说明。目前,最高人民法院尚无司法解释统一认定何谓“按揭贷款”,是否应该适用《最高人民法院关于审理商品房买卖合同纠纷案件适用法律若干问题的解释》对商品房担保贷款合同纠纷的特别规定。

由于按揭贷款合同与其他相关合同及法律关系的高度紧密关联,形成了依赖性的前提和先决条件,成立与否和效力都取决于其他合同的效力和履行。商品房担保贷款与其他借款合同相比,具有显著的特殊性。正是因为该解释中关于商品房担保贷款规定的特殊原则,超出目前的《合同法》涵盖的内容。

基于此,在处理按揭贷款案件中要首先按照《最高人民法院关于审理商品房买卖合同纠纷案件适用法律若干问题的解释》的规定,并结合《合同法》、《担保法》等法律规定,把握以下特殊的处理原则:

第一,如果商品房买卖合同是无法履行的、应当认定无效或撤销的,相对的按揭贷款合同也须认定无效或撤销,偿还贷款责任应由获得贷款款项的开发商承担。

第二,如果开发商与银行签订的按揭贷款发放业务合同缺乏真实性,即银行未履行操作规程所规定的审核房源真实性义务,或者未按规定对该取得预售许可的商品房进行权属和他项权登记,导致按揭贷款的抵押物商品房的担保利益丧失的,一切责任应由开发商承担,开发商无力承担导致的贷款损失,应追究违法、违规责任人的责任直至刑事责任。

第三,非恶意串通、没有从贷款中受益的借款人不应承担偿还贷款或损失赔偿责任。

第四,严格按照《最高人民法院关于审理商品房买卖合同纠纷案件适用法律若干问题的解释》对按揭贷款作出的特殊规定,解决抵押权的问题。由于按揭贷款的特殊性,即按揭贷款合同成立的前提是商品房买卖合同有效、贷款直接拨付给开发商、贷款的担保是商品房他项权的抵押。那么,如果商品房买卖合同无效或无法履行,按揭贷款合同也应撤销,但商品房的他项权抵押不撤销,依然作为开发商偿还贷款本息的保证,维护了银行贷款安全,也维护了购房人的合法权益①。

7. 虚假按揭贷款案件如何处理?

由于《最高人民法院关于审理商品房买卖合同纠纷案件适用法律若干问题的解释》已对按揭贷款作出了特殊规定,该内容完全符合法理与合同特殊性要求,对处理“虚假按揭”贷款纠纷自然也发挥了极高的审判指导意义。

(1)如果“假按揭”始作俑者的开发商无力偿还贷款本息,造成贷款损失的关键原因就是银行人员违背操作规程,不审查房源权属的真实性、不办理办理相关抵押登记、丧失了按揭贷款成立的前提和本应充足的抵押保证,是重大的过错,应由银行内部责任人赔偿损失,构成犯罪的,依刑法追究责任。对于开发商的恶意造假骗取贷款,构成诈骗罪的,亦应依法追究刑事责任。只有这样,才能杜绝“虚假按揭”的出现,规范商品房买卖的正常秩序、保障金融信贷的安全。

(2)不能机械地单纯提取按揭贷款合同作为独立合同而引用《合同法》条款,在商品房买卖合同无效或无法履行的情况下,判决由借款人偿还贷款本息,将开发商和银行的过错和所有责任义务转嫁到了无辜的借款人身上。

在案件处理中,借款人获利或过错是其承担民事责任的前提。第一,要审查借款人是否获得利益。未获得利益的借款人本不会主动去为履行不了商品房交付的按揭贷款合同签字,或因难以拒绝强势的开发商的要求,或认为有开发商的房产做抵押并无风险而参与的。第二,要审查借款人是否有过错。对贷款抵押的商品房真实性的审查与抵押权登记过程中,必须是没有过错的。

免除借款人民事责任,必须是两个条件同时具备。只有这样才能告诫公民个人提高法律意识和维权意识,也只有从制度上和法律上免除借款人民事责任,才能遏制开发商和银行肆无忌惮地办理假按揭贷款,套取银行资

① 张炜:《住房金融业务及法律风险控制》,法律出版社 2004 年版。

金,最终又不承担责任的势头。

(3)借款人提出签订的按揭贷款合同是“虚假按揭”,但证据不足,而开发商认为按揭贷款的商品房买卖合同是双方真实意思表示,如果买卖合同约定的商品房可以履行交付借款人的,应判决按合同约定履行。

(4)借款人坚持商品房买卖合同无效的,应限期借款人另行提起确认之诉后,按确认之诉的生效结果,适用《最高人民法院关于审理商品房买卖合同纠纷案件适用法律若干问题的解释》或《合同法》做出不同的判决。借款人在限期内未提起确认之诉,则商品房买卖合同视为有效,借款人逾期未偿还贷款的,按第三种情况处理。

(5)借款人提出签订的按揭贷款合同是“虚假按揭”,开发商确实将该合同标的房产卖与他人或不能提供买卖合同约定的商品房、或不否认商品房买卖合同是虚假的,应认定商品房买卖合同无效,向双方当事人释明无效后果,并经询问当事人意见,看是否有一方提出按揭贷款合同应同时确认无效的,适用《最高人民法院关于审理商品房买卖合同纠纷案件适用法律若干问题的解释》第 24 条、第 25 条和《合同法》关于无效合同后果的规定,由开发商承担全部返还贷款本息的责任。借款人对开发商承担责任不能,造成损失的部分,按虚假责任比例承担连带责任。

(6)如果银行按规定取得房屋权他项属证书并办理了商品房抵押登记手续,则足以认定开发商擅自将标的商品房非法出卖给他人的买卖合同无效。由于商品房价值的上涨,变卖抵押的商品房偿还贷款本息而不足的可能性很小。如果银行没有按规定取得房屋权他项属证书和商品房抵押登记手续,造成该按揭贷款的抵押物丧失抵押权,则由银行和开发商承担主要无效后果损失。借款人的过错与开发商和银行的过错相比几乎可以忽略不计。

(7)按揭贷款合同相关的标的物商品房不存在,开发商根本不可能履行买卖合同的。这种情况较少见,是开发商提供虚假许可证材料和申请、银行完全违背操作规程,不做房源真实性核查和抵押登记,才可能出现这种情况。《最高人民法院关于审理商品房买卖合同纠纷案件适用法律若干问题的解释》规定的特殊原则适用这种情况的处理,审理中,可直接确认商品房买卖合同和商品房担保贷款合同无效,适用《最高人民法院关于审理商品房买卖合同纠纷案件适用法律若干问题的解释》的第 24 条、第 25 条第 2 款判

决由开发商承担全部责任。也可以释明当事人先确认合同无效，或待确认之诉结果后判决。

总之，商品房担保贷款合同（按揭贷款合同）是不能与商品房买卖合同割裂开的，商品房买卖合同的实现是按揭贷款合同成立的前提。适用《最高人民法院关于审理商品房买卖合同纠纷案件适用法律若干问题的解释》中关于商品房担保贷款的规定和原则，是正确审理此类纠纷的关键所在。

CHAPTER

11

第十一章

民间借贷的刑民交叉

要点提示

民间借贷纠纷中，法院审理时发现借贷行为或借贷主体涉嫌犯罪或者当事人主张涉嫌犯罪的案件如何处理，各地法院有不同认识和做法。刑民交叉问题也因此成为目前困扰司法实践的一个难点问题。这主要根源于对“先刑后民”的理解不一，刑事追赃、退赔程序与民事诉讼权利关系的理解不一，并最终表现为程序处理上存在驳回起诉（不予受理）、中止诉讼及刑民并行审理等不同方式，借贷合同及相关从合同的效力认定上存在有效、无效、可撤销等不同的处理结果。

1. 刑民交叉案件概念及类型如何界定?

刑事案件和民事案件是两类性质截然不同的案件，在一般的情况下，它们互相独立并适用不同的法律程序予以解决。然而，随着市场经济的发展，这类案件日益增多，由于在理论研究和司法实践中，对于刑民交叉案件都没有一个统一的认识和界定，因而对于这类案件如何处理成为困扰公安司法机关的难题。关于刑民交叉案件的定义，主要有以下几种看法：有人认为刑民交叉案件是指既涉及刑事法律关系，又涉及民事法律关系，且相互之间存

在交叉、牵连、影响的案件。有学者根据表现形式的不同将刑民交叉案件概括为以下几种:第一,因不同法律事实分别涉及刑事法律关系和民事法律关系,但法律事实之间具有一定的牵连关系造成的刑民交叉案件;第二,因同一法律事实涉及的法律关系一时难以确定是刑事法律关系还是民事法律关系而造成的刑民交叉案件;第三,因同一法律事实同时侵犯了刑事法律关系和民事法律关系,从而构成了刑民案件交叉。还有学者认为,刑民交叉案件是基于同一法律事实而产生刑事诉讼与民事诉讼交叉竞合的案件。

2. 刑民交叉案件有哪些处理方式?

在判断某一案件为刑民交叉案件后,法院就应该确定适用哪一种程序审理该案,即对刑民交叉案件处理方式选择。刑民交叉的处理程序是一个相当复杂的问题,在司法实践中主要有三种处理方式:先刑后民、先民后刑、刑民并行。

(1)先刑后民

长期以来,在审理刑民交叉案件的过程中,先刑后民作为主要处理方式被运用。先刑后民,是指法院在审理民商事纠纷时,发现涉嫌刑事犯罪,应当由侦查机关对刑事犯罪事实进行处理,法院必须先对刑事部分进行审理,再就民事部分进行审理,或者由法院审理刑事部分时附带审理民事部分。先刑后民,不仅适用于一般的民商事纠纷与刑事犯罪交叉案件,还是处理刑事附带民事诉讼案件的主要方式。根据《刑事诉讼法》第 102 条的规定:“附带民事诉讼应当同刑事案件一并审判,只有为了防止刑事案件审判过分迟延,才可以在刑事案件审判后,由同一审判组织继续审理附带民事诉讼”。《最高人民法院关于适用〈中华人民共和国刑事诉讼法〉的解释》第 161 条也规定了,当事人可以在刑事判决、裁定生效后另行提起民事诉讼。上述规定间接确定了法院在审理刑事附带民事诉讼适用先刑后民的做法。先刑后民依据的是公权优先的司法理念。刑法是公法,代表的是国家公权力,主要保护的是国家和社会的利益,而民法是私法,代表的是私权力,主要是保护公民个人利益,在公法与私法发生冲突时,公权优于私权,应当放在首要地位,体现在责任承担上,要求刑事责任先于民事责任。当前先刑后民不断受到质疑和挑战,但是其存在的合理性是不可否认的。首先,有利于节约司法资源、提高诉讼效率。刑事诉讼在获取证据能力上、证明标准上都高于民事诉

讼，使得刑事案件中认定的证据可以适用于民事案件，反之则不一定；刑事诉讼追求的是案件的客观事实，民事诉讼追求的是法律事实，刑事诉讼先于民事诉讼进行或者刑事附带民事诉讼方式，可以防止就同一事实进行两次调查，并且可以及时有效地处理案件。其次，有效的保障国家利益和社会公共利益，刑民交叉案件中，社会利益和公民权利同时受到侵犯，刑事优先，有利于迅速打击犯罪和惩罚犯罪嫌疑人，保障了国家利益。最后，有利于保证判决的协调统一，适用先刑后民处理刑民交叉案件，可以避免不同审判组织对同一事实作出不同的或者相矛盾的判决，从而有效的维护司法的权威性。

（2）先民后刑

先民后刑，指法院在审理民商事纠纷时，发现涉嫌刑事犯罪，继续审理民事纠纷，刑事部分待民事部分处理完后再审理。刑法的谦抑性是主张先民后刑的基本理论，其价值主张是慎刑、节约，要求以最小的司法资源投入，获得最大的社会效益。刑法的谦抑性主要表现在：对于某种危害社会的行为，国家只有在运用民事的、行政的法律手段和措施，仍不足以抗制时，才能运用刑法的方法，亦即通过刑事立法将其规定为犯罪，处以一定的刑罚，并进而通过相应的刑事司法活动加以解决。刑法和民法保护公民人身和财产权利的程度不同，刑法作为权利保障的最后手段，具有补充性。只有严重危害社会的行为，才应当受到刑法的评价，一般的违法行为，可以通过民事和行政手段予以解决。刑民交叉案件往往涉及违法行为与犯罪行为的判断，根据刑法谦抑性原理，能使用民事手段解决的尽量不使用刑法，这样可以最大限度的保障当事人合法权益，防止公权对私权的干预。实践中有一些案件需要在认定民事法律关系的性质后才能更好地处理刑事部分，主要有以下两类案件：一是与知识产权相关的案件，此类案件要确认是否构成犯罪，必须对有关知识产权的权属进行民事判断，此类案件的专业性导致公安机在侦查上的困难，适用先民后刑解决，不仅能够减少不必要的程序，而且有利于实现诉讼效益的最大化。二是确权案件，如财产权和股权引起的刑民交叉案件中，刑事审判首先必须对侵犯对象的权属进行民事确认，才能视归属情况确定行为人在刑事上是否构成犯罪以及是否启动刑事诉讼程序。此类案件中对民事部分的审理结果将直接影响刑事判决的认定，否则可能因为案件事实的不清造成冤假错案。

(3)刑民并行

刑民并行,指人民法院在处理刑民交叉案件时,当刑事案件的处理结果与民事案件的处理结果互不影响,两者应当分开审理。刑民并行源于公法与私法是平等的理论,民法和刑法有各自的调整范围,两者对当事人权利和国家利益的保护是平等的,不存在保护的优劣与先后。实践中绝大多数刑民交叉案件都可以适用刑民并行原则,因为民事诉讼和刑事诉讼在性质上、归责原则以及责任构成要件上都存在差异,完全可以依据各自的诉讼规律,对案件的实体问题作出判断。《最高人民法院关于审理经济纠纷案件中涉及经济犯罪嫌疑若干问题的决定》第1条和第10条,明确了刑民并行的适用范围,不同法律事实和同一法律事实但不是同一法律关系的情况下,都可以将民事诉讼与刑事诉讼分开审理,可以有效地防止公权对私权的侵犯。

3. 民间借贷纠纷中涉及刑民交叉时总的审理思路如何把握?

民间借贷纠纷审判实务中,常常因借款人的借款行为涉及或涉嫌刑事犯罪,导致案件审理中出现民刑交叉问题,由此又引申出已受理的民间借贷纠纷是否应当移送的问题。审理此类案件的难点问题在于如何界定借款人借款行为的性质,是借款人与出借人之间的民事意思自治行为还是借款人的刑事违法犯罪行为,只有首先界定了行为人行为的性质,才能确定纠纷属于民间借贷案件审理范围,还是涉嫌诈骗、非法集资、非法吸收公众存款等刑事案件审理范围,进而明确已受理的民间借贷纠纷是否应当移送。正确界定行为人行为的性质,可以达到既不放纵扰乱国家金融秩序、损害民众利益的违法犯罪行为,又依法保护正当的民间融资行为,维护正常的民间交易。一般来说,界定行为人行为的性质,可以从行为人的主观目的、行为的客观表现、款项用途等方面予以评判。对于民间借贷与非法吸收公众存款的界定,则可以依据2010年最高人民法院颁布的《关于审理非法集资刑事案件具体应用法律若干问题的解释》关于非法吸收公众存款或者变相吸收公众存款认定的四个条件进行区分,作为认定罪与非罪的法定要件,其中主要是公开性和社会性两个特征的判断,对社会性特征的判断,也就是我们通常所讲的,判断行为人的行为是针对不特定的社会公众还是只对特定的个人,是审判实务中认定罪与非罪最直接的依据;对于民间借贷与诈骗、合同诈骗、集资诈骗犯罪的区分,则主要在于行为人是否以非法占有为目的的认定，审查行为人的借款行为是正常的民间借贷还是以非法占有为目的，可以从借贷发生的事由、钱款的用途和去向（是否与其借款时陈述的用途一致）、行为人的归还能力、行为人主观上是积极筹款准备归还，还是一开始就没有还款的打算而一走了之、没有归还的意愿等多各方面予以综合判断。

4. 民间借贷纠纷中涉及刑民交叉如何处理？

民间借贷纠纷案件的“刑民交叉”问题已经成为当前人民法院审理民间借贷案件需要解决的首要难点问题。对此，笔者认为，在立案阶段，对公安机关、检察机关已经立案，当事人起诉到人民法院的，法院不予受理，告知向公安机关、检察机关申请解决。公安、检察机关立案侦查后撤销案件或者经人民法院生效判决认定不构成犯罪的，当事人又向人民法院提起民事诉讼的，人民法院应当受理。

在审理阶段，发现案件存在明显的犯罪嫌疑，应分情况处理：发现该案所涉犯罪同在审案件属于同一法律关系的，裁定驳回起诉；当事人虽有犯罪嫌疑，但与民间借贷纠纷没有必然联系或者不属于同一法律关系的，民间借贷案件继续审理，但有关涉嫌犯罪的线索移送公安机关；民间借贷案件的审理必须以刑事案件的审理结果为依据的，人民法院应该裁定中止审理，也即通常所说的先刑后民。

在民间借贷案件涉及刑事犯罪上采取先刑后民的做法，并不是第一次出现在立法上。《最高人民法院关于在审理经济纠纷案件中涉及经济犯罪嫌疑若干问题的规定》第10条、第11条规定，人民法院在审理经济纠纷案件中，发现与本案有牵连，但与本案不是同一法律关系的经济犯罪嫌疑线索、材料，应将犯罪嫌疑线索、材料移送有关公安机关或检察机关查处，经济纠纷案件继续审理。人民法院作为经济纠纷受理的案件，经审理认为不属经济纠纷案件而有经济犯罪嫌疑的，应当裁定驳回起诉，将有关材料移送公安机关或检察机关。

在审判实践中应注意以下问题：

（1）立案阶段：对公安机关就涉案被告已经向法院发来立案决定书、相关函件或者提供内控名单的，法院不予立案。

主债务人已被公安机关立案侦查或者列入公安机关内控人员名单，债权人仅起诉连带责任保证人的，要慎重立案；保证期间即将届满（距届满日十天)的案件,应当立案。申请执行的执行根据系民间借贷类公证债权文书和仲裁裁决书的案件,要慎重立案。要主动审查被申请执人是否涉嫌犯罪,主动与公安机关沟通,及时掌握被申请执行人相关情况,并据此作出是否立案的决定。民间借贷案件当事人申请诉前财产保全的,要进行严格审查。凡属于上述“不予立案”或“慎重立案”范围内的,应当不予保全;对于不在上述“不予立案”或“慎重立案”范围内,符合立案条件的,应当慎重保全。立案机构要与公安机关建立联络员制度。要主动与公安机关充分沟通。主债务人未被公安机关立案侦查或未列入公安机关内控人员名单,且公安机关未向法院提出任何相关建议的案件,法院应当立案受理。

(2)审理阶段:在审理民间借贷案件中,要注重审查借据或借款合同的实际履行情况,防止虚假诉讼。要注重全面审查债务人的实际情况,发现债务人涉嫌犯罪(包括审理中发现同一债务人涉及多起案件且数额巨大的以及具有虚假诉讼嫌疑)的,应当主动将案件移送公安机关。在收到公安机关立案决定书或相关函件、建议后,要分别情况对案件作出处理:

①案件正在审理中的,告知原告撤诉后到公安机关登记债权。原告不撤诉的,裁定驳回起诉,将案件移送公安机关。

②已上诉案件,应当建议二审人民法院直接移送公安机关。

③对公安机关仅提供内控人员名单或建议函的案件,裁定中止审理,等待公安机关的处理结果。

④主债务人被公安机关立案侦查,而连带责任保证人作为共同被告的案件,告知债权人对主债务人撤诉,到公安机关登记债权,案件裁定中止审理。

⑤已经受理的仅起诉连带责任保证人的案件,除能够调解结案的以外,裁定中止审理。

⑥公安机关立案侦查的案件与法院正在审理的民事案件不是同一法律关系的,法院应当继续审理。

⑦共同借款人中的一人或几人被公安机关立案侦查,对其他借款人作为被告的案件应当继续审理。

凡移送公安机关的案件,若涉及财产保全的,应当将财产保全手续一并移送公安机关,并建议其在分配财产时向申请财产保全的当事人适当倾斜。待公安机关对移交财产采取查扣措施后,法院再解除保全措施。

凡移送公安机关的案件，应全额退还当事人案件受理费、保全费，并建议评估机构退还评估费或建议公安机关分配财产时予以补偿。

对此，《民间借贷司法解释》第5条明确规定，人民法院立案后，发现民间借贷行为本身涉嫌非法集资犯罪的，应当裁定驳回起诉，并将涉嫌非法集资犯罪的线索、材料移送公安或者检察机关。公安或者检察机关不予立案，或者立案侦查后撤销案件，或者检察机关作出不起诉决定，或者经人民法院生效判决认定不构成非法集资犯罪，当事人又以同一事实向人民法院提起诉讼的，人民法院应予受理。第6条明确规定，人民法院立案后，发现与民间借贷案件虽有关联但不是同一事实的涉嫌非法集资等犯罪的线索、材料的，人民法院应当继续审理民间借贷案件，并将涉嫌非法集资等犯罪的线索、材料移送公安或者检察机关。第7条明确规定，民间借贷的基本案件事实必须以刑事案件审理结果为依据，而该刑事案件尚未审结的，人民法院应当裁定中止诉讼。

5. 民间借贷与非法吸收公众存款如何区分？

民间借贷是一种自发的民间融资活动，具有简便快捷的特点，其在有助于经济发展的同时，因缺乏有效监管也蕴含着巨大的风险，成为犯罪分子获取不法利益的工具。非法吸收公众存款罪是指违反国家金融管理法规，非法吸收公众存款或者变相吸收公众存款，扰乱金融秩序的行为。犯罪分子往往通过高额利息、高额回扣等方式非法向社会吸收公众资金或者以投资入股、资金互助等方式变相吸存资金。这种现象严重扰乱了国家金融秩序，也危及到公私财产的安全。近年来，民间借贷发展活跃，由民间借贷引发或披有“民间借贷”外衣的非法吸收公众存款案件呈上升态势，多数案件具备犯罪数额较大、被害人众多、损失大多难以挽回等特点，极易引发群体性事件，严重威胁金融安全和社会稳定。非法吸收公众存款是犯罪行为，民间借贷是发生在经济领域的民事行为，二者具有本质的区别，法律调整的方式也根本不同，刑事犯罪行为适用刑法予以打击惩处，民事行为则适用民法予以调整。但是，非法吸收公众存款与民间借贷，从形式上又有很多相同或相似的地方，正确区别其异同，意义十分重大。

1995年6月，第八届全国人大常委会通过了《关于惩治破坏金融秩序犯罪的决定》，其第7条明确规定了非法吸收公众存款罪。这是第一次以单行刑法的形式确立非法吸收公众存款罪名，并规定了相应的刑罚。1997年《刑法》修订时，考虑此罪对维护国家金融秩序，保障国家金融体系安全、稳健地运行，促进和完善社会主义市场经济体制的重要作用，完全吸收了单行刑法此罪的规定。按照《刑法》第176条的规定，非法吸收公众存款罪是指违反国家金融管理法规，非法吸收公众存款或者变相吸收公众存款，扰乱金融秩序的行为。为进一步界定其客观行为，1998年国务院专门制定《关于非法金融机构和非法金融业务活动取缔办法》，其第4条规定："前款所称非法吸收公众存款，是指未经中国人民银行批准，向社会不特定对象吸收资金，出具凭证，承诺在一定期限内还本付息的活动；所称变相吸收公众存款，是指未经中国人民银行批准，不以吸收公众存款的名义，向社会不特定对象吸收资金，但承诺履行的义务与吸收公众存款性质相同的活动。"这对如何认定非法吸收公众存款罪的客观行为，提供了规范性的依据。2010年最高人民法院颁布《关于审理非法集资刑事案件具体应用法律若干问题的解释》，第1条规定，违反国家金融管理法律规定，向社会公众（包括单位和个人）吸收资金的行为，同时具备下列四个条件的，除刑法另有规定的以外，应当认定为《刑法》第176条规定的"非法吸收公众存款或者变相吸收公众存款"：（1）未经有关部门依法批准或者借用合法经营的形式吸收资金；（2）通过媒体、推介会、传单、手机短信等途径向社会公开宣传；（3）承诺在一定期限内以货币、实物、股权等方式还本付息或者给付回报；（4）向社会公众即社会不特定对象吸收资金。未向社会公开宣传，在亲友或者单位内部针对特定对象吸收资金的，不属于非法吸收或者变相吸收公众存款。第2条列举了多种具体行为的方式，如不具有房产销售的真实内容或者不以房产销售为主要目的，以返本销售、售后包租、约定回购、销售房产份额等方式非法吸收资金的；以转让林权并代为管护等方式非法吸收资金的；以代种植（养殖）、租种植（养殖）、联合种植（养殖）等方式非法吸收资金的等十余种。此司法解释进一步明确了非法吸收公众存款的非法性、公开性、利诱性和社会性四个特征，其中公开性和社会性是其根本特征。

笔者认为，区别民间借贷和以民间借贷的形式非法吸收公众存款行为主要在于公开性和社会性特征的判断，关键在于社会性特征的认定。公开性，是指向社会公开。例如，行为人面向社会公众发布吸储公告，或发动亲友到处游说，广泛动员他人前来存款等方式使公众得知其吸收存款的消息。

民间借贷与非法吸收公众存款罪的重要区别，就在于这种民间借贷行为不具有公开性特征。民间借贷与非法吸收公众存款行为，外在形式上普遍都存在出具借款凭证的相同之处，对借款凭证是否以公证形式确认，只是外在形式上的细微差异，这种差异显然不能决定行为性质，区别二者的关键为借款对象是否为社会公众，即不特定对象。社会公众，具体包含不特定性和公众性两方面的特征。“不特定性”强调行为方式的开放性、发散性，行为对象的不确定性，即借款条件面对公众统一执行，借款与否借款人事前不可预测，事中难以控制，最终结果是任何人都可以成为吸收存款的对象，这显然与面向特定对象的一般民间借款有内在的、外在的区别，这一特征是非法吸收公众存款行为的本质特征。“公众性”强调对象的规模大小，体现对象的广泛性，一般是指人数多、涉及面广，应当是社会上较大范围内不特定的多数人，这也正是本罪所具有之社会危害性的集中表现。如果行为人吸收的户数不多，涉及的范围较小，就不宜认定为吸收公众存款。民间借贷的对象是特定的，因此，个人或单位向家庭成员、亲友、本单位职工、国家机关等特定对象进行拆借，就属于合法的民间借贷行为，不属于非法吸收公众存款罪。

6. 民事借贷中的欺诈行为是否隐藏诈骗犯罪？

在审判实践中发现，有些诈骗犯罪与民事行为交织在一起，民事行为成为犯罪的手段，犯罪分子通过制造开展民事行为的假象，让对方当事人即被害人上当受骗，最终达到其犯罪目的。如果对这一类行为的本质没有正确的认识，在处理上难免造成只追究了行为人民事欺诈的责任而放纵犯罪的结果。

笔者认为，面对当前错综复杂的市场经济活动，司法机关尤需提高辨别一般性违法行为和犯罪行为的能力，从犯罪的本质特征出发，对于符合诈骗犯罪构成的行为及时追究其刑事责任，以最大程度的保护人民群众的财产不受侵害。根据我国《刑法》第 266 条及相关司法解释的规定，诈骗公私财物的行为构成诈骗罪，该罪在客观上表现为使用欺诈方法骗取数额较大的公私财物，欺诈行为从形式上说包括了虚构事实和隐瞒真相两类，从实质上说是使被害人陷入错误认识后自愿处分其财产的行为。诈骗犯罪的客观表现形式与民事欺诈行为极为类似，但涉及罪与非罪，审判中应如何判断值得探讨。

犯罪构成是我们判断某行为是否构成犯罪的基本依据，它包括主观、客观、主体、客体四项要件。诈骗罪的主体是一般主体，即达到法定刑事责任年龄、具有刑事责任能力的自然人均能构成该罪，客体是公私财物所有权，这里仅限于国家、集体或个人的财物，而不是骗取其他非法利益，诈骗罪的客观要件表现为行为人实施了欺诈行为，被害人因该欺诈行为陷入错误认识而处分其财产，该罪的主观要件表现为直接故意，并且具有非法占有公私财物的目的。犯罪的主观和客观要件是一致的，行为人的主观目的必须通过其行为得以体现，主客观相一致也是刑事审判中认定犯罪的一条基本原则。就诈骗犯罪而言，是否具有非法占有的目的、欺诈程度如何、有无履约能力以及是否有实际履约行动等，都是据以考察行为人罪与非罪的事实，必须把这些因素结合起来判断，其中任何一个因素都不可单独作为区分的标准。

从诈骗罪的犯罪构成角度分析，我们不难看出，诈骗罪与民事欺诈在某些方面存在着共性：例如，客观行为均可以表现为某种“骗”，从而使对方陷入错误认识，主观心理状态都是故意，即希望通过欺骗的方式达到其个人目的，行为的结果都会使对方造成一定的损失。但两者的区别也较为明显，主要有以下几点：

一是行为人主观态度上的不同。诈骗罪以非法占有为目的，犯罪分子自始就不打算付出任何代价或做出任何劳务就取得对方信任从而占有对方财物，民事欺诈行为一般是用夸大事实或虚构部分事实的办法，通过“创造”履行能力而诱使对方陷入认识错误并与其进行民事行为，行为人通过履行约定的民事行为，以达到谋取一定利益的目的，形象地说，诈骗罪是“骗钱”，民事欺诈是“赚钱”。

二是欺骗内容上的不同。诈骗罪和民事欺诈行为都虚构了一些事实情况，这些事实在一般的民事交往中根据其作用大小可分为基本事实和辅助事实，或者说主事实和从事实。基本事实是决定相对方做出判断的主要依据，如果行为人虚构了基本事实，对方不能了解行为人的主要情况，所做出的相应行为就是建立在完全虚假的事实基础上。辅助事实则是一些细枝末节的情况，不足以影响相对方的判断或者即使判断错误，也不影响相对方的根本利益。民事欺诈说到底还是要首先建立在形成某种民事法律关系基础上，双方主体只有在对对方的基本情况有大致认识，并产生最基本的信任后，才会愿意进一步地民事交往，因此，民事欺诈所欺骗的内容大多属于辅助事实，有时候虽然也涉及虚构基本事实，但民事欺诈中行为人虚构的并非全部基本事实，其中有部分基本事实是真实的，使相对人面对半真半假的基本事实，难以做出准确的判断。诈骗罪的被告人自始就未产生过建立某种民事法律关系的念头，完全依靠被告人的“花言巧语”让被害人产生错觉并对财物做出处分，因此，行为人若有意虚构或隐瞒基本事实，就要考虑其是否有非法占有的目的，从而涉嫌诈骗犯罪了。

三是履行承诺的实际能力和行为的不同。这是判断行为人主观上是否具有非法占有为目的的一个显著标志。构成诈骗罪的犯罪分子根本不打算实现自己的任何承诺，也没有能力实现承诺，因此，不可能围绕着其承诺有任何积极行为，民事欺诈的行为人虽然也同样夸大了履约能力，但这并不否认其具备部分履行能力，因此，为了实现其民事行为的目的，其必然存在着某些相关联的行为。

四是欺骗方法不同。民事欺诈行为可以是作为，也可以是不作为，欺诈行为是对民事行为有关重要事实所做的虚假陈述，通常表现为积极地捏造虚假的事实或者掩盖真实的事实，而对于一些根据法律、合同或交易习惯，一方有告知另一方事实真相的义务而未作告知的，这类不作为行为也可构成欺诈。而诈骗犯罪的实现要求犯罪分子必须采取积极主动的行为来故意隐瞒真相或虚构事实以骗取被害人的信赖，所以诈骗犯罪原则上只能由作为犯构成。

民事欺诈行为与诈骗罪虽然具有本质区别，但不是截然对立的，有时在特定情境下会发生互相的转化。可以从民事欺诈行为转化为诈骗罪，即行为人一开始并没有非法占有的故意，而且也积极履行义务，但可能因客观情况变化，或因其他原因，行为人逃避或拒绝履行义务，非法占有对方的财物；也可以从诈骗罪转化为民事欺诈行为，即行为人一开始以非法占有为目的，并虚构了事实，但后来因主观或客观原因，行为人放弃了犯罪念头，积极履行民事义务，变“骗钱”为“赚钱”。因此，判断是否构成诈骗罪不应只关注某个点，而应该综合整个案情，从全局来看。

7. 合同诈骗罪中被告人主观非法占有之故意应如何认定?

司法实践中,合同诈骗罪与合同纠纷往往难以区分,究其原因,主要是两者之间存在较多相似之处,首先,两者都产生于民事交往过程中,并且都是以合同形式出现;其次,在履行合同的过程中,对合同约定的义务均未能履行或者未能完全履行;再次,在合同履行过程中都存在一定程度的欺骗因素;最后,对合同款项或财物的占有均属于非法占有的范畴①。正因为这些共同点的存在,司法实践中遇到合同诈骗案件时常会产生罪与非罪之争,如何准确界定合同诈骗罪与合同纠纷的界限历来是司法实践中的难点之一。而区分合同诈骗罪与合同纠纷的关键则在于分析行为人是否具有非法占有他人财物的主观目的。

合同纠纷一般是指合同双方当事人在签订、履行合同过程中,因各自的权利义务而发生的争议②。在合同纠纷中,往往也存在欺诈情况,如为了使交易成功,故意夸大自身经济实力等,但是只要能够确定行为人主观上无恶意,不具有非法占有目的,即使最终合同因种种原因而未能履行,也不能因为存在欺诈因素即认定行为人构成合同诈骗罪。与之相对应,合同诈骗罪中的行为人主观上则必然存在非法占有他人财物的主观目的。在合同诈骗罪中,"非法占有目的特指行为人在利用合同手段进行诈骗行为时,主观上存在的使财物脱离合同关系人(包括对方当事人和与合同有关的第三人)的控制而进行非法支配以获取非法利益的心理状态"③。从司法实践角度来看,要认定合同诈骗罪中的非法占有目的一般有两种途径,一是直接采信行为人本人就主观故意所作的有罪口供,二是通过行为人客观行为表现来进行司法推定。由于"非法占有目的"实质上是行为人行为时的一种纯粹的主观心态,同时合同诈骗行为还具有"合同"这一合法外在形式的掩护,在司法实践中,极少合同诈骗犯会主动供述自己具有非法占有目的。因此,如何以行为人的客观行为表现来准确推定其主观目的,就具有更加重要的实践意义。

---

① 刘家琛主编:《刑法分则及配套规定新解释》,人民法院出版社 2008 年版,第 1240 页。

② 徐武生:《经济犯罪与经济纠纷》,法律出版社 1998 年版,第 176 页。

③ 林文生:《合同诈骗罪主观要件的解释和认定》,载《人民检察》2000 年第 2 期。

目前，理论界对于“非法占有目的”的认定，主要有以下几种学说：一是原因分析说[1]，该说认为应当从行为人是否具有积极的履约行为结合合同未能履行的原因以及造成被害人损失的原因来推定行为人是否具有非法占有他人财物的主观目的。该说的优点是兼顾了行为人的主、客观情况，但是也存在较大缺陷，即如果导致合同未能履行的原因较多，行为人的诈骗行为仅是导致结果发生的原因之一，则依据原因分析说很难得出正确结论。二是履行能力说[2]，该说认为应当依据行为人签订合同时是否具备履行合同的能力来推定行为人主观上是否具有非法占有他人财物的主观目的，如果行为人签订合同时不具备履约能力，即可推定其主观上存在非法占有目的。该说在司法实践中同样难以应用，实践中的很多案件，行为人的履约能力不是固定不变的，而是可能变化的。有的行为人在订立合同时具备履约能力但在合同履行过程中却丧失了履约能力，也有的行为人在订立合同时不具备履约能力，但是在合同履行过程中却具备了履约能力。由于标准本身即可能变化，因而难以在实践中应用。三是客观分析说[3]，该说认为应当以行为人的实际履约能力为主要依据，同时要结合行为人的态度以及对所得财物的处置情况等因素来综合判断认定行为人是否具有非法占有目的。由于该说仍是以行为人的实际履行能力为主要依据，所以仍然是不周全的。四是分段分析说[4]，该说认为应当将整个合同过程划分为不同阶段，在不同阶段用不同标准进行考量，综合分析，得出结论。

笔者认为，上述四种观点均有可取之处，综合上述观点，在司法实践中准确认定非法占有目的可以从以下七个方面逐一考察：

（1）考察行为人在签约时有无履行合同的能力。行为人在签订合同时是否具备履行合同的能力虽然不是区分合同诈骗罪与非罪的唯一标准，但是也不能否认考察行为人在签订合同时有无履行合同的能力对最终认定行为人是否具有非法占有目的有着重要的意义[5]。如果行为人明知自己没有履行合同的能力而与他人签订合同，在占有对方财物后也不积极创造条件

---

① 赵秉志主编：《合同诈骗罪专题整理》，中国人民公安大学出版社2008年版，第24页。

② 黄京平主编：《扰乱市场秩序罪》，中国人民公安大学出版社1999年版，第138页。

③ 刘杰主编：《经济刑法概论》，中国人民公安大学出版社2003年版，第292～295页。

④ 梁华仁、张光中：《略论合同诈骗罪的几个问题》，载《政法论坛》1999年第1期。

⑤ 刘家琛主编：《刑法分则及配套规定新解释》，人民法院出版社2008年版，第1241页。

以促成合同的顺利履行的，应当认定其具有非法占有目的。需要特别注意的是，对行为人履行合同能力的审查应该是实质意义上的审查，即不仅要看过程更要关注结果。如果被告人虽不具备履行合同的能力，但是为合同提供了基本等价的财产担保，这在实质上也是一种履行合同能力，在司法实践中需要特别关注。

（2）考察行为人有无欺骗手段。这里主要有两种情况，一种情况是行为人在签订履行合同过程中没有丝毫的欺骗行为，在该种情况下，即使合同最终未能履行，也只能作合同纠纷处理，不能认定为合同诈骗犯罪。另一种情况是行为人在签订履行合同过程中有欺骗行为，在该种情况下，首先需要明确的是有欺骗并不意味着一定构成合同诈骗罪，而是需要对欺骗作具体分析。在司法实践中，通常情况下，行为人为了自身的经济利益在签订、履行合同过程中会在一定程度上虚构某些虚假成分，但是如果这里的欺骗手段的目的并不是掩盖其根本无法履行合同的事实，而且实际上也并未影响行为人对合同的履行，或者虽然合同未能完全履行，但是本人愿意承担违约责任，说明行为人并无非法占有他人财物的目的[①]。

（3）考察行为人在签约后是否积极履行合同。在司法实践中，典型的合同诈骗情形是，行为人在签订合同后，不会履行合同或者以骗取更多财物为目的而部分履行合同，在取得较大财物后即会直接消失逃匿。反之，如果行为人实际并没有非法占有他人财物的目的，在签订合同后，则会努力履行合同，即使因客观原因致使合同未能履行，也会积极承担违约责任，赔偿合同相对方损失。如在案件中被告人虽有利用合同欺诈他人的行为，但只要其在签订合同后有积极的行动，并已在案发前归还之前以欺骗手段所得的款项，则不能证明其具有非法占有的目的

（4）考察行为人对承担违约责任的态度。在一般情况下，行为人如果有履行合同的诚意，发现自己违约或者对方提出违约时，尽管从自身利益出发可能提出种种辩解，以减轻自身责任。但是一般仍然会采取直接面对的态度，在推无可推的情况下会承担违约责任[②]。

（5）考察行为人未履行合同的原因。行为人未履行合同的原因一般有

---

① 刘家琛主编：《刑法分则及配套规定新解释》，人民法院出版社2008年版，第1241页。

② 刘家琛主编：《刑法分则及配套规定新解释》，人民法院出版社2008年版，第1242页。

主客观两个方面，我国《民法通则》规定，合同双方均享有合同权利，承担合同义务。合同一方当事人一方面享受了合同权利，另一方面却不愿意承担合同义务，那么其不履行合同的原因是其主观方面的，也就是说，有明显的非法占有目的；但是相反，如果合同当事人享受合同权利后，竭尽所能地想要去承担合同义务，但是由于其未能预料或者不能控制的情况发生导致合同最终未能履行，那么造成合同不能履行的原因则是客观方面的，在这种情况下，则应该谨慎的分析，一般应当以合同纠纷来处理[①]。不能仅依据客观上合同未履行的实际情况即推论被告人具有非法占有的目的。

（6）考察行为人对所得财物的用途。司法实践中，行为人如何处分所得财物亦是考量行为人主观目的的一个重要方面。在合同诈骗案件中，行为人所骗得财物一般都会用于个人开支挥霍。而在民事合同纠纷中，行为人对先期占有财物的处分一般是为了履行合同义务、实现合同目的。

（7）考察行为人的其他个人要素。在行为主观目的不明的情况下，可以对行为人的其他个人要素进行考量，这里的其他个人要素主要是指行为人的经济实力、生活环境、诚信记录等。个人要素虽然从犯罪构成角度来看不具备评价价值，但是也能客观反映行为人的实际状况。犯罪是一个复杂事件，更多、更深入地了解行为人对于正确评价其行为亦具有重要意义。

8. 集资诈骗犯罪中“非法占有为目的”如何认定？

近年来，由于社会资金短缺问题较为突出，再加上国际金融危机的影响，非法吸收公众存款、集资诈骗等涉众型经济犯罪明显增多，犯罪分子趁机通过各种方式募集资金，部分犯罪分子和单位以诈骗手段攫取钱财。有的以引资合作经营为名，有的以共同投资为名，有的采取发行股票、债券等方式，将从社会上骗取的钱财占为已有。这类犯罪活动严重损害了社会公众的利益，特别是损害了投资者的切身利益，扰乱了国家的金融秩序，直接影响社会稳定。2008 年至今，南京法院审理了多件重特大集资诈骗案件，包括许冠成、许冠卿等人利用养殖蚂蚁集资诈骗案件、孙海瑜等 14 名被告人利用加工灵芝集资诈骗、非法吸收公众存款等为典型的一大批集资诈骗案件，这些案件往往涉及被害人众多且损失难以追回，极易引发群体性事件，危害

---

① 刘家琛主编：《刑法分则及配套规定新解释》，人民法院出版社 2008 年版，第 1242 页。

社会稳定。在审理中,我们发现审理集资诈骗犯罪的难点主要体现在非法占有为目的的认定。非法占有目的是成立集资诈骗罪的法定要件,是罪与非罪、此罪彼罪的关键所在。

我国《刑法》第 192 条规定,以非法占有为目的,使用诈骗方法非法集资,数额较大的,处 5 年以下有期徒刑或者拘役,并处 2 万元以上 20 万元以下罚金;数额巨大或者有其他严重情节的,处 5 年以上 10 年以下有期徒刑,并处 5 万元以上 50 万元以下罚金;数额特别巨大或者有其他特别严重情节的,处 10 年以上有期徒刑或者无期徒刑,并处 5 万元以上 50 万元以下罚金或者没收财产。2010 年最高人民法院颁布的《关于审理非法集资刑事案件具体应用法律若干问题的解释》中,第 4 条规定以非法占有为目的,使用诈骗方法实施本解释第 2 条规定所列行为的,应当依照《刑法》第 192 条的规定,以集资诈骗罪定罪处罚。可以看出,集资诈骗罪以行为人非法占有集资款为目的,非法占有目的是认定该罪的一个核心要件,也是区别集资诈骗与非法吸收公众存款罪的关键。

最高人民法院 1996 年颁布的《关于审理诈骗案件具体应用法律的若干问题的解释》中列出了四种行为具有“以非法占有为目的”的主观意图:(1)携带集资款逃跑的;(2)挥霍集资款,致使集资款无法返还的;(3)使用集资款进行违法犯罪活动,致使集资款无法返还的;(4)具有其他欺诈行为,拒不返还集资款,或者致使集资款无法返还的。2001 年最高人民法院下发的《全国法院审理金融犯罪案件工作座谈会纪要》,对包括集资诈骗罪在内的金融诈骗罪中认定“非法占有目的”作了明确的规定:(1)明知没有归还能力而大量骗取资金的;(2)非法获取资金后逃跑的;(3)肆意挥霍骗取资金的;(4)使用骗取的资金进行违法犯罪活动的;(5)抽逃、转移资金、隐匿财产,以逃避返还资金的;(6)隐匿、销毁账目,或者搞假破产、假倒闭,以逃避返还资金的;(7)其他非法占有资金、拒不返还的行为。2010 年最高人民法院颁布的《关于审理非法集资刑事案件具体应用法律若干问题的解释》中规定,使用诈骗方法非法集资,具有下列情形之一的,可以认定为“以非法占有为目的”:(1)集资后不用于生产经营活动或者用于生产经营活动与筹集资金规模明显不成比例,致使集资款不能返还的;(2)肆意挥霍集资款,致使集资款不能返还的;(3)携带集资款逃匿的;(4)将集资款用于违法犯罪活动的;(5)抽逃、转移资金、隐匿财产,逃避返还资金的;(6)隐匿、销毁账目,或者搞假破产、假倒闭,逃避返还资金的;(7)拒不交代资金去向,逃避返还资金的;(8)其他可以认定非法占有目的的情形。同时规定,集资诈骗罪中的非法占有目的,应当区分情形进行具体认定。行为人部分非法集资行为具有非法占有目的的,对该部分非法集资行为所涉集资款以集资诈骗罪定罪处罚;非法集资共同犯罪中部分行为人具有非法占有目的,其他行为人没有非法占有集资款的共同故意和行为的,对具有非法占有目的的行为人以集资诈骗罪定罪处罚。

笔者认为,在认定非法占有为目的时,应避免主观认定和客观推定,应当坚持主客观相一致的原则。既要避免以诈骗方法的认定替代非法占有目的的认定,又要避免单纯根据损失结果客观归罪,同时也不能仅凭行为人自己的供述,而是应当根据案件具体情况具体分析。对于因经营不善、市场风险等意志以外的原因,造成较大数额的集资款不能返还的,不应当认定为集资诈骗罪:对于行为人使用诈骗方法非法集资,具有《关于审理非法集资刑事案件具体应用法律若干问题的解释》规定情形之一,致使数额较大集资款不能返还或者逃避返还,即使行为人不予供认的,也可以认定为集资诈骗罪。过往司法实践中,由于前两个司法规范性文件的规定,审判实践中主要的分歧在于对明知没有归还能力的认定上。故此,《解释》第1项明确规定:集资后不用于生产经营活动或者用于生产经营活动与筹集资金规模明显不成比例,可以认定该项规定实际上是对明知没有归还能力的具体化。对于此项规定中的生产经营活动与筹集资金规模明显不成比例,可以将集资规模与生产规模联系起来,通过比例关系进行分析判断更具科学性和包容性。

9. 如何区分民间借贷和诈骗?

在审理诈骗犯罪案件中,被告人对行为性质之辩解较为常见,往往辩称自己没有诈骗故意,与被害人之间系民间借贷。如何从行为人的客观行为等不同角度判断其行为性质是审理此类案件的关键所在。

所谓民间借贷纠纷,根据《最高人民法院关于人民法院审理借贷案件的若干意见》,系公民之间、公民与法人之间及公民与其他组织之间的借贷纠纷,主要是借款人不能按期归还而产生的纠纷。民间借贷受民事法律调整,不产生刑事责任。

诈骗罪,是指以非法占有为目的,采用虚构事实或者隐瞒真相的欺骗方法,骗取数额较大的公私财物的行为。诈骗罪的行为主体通过虚构事实和隐瞒真相两种方法,使被害人产生错觉而自愿交出财物。

区别民间借贷与诈骗犯罪的关键因素在于判断行为人获取钱款是否以非法占有为目的。而非法占有的目的系一种主观心态,并不能直接为人所感知,因此应综合行为人的客观行为来判断。一般可从以下几个方面来认定:

一是看借贷发生的理由。正常借贷中,借款人确实遇到融资困难,一时无力解决,才向他人借贷。而以借贷为名行诈骗之实的,则往往是编造各种虚假的事由,或以高利息等利益为诱惑,骗取他人信任而交付财物。

二是看借款人钱款的用途及偿还的能力。正当的借贷,借款人借得钱款后即用以解资金之困,并有可预期的收益或者其他途径的回款可以用于偿还。而诈骗人骗得钱款后,往往用于个人挥霍、偿还个人债务、购买彩票甚至用于赌博等非法活动,根本没有回笼资金的渠道和能力。

三是看借款人是否愿意归还及不能按期归还的原因。正当的民间借贷,借款人并不否认借贷关系,在不能如期归还时会制订可行的还款计划。其不能按期归还的原因,往往是因为遇到了不以其意志为转移的客观困难。而以借贷为名诈骗财物的,则往往表现为躲避与被害人接触,改变联系方式,或者携款潜逃。

10. 民间借贷刑民交叉案件中刑事判决或执行作出后,当事人又提起民事诉讼的如何处理?

出借人由于借款人的犯罪行为遭受损失并已提起刑事附带民事诉讼,或者刑事生效判决作出责令退赔处理的,出借人再向法院提起民事诉讼的,人民法院不予受理。

一事不再理原则作为现代司法的一项重要原则,对诉讼程序的运行起着重要的行为规范和评价规范的功能。许多国家的民事诉讼法规定了“一事不再理”的原则,譬如日本的“禁止双重起诉原则”。一事不再理原则是现代司法的一项重要原则,彰显了法的稳定性、诉讼的效益等诸多价值。一事不再理原则,在英美法系又被称作禁止双重危险原则,是目前各国刑事诉讼法普遍采用的基本原则。本条规定体现这一原则在民间借贷领域的适用。

同时这一规定有上位法的支持。我国《民事诉讼法》第 124 条规定,人民法院对下列起诉，分别情形，予以处理：（1）依照行政诉讼法的规定，属于行政诉讼受案范围的，告知原告提起行政诉讼；（2）依照法律规定，双方当事人达成书面仲裁协议申请仲裁、不得向人民法院起诉的，告知原告向仲裁机构申请仲裁；（3）依照法律规定，应当由其他机关处理的争议，告知原告向有关机关申请解决；（4）对不属于本院管辖的案件，告知原告向有管辖权的人民法院起诉；（5）对判决、裁定、调解书已经发生法律效力的案件，当事人又起诉的，告知原告申请再审，但人民法院准许撤诉的裁定除外；（6）依照法律规定，在一定期限内不得起诉的案件，在不得起诉的期限内起诉的，不予受理；（7）判决不准离婚和调解和好的离婚案件，判决、调解维持收养关系的案件，没有新情况、新理由，原告在六个月内又起诉的，不予受理。《最高人民法院关于财产刑执行问题的若干规定》第 6 条规定：被判处罚金或者没收财产，同时又承担刑事附带民事诉讼赔偿责任的被执行人，应当先履行对被害人的民事赔偿责任。判处财产刑之前被执行人所负正当债务，应当偿还的，经债权人请求，先行予以偿还。

有观点认为，上述规定漠视债权人的利益，会鼓励债务人以刑罚来换取民事债务的不诚信行为，理由如下：（1）漠视债权人利益。在“先刑后民”的诉讼模式下，单独的民事诉讼难以提起，《最高人民法院关于刑事附带民事诉讼范围问题的规定》①又限制了原本可以提起的附带民事诉讼。在这种处理模式下，非法吸收公众存款犯罪中债权人权益保护几成空白。当人们为民间借贷案件刑民交叉问题而争论，为非法吸收公众存款罪非罪化大声呼吁时，很少有人关注到每个被定性为“非法吸收公众存款罪”的案件背后，都有数百成千，甚至成千上万的受害者，因为刑事案件审理的久拖未结，对他们利益的保护几乎处于“盲区”。“先刑后民”诉讼模式的不当滥用，导致了漠视公民私权的不良后果，使公民的民事权益往往无法及时获得司法保护和救济。迟到的正义等于非正义。我国的刑事附带民事诉讼赔偿范围小于民法规定的损害赔偿范围，如果被害人在刑事诉讼程序中所得到的赔偿达不到民法规定的赔偿额度，那么等于剥夺和限制了被害人完整的民事赔偿

---

① 2000 年出台的《最高人民法院关于刑事附带民事诉讼范围问题的规定》将可以提起刑事附带民事诉讼的范围限定为：“因人身权利受到犯罪侵犯而遭受物质损失或者财物被犯罪分子毁坏而遭受物质损失的，可以提起附带民事诉讼。”

请求权。今后的立法设计应注意解决因刑事案件久拖不决、民商事纠纷案件当事人的合法权益无法得到保护、刑事附带民事诉讼范围的问题。(2)会导致债权人不诚信,不利于社会诚信的建立。当主债务人被判处非法吸收公众存款罪后,债权人能否再次起诉债务人,要求其承担还款责任?根据现行法律,我们找不到有效的答复,实践中各地的做法也不统一,这是“先刑后民”的诉讼思维给我们留下的困惑。从司法实践来看,认定民间借贷合同无效,反而有利于犯罪的借款人,减轻了其民事责任,使其从犯罪中获利,而出借人则受损。很多债务人为逃避责任,主动投案,力求以刑事处罚换取民事责任的逃脱。这其中不排除部分债务人提前隐匿财产,以刑事责任来躲债的可能性。从理论上讲,任何人均不应该从其所实施的违法犯罪行为中获得利益,法律也不保护当事人违法获得的利益。这就要求在适用法律的时候也不能得出违法而获利的结论,否则就有悖公平正义。

笔者认为,从实践的角度讲,依上述处理有如下优点:第一,控制面大,有利于相关部门宏观把握,统筹处置,更有利于社会稳定和经济发展。公安机关对于涉嫌非法吸收公众存款或者集资诈骗案件的处置,首先要对涉嫌犯罪的行为人所签订的所有民间借贷合同进行摸底排查,在最终犯罪数额的确定上至少包括了绝大多数不能偿还的民间借贷合同,这有利于公安部门及其他相关部门掌握了解实际情况,便于其把握大局,制定处置措施时可以宏观把握,避免出现对社会稳定和经济发展大局不利的因素。第二,公安机关相对于法院而言,从人员配置、掌控资源及可采取的手段措施上比人民法院多且灵活,这便于对犯罪嫌疑人及其财产的控制,更能有效地保护债权人利益。第三,“先刑后民”在处置涉案资产时,可以全盘考虑,对于本来就不足以偿还全部债务的资产合理分配,达到公平、合理的社会效果,避免了因分配不均造成部分债权人不满而引发的其他问题,同时受害人可以尽早得到退赔、补偿。第四,可以减少法院的诉累,避免将其他执法机关处理过的问题重新引入诉讼程序,有利于提高法院审判的效率,维护其他司法机关司法行为的公信力。

另外,在审判实践中应注意以下问题:

(1)出借人由于借款人的犯罪行为遭受损失提起刑事附带民事诉讼的,不予受理。理由如下:《最高人民法院关于刑事附带民事诉讼范围问题的规定》将可以提起刑事附带民事诉讼的范围限定为:“因人身权利受到犯罪侵犯而遭受物质损失或者财物被犯罪分子毁坏而遭受物质损失的，可以提起附带民事诉讼。”

（2）“对有关机关依照《刑法》第 64 条”的理解：

①有关机关应该是依据法律处理财产的机关，没有法定职权处理财产的机关所作的处理财产决定，应视为非法。

②作出处理的阶段，应该是经过审判，确定出借人构成犯罪后。未经审判确定出借人有罪前，不得非法处理债务人财产。

③处理的方法程序，应该公开、透明、合法。应严格依法定程序处理财产，不得私自估价处理。

11. 以自有资金发放高利贷行为的性质如何界定？

对于个人或单位以自有资金发放高利贷的行为性质，应视个案具体问题具体分析，不可一概而论。从审判实践看，大致有如下几种情形：

（1）个人或单位以自有资金向特定的某个人或几个人非经常性的发放高利贷的行为，属于正常的民间借贷。由于此类借款是在特定对象之间的资金借贷，行为人并不以发放高利贷为业，不涉及不特定社会公众，并没有扰乱正常的金融市场秩序和经济秩序，故仍应属于民间借贷范畴，只要双方意思表示真实即可认定有效。原《审理借贷意见》第 6 条规定，民间借贷的利率可适当高于银行的利率，但最高不得超过银行同期贷款利率的四倍。根据该条规定，上述借款超过银行同期贷款利率四倍的利息部分法律不予保护，已偿还的高息应当折抵本金。现《民间借贷司法解释》第 26 条明确规定，借贷双方约定的利率未超过年利率 24%，出借人请求借款人按照约定的利率支付利息的，人民法院应予支持。借贷双方约定的利率超过年利率 36%，超过部分的利息约定无效。借款人请求出借人返还已支付的超过年利率 36% 部分的利息的，人民法院应予支持。

（2）个人或单位以自有资金向不特定的社会公众经常性地发放高利贷的行为不宜作为犯罪处理。在理论和实践上，对该种行为均有不同的认识和处理。有人认为，未经批准许可的个人或单位从事金融产品的经营行为时面对不特定的社会公众，其必然扰乱正常的金融市场秩序，具有较大的社会危害性，对该种行为可认定为非法经营罪中“其他严重扰乱市场秩序的非法经营行为”。笔者认为，对该种行为，不宜作为非法经营犯罪处理，理由如下:①即使个人或单位以自有资金向不特定的社会公众经常性地发放高利贷的行为属于非法金融活动,但从《刑法》第 225 条的修正过程及最高人民检察院、公安部的立案标准看,都没有将“从事非法金融业务活动”情形纳入非法经营罪的范畴。②对此种民间高利贷行为追究刑事责任将导致与刑法关于高利转贷罪法定刑规定上的矛盾。高利转贷滥用了银行的信任,增加了银行的风险。以自有资金发放高利贷,所存在的风险仅在于行为人自己的资金可能无法收回,前者的社会危害性明显大于后者。而高利转贷罪的法定最高刑是有期徒刑七年,非法经营罪的法定最高刑是有期徒刑十五年,将以自有资金发放高利贷行为以非法经营罪处理,必然会导致轻罪重刑,重罪轻刑,与刑法罪责相一致的原则相悖。③该类情形的大量出现,与管理机关的监管不力有一定关系,如果把此种情形当成犯罪处理,会使管理机关更加放松管理。

(3)个人或单位以自有资金向不特定的社会公众经常性地发放高利贷的行为应作为行政违法行为处理。此类借款一般笔数多,累计金额大,多个借贷行为持续时间较长,客观上已形成一种非法金融业务活动。2002 年中国人民银行发布的《关于取缔地下钱庄及打击高利贷行为的通知》对此有明确规定,该行为属行政违法行为,应给予行政处罚。

CHAPTER 12

第十二章 企业借贷

要点提示

金融机构融资途径受国家金融监管,法律法规成熟、明确,部门规章齐全,各金融机构实施垂直管理,拥有大批专业人才从事合规、风控工作,即使发生金融借款合同纠纷,也易于查明事实,决断是非。而活跃于民间的借贷行为,由于其自发性、自主性和区域性,先天就具有不规范性,民间借贷游离于监管控制的边缘,缺乏系统的可供规制的法律法规和为社会所普遍认可的习惯、惯例。近年来,随着我国金融政策调整的影响,民间借贷市场日益活跃,从先前满足于生产、生活急需发展到追逐高利;从先前零散、偶发的个人发展到以食利为业的职业放贷者与隐蔽经营的中介机构;从先前以个人之间的民间借贷为主发展到大量缺少发展资金的中小企业融入民间借贷渠道;从先前普通的民事行为发展到非法集资、非法吸收公众存款和暴力催收的违法犯罪行为。当前的民间借贷行为潜伏的隐患重重,积累的风险倍增,干扰了中央银行对信用和资金总量的控制,可能影响国家对宏观经济和区域经济运行的准确判断;又由于民间借贷涉及人民群众的切身利益和中小企业的生存利益,因民间借贷纠纷引发的社会矛盾已成为影响社会安定的重要因素,需要我们认真对待,审慎处理。本章重点论述以企业为一方主体的民间借贷纠纷案件的疑难问题。

1. 企业借贷纠纷案件主要集中在哪些方面?

(1)借贷主体认定与识别

造成借贷主体认定难的因素有:①民事行为主体的双重身份,如私营业主及公司的法定代表人,既可以自然人身份代表其自身,又可以负责人身份代表所任职的公司、企业,借贷行为主体可因从事行为时的身份不同而各异。②企业所有权与经营权的分离或分割,如企业承包、租赁经营时,承包人、承租人对外发生的借贷行为,又如企业部门负责人对外发生的借贷行为。③履行行为的介入,当表意行为不完善时,接受实际履行的第三人被误认为借款人,如公司经理以其个人账户转接资金。

(2)借贷性质的界定

造成借贷性质认定难的因素有,①公司企业与其员工之间,既有不平等的劳动合同主体关系,也有平等的民事主体关系,二者之间发生的债权债务,既有为员工为从事公务的借款,也有出于私人需要的借款,还有以借款名义出现的营业款、应收账款、奖金和福利等,均会影响借贷性质的界定。②公司企业吸入、析出资金的需要,公司企业因自有资金的短缺或富余产生资金流动的需求,或为规避经营和法律风险,或因表意不清等原因,往往在名目上会有意或无意的混淆“投资款”与“借款”,影响借贷性质的界定。③担保机构、小贷公司、典当行等特殊主体介入,规避批准的经营范围从业,因民事行为名不符其实而影响借贷性质的界定。

(3)借贷权利义务内容的弥补与规制

在民间借贷关系中,基于各种原因,不可能要求双方约定的借贷权利义务内容完整无缺,意思表示清楚无歧义,如未约定借贷期限、期内利息、违约金、逾期付款利息,或虽有约定,但标准过高,又如虽约定有质押或抵押担保,但欠缺完备登记手续等,在约定内容有漏缺、意思有冲突,担保手续不完备的情况下,需要依法进行适当的弥补与规则。

当然,实务中出现的疑难复杂问题不尽于此,随着社会生活的发展,新问题还会层出不穷,当前形势下处理该类借贷合同纠纷案件应当秉持的原则就是保护合法借贷行为,畅通融资渠道,制裁非法借贷行为,维护金融安全和社会稳定。

2. 民间借贷纠纷中，借条的内容系个人借款，但在出具人除个人签名外同时加盖公司公章，原告仅主张公司借款的情形下，如何处理？

（1）民间借贷主体概述

民间借贷是自然人与自然人之间、自然人与非金融企业之间的借款行为，[①]是随着市场经济发展民间出现大量闲散资金而兴起的一种与银行间接融资相对的信贷“体外循环”现象，是一种直接融资形式[②]。

由于民间借贷行为的自发性、自主性和不规范性，民间借贷脱离了国家金融监管的范围，一度游离于监管控制的边缘，为法律所禁止。虽然为拓宽中小企业和自然人的融资渠道、解决资金困难、促进经济繁荣，近几年国家逐渐放宽了对民间借贷政策，实行合法适度有限制的放开[③]，但由于民间借贷市场的不成熟，尚未形成固定的格式合同与为社会所普遍认可的习惯、惯例，其缺乏规范性的弊端造成审判实务一系列的疑难问题，这在借贷主体上表现得尤其明显。

在民间借贷纠纷的审理中，审理的基础在于确定借贷法律关系。而借贷主体作为借贷法律关系的重要组成部分，是判断借贷法律关系是否存在必须要考虑之前提。从法律体系上来讲，我国特有的民间借贷主要属于民法层面的范畴，具体定位下来，系《合同法》第十二章中规定的借款合同项下。《合同法》中未明确对借款合同的主体范围作出限定，但根据其精神，从性质上大致可分为借款人、出借人与保证人等。而针对其民间性质而言，则既排除了国家主管部门批准从事借贷业务的金融企业，也排除了未经审批的非金融企业这一违法主体，仅限于自然人之间、自然人与非金融企业之间以及与其他经济组织之间，经依法批准开展经营金融业务的非金融企业与其他非金融企业之间以及与其他经济组织之间。

---

① 《江苏省高级人民法院关于当前宏观经济形势下依法妥善审理非金融机构借贷合同纠纷若干问题的意见》。

② 刘涛：《民间借贷合规性问题初探》，载《华北金融》2007 年第 8 期。

③ 《江苏省高级人民法院关于当前宏观经济形势下依法妥善审理非金融机构借贷合同纠纷若干问题的意见》中即指出，当前形势下审理借贷合同纠纷案件的原则是保护合法借贷行为，畅通融资渠道，制裁非法借贷行为，维护金融安全和社会稳定。

（2）民间借贷主体之认定

在符合上述民间借贷的主体资格要求后，事情并非完美了结，真实的主体往往并非一目了然而是隐藏在纷繁表象的层层纱幕之后，让人雾里看花。我们知道，借贷关系最直接的表现形式和证据即是借据。借据是证明双方存在借贷合意和借贷关系实际发生的重要证据，具有较强的证明力，其通常载明了借贷当事人双方主体。但在审判实践中，并不能单纯以借据所载明的当事人作为借贷主体。除却借据署名的真实性、署名与身份证姓名不符、以合法形式掩盖非法目的等常见的事实或法律问题外，签署的借款主体是否真正的借款主体尚可能对还款责任的承担产生影响，也是实务中多见的案例模式，人民法院还须结合具体案情作出处理。

在认定借款关系的过程中，我们遵循的总原则是综合考察借款原因、借款目的及款项流向后把握案件性质。针对实践中常见的借条出具人除个人签名外同时加盖公司公章的情形，从借款的目的上来考察主要存在两种情形：

第一，个人借款。若是用于个人消费或债务承担等而非公司生产经营，实质上属于个人借款，应由签名的行为人作为借款人承担还款义务，但该行为人具有职务行为的形式表征，除此以外，构成职务行为由公司而非实际借款人承担还款义务还须该行为的履行职务性质已对出借人披露。在已为披露的预设前提之下，我们再来探讨问题的关键——职务行为的认定。

所谓职务行为，通常是指单位工作人员行使职务权力和履行职务职责的活动。从学理上说，衡量职务行为的标准有四项：一是职权标准，即单位工作人员是根据法律赋予的职责权限实施的行为为履行职务的行为。二是时空标准，即单位工作人员在行使职权、履行职责的时间、地域范围内实施的行为通常都认定为职务行为。三是身份标准，即在通常情况下，凡以单位工作人员的身份和名义实施的行为都是履行职务的行为。如公务人员着装、佩戴标志、出示证件、宣布代表机关实施的行为一般都以职务行为论。四是目的标准，即单位工作人员为了履行法定职责和义务，维护公共利益而为的行为，通常都应当认定为职务行为。[①] 而《江苏省高级人民法院关于适

① 林振通：《法人分支机构的工作人员履行职务行为产生的民事责任》，载《人民司法》2011 年第 22 期。

用〈中华人民共和国合同法〉若干问题的讨论纪要（一）》第16条则将职务行为细分为职务代表与职务代理，"法定代表人、其他组织负责人以法人或其他组织名义从事经营活动的构成职务代表，该行为视同为法人或其他组织自身的行为，行为后果由法人或其他组织承担。相对人知道或应当知道该法定代表人、负责人超越权限的除外。法人或其他组织的工作人员就其职权范围内的事项以法人或其他组织名义从事经营活动的构成职务代理，无须法人或其他组织的特别授权，其行为后果应当参照委托代理的规定，由法人或其他组织承担。法人或其他组织的工作人员超越其职权范围，以法人或其他组织的名义从事经营活动的，构成无权代理。相对人有理由相信其有代理权的，构成表见代理。"据此，在民间借贷中，职务行为主要表现为三种形式：第一种包括了《合同法》第50条规定的法定代表人、负责人职务行为，"对于作为组织机关的法人或者其他组织之当然代表——法定代表人、负责人超越权限订立的合同，除相对人知道或者应当知道其超越权限的以外，该代表行为有效"。除却恶意或明知的情形，法定代表人、负责人的行为推定为公司代表行为，其行为后果由公司承担，出借人自然可主张公司的还款责任。第二种，当借款行为人为法人的工作人员时，也是除却恶意与明知的情形，该借款行为推定为职务代理行为，公司处于借款人地位。至于职务代理的发生，须有相关的证件、文书或证明材料加以佐证；第三种则是来源于《合同法》第49条规定的表见代理，"行为人没有代理权、超越代理权或者代理权终止后以被代理人名义订立合同，相对人有理由相信行为人有代理权的，该代理行为有效，构成表见代理。"

在民法理论中，表见代理本质上属于无权代理的一种，其制度目的在于维护交易安全与保护善意相对人的利益。构成表见代理的要件有三，即权利外观、合理信赖与本人予因，其中本人予因要求被代理人对于权利外观的形成具有可归责性或者说给予了原因力①，是平衡被代理人与相对人利益的砝码②。

---

① 张岩、高治：《表见代理的构成要件及责任承担》，载《人民司法》2008年第12期。

② 英美法的代理制度认为，表见代理的制度依据在于禁反言规则，即法律不允许当事人否认别的有理智的人从他的言行中得出的合理结论。这里的当事人就是被代理人本人，他以自己的言行营造了代理权的外观，所以他要对代理权外观的形成负责任。梁慧星：《民法总论》，法律出版社2001年版，第259页。

在构成表见代理的情形,原告若想主张公司借款,须证明借款行为的职务性质即此处的权利外观、自己之善意无过失与相信行为人为代理之合理理由。借款行为的职务性质可由借条上真实的公司公章初步证明,后续对职务行为的认定方式已如上述。至于善意无过失这一主观要件,善意是指相对人不知道或者不应当知道行为人实际上无权代理,无过失则是指相对人的不知道不是因疏忽大意所致[①],前者是针对行为人实施行为时的主观状态而言,是从积极意义上使用的,后者则针对行为人对损害后果的主观状态而言,是从消极意义上使用的。[②]《最高人民法院关于当前形势下审理民商事合同纠纷案件若干问题的指导意见》第 14 条对此的认定为:“人民法院在判断合同相对人是否属于善意且无过失时,应当结合缔结与履行过程中的各种因素综合判断合同相对人是否尽到合理注意义务,此外还要考虑合同的缔结时间、以谁的名义签字、是否盖有相关印章及印章真伪、标的物的交付方式与地点、购买的材料、租赁的器材、所借款项的用途、建筑单位是否知道项目经理的行为、是否参与合同履行等各种因素,作出综合分析判断。”另外,实践中此要件还与相对人相信行为人为代理之合理理由相结合,可由借款人举反证推翻。《江苏省高级人民法院关于适用〈中华人民共和国合同法〉若干问题的讨论纪要(一)》第 14 条明确排除了不属于合理理由的范围,“在衡量相对人是否构成善意无过失时,应结合代理原理和经验法则以及案件的具体情况等因素综合作出判断。下列情形下不应认定为属于合同法第四十九条所称的‘相对人有理由相信行为人有代理权’:(1)被代理人授权明确,行为人越权代理的;(2)行为人与相对人订立的合同内容明显损害被代理人利益的;(3)基于经验法则,行为人的代理行为足以引起相对人合理怀疑的”。笔者认为,无论案件的焦点是集中于“理由”是否合理与充足抑或是否构成职务行为,实质内涵都是同一的,认定了职务行为,也就相应印证了“合理理由”之存在,两者可谓一脉相承。这也是民法上规定表见代理制度的真谛之所在,表见代理人具有的权利外观下,包裹着相对方相信其具有代理权的合理性。

第二,公司借款。若是借款用于公司生产经营、扩大业务等,则其形式

---

① 胡康生主编:《中华人民共和国合同法释义》,法律出版社 1999 年版,第 85 页。

② 汪泽:《民法上的善意和恶意及其运用》,载《河北法学》1996 年第 1 期。

与内容相一致，形式上具备公司公章，实质上也是用于公司经营，则应认定为公司借款，该自然人借款行为若符合上述职务行为之特征也相应认定为职务行为，由公司作为借款人承担还款义务。疑难问题在于，如若单纯以个人名义进行借款，并未向出借人披露款项实际用途是用于公司时，是否应根据款项的实际流向判令相应的当事人承担还款责任。

（3）结论

综上所述，民间借贷纠纷中，借条的内容系个人借款，但出具除个人签名外同时加盖公司公章，原告仅主张公司借款，并不能认定为共同借款，而应考察行为人是否构成职务行为与表见代理，作出公正的评判。而在借款行为人履行职务的表征下，则不再追究借款的实际用途如何，均由公司作为被代理的借款人承担还款的对外责任，至于行为人的法律责任，则归于其与公司之间的内部法律关系调整，公司可向行为人追偿因此遭受的损失。另外，若出借人主张公司与借款行为人承担连带责任，根据代理的基本法理，行为效力归属于被代理人，无法发生连带责任；若出借人主张公司因盖章而承担债务履行的担保责任，也因于法于理都无据而不应得到法院的支持。

3. 私人企业法定代表人以个人名义出具借据为公司借款，应如何认定借款关系？

关于私人企业法定代表人以个人名义出具借据为公司借款，应该认定为企业对外借款还是其法定代表人个人借款，是各地法院民间借贷纠纷审判实践中常见的焦点争议之一①，甚至成为民间借贷的主力军，而由于债权人的风险意识欠缺、债务人偿还能力普遍偏低与借贷行为不规范的原因，造成相关案件数量激增，审理难度加大②。

审判实践中，人民法院对民间借贷关系的认定主要存在两种不同的做法：一是形式主义的做法，主张严格按照借据的主体和内容认定借款法律关系，其他因素不影响对借据所确认的借款法律关系的认定；二是实质主义的做法，主张对借据和其他证据全面加以审查，综合认定借款法律关系是否成

---

① 吕虹：《当前民间借贷案件存在的问题及审理对策》，载《法制与社会》2011年第12期。

② 福建省晋江市人民法院：《金融危机影响下的民间借贷及其法律思考》，载《人民法院报》2009年6月4日，第6版。

立、借款事实是否存在等，再依法对案件进行处理。笔者认为，审判应体现为一种衡平的艺术，正如《南京市中级人民法院关于在当前宏观经济形势下妥善审理民间借贷纠纷案件的指导意见（试行）》中要求审理民间借贷纠纷案件的基本原则所指出的那样，要兼顾各方当事人利益。所以要根据具体案情作出公正评判，不能一概而论，既要重视法律关系的形式外观，又要深入其实质，综合审查认定，尽量还原案件的事实真相。

私人企业的法定代表人向他人借款，因其具有民事行为主体的双重身份——代表自身的自然人与代表企业的法定代表人，其借款行为的性质也因从事行为时所处的身份不同而各异，虽具有职务代表的可能性，但不能当然认定为职务行为。欲构成职务行为还须其向出借人披露该借款行为的"职务代表"性质。此是民法中代理的基本法理要求。借款的行为人从事借款行为时，须以被代理人即企业的名义实施，向出借人披露其作为"代表"的身份，说明款项的实际流向与实际借款人，方能符合职务行为之要件，由企业作为借款人承担还款责任。在借款行为人未作出说明与披露，而出借人又不能通过其加盖公章的行为外观推定其行为的职务性质、具备充足的理由认为其是与实际借款人之间发生借贷关系时，应认定借款行为人与出借人之间存在借贷关系，并适用《合同法》第 402 条和第 403 条有关间接代理的规定①，支持出借人选择向当时的借款人或者其所在企业主张权利。这是法益衡量的结果。

对此，《民间借贷司法解释》第 23 条明确规定，企业法定代表人或负责人以企业名义与出借人签订民间借贷合同，出借人、企业或者其股东能够证明所借款项用于企业法定代表人或负责人个人使用，出借人请求将企业法

---

① 《合同法》第 402 条规定：受托人以自己的名义，在委托人的授权范围内与第三人订立的合同，第三人在订立合同时知道受托人与委托人之间的代理关系的，该合同直接约束委托人和第三人，但有确切证据证明该合同只约束受托人和第三人的除外。第 403 条规定：受托人以自己的名义与第三人订立合同时，第三人不知道受托人与委托人之间的代理关系的，受托人因第三人的原因对委托人不履行义务，受托人应当向委托人披露第三人，委托人因此可以行使受托人对第三人的权利，但第三人与受托人订立合同时如果知道该委托人就不会订立合同的除外。受托人因委托人的原因对第三人不履行义务，受托人应当向第三人披露委托人，第三人因此可以选择受托人或者委托人作为相对人主张其权利，但第三人不得变更选定的相对人。委托人行使受托人对第三人的权利的，第三人可以向委托人主张其对受托人的抗辩。第三人选定委托人作为其相对人的，委托人可以向第三人主张其对受托人的抗辩以及受托人对第三人的抗辩。

定代表人或者负责人列为共同被告或者第三人的，人民法院应予准许。企业法定代表人或者负责人以个人名义与出借人签订民间借贷合同，所借款项用于企业生产经营，出借人请求企业与个人共同承担责任的，人民法院应予支持。

4. 公司与内部员工之间的债务纠纷中，怎样区分公务借款和私人借款？

民间借贷是一种普遍的社会经济现象，不仅分布广泛，而且形式多样。随着现代市场经济的飞速发展，公司作为最适应现代生产方式、生产规模和市场经济发展要求而存在的现代企业组织形式，已经成为市场经济体制中最为重要的商业工具和经济主体。公司员工作为公司机构不可或缺的人力资源，与公司具有职务上的隶属关系，担负着保障公司正常运行的重要职责。同时，公司员工作为自然人，同其他人一样，也离不开衣、食、住、行等日常生活需求，也常常会与公司之间发生工作之外的联系。在大量涌现的民间借贷案件中，公司员工与公司之间因债权债务纠纷而诉至法院的事例不在少数，其中，既有公务借款，也有私人借款，还有营业款、奖金、福利等。特别是当公司员工因工作流动主动离职而与公司发生矛盾时，公司与公司员工之间债务纠纷就可能出现。当公司以员工出具的借据为证据向法院起诉要求员工归还公司借款时，如何甄别借款性质是私人借款还是公务借款或者其他借款，是审理此类纠纷案件的难点。

审理此类案件的难点在于：一是在举证能力上员工处于弱势，公司处于强势。即使员工是公务借款并且已经按公司财务规定履行了报销程序，但相关票据仍由公司持有，在公司与员工矛盾激烈冲突的情况下，很难排除公司故意不提供对自己不利证据的可能性。如果根据民事诉讼证据规则，作为原告的公司向法庭提供了借条，就可以证明双方借款关系已经成立，其举证义务也就完成，此时，作为被告的员工如提出借款系公务借款的抗辩，应当承担举证责任。事实上，员工很难完全举证责任。二是仅凭借据难以判断借款性质。公司员工向公司出具借条有多种情形：有因出差、执行公务所需的开支费用，有因个人生活需要，经公司领导批准向公司财务进行私人借款，如买房、购车等，有员工为公司推销产品而按公司规定以借据形式先提货然后交付给买主的营业款，还有公司内部以“借款”名义出现的集资款、投资款、利润、分红等。三是在证据表现形式上差别不大。无论是私人借款、公务借款还是其他业务款，其表现形式可能都是统一的借据格式和经过公司领导审批、批准。

笔者认为，审理此类案件可以从以下几个方面区分公务借款与私人借款：

(1)形式上的审批程序。公务借款须依照公司内部财务管理制度进行操作，一般流程为：借款人先填写借款单，然后经本部门主管签字同意、财务主管复核、单位法人代表或法人委托人审批，再交到财务会计记账做凭证，最后出纳根据复核后的记账凭证，向借款人支付备用金，同时借款人须在记账凭证上签字。大额借款须提前一天通知财务部准备备用金。个人借款一般比较自由，审批程序上没有公务借款严格，只需员工向公司领导请示并经过同意后，由员工向出纳出具私人借条，出纳就会将钱款交付给借款人员工，私人借款有时不经过财务会计，只在出纳那里以私人借条换现金。

(2)款项的用途。公务借款在多数情况下是基于执行公务行为，如差旅费、办公费、通讯费等，有些像招待费、公关费等特殊费用还有职务限制。正常情况下公务借款后经过报销程序便无其他纠纷，但当员工违背公司意愿强行离职后，公司可能会以员工提供的发票不符合财务规定拒绝签字，或者拖延，此时，员工就无法进行正常的报销程序。员工私人借款主要是用于自身生活所需，或者自身经营活动所需，并无职务行为性质的限制。

(3)借款金额和还款期限有所不同。公务借款一般根据公务开支需要而确定金额，私人借款一般不超过其半个月工资额，超过时要有担保人；公务借款一般不注明还款期限，私人借款往往限定借款期限。

在具体的审判实践中，法院可以针对公司与内部员工不同的债务纠纷，作出不同的处理：

第一，公司员工为个人生活所需向公司借款，属于平等民事主体之间产生的债权债务关系，应定性为民间借贷。

第二，公司员工因公务需要向公司借款，属公司内部财务管理问题，应按公司内部财务管理制度处理，不应按民间借贷案件审理。

第三，公司员工为公司推销产品而按公司规定以借据形式提货的，借条反映的钱款属于公司业务款，是双方结算工资、奖金和福利的依据，属于劳动争议纠纷，不属于民事案件审理范围。但如员工名为“职员”实为代理商时，应按委托合同纠纷审理。

第四，公司员工身份系公司股东，以“借条”形式进行出资、分红的，双方债权债务纠纷属于公司内部治理问题，应按公司法处理。

5. 借款与投资款的区别是什么？

在现代市场经济条件下，追求利润最大化是商人的本质特征。投资作为获得经济利润的一条重要途径，是当前市场经济条件下许多人的重要选择。投资的确可能给投资者带来丰厚的利润，但同时也必然隐含着巨大风险。机遇与挑战并存，利润与风险相伴，这是市场经济的内在规律。也正是基于此，现实生活中，一些人为最大限度地获取利益，最大限度地降低风险，故意规避法律法规，违背市场经济规律，混淆“投资”与“借贷”的概念，搞“假投资、真借贷”，名为合作实为借贷等。当双方发生纠纷并诉诸法院时，出于对自身利益的维护，当事人经常会故意曲解“投资款”和“借款”的含义：在公司盈利时，投资者希望将“投资”理解成股东出资，以便多获利；在公司经营状况不佳或亏损时，投资者当然希望给公司提供的是借款，从而避免股东应承受的风险。因此，正确理解投资与借贷的含义，准确甄别假投资和真借贷，对维护企业的正常秩序和发展，有着十分重要的意义。

（1）借款与投资的概念和含义

借款是指贷款人将一定数量的货币交给借款人处分，借款人依约归还货币的一种行为。借款的主要收入来源是利息，主要风险是借款人无法归还的风险。借款的基本特征有：一是借款是转移借贷物即货币处分权的行为，到期要收回；二是借款是实践行为，必须实际交付借款才发生法律效力；三是借款一般是有偿的，也可以是无偿的，是否有偿可以由双方当事人约定；四是借款行为是单务行为，贷款人将货币交给借款人后，只有借款人负有归还的义务，如果是有偿的，借款人还负有支付利息的义务。

投资是指一定的经济主体为了获取预期不确定的收益或社会效益而将现期的一定资财（有形或无形）转化为资本的过程。投资的主要收入来源是投资项目经营所产生的利润，主要风险是投资项目不产生利润而亏损，如果亏损严重，最终导致投资项目的清盘，清盘有剩余的，归投资者所有，如果没有剩余，投资者血本无归。投资的基本特征有：一是投资是一定主体的经济行为。投资主体可以是自然人、法人或国家。二是投资的目的是实现增值，以获取收益或社会效益。就投资自身而言，实现投资的经济效益，是投资行为的出发点，投资如果不能带来经济效益，投资便失去意义。三是投资所获取的效益是未来时期的预期效益，而且是不确知的，故投资具有风险性，一般来讲，投资风险的大小与投资收益的高低是成相同方向变化的。四是投资必须投入一定的资财或智力成果，其来源包括投资者自己的所有、收入以及通过各种途径的融资或借贷、借款等。

(2)借款与投资的相同与区别

投资与借款都是一定经济主体的经济行为，且都以获取企业利润或社会效益为目的，以扩张经济规模，为经济主体的发展注入资本，促进资本的合理配置和流转为手段，以适应市场平衡发展的需要，促进经济的发展。二者的相同点具体体现在以下几个方面：①投资与借款都是一定经济主体的经济行为，且以获取效益为目的；②投资与借款都是一定经济主体对自己所有物的处分行为；③投资与借款都是一定经济主体对自己所有物的处分之后需承担一定风险的行为；④投资与借款都是要式行为，即以书面协议为基础的，且都是实践性而非诺成性的；⑤投资与借款的标的物一般都是可替代物或种类物如现金等。

投资与借款的区别表现在：①借款是一种债，投资虽也有协议，但不是债，而仅仅是对自己所有物权利的处分；出借人债权的请求权受制于合同法，投资者投资款的取回方式受制于公司法。②借款是一般所有物的所有权发生了转移，而投资仅是占用权发生了一定的变化，但仍享有不完全的支配权、使用权和处分权。③投资的目的是为了获取一定的收益或效益，而借款的目的则可能是多种的，虽大多数的借款也是为了经济的目的，但有的借款是无偿的。④投资所可能获取的效益是未来的、不确定的，而借款无论是有偿和无偿的，都是确定的。⑤投资人一般直接或间接地会参与、影响或者控制公司的经营；而出借人则成为公司债权人，不参与公司经营。⑥资金流入后，以“投资”方式进入公司的资金，将成为公司的法人财产，除非投资协议无效或解除，否则投资人不能要求取回投资款；而以“借贷”方式进入公司的资金，将成为公司的借款，期限届满时，出借人可以要求公司返还借款。⑦借款必须于一定时期偿还。投资款投资本身一般是不能收回的，只有在转让或依法清算后按照投资者出资比例分配而取得。⑧“投资”的收益表现为利润分配；而“借贷”的收益表现为利息给付。⑨投资承担有亏损的风险，而借贷则可通过担保、债务转移等来减少风险，投资则不可。⑩投资款是经济学的概念，作为会计的概念是实收资本，是指企业实际收到的投入资本，借款在企业会计核算上列为负债的一种形式，是企业用来补充投资款不足的重要手段。

(3)借款与投资纠纷在现实中的表现形式

投资，作为一种生产经营活动，本身就充满了市场、经营等各方面的风险。在借款与投资纠纷案件中，当事人的共同特点是怀有只赚不赔、不承担风险的心理和获得超额利润的动机，所以希望能保本保利，不参与经营与管理，坐享其利，表面上看是真正的“风险小、投入少、获利大”，其本质上却恰恰违背了市场的内在规律，其造成的后果往往是“鸡飞蛋打”。现实生活中，投资与借款纠纷的几种表现形式：

第一，虽名为投资，但所有物的所有权发生了转移，不能行使对该物的使用权如管理、经营权，有的甚至连知情权也没有，则无论取得收益否，应视为借贷。

第二，虽名为投资，但“投资协议”中或实际上并未参与经营或管理，而且对收益有明确的约定，则实为借贷。

第三，虽名为投资，在自己的账目处理上只有所有物所有权的转移，被投资方却没有资本金形成的，则应为借贷。

第四，“投资协议”中规定了投资收回的期限，而且还有担保的，则应视为借贷。

第五，投资者一般享有对投资项目的收益、表决和知情权等权利，而借贷一般不享有此权利。

(4)司法实践中审理借款与投资款的裁量因素

笔者认为，在类似投资纠纷案件的审理中，判断某公司的“投资”属于股东出资，还是借款，可从以下几方面考虑：

第一，是否履行法定登记程序。投资者对公司出资，直接引起该公司注册资本的增加。按照相关公司法律规定，增加注册资本是公司的大事，应当履行较为严格的表决程序及登记程序。我国《公司法》规定，有限责任公司的增资应由董事会制定增加注册资本的方案，然后提交股东会决议，并须经代表2/3以上表决权的股东通过。《公司登记管理条例》规定，公司增加注册资本的，应当自增资款缴足之日起30日内申请变更登记，并同时提交具有法定资格的验资机构出具的验资证明。如果被投资公司履行了上述法定程序，“投资”的性质当然就一目了然了。但在现实生活中，投资行为并不都操作规范，常常是口头协商的多，签署文件的少；事实行为的多，履行登记程序的少。因此，从尊重事实及公平的原则出发，有必要进一步考察其他方面。

第二，投资者与被投资公司的意思表示。判断“投资”是何性质，双方的意思表示最为关键。因为从根源上讲，“投资”行为本身就是基于双方的自由意愿而形成的，一般在“投资”行为开始前，双方就会明确“投资”的形式。双方意思表示的方式很多，口头的商定虽然最直接，亦被广泛应用，但在诉讼过程中，口头意思表示由于无法固定，往往不能成其为证据，故主要核实的应为以下几个方面：一是书面合同或协议。合同或协议是“投资”性质最直观的记录，因此也是最重要的证据。通过审查合同中“投资”双方权利、义务的规定，包括投资的形式、投资人的回报、投资人是否参与公司经营、投资款是否可收回等内容，我们可以探知“投资”双方的真实意思表示，从而形成对“投资”性质的综合判断。二是公司内部资料。如果当事人关于“投资”事项未签订书面合同，或合同内容极其简单不足以反映“投资”性质的，应当考察被投资公司的内部文件资料，包括股东会决议、股东会议纪要、董事会决议、董事会会议纪要、出资证明书等。这些文件是判定“投资”是否为股东出资的参考依据，因为当公司接受新股东出资时，内部领导层往往会首先形成意见，并以会议记录形式记载下来。

第三，投资人是否行使股东权利。如果上述书面证据或不存在，或不足以证明“投资”的性质，不妨进一步考察投资人向公司交付资金后，与公司的权利、义务关系。如果投资人对公司行使股东的权利，如收取过红利，实际参与过公司的经营决策，则可认定为股东出资。众所周知，投资是一种以营利为目的的经营性行为，作为投资方，不仅有出资的义务，而且也享有相应的权利，参与经营的过程。假定原告真的形成事实上的投资，成为投资人，就应享有知情权、决策权、参与管理权、利润分配权、破产清算权等。

6. 公司经理以个人账户转资金如何认定？

在公司法研究中，世界各国关于经理法律地位的学说，众说纷纭，主要有代理人说（如德国）——《德国有限责任公司法》第35条第1款的规定，经理为公司的经营管理机构和代理机构,公司通过经理参与法律活动[1],高级职员说(如英国)——按《布莱克法律词典》的解释,高级职员包括公司总裁、副总裁、司库、总经理等[2],法人机关说(如前苏联)——公司为法人,属于一种组织,其自身不能活动,必须依赖种种机关为之活动。经理根据法律或章程规定,是能够对外代表公司从事经营活动的法人机关。分别代表了大陆法系、英美法系和社会主义法系的观点。受以上三大法系的影响,我国关于经理法律地位的学说,主要有高级雇员(职员)说、代理人说、公司机关说、公司代表说等。笔者认为,我国《公司法》第50条、第69条、第114条、第217条,明确规定了经理属于高级管理人员,其由董事会决定聘任或者解聘,在授权范围内对外代表公司进行各种经营活动,这就充分表明了我国经理的法律地位——经理是高级雇员与商事代理人的综合体。其之所以为高级雇员,是因为经理由董事会聘任或者解聘,与董事会签订聘任合同,在董事会授权范围、合同规定范围内为公司服务,董事会代表公司向其支付报酬。其之所以为代理人,是因为经理接受董事会的委托,在董事会授权范围内,对内辅助、代表董事会进行日常经营管理活动,对外代表公司进行各种经营活动,其与第三人交易的法律效果最终归结为公司,所以经理具有代理人的身份。且其对外代表公司所从事的是一种以营利为目的的商事经营活动,其中蕴含着高水平的经营手段、经营方法和经营经验,因此他又是商事代理人。

实务中,公司常根据分工不同,在总经理下设置各种专业经理(亦有公司不设总经理,直接设置各专业经理),如销售经理、部门经理等。部门经理一般对内辅助董事会进行日常管理活动,主要担负管理公司内部事务的工作,不涉及公司的外部经营。销售经理一般会依据董事会授权,对外代表公司进行和销售有关的各项活动,具有公司代理人的身份。

关于经理与法定代表人之区别,《公司法》第13条规定:"公司法定代表人依照公司章程的规定,由董事长、执行董事或者经理担任,并依法登记"。从该条规定可以看出,公司可以通过章程的方式选择由董事长、执行董事或

---

① [德]托马斯·莱塞尔、吕迪格·法伊尔:《德国资合公司法》,高旭军等译,法律出版社2005年版,第525~526页。

② Black's Law Dictionary, Fifth Edition, West Publishing Co., 1979, pp. 9, 307.

者经理来担任公司的法定代表人,但这种法定代表人的担任是选择关系而不是并列关系,即法定代表人只能由一人担任。公司由经理担任法定代表人自不多言,如公司并非由经理担任法定代表人的情况下,经理与法定代表人在身份及行为之法律后果上均存在一定区别:法定代表人与公司同一人格,法定代表人不具有独立人格,其人格依附于公司存在。而经理作为代理人,与公司不是同一人格,其具有独立人格;法定代表人的越权行为原则上对公司产生效力,公司必须对相对人承担责任。经理超越授权之民事行为,未经公司追认,对公司不发生法律效力,应由其个人承担法律后果。

经理权主要系大陆法概念,在大陆法系国家,因经理内涵之不同,经理权也具有不同的法律属性:

(1)一种特殊代理权

《德国商法典》第49条第1款规定,经理权授权实施进行营业经营所产生的诉讼上的和诉讼外的一切种类的行为和法律行为。德国学术界认为,德国商法上的经理权实际上是《德国民法典》第167条规定的一般代理权的特殊形式,其原因是商事交易对于特殊保护的要求①。《日本商法典》第38条、《韩国商法典》第11条和我国澳门特别行政区《商法典》第64条也对经理人的代理权限作出了类似规定。日本学者②及我国部分学者③也赞同此观点,认为经理权实质为民法或商法上的特殊代理权。

(2)对内管理事务及对外代理之权

我国台湾地区"民法典"第553条第1款规定:"称经理人者,谓由商号之授权,为其管理事务及签名之人。"据此,我国台湾地区学说普遍认为,经理权包括对内管理事务及对外代理之权,具有对内事务管理及对外之代理权之双重性质④。而《意大利民法典》第2204条第1款对经理权限的规定是:"经理得完成委任给他的全部经营活动(委托书中的限制性规定除外),

---

① [德]卡纳里斯:《德国商法》,杨继译,法律出版社2006年版,第366页。

② 龙田节在《商法略说》认为"纯粹参加公司内部管理事务,不代表公司从事外部交易行为者,不视为享有经理权"。

③ 范健、蒋大兴:《公司经理权法律问题比较研究》,载《南京大学学报》1998年第3期;刘殿葵:《公司经理人法律问题研究——对懈怠与滥权规制的法律本土化分析》,法律出版社2008年版,第46页。

④ 史尚宽:《债法各论》,中国政法大学出版社2000年版,第400页;黄立主编:《民法债编各论》(下),中国政法大学出版社2003年版,第537页。

并且经理对其完成的被委任的活动,得以企业主的名义出庭。此处之委任,可适用民法关于委任的一般规定,自明。”意大利民法上的经理权限应视其委任范围而定,但经理人从事代理以外的管理事务,其范围仍限于法律行为。此外,在一些国家和地区的公司法中,经理除享有代理法和债法(委任)上的权限外,还同时具有法人机关的管理权限(不限于法律行为)[①]。

(3)我国现行法律规定

《公司法》及有关法律法规并没有采用“经理权”这一概念,而是使用了“经理职权”的表述。根据我国《公司法》第50条的规定,经理的职权分为组织经营权(第1项、第2项)、公司内部规章制定权[拟订公司内部管理机构设置方案权(第3项)、拟订公司的基本管理制度权(第4项)以及制定公司的具体规章权(第5项)]、人事任免权(第6项、第7项)和其他权利(第8项)四类,完全侧重于决策管理方面的事实行为,而不具有如大陆法传统经理权那种为经营上的对外签字和代表公司参与诉讼的内涵。

我国《公司法》第50条之规定是针对公司经理(总经理)而言,相较于总经理,各专业经理只具有其中的一项或几项权限且适用范围更小,如生产经理负责公司的生产经营管理工作并参与公司经营计划和投资方案的制定,部门经理负责本部门人员的管理及本部门规章制度的制定,销售经理负责产品的销售工作并常可根据公司授权代表公司对外签订合同,销售经理的职能主要类似于德国及日本法律中的特殊代理权——代表公司从事外部交易行为。

根据我国现行法律对经理权限的规定,涉及公司经理以个人名义转资金的案件,审理中应注意以下问题:

(1)根据经理不同身份确定其权限

对于公司经理,其权限应当按照《公司法》第50条及第114条之规定加以确定。如果公司经理担任法定代表人的,其权限与法定代表人等同,可以直接代表公司对外行使权利;对于以销售经理、业务经理等名义对外代表公司行使权利的公司职员,应当根据公司的授权确定权限。

(2)根据权限范围确定法律后果之归属

对于担任法定代表人的经理,其以个人名义对外转公司资金,无论是否

① 参见《法国商事公司法》第124条、我国台湾地区“公司法”第8条和第31条的规定。

得到授权,均应视为代表公司之行为,公司及第三人不得以经理未获授权为由进行抗辩;对于不担任法定代表人的经理,如经公司章程或董事会授权可以个人名义对外转资金的,其法律后果对公司发生法律效力,公司不得援引内部规定对抗第三人;对于销售经理(包括其他专业部门经理)以个人名义转资金的,销售经理及第三人需提供证据对销售经理已获得公司授权加以证明,否则该行为之法律后果不可由公司承担。

(3)结合具体案情加以认定

在公司章程或董事会授权可以个人名义对外转资金的,公司亦主张经理转资金的行为系受公司委托之代理行为,但经理及第三人均主张该转资金行为系经理个人之民事行为,与公司无涉的情况下,要对经理及第三人间转资金的基础法律关系及往来资金之具体流程加以审查并进行综合认定。

对于经理、销售经理事先没有获得授权以个人名义转资金,但事后得到公司追认的,应认定该行为对公司发生法律效力,第三人可主张公司承担相应的法律责任。

7. 企业可以进行民间借贷吗?

根据国家有关法律规定,非金融企业之间一般不得拆借资金,所以非金融企业间违反金融法律规定拆借资金的,不属于民间借贷,只能作为"企业之间借款纠纷来处理"。但在一定条件下企业可以与公民(自然人)发生民间借贷关系。企业与自然人发生民间借贷活动,应当注意以下问题:(1)企业应当是非金融企业;(2)企业不得以借贷名义向职工非法集资;(3)企业不得以借贷名义非法向社会集资;(4)企业不得以借贷名义向社会公众发放贷款;(5)借贷行为不得违反法律、行政法规。

虽然企业之间不得进行民间借贷,但是在实践中,客观存在着一些企业之间的借贷行为,主要有如下几种情况:(1)企业内部机构或关联企业之间的借贷;(2)有经常性业务往来企业之间的临时性借贷;(3)非法人企业之间因生产经营与业务急需的临时性借款、借贷;(4)大型企业和其他组织对中小企业的帮扶性借贷。在上述情况下,如果:(1)确因生产经营所需;(2)双方意思表示真实;(3)不违反法律法规强制性规定;(4)不扰乱国家金融秩序,无非法集资、非法吸收公众存款和发放贷款的,则可以按有效处理。随着改革开放和市场经济的快速发展,与世界经济的加快接轨,融资环境进一步宽松，企业间的民间借贷将会逐步解禁。

对此，《民间借贷司法解释》第 11 条明确规定，“法人之间、其他组织之间以及它们相互之间为生产、经营需要订立的民间借贷合同，除存在合同法第五十二条、本规定第十四条规定的情形外，当事人主张民间借贷合同有效的，人民法院应予支持”。

8. 股权融资、债券融资与民间借贷如何区分？

一说起民间融资，几乎就被等同于民间借贷，其实，民间融资不应狭义理解为债券融资也即借贷；但这两种权益在一定条件下可以互相转换，即“股转债”、“债转股”。

股权融资与债权融资的最根本区别在于所有权的区别，即股权融资是股份制企业有偿发放给投资人的企业所有权的过程。而债权融资只是企业有偿发放给投资人的企业债权的过程。拥有企业股权，无明确期限，可以按股获得收益，且收益率不定，可以按股履行权利，比如参加股东大会，选举和被选举为股东代表、董事会成员、监事会成员等。而拥有企业债权，有明确期限，收益率相对固定。但无权参与企业经营的各种事项，只能按期追索债权。但是在企业破产清算时，优先于股权参与分配企业资产。

长期以来，人们都认为进行股权融资是大公司的事，与中小投资者、小本创业者不相干，其实并非如此。无论是有限责任公司还是股份有限公司，都可通过出让企业股权或股份进行资金融通，只不过公开发行股份是企业利用股权融资的一种高级形式而已。融资不是上市公司或大型企业的专利产品，对于中小企业来说，选择一种较为现实和便捷的融资方式进行融资是其成长壮大的必由之路。然而，许多企业在对待股权融资上仍存在误区。

一般来说，公司股权融资和债权融资存在以下几方面的差异：

（1）风险不同。股权融资的风险小于债权融资的风险，股票投资者的股息收入通常随着公司盈利水平和发展需要而定，与发行公司债券相比，公司没有固定付息的压力，且普通股也没有固定的到期日，因而不存在还本付息的融资风险。而发行公司债券，必须承担按期付息和到期还本的义务，此种偿债义务不受公司经营状况和盈利水平的影响。当公司经营不景气时，盈利水平下降时，会给公司带来巨大的财务压力，甚至可能导致公司无力偿还到期债务而破产，因而发行公司债券的公司，财务风险较高。

（2）融资成本不同。从理论上讲，债权融资成本低于股权融资成本，其原因为：一是债券利息在税前支付，可以抵减一部分所得税；二是债券投资风险小于股票投资，持有人要求的收益率低于股票持有者。债券和股票相比，是一种低风险、低收益的证券，这种性质使债权融资的成本本身就具有一定的应变能力，越是在市场不稳定的情况下，债权融资成本的相对稳定性就越突出，它和股权融资成本的差距也就越大。经济不稳定会使一部分投资者从需求股票转而需求债券，这种需求的转化也十分有利于维持债权融资成本的稳定和保持相对较低的水平。因此，在经济形势恶化时，两个市场上的融资成本都会相应上升，但债权融资成本的上升要大大慢于股权融资成本的上升。

（3）对控制权的影响不同。不同公司举债融资，虽然会增加公司的财务风险，但有利于保持现有股东的控制公司的能力。如果通过增募股本方式筹措资金，现有股东的控制权就有可能被稀释，因此，股东一般不愿意发行新股融资。而且，随着新股的发生，流通在外的普通股股数必将增加，最终将导致普通股每股收益和每股市价的下跌，从而对现有股东产生不利的影响。

（4）受信息不对称的影响不同。融资中的信息不对称表现在资金的供应者和需求者之间。一般认为资金需求者拥有更多关于所投资项目的信息，而资金供应者则处于相关信息的劣势地位。资金供应者会在成本与收益比较可以接受的情况下尽量搜集信息，而当信息不可得或需要花费较大代价才能取得时，资金供应者就会放弃投资，由于信息不对称，投资者一般认为发行债权融资公司的经营能力和发展前景好，而发行股权融资的公司经济前景黯淡。

（5）对公司的作用不同。发行普通股筹集的是一种永久性资本，是公司正常经营和抵御风险的基础，股权资本增多有利于提高公司的信用价值，有利于提高公司的信誉，可以为公司吸收更多的债务资金提供强有力的支持。发行公司债券可以使公司获得财务杠杆利益，无论公司盈利多少，债券持有人通常只能得到固定利息，而且债券利息可以作为成本费用在税前列支，具有抵税作用，在盈利增加时，利用发行公司债权筹资，就可获得更多的财务杠杆利益。另外，公司还可以根据需要选择发行可转换债券或可赎回债券，以便主动、灵活地调整公司资本结构，使公司资本结构趋于合理。

9. 企业内部集资的效力如何认定?

对此,笔者认为,企业未向社会公开宣传,仅在单位内部针对本单位职工集资并用于本单位生产经营的,该借贷行为有效。

(1)企业内部集资并不违反法律、行政法规强制性规定,并且有其存在的客观合理性。企业内部集资并不违反法律、行政法规强制性规定,同时,由于我国融资活动并未完全社会化、市场化,民间融资有其现实土壤,不可能一概禁止。内部集资中的出资人对于相关信息和风险往往有着较为充分的了解,对于潜在的风险也能客观看待,具有一定的承受能力。同时,单位内部集资主要是为了解决单位发展所需资金问题,对此类行为予以无效认定,非但不利于企业的发展和稳定,还将同时损害到职工的利益。

(2)既向单位内部职工又向社会公众集资的,应当全额认定为非法集资。如果企业吸收资金针对的是不特定对象,既包括本单位的人员,也包括外单位的人员,则构成非法集资。因为整个集资过程是在同一个违法行为支配下统一进行的,无论是否本单位职工存款都符合其主观意愿,都应当将所有资金统一认定为非法集资而全额认定无效,而没有必要按照出借人是否属于单位职工进行人为的区分。

(3)单位内部指的是单位内部的职工。出借人必须严格限定在本单位内部,不能独立承担责任的企业分支机构,应认定为单位内部。同一集团企业内的不同子公司不能视为同一单位,隶属于同一上级单位管理的不同法人机构,也不能视为同一单位。此外,实践中出现的“名义出借人”与“实际出借人”不符的情形,即表面上“出资人”都是单位内部职工,但由于某种原因导致大量资金来源于非单位职工,此种情形须结合主客观情况进行综合判断,如果单位对此具有主观明知,则应认定具有社会性。

(4)为非法吸收公众存款而将社会人员吸收为公司工作人员,继而向他们吸收资金的,不属于单位内部集资。此种非法吸收公众存款在实践中主要有两种情形,一是通过公开招聘,在聘用同时向应聘人员筹集资金,集资参与者参与集资的同时即成为公司的员工。二是先将社会人员聘为单位员工,之后再向其吸收资金。

(5)非出于单位自用目的的集资不属于单位内部集资。用于单位生产经营活动是单位内部集资不作为非法集资处理的一个重要前提是,取之于单位职工、用之于单位,这是此类集资行为得以正当化、合理化的重要依据:一是单位和职工利益攸关;二是较社会集资其风险更具可控性。

(6)不能因为单位内部集资的情节恶劣而认定为非法集资。单位内部集资首先解决的是行为性质的界定问题,如前所述,以单位内部职工为限、集资资金用于单位生产经营活动的集资行为不属于非法集资。如单位以调岗、辞退、降薪等手段威胁员工进行高息集资的,情节固然恶劣,但根据合同法相关规定,应以可变更、撤销合同处理,不宜认定无效。

对此,《民间借贷司法解释》第12条明确规定,“法人或者其他组织在本单位内部通过借款形式向职工筹集资金,用于本单位生产、经营,且不存在合同法第五十二条、本规定第十四条规定的情形,当事人主张民间借贷合同有效的,人民法院应予支持”。

CHAPTER 13

第十三章 民间借贷的程序处理

要点提示

民间借贷纠纷案件中不但存在大量的实体法律疑难问题，在程序法上，由于民间借贷自身的特点，实践中仍存在不同的认识和需要进一步明确的问题。本章主要就民间借贷案件的受案范围、管辖、诉讼主体、诉讼时效等程序问题进行梳理和重点阐述。

1. 哪些民间借贷案件可以受案?

要确定哪些案件属于民间借贷纠纷案件，首先必须对民间借贷进行定义。目前在我国法律体系中没有“民间借贷”这一概念，原《审理借贷意见》第 1 条规定，公民之间的借贷纠纷，公民与法人之间的借贷纠纷以及公民与其他组织之间的借贷纠纷，应作为借贷案件受理。现《民间借贷司法解释》第 1 条规定，本规定所称的民间借贷，是指自然人、法人、其他组织之间及其相互之间进行资金融通的行为。经金融监管部门批准设立的从事贷款业务的银行业金融机构及其分支机构，因发放贷款等相关金融业务引发的纠纷，不适用本规定。根据这条规定的内容我们可以这样定义，民间借贷相对于正规金融而言，是指在国家依法批准设立的金融机构以外的自然人、法人及其他组织等主体之间的资金借贷活动。因此,只要发生在非银行等金融机构主体之间的借款纠纷案件即应归类为民间借贷纠纷案件。原《审理借贷意见》第2条规定,因借贷外币、台币和国库券等有价证券发生纠纷诉讼到法院的,应按借贷案件受理。即因借贷有价证券发生纠纷的案件也属于民间纠纷案件。那么,是不是因借用任何有价证券发生纠纷都属于民间借贷纠纷?首先需要对有价证券进行分析。有价证券,是指标有票面金额,证明持有人有权按期取得一定收入并可自由转让和买卖的所有权或债权凭证,广义的有价证券包括商品证券、货币证券和资本证券。商品证券是证明持券人有商品所有权或使用权的凭证,取得这种证券就等于取得这种商品的所有权,持券者对这种证券所代表的商品所有权受法律保护。属于商品证券的有提货单、运货单、仓库栈单等。货币证券是指本身能使持券人或第三者取得货币索取权的有价证券,货币证券主要包括两大类:一类是商业证券,主要包括商业汇票和商业本票;另一类是银行证券,主要包括银行汇票、银行本票和支票。资本证券是指由金融投资或与金融投资有直接联系的活动而产生的证券。持券人对发行人有一定的收入请求权,它包括股票、债券及其衍生品种如基金证券、可转换证券等。资本证券是有价证券的主要形式,狭义的有价证券即指资本证券,这也是证券的最主要形态。借款人订立借贷合同获取资金的目的是为了支付或投资,能够用于支付和投资是人民币、外币、台币和国库券共同的特点。因此,商品证券不可能成为借贷的标的。货币证券、资本证券均可以成为支付和投资手段,所以,因借用这两类证券发生的纠纷也可视为民间借贷纠纷。但这两类证券中的记名证券一般只有证券中记载的权利人才可行使权利,借贷此类证券对于借款人没有意义。可以认为,因借贷货币或无记名有价证券发生的纠纷属于民间借贷纠纷。审判实践中应注意:(1)出借款项的主体不包括银行等金融机构;(2)借贷标的为货币时包括本币与外币、台币、港币、澳门币等;(3)借贷标的为有价证券时须为无记名有价证券。

2. 如何确定民间借贷案件的管辖?

民间借贷关系在本质上属于合同关系,所以,民间借贷纠纷案件应当适用《民事诉讼法》关于合同纠纷案件管辖的规定。根据《民事诉讼法》的规定,因合同纠纷提起的诉讼,由被告住所地或者合同履行地人民法院管辖。

因此,借款人住所地或者合同履行地的法院对民间借贷纠纷案件均有管辖权。但如果当事人在合同中未明确约定合同履行地,如何确定民间借贷合同的履行地并据此确定受诉法院对案件是否具有管辖权,在审判实践中会产生较大的争议。

产生这一争议的根本原因在于,《最高人民法院关于如何确定借款合同履行地问题的批复》规定,合同履行地是指当事人履行合同约定义务的地点。借款合同是双务合同,标的物为货币。贷款方与借款方均应按照合同约定分别承担贷出款项与偿还贷款及利息的义务,贷款方与借款方所在地都是履行合同约定义务的地点。依照借款合同的约定,贷款方应先将借款划出,从而履行了贷款方所应承担的义务。因此,除当事人另有约定外,应确定贷款方所在地为合同履行地。而《合同法》第 62 条第 3 项规定:履行地点不明确,给付货币的,在接受货币一方所在地履行。从最高人民法院上述司法解释与《合同法》的规定看,两者规定不一致:按照司法解释的规定,出借人所在地为合同履行地;按照《合同法》的规定,借款人所在地为合同履行地。

认为应当适用最高人民法院前述司法解释的理由主要是,民间借贷在本质上属于借款合同关系,该司法解释没有将民间借贷合同排除在外,所以应当适用。认为不应适用该司法解释的理由包括:《合同法》是全国人大于 1999 年公布施行的法律,而《关于如何确定借款合同履行地问题的批复》是最高人民法院于 1993 年公布施行的司法解释,当两者对同一问题的规定发生冲突时,无论从时间效力还是法律渊源层级效力来看,都应优先适用《合同法》;根据《合同法》的规定,民间借贷合同自出借人将借款提供给借款人时生效,所以,民间借贷是实践合同,合同生效后,出借人无须再履行付款义务,只是借款人需履行还款义务,故民间借款合同是单务合同,与该司法解释的适用条件有矛盾;该司法解释使用了“贷款方”、“将借款划出”等用语,故该司法解释针对的是金融机构作为出借人的情况,不应适用于民间借贷合同。

笔者认为,这个问题应当从民间借贷合同的性质、《最高人民法院关于如何确定借款合同履行地问题的批复》的具体内容、出台时的法制环境等多方面进行分析、判断。

首先,从民间借贷合同性质的角度分析。区分诺成合同与实践合同的标准是合同的成立是否需交付标的物。诺成合同是当事人意思表示达成一致即可成立的合同;实践合同是除当事人意思表示达成一致外,还需交付标的物才可成立的合同。《合同法》第210条规定,自然人之间的借款合同,自贷款人提供借款时生效。可见,交付标的物是自然人之间的借款合同(民间借贷合同)生效的条件,而非成立条件。因此,借贷双方意思表示达成一致时民间借贷合同即告成立,亦即民间借贷合同不是实践合同,而是诺成合同。区分单务合同与双务合同的标准是合同双方当事人权利义务的关联性。双务合同是双方当事人互负权利义务,一方的义务正是对方的权利,彼此形成对价关系的合同;单务合同是一方当事人只承担义务,另一方当事人只享有权利,彼此没有对价关系的合同。自然人之间的借款合同(民间借贷合同)生效后,出借人只享有收回借款本金、获取利息的权利,不承担其他义务,而借款人只承担归还借款本金、支付利息的义务,不享有权利,似乎符合单务合同的特征。但是否享有合同权利承担合同义务与合同是否成立一样,同属事实判断范畴的问题。合同一经成立双方当事人的权利义务就已经明确,所以判断当事人是否享有合同权利承担合同义务应当以合同成立到合同关系消灭为考察期间。作为民间借贷合同,出借人的义务是按照约定向借款人提供借款。只是基于法律的特别规定,民间借贷合同在成立后并不立即生效。由于合同暂不生效,借款人不能要求出借人履行合同义务。借用诉讼时效制度中的概念,出借人此时的义务是"裸体义务"。出借人提供借款使得借贷合同生效,此时由于其已经履行了自己的义务,自然无须再次履行。应当说,合同生效后不承担义务不等于不在合同中承担义务。从这个意义上说,民间借贷合同是双务合同。基于以上分析,主张民间借贷合同是实践合同、单务合同,与《最高人民法院关于如何确定借款合同履行地问题的批复》规定的适用条件不一致的观点不能成立。

其次,从《最高人民法院关于如何确定借款合同履行地问题的批复》的内容分析。该司法解释虽使用了"贷款方"、"将贷款划出"等用语,但《合同法》第210条关于自然人之间的借款合同生效时间的特别规定中,也使用了"贷款人"的词语,且《合同法》在借款合同一章中,关于出借人提供的款项均称为"借款",因此,不能因为该司法解释使用了"贷款"等词语即认为该司法解释仅针对金融机构作为出借人的情况。

再次,从最高人民法院制定《关于如何确定借款合同履行地问题的批复》时的法制环境分析。该司法解释颁布、施行于1993年11月17日。当时关于合同的有效法律为《经济合同法》，而现行的《合同法》尚未颁布。因此，应当认为该司法解释是关于如何适用《经济合同法》的解释。《经济合同法》于1982年7月1日开始施行，于1993年9月2日被修改。值得注意的是，1993年修改《经济合同法》时幅度非常大，原《经济合同法》共有57个条文，其中30个条文被修改或删除，体现了国家对合同领域许多重大问题观念的改变。与借款合同有关的修改详见下表：

1982年《经济合同法》	1993年《经济合同法》
第二条　经济合同是法人之间为实现一定经济目的，明确相互权利义务关系的协议。	**第二条**　本法适用于平等民事主体的法人、其他经济组织、个体工商户、农村承包经营户相互之间，为实现一定经济目的，明确相互权利义务关系而订立的合同。
第二十四条　借款合同，根据国家批准的信贷计划和有关规定签订。合同中，应明确规定贷款的数额、用途、期限、利率、结算办法和违约责任等条款。 贷款利率由国家规定，中国人民银行统一管理。	**第二十四条**　借款合同，应当遵守国务院有关规定。合同中，应明确规定贷款的数额、用途、期限、利率、结算办法和违约责任等条款。
第四十五条　违反借款合同的责任 一、贷款方的责任： 人民银行、专业银行、信用合作社，未按合同规定及时贷款，应偿付违约金。 二、借款方的责任： 借款方不按合同规定使用贷款，应按有关规定加付利息；贷款方有权提前收回一部或全部贷款。	**第四十条**　违反借款合同的责任 一、贷款方的责任：贷款方不按合同规定及时贷款，应偿付违约金。 二、借款方的责任：借款方不按合同规定归还贷款的，应当承担违约责任，并加付利息。 借款方不按合同规定使用政策性贷款的，应当加付利息；贷款方有权提前收回一部分或全部贷款。
第五十四条　个体经营户、农村社员同法人之间签订经济合同，应参照本法执行。	被删除

从修改的情况看，在法律的适用范围方面，原《经济合同法》仅适用于法人之间订立的合同，个体工商户等订立合同是参照适用，且只有个体工商户等与法人订立合同时才可参照适用；修改后的《经济合同法》突出“平等民事主体”的理念，并将法人与个体工商户之间以及个体工商户等相互之间的合

同也纳入适用范围。在借款合同的订立方面,原《经济合同法》强调订立借款合同要"根据国家批准的信贷计划",且贷款利率应由国家控制;修改后的《经济合同法》则不再要求根据国家信贷计划订立借款合同,并且删除了利率由国家控制的内容。在违约责任方面,原《经济合同法》直接规定了银行、信用社等金融机构未及时发放贷款的责任,未规定其他主体作为贷款人时的违约责任,意味着其他主体不能作为出借款项的主体;修改后的《经济合同法》则规定了"贷款方"未按合同约定提供款项的责任,而"贷款方"包括哪些主体却未作规定。基于以上分析,应当认为原《经济合同法》中规定的借款合同,仅指银行等金融机构作为出借人的借款合同,但修改后的《经济合同法》显然已经改变了此观念,并未否定个体工商户等其他民事主体具有成为出借人的主体资格。《最高人民法院关于如何确定借款合同履行地问题的批复》的颁布时间在《经济合同法》的修改时间之后,当然不能认为该司法解释所称"借款合同"仅指银行等金融机构作为出借人订立的借款合同。

最后,从《最高人民法院关于如何确定借款合同履行地问题的批复》与《合同法》是否存在冲突的方面分析。《经济合同法》虽然已经废止,但截至目前,最高人民法院已经对其作出的司法解释进行了七个批次的清理,而《关于如何确定借款合同履行地问题的批复》尚未被修改、废止。根据《最高人民法院关于司法解释工作的规定》的精神,人民法院在审判工作中具体应用法律的问题,由最高人民法院作出司法解释,最高人民法院发布的司法解释,具有法律效力。基于此,应当认为,在《关于如何确定借款合同履行地问题的批复》未被修改、废止之前,仍具有法律效力,仍应当作为确定借款合同履行地的依据。关于该司法解释与《合同法》相关规定的关系问题,笔者认为,最高人民法院的该司法解释仅适用于借款合同,即借款合同(包括民间借贷合同)当事人对于合同履行地点约定不明的情况下,确定合同履行地并据此确定受诉法院的管辖权。其他具有给付货币内容的合同,当事人对于履行地点约定不明的,应根据《合同法》的规定确定履行地。例如,买卖合同中对买方在何地支付货款约定不明的,应当以《合同法》的规定为依据确定。因此,最高人民法院该司法解释与《合同法》的有关规定并不冲突。对管辖问题,《民间借贷司法解释》第3条明确规定,借贷双方就合同履行地未约定或者约定不明确,事后未达成补充协议,按照合同有关条款或者交易习惯仍不能确定的,以接受货币一方所在地为合同履行地。

还需要说明的是，笔者认为，最高人民法院的上述司法解释是针对当事人之间就在何地履行合同发生争议时确定合同履行地的规则。在民间借贷纠纷案件中，借贷双方往往不是因在何地履行发生争议，而是原告主张其已经向被告出借款项，要求被告还款付息，即原告主张其已经履行了提供款项的合同义务。所以，在确定民间借贷纠纷案件的管辖时，首先应当审查原告履行提供借款义务的具体地点，只有在无法确定原告履行此义务的具体地点时，才可依据最高人民法院上述司法解释确定合同履行地。此外，作为合同纠纷案件，民间借贷纠纷案件的双方当事人还可以根据《民事诉讼法》第25条的规定，在不违反有关级别管辖规定的前提下，协议约定管辖法院。

【典型案例13.1】　民间借贷案件协议管辖如何适用?

【案情】　原告李某住所地在甲市A区，被告谭某住所地在乙市B区。李某向甲市A区法院起诉称，被告谭某分多次向李某借款3600000元，但未按期归还，请求法院判令谭某归还借款。李某提交了一份便条，载明：双方如因本次借款发生争议，由甲市A区法院管辖。便条上有双方签名。甲市A区法院立案受理后，在审理中查明，便条上谭某的签名不是其本人所写，谭某抗辩其也未授权他人代为签订管辖协议。还查明，李某主张的借款中的100余万元系其在位于甲市C区的银行转账给谭某，剩余借款如何交付给谭某，李某未提供证据证明。

【诉讼指南】　根据《民事诉讼法》的规定，合同的双方当事人可以在书面合同中协议选择被告住所地、合同履行地、合同签订地、原告住所地、标的物所在地等与争议有实际联系的地点的人民法院管辖。本案原告李某的住所地在甲市A区法院，李某持“管辖协议”向甲市A区法院起诉，法院在初步审查后决定立案受理符合法律规定。但是在审理过程中查明所谓“管辖协议”并不存在，双方当事人根本未就案件管辖问题达成协议。因此，甲市A区法院不能依据所谓“管辖协议”取得对本案的管辖权。在此种情况下，被告住所地乙市B区法院及合同履行地法院均对本案有管辖权。接下来的问题是，本案的合同履行地是哪里？从查明的事实看，李某在位于甲市C区的银行转账给谭某100余万元，从而履行了其提供借款的义务，李某不能证明剩余款项如何交付给谭某。因此，甲市C区应认定为本案民间借贷合同的履行地，甲市C区法院作为合同履行地法院对本案也有管辖权。

3. 何人具有民间借贷纠纷案件的原告主体资格？

民间借贷合同关系存在于特定当事人之间，即出借人与借款人之间。根据《合同法》的规定，民间借贷合同自出借人将款项提供给借款人时生效。所以，民间借贷纠纷案件均是由出借人提起诉讼，要求借款人还款付息。因出借人提供借款前民间借贷合同不生效，如果出借人未按照约定提供借款，借款人也无权起诉要求出借人提供借款。如果借款人认为出借人未提供借款给其造成损失并要求赔偿，其只能主张出借人承担缔约过失责任。换言之，民间借贷纠纷案件的原告只能是出借人。所以，借据上写明的出借人可以推定具有原告主体资格。

因出借人情况的不同，审判实践中，还可能存在其他情况。

（1）借据上写明的出借人为两人以上，只有其中一人向法院起诉，应如何处理？借贷行为在出借人与借款人之间形成债权债务关系，出借人为两人以上的借贷为多数人之债，在民法理论上，多数人之债包括按份之债、连带之债以及不可分之债[①]。基于此，审判实践中，大致可按照以下情况处理：①如果借据写明两个以上的出借人系分别向借款人提供借款，或借款人分别向两个以上的出借人归还借款，则两个以上的出借人各自按照一定的份额享有权利，此种借贷关系属按份之债。《民法通则》第86条规定："债权人为二人以上的，按照确定的份额分享权利。债务人为二人以上的，按照确定的份额分担义务。"因此，任何一个出借人都有权单独向法院起诉，就自己出借的款项要求借款人归还。②如果借据未写明两个以上的出借人系分别向借款人提供借款，也未写明两个以上的出借人须共同向借款人主张权利，且不存在其他相反证据，则应认定出借人之间具有连带关系。《民法通则》第87条规定："债权人或者债务人一方人数为二人以上的，依照法律的规定或者当事人的约定，享有连带权利的每个债权人，都有权要求债务人履行义务；负有连带义务的每个债务人，都负有清偿全部债务的义务，履行了义务

---

① 黄立：《民法债编总论》，中国政法大学出版社2002年版，第570～571页；高富平主编：《民法学》，法律出版社2005年版，第477～479页。

的人，有权要求其他负有连带义务的人偿付他应当承担的份额”。因此，任何一个出借人都有权单独向法院起诉，就全部借款要求借款人归还。③如果借据写明两个以上的出借人系共同向借款人提供借款，或写明两个以上的借款人须共同向借款人主张权利，则两个以上的出借人对借款人的债权是共同的，各出借人享有的是同一个请求权，故此种借贷关系在出借人与借款人之间成立不可分之债关系。现行立法中虽没有关于不可分之债的具体规定，但此种情况现实生活中客观存在，我国台湾地区立法也有相关规定①。作为不可分之债，各出借人享有的权利是同一个，其提起的诉讼属于必要的共同诉讼。《民事诉讼法》第52条第1款规定：“当事人一方或者双方为二人以上，其诉讼标的是共同的，或者诉讼标的是同一种类、人民法院认为可以合并审理并经当事人同意的，为共同诉讼。”《最高人民法院关于适用〈中华人民共和国民事诉讼法〉的解释》第73条、第74条分别规定，“必须共同进行诉讼的当事人没有参加诉讼的，人民法院应当依照《民事诉讼法》第一百三十二条的规定，通知其参加；当事人也可以向人民法院申请追加。人民法院对当事人提出的申请，应当进行审查，申请无理的，裁定驳回；申请有理的，书面通知被追加的当事人参加诉讼”，“人民法院追加共同诉讼的当事人时，应通知其他当事人。应当追加的原告，已明确表示放弃实体权利的，可不予追加；既不愿意参加诉讼，又不放弃实体权利的，仍追加为共同原告，其不参加诉讼，不影响人民法院对案件的审理和依法作出判决”。因此，仅一个或者部分出借人对借款人提起诉讼的，法院应当追加其他出借人为共同原告，但明确表示放弃向借款人主张权利的其他出借人除外。需注意的是，放弃债权的出借人丧失了对借款人的实体权利，该出借人与借款人之间的债权债务关系已经消灭，债务人仅对提起诉讼的债权人承担全部义务，如果该出借人另行对借款人提起诉讼，法院不应受理，即使已经受理，也应驳回起诉。

（2）如果借据上没有具体写明出借人，何人具有原告主体资格？在民间借贷纠纷案件中，借据是非常重要的证据。借据的首要证明能力是证明存

---

① 我国台湾地区“民法”第293条第1项规定：数人有同一债权，而其给付不可分者，各债权人仅得请求向债权人全体为给付，债务人亦仅得向债权人全体为给付。转引自黄立：《民法债编总论》，中国政法大学出版社2002年版，第600页。

在借贷合意,因此,借据上写明的出借人可推定为债权人;如果借据上没有写明出借人,则可推定借据的持有人为债权人,其有权作为原告提起诉讼,要求借款人归还借款。如果借款人对于借据持有人的原告主体资格提出异议,应当提供相反证据证明借据持有人不是债权人。

（3）不是借据上写明的出借人主张权利应如何处理？审判实践中发现,有部分法官在审理民间借贷纠纷案件时不注重合同的相对性原理,认为持有借据的人就可认定为权利人。如有的案件中,有人持借据向法院起诉,但其却不是借据上写明的出借人。审理中,未注意审查其是否确为权利人即支持其诉讼请求,导致事实认定错误。

笔者认为,借据具有证明存在借贷合意的能力,借据上写明的出借人原则上可认定为债权人,如果不是借据写明的出借人向借款人主张归还借款,首先应当证明其与借款人之间存在债权债务关系。

对此,《民间借贷司法解释》第2条明确规定,出借人向人民法院起诉时,应当提供借据、收据、欠条等债权凭证以及其他能够证明借贷法律关系存在的证据。当事人持有的借据、收据、欠条等债权凭证没有载明债权人,持有债权凭证的当事人提起民间借贷诉讼的,人民法院应予受理。被告对原告的债权人资格提出有事实依据的抗辩,人民法院经审理认为原告不具有债权人资格的,裁定驳回起诉。

【典型案例13.2】 不是借据上写明的出借人是否必然不具备原告主体资格？

【案情】 何某为某科技有限公司董事长,许某为某塑料工程有限公司董事长。2005年6月2日,何某向许某出具一份借条,内容为:“今借到某塑料工程有限公司(许某个人现金)人民币壹佰叁拾万元整,利息按合同规定支付。此据”。2005年6月7日,某塑料工程有限公司通过银行向某科技有限公司汇款130万元。后许某持上述借条向法院起诉,称何某个人向许某个人借款130万元,一直没有归还,请求法院判令何某归还借款。一审审理中,何某抗辩,其担任董事长的科技有限公司与许某担任董事长的塑料工程有限公司有业务合作关系,该笔款项是塑料工程有限公司为两家公司为合作建立一条生产线而支付的,并非何某个人向许某借款,只是由于缺乏法律知识，所以以个人名义出具了借条。何某提交了两家公司签订的流水线建设合同，该合同中有关于塑料工程有限公司付款等内容。一审法院认为，许某提交的借条可以证明何某以个人名义向许某借款，而何某提交的合同不能否定何某为借款人，且许某已经提供了130万元，故判令何某向许某归还130万元。一审判决后，何某不服，提起上诉。二审法院认为，借条上明确写明出借款项的主体是塑料工程有限公司，故许某以自己名义起诉缺乏依据，因此裁定撤销一审判决，驳回许某的起诉。

【诉讼指南】　本案在事实认定及法律适用方面均有较多值得注意的地方。例如，在事实认定方面，塑料工程有限公司汇款的原因究竟是出借款项还是与科技有限公司合作建设流水线？何某出具借条究竟是其个人行为还是作为科技有限公司的法定代表人的职务行为？借条中用括号注明的“许某个人现金”应如何理解？在法律适用方面，本案法律关系的主体如何确定？主体之间的法律关系是借贷还是合作建设流水线？要解决这些问题必须通过对案件的实体审理，但对案件的实体审理的前提是确定原告的起诉是否符合受理条件，也就是首先应根据《民事诉讼法》第119条的规定进行审查。而现行《民事诉讼法》第119条第1项要求的起诉条件就是原告与案件有直接利害关系。本案中许某以借条作为其对何某享有权利依据并据以提起诉讼，首先应对借条的内容进行分析。从借条的内容可以看出，借条上明确写明出借款项的主体是塑料工程有限公司，借条上虽有“许某个人现金”的记载，但这部分内容系用括号注明。按照一般人的理解，括号里的内容显然与括号外的内容有所区别。且从汉语标点的用法来看，括号是对括号之前的内容进行解释、说明。故本案显然不是塑料工程有限公司与许某共同向何某出借款项。结合款项是由塑料工程有限公司汇出的事实，本案中借据上的括号里的内容应理解为用以说明款项的来源，即塑料工程有限公司出借的款项来源于许某。虽然许某是塑料工程有限公司的董事长、款项来源于许某，但二者毕竟是两个不同的主体，不能否定款项出借人是塑料工程有限公司，即与何某发生法律关系的主体是塑料工程有限公司。当然，塑料工程有限公司与许某就该笔款项可能还存在其他的法律关系（如借贷、第三人代为履行等）。因此，一审法院在此种情况下认定许某具有原告主体资格并立案受理本案不当。

不是借据上写明的出借人是否必然不具备原告主体资格？我们可以这

样认为,原则上,应当认定借据上写明的出借人为民间借贷合同的债权人,但在特殊情况下,其他持有借据的人也可以认定具有债权人的权力,具备原告的主体资格。这里所称其他持有借据的人就是经合法转让从债权人处取得借贷合同权利的人,《合同法》第79条规定,债权人可以将合同的权利全部或者部分转让给第三人;《合同法》第80条规定,债权人转让权利的,应当通知债务人。未经通知,该转让对债务人不发生效力。根据上述规定,当第三人从借据写明的出借人处转让取得借据的权利、原出借人将转让权利事项通知债务人后,该取得转让权利的第三人即具备了起诉债务人的原告主体资格。

4. 如何确定被告的主体资格?

民间借贷纠纷案件的被告应当是借贷关系中的借款人,由于借据能够证明存在借贷合意,所以在借据上署名的借款人可推定为借贷关系中的债务人,具有被告主体资格。根据《民事诉讼法》第119条的规定,原告在起诉时应有明确的被告,被告不明确的,则不符合法定立案受理条件,法院将不予受理,已经受理的,也应当裁定驳回起诉。如果在案件审理过程中发现实际借款人虚构信息以客观不存在的人的名义、或者以已死亡的自然人的名义、或者以已注销的法人及其他组织的名义等情形借款的,应如何处理?笔者认为,这些情形下,被原告起诉的“被告”客观上并不存在,或者其作为民事权利义务主体的资格已经消灭,属于《民事诉讼法》第119条规定的被告不明确的情形,对于原告的起诉,应当裁定驳回起诉。但从诉讼的经济性角度考虑,发现存在上述情形时,法院已经对案件进行了审理,当事人、法院都已经投入了较多诉讼成本,而裁定驳回原告的起诉之后如果原告再次行使权利,又需要重复较多已经进行过的诉讼程序。因此,此时法院可向原告释明,要求其变更被告,如果原告拒绝变更或者原告也不能提供实际借款人的真实身份信息而无法变更的,可以裁定驳回起诉。法律上虽没有关于变更被告的明确规定,但可以在理论上将这个过程理解为原告在案件审理中申请追加被告并撤回对原“被告”的起诉。

需要注意的是,审判实践中存在两类混淆“被告不明确”与“被告下落不明”的情形:(1)原告虽然提供了被告的真实身份信息,但按照原告提供的被告住址或者户籍地址等不能找到被告,无法向被告直接送达诉讼文书。这应属于“被告下落不明”的情况，应当进行公告送达，但有的法院却以被告不明确为理由裁定驳回起诉。(2)原告起诉前，被告的民事主体资格已经消灭(自然人死亡或者法人、其他组织被注销)或者变更，原告仍以原民事主体为被告起诉，这应属于“被告不明确”的情形，但有的法院未认真核实“被告”的主体资格，无法向“被告”直接送达诉讼文书时，以被告下落不明并进行公告送达，再缺席审判“被告”承担责任，导致判决成为一纸空文，原告的实体权利不能得到有效保护。

笔者认为，由于“明确的被告”问题涉及原告的起诉能否被受理、诉讼程序能否启动的问题，即原告的诉权及实体权利能否进入司法保护程序的问题。如果对“明确的被告”要求过高，可能导致原告的合法权益无法得到法律的强制性保护。如果原告在起诉时能够提供被告的姓名、性别、年龄、民族、职业、工作单位和住所，法人或者其他组织的名称、住所和法定代表人或者主要负责人的姓名、职务，就应当认为原告的起诉有明确的被告。因此，要求原告提供的被告身份证明并非必须是身份证，可以是被告的身份证号码、驾驶证、工作证、社会保险信息甚至劳动合同等，只需能够证明被告确实客观存在或者依这些资料能够查证被告的确客观存在即可。此外，根据《证据规定》第15条的规定:《民事诉讼法》第64条规定的“人民法院认为审理案件需要的证据”，是指以下情形:涉及可能有损国家利益、社会公共利益或者他人合法权益的事实;涉及依职权追加当事人、中止诉讼、终结诉讼、回避等与实体争议无关的程序事项。对于被告是否明确这个程序性问题，原告也可以提供必要信息申请法院调查核实被告身份，法院也可以依职权对被告身份进行核实。经上述方法仍无法确定被告的身份，则应认定原告的起诉缺乏明确的被告，应裁定驳回起诉。

对此，《民间借贷司法解释》第2条亦明确规定，出借人向人民法院起诉时，应当提供借据、收据、欠条等债权凭证以及其他能够证明借贷法律关系存在的证据。当事人持有的借据、收据、欠条等债权凭证没有载明债权人，持有债权凭证的当事人提起民间借贷诉讼的，人民法院应予受理。被告对原告的债权人资格提出有事实依据的抗辩，人民法院经审理认为原告不具有债权人资格的，裁定驳回起诉。

【典型案例 13.3】 民间借贷被告主体资格如何确定?

【案情】 被告朱某系被告某房产开发公司的法定代表人。2009 年 11 月 1 日,朱某分别向原告陈某出具两份借条,一份借条内容为:“今借到陈某人民币叁佰零伍万元整”,落款为:某房产开发公司朱某,并加盖有房产开发公司的公章。另一份借条的内容为:“今借到陈某人民币肆拾万整”,落款与前一张借条相同。2010 年 5 月,陈某以房产开发公司拒不归还借款为由,向法院提起诉讼,要求房产开发公司归还借款。审理中,朱某未应诉,房产开发公司则抗辩向陈某借款事实并不存在,即使借款事实存在也属朱某的个人借款,并申请对借条上的公章进行鉴定。经鉴定,两份借条上的印章与房产开发公司的公章不符。

【诉讼指南】 本案中,朱某虽然是房产开发公司法定代表人,其在一定情况下的行为可视为公司行为,但借条中并没有表明公司借款的意思,两份借条上加盖的印章又不能证明是房产开发公司的公章,现有证据至多能证明朱某个人有向陈某借款的意愿。陈某在本案中的诉讼请求是要求房产开发公司归还借款,针对这种情况,法院应驳回陈某的起诉还是驳回其诉讼请求? 笔者认为,明确的被告不等于适当的被告,只要被告客观存在、身份确定,且形式与原告之间存在法律上的利害关系,即应认定被告明确,符合立案条件。至于该被告与原告是否存在真实的权利义务关系、被告是否应承担法律责任,并非现行《民事诉讼法》第 119 条规定的起诉条件的问题。明确的被告只解决原告的起诉能够成立的问题。本案中,原告陈某是与本案有直接利害关系的民事主体,其起诉有明确的被告——房产开发公司,其诉讼请求及起诉的理由和依据的事实均具体,本案也属于人民法院受理民事诉讼的范围,因此原告陈某的起诉完全符合起诉的条件。符合起诉条件的,法院应予受理并进行裁判。本案的情况属被告房产开发公司被冒名,且不能证明其有过错。如果原告不愿变更被告,则应驳回其诉讼请求。

5. 出借人署名与身份证名称不符时借款人如何确定?

俗话说“民凭字据官凭印”,在民间借贷行为中,当事人书写的借条、收条、欠条等,能最直接地反映当事人之间的债权债务关系,是民间借贷纠纷中最直接、最关键的证据。

近年来，随着民间借贷往来越来越多，纠纷也呈逐年上升的趋势。司法实践中经常遇到一些书写不规范的借条，由于出借人在出借款项时缺乏法律常识和防范意识，轻易落入借款人设下的陷阱，借款人设陷阱的手法往往令人防不胜防，甚至叫苦不迭。

笔者认为，当事人正确书写和使用借条有利于主张自己的权利，避免不必要的经济损失。在司法实践中，借款凭证一旦引起民事纠纷，当事人应当积极主张自己的权利，及时地收集证据，必要时进行司法鉴定，以查明案件事实，挽回经济损失。

《证据规定》第2条规定："当事人对自己提出的诉讼请求所依据的事实或者反驳对方诉讼请求所依据的事实有责任提供证据加以证明。没有证据或者证据不足以证明当事人的事实主张的，由负有举证责任的当事人承担不利后果。"第5条规定："在合同纠纷案件中，主张合同关系成立并生效的一方当事人对合同订立和生效的事实承担举证责任；主张合同关系变更、解除、终止、撤销的一方当事人对引起合同关系变动的事实承担举证责任。"可见，当事人对自己的提出的诉讼请求所依据的事实或者反驳对方诉讼请求所依据的事实有责任提供证据加以证明。因此在民间借贷纠纷中，按照民事诉讼"谁主张，谁举证"的原则，原告应当对其主张的借款事实承担举证责任，通常表现为原告要提供欠条、借据或者借款协议等证据，以证实其主张的事实。原告提供了上述证据，被告要反驳原告的主张，声称其已履行还款义务或者并没有向原告借款，被告也负有提供相关证据的义务。

【典型案例13.4】　因书写借款凭证不规范的民间借贷纠纷如何处理？

【案情】　在上诉人（原审原告）郑金某与被上诉人（原审被告）甲公司、甲公司南京分公司借款合同纠纷一案中，原审法院查明，郑金某以甲公司南京分公司尚欠其木材款、设备租赁费、借款利息，共计人民币318000元为由诉至法院。郑金某据以为证的主要证据"收据"三张，分别载明：其一，时间为2007年4月12日，缴款单位为"郑鑫某"，编号为0093093，金额为50000元；其二，时间为2007年4月12日，缴款单位为"郑鑫某"，编号为0093095，金额为38500元；其三，时间为2007年4月12日，缴款单位为"郑鑫某"，编号为0093096，金额为229500元。三张收据右下方均有“罗某”签字字样。郑金某认为，“郑鑫某”即“郑金某”；甲公司南京分公司、天宇公司认为，“郑鑫某”并非“郑金某”。

一审中，郑金某申请证人唐某出庭作证，以证明“郑鑫某”即本案原告“郑金某”。

原审法院认为，当事人对自己提出的主张，有责任提供证据。郑金某所举“收据”三份上载明的交款主体均为“郑鑫某”，而非“郑金某”。尽管证人唐某在庭审中证明“郑鑫某”即“郑金某”，但因人身关系具有特殊性，仅凭单方证人证言难以确认，且该证人与甲公司南京分公司、天宇公司之间曾发生过诉讼，故该证人证言的真实性，不予采信。另，郑金某在甲公司南京分公司、天宇公司持有的结算单上的签名均为“郑金某”，也非“郑鑫某”。如果“郑鑫某”即为“郑金某”，则其在“罗某”出具收据时，应当要求“罗某”重新出具收条。再者，“罗某”虽系天宇公司、甲公司南京分公司职员，但其无权代表天宇公司、甲公司南京分公司向他人出具欠款凭据。综上所述，郑金某所举证据不足以证明待证事实，对其诉讼请求，不予支持。依照《民事诉讼法》第64条、第128条之规定，判决：驳回郑金某的诉讼请求。

宣判后，郑金某不服，向南京市中级人民法院提起上诉称：(1)收据上的郑鑫某实为上诉人郑金某。会计在出具收据时写郑鑫某，上诉人提出过异议，会计罗某告知上诉人“鑫”为“金”字的大写，意义一样。加之郑金某只有小学文化，所以在甲公司南京分公司出具收据时轻信甲公司南京分公司工作人员而没有较真，这是出现郑鑫某字样的原因。原审法院应当慎重考虑当事人的合理解释，而不应当教条地认为郑金某与郑鑫某系两个独立主体。(2)一审中，郑金某提出，若郑鑫某非郑金某，天宇公司及甲公司南京分公司应当提供反证证明郑鑫某客观存在即提供郑鑫某的身份及联系方式等等以否定上诉人的观点，否则原审法院应当根据证据的盖然性规则认定“郑鑫某”即为郑金某。(3)郑金某提供证人唐某出庭作证，是为了补强郑金某主张债权的三张收据上的郑鑫某即为郑金某，原审法院不采信的理由不能成立。(4)天宇公司、甲公司南京分公司缺乏诚信，是导致错案发生的重要原因。天宇公司、甲公司南京分公司与案外人陈某某的诉讼，也是因名称写错，导致一审判决错误，后被中级人民法院改判。本案中，天宇公司、甲公司南京分公司如能提供“郑鑫某”的真实身份，证明郑鑫某的存在，即不会再次发生一审法院错判。综上所述，请求二审法院查明事实，依法撤销原审判决，改判支持上诉人的诉讼请求，并判令被上诉人承担一、二审诉讼费用。

而甲公司南京分公司和天宇公司却辩称，郑鑫某与郑金某不是同一人，从一般人的书写习惯看，不应将鑫写为金。上诉人应对郑鑫某与郑金某是否为一人负有举证责任。罗某只是项目部的会计，无权代理公司向外借款，更无权代表公司出具借条。出具数额如此大的借条，应加盖公司财务印章，故原审判决正确。

二审法院认为，诉讼中，被上诉人对涉案的三张收据真实性不持异议，仅对收条的持有人主体提出异议，认为收条上载明的“郑鑫某”非上诉人。故二审法院对三张收据作为债权凭证予以认定。二审诉讼中，法院要求被上诉人提供郑鑫某的真实身份信息，被上诉人至今未能提供。二审法院已生效的(2008)宁民二终字第871号民事判决中，对涉案收据出具人罗某的身份作出认定，系南京分公司项目部财务人员。故罗某作为财务人员，向郑金某出具结账凭据的行为应当认定为职务行为。现甲公司南京分公司、天宇公司不能提供证据证明郑金某非法持有上述债权凭证及“郑鑫某”非郑金某，即应对此承担民事责任。南京分公司系天宇公司的分支机构，不具备独立承担民事责任的主体资格，天宇公司对甲公司南京分公司的上述债务依法应承担补充清偿责任。原审法院对本案事实认定不当，应予纠正。上诉人郑金某的上诉理由成立，二审法院予以支持。故改判甲公司南京分公司给付郑金某欠款318000元，天宇公司对甲公司南京分公司的上述债务依法承担补充清偿责任。

【诉讼指南】　此案就是典型的因书写借款凭证不规范带来的诉讼纠纷。此案的难点在于，一般情况下是借款人在出具借条时将自己的名字故意写错，此时如果借款人对借款事实予以否认，不承认借条是其书写的话，那么可以通过笔迹鉴定的方式查明案件事实。但是本案中，借款人出具的收据中将出借人的名字写错了，虽然出借人对此提出了异议，但由于出借人只有小学文化，对于借款人“鑫”是“金”大写的解释，居然也相信了。此时，案件就无法通过笔迹鉴定的方式予以查清。

《证据规定》第75条规定：“有证据证明一方当事人持有证据无正当理由拒不提供，如果对方当事人主张该证据的内容不利于证据持有人，可以推定该主张成立。”既然郑金某已经向法院出具了证据证明“郑鑫某”即“郑金某”,被告对此予以否认,法院就应当将举证责任分配给被告。如果真如被告所言,有郑鑫某其人,三份收据是出具给郑鑫某的话,那么要求其提供相应的证据,证明确有郑鑫某其人,其收据是出具给郑鑫某,而不是郑金某的就轻而易举,被告为了让法院相信其主张,也应该会积极配合法院提供相应证据。如果被告无法提供证据证明存在郑鑫某,那么就可以认定该收据是出具给郑金某的,郑鑫某是被告的误写。

(1)规范的借条应当如何书写。一个完整的借条应当载明以下内容:借款人、被借款人、借款金额、借款时间、还款时间、借款原因、有无利息及利息计算标准等。书写借条时,应注意几个问题:第一,要弄清楚借款人和出借人的真实姓名(以身份证、户口簿登记的为准),弄清楚借款人的工作、住址、收入、财产等个人情况。在借条右下角由借款人亲自署上真名。签名等于确认“借条”上陈述的内容,没有签名,就等于没有确认,若借款人事后不认可,没有签名或签了假名,很可能会得不到法院的支持。第二,“借条”最好能约定好利息、还款期限、还款方式等事项。第三,借条必须能清楚记述借贷的原因。内容表达不清,或数目不清,产生纠纷时,借款人又不认可的,诉讼风险就很高。关于借款数目,最好能先用大写中文数字书写,然后再用阿拉伯数字书写一次,二者的数额要一致。另外,借款人出具借条时,最好自己复印一份保存。

(2)因借条书写不规范引发纠纷的举证责任分配问题。在审判实践中,有不少借贷案件,经常遇到原告提供了借条等证据,而被告否认借条上面的签名是其本人的签名;甚至借款人出具借条时的署名与其身份证名称不符,特别是有些同音不同字的签名,如果被告到庭应诉,被告否认借条是其出具或被告不到庭,被告的户籍档案没有曾用名记录,原告很难举证出具借条的人与其起诉的被告是同一人,其债权就有可能得不到保护,特别是有些债务人恶意逃避债务,在出具借条时,刻意隐瞒其署名与其身份证不一致的情况。为了保护债权人的利益,维护社会的公平正义,笔者认为,在必要情况下,法院可以采取拘传措施,将被告拘传到庭,如果被告否认借款事实,可以进行字迹鉴定,如果被告拒绝字迹鉴定,应当承担不利后果,而不能一味要求原告举证。

对由此产生的申请笔迹鉴定义务的承担问题,司法实践中做法不一,一种意见是让原告承担,认为出借方不仅要对借贷内容负有举证责任,同时还应对借款人是谁负有举证责任，因此在被告否认且确无其他证据印证的情况下，应当由原告申请鉴定并承担由此引起的相应的法律后果；另一种意见是让被告承担，因为按照“谁主张，谁举证”原则，被告否认签字系其本人签字，即是对原告的诉讼主张提出反驳意见，因此被告应当对笔迹真伪的鉴定负有举证的义务，应由被告申请字迹鉴定，预交鉴定费，并配合鉴定机关做好鉴定工作。笔者倾向于第二种意见，应当由被告承担申请笔迹鉴定的义务。因为原告在提出主张并提交了签有被告名字的借条，并能够进一步证明该证据与被告存在关联性后，就已经完成了举证责任，被告否认该借条的真实性，称非其本人书写和签名，应相当于其提出了该证据系原告伪造的主张，那么被告就应就其主张提供相应的证据，这时候举证责任就转移给了被告，由被告就借条上的签名及书写内容申请司法鉴定，鉴定的预期结果被告心里最清楚，如果真是其本人所书写和签名，被告就很可能会放弃异议了，如果确实不是其本人书写和签名，那么，在法院将申请鉴定的责任分配给被告时，被告就会积极地配合鉴定机关搜集提供他本人同时期相关材料，这样更有利于鉴定机关做出符合客观实际的鉴定结论，才能将造成错案的风险降到最低限度。

可见，在民间借贷往来过程中，规范书写借款凭证的重要性。民间借贷实际上是一种交易，一种契约，契约的达成需要相互的了解与信任，互相了解得越多，达成交易的可能性就越大，日后的风险也就越小，出现问题，解决起来也就越容易。双方不了解，一旦发生纠纷，解决起来就相对麻烦。笔者认为，在借款行为发生时，我们一定要“先小人后君子”。债权人与债务人关系再好，也要订立书面借款合同，这样既可以防止当事人遗忘合同中诸如日期、金额等条款，也可以防止诉讼发生时因为没有必要的证据，有口难辩，如有条件还可请第三方作证，这样证明力将会得到提高。俗话说：“借有借条，还有收据”，这也是出借人和还款人应当履行的必要手续之一。必要时可到公证处公证，以免日后产生纠纷缺乏有效的证据。另外需要强调的是，借条必须由债务人本人填写。有的债务人原本就有意要逃债，在打借条时，故意找人代写。当债权人索款时，则以不是本人笔迹为由，拒绝偿还。此时，即使想申请笔迹鉴定都没有途径。所以，借条必须由找本人填写。对于书写好的借款凭证，出借人一定要认真核对借款凭证上的记载事项，如出借人及借款人的姓名，如果是公司借款，要看有无公司印章，借款数额及借款时间是否记载准确，如果有第三人在场见证就更好了，以减少日后发生纠纷的可能。

6. 民间借贷案件采用什么方式送达？

送达，是指法院按照法定方式将诉讼文书交给当事人或其他诉讼参与人的诉讼行为。送达的目的，是使得受送达人接收诉讼文书并了解有关诉讼活动。接受送达对当事人而言更大程度体现的是其享有的诉讼权利，既然是权利，当事人有权放弃，《民事诉讼法》也未规定受送达人必须接受送达。因此，如受送达人拒绝接受送达或将送达的文书抛弃，不需承担法律责任。但对法院而言，送达则是职责，职责意味着送达是法院的司法权力，但更多的是法定义务，不能完成法律意义上的送达，诉讼活动就无法继续进行。

送达难，难在向被告送达。这个问题在相当一段时期以来已成为严重困扰法院审判活动顺利进行的障碍。造成送达难的原因在于：其一，随着经济的发展、交通的便捷，流动人口、自由职业、外出务工、城市拆迁、地址变更等新情况不断涌现。送达时，法院一般先按照原告提供的地址进行送达。不能找到被告时，再按照户籍地、工商登记住所地查找，但很多当事人的户籍地、工商登记住所地与其实际所在地不一致，经过这样的查找，往往也无法完成送达。其二，由于社会诚信体系还不够健全，部分当事人恶意逃避法律责任，故意躲避诉讼，躲避法院的送达。审判实践中，经常会遇到这样的情况：受送达人不在户籍所在地居住，通过手机可以联系到受送达人，但其拒绝到法院应诉，也不说明实际居住地，只是称将自行来法院领取诉讼文书。这种情况下，法院无法以《民事诉讼法》规定的直接送达、留置送达、委托送达、邮寄送达中的任何一种方式完成送达。如果公告送达又会违反法律规定：法院已经与其取得联系，故不属于下落不明。其三，有的当事人不懂法律，拒不签收诉讼文书。实践中，相当部分当事人认为对方当事人没有理由对其提起诉讼，认为不接受法院送达的应诉通知书就是对对方诉讼主张的有力抗辩，故想方设法躲避法院的送达人员，拒不签收诉讼文书。其四，法律规定不便操作。主要表现为留置送达程序过于严格，缺乏简便、灵活的可操作性规定。在直接送达时，当事人拒收的，根据《民事诉讼法》第86条的规定，送达人可以邀请有关基层组织或者所在单位的代表到场，而且留置地点必须是受送达人的住所。但实际操作中很难做到，有时无法找到基层组织或者所在单位的代表，有时虽找到基层组织或所在单位人员，但他们考虑到与被告的日常相处，害怕因自己到场帮助法院工作而得罪当事人，怕当事人无理责难，不愿惹麻烦，因此拒绝、推诿见证。因此，最新《民事诉讼法》规定："可以把诉讼文书留在受送达人的住所，并采用拍照、录像等方式记录送达过程。"这在一定程度上缓解了送达难的问题。

如果通过以上方式仍无法送达，则可能属于被告下落不明的情况。关于如何认定被告下落不明，《民事诉讼法》未作规定，笔者认为，根据《民通意见》的规定，公民下落不明应具备两个因素：一是不知下落去向，二是通过联系没有音讯。在诉讼中，可以以同样的标准认定被告是否下落不明，即被告虽然明确，但处于不知下落，没有音讯的状态。如果被告下落不明，可分别采取以下措施，避免诉讼的迟延：其一，向被告亲属等有密切关系的人阐明利害关系或者要求原告提供被告的其他联系方式或线索，尽可能通知被告应诉。其二，尽快以公告方式向被告送达诉讼文书。其三、经合法传唤后，被告仍不到庭应诉的，可依法缺席审理，并依照法定审理程序全面、客观地审核证据，作出裁判。但公告送达及缺席审判时应注意，为保证当事人的合法权益，缺席被告虽未提出抗辩、提供证据，法院仍应对到庭当事人提交的证据依法进行审查并进行必要的调查。

7. 如何用"东方经验"解决民间借贷问题？

调解在我国的历史悠久，传统文化与道德均提倡以和为贵，以让为贤，以讼为耻。所以遇有民事权益纠纷，双方当事人习惯于在当地邀集同乡、同族中长辈贤明评判是非、化解纷争。从婚丧嫁娶到买卖土地房产、继承遗产等纠纷，一般都愿在当地调解解决。我国《民事诉讼法》将调解的传统以法律形式进行了确认，被西方法学界赞誉为"东方经验"。但在一段时期内，特别是改革开放之后的一段时期内，随着经济、社会的高速发展，人们的思想观念不断变化，调解受到"冷遇"，民间调解组织名存实亡，人民调解工作陷入停滞。法院的民事审判工作中也不以调解为重心，而是强调裁判职能。近十年来，随着社会转型期的到来，各种因社会转型带来的"阵痛"现象不断涌现。社会转型期是经济社会发展的必经阶段，无法逾越。在这个阶段，社会结构转换、机制转轨、利益调整，人们的行为方式、生活方式、价值体系也会发生明显的变化。由此带来的社会矛盾尖锐、贫富分化加剧等问题，严重影响经济社会又好又快发展的工作大局。表现在诉讼中，是当事人之间对抗程度激烈、纠纷不易调和。民间借贷纠纷案件是近一段时间内高发的一类案件，所有以上的问题在此类案件中都有所体现。笔者认为，在当前特定的社会环境下，审理民间借贷纠纷案件时，应当坚决贯彻“调解优先、调判结合”的工作原则，把加强诉讼调解工作作为化解民间借贷纠纷的首选理念、首选方法与首选程序，将诉讼调解贯穿于立案、审理等诉讼的各个阶段和每一个环节，尽可能的促使当事人和解解决矛盾纠纷。特别是对于涉及众多出借人或者借款人的案件、可能引发群体性事件的案件、出借人与借款人之间情绪严重对立的案件以及判决后难以执行的案件，更要下大力气进行调解。同时要充分重视人民调解、行政调解对于化解民事纠纷的功能作用，加强诉讼调解与诉讼外调解的对接，引导当事人申请人民调解组织调解，或者委托、邀请人民调解组织等组织和人员进行调解，共同维护社会和谐稳定。

但与此同时，也要注意依法调解。一是要查明基本的案件事实。调解虽不如判决对于案件事实查明度要求高，但并非不需要审查任何事实。特别对于借贷关系是否真实存在、借款是否确已交付、当事人之间的真实意思如何等问题，应当有相应的证据予以证明。对于有虚假诉讼嫌疑的案件切不可“一调了之”，避免恶意当事人通过法院调解损害国家、集体或者第三人的合法权益。二是要坚持《民事诉讼法》规定的合法调解原则。如果调解协议的约定存在超过司法保护幅度的利息、提前扣息等情形，不得确认，避免通过法院调解将非法利益合法化。

8. 民间借贷的诉讼时效是如何规定的?

所谓诉讼时效是指权利人在法定期限内不行使权利，就使之丧失胜诉权的法律制度。根据时间的长短和适用范围的不同，诉讼时效可分为普通诉讼时效和特殊诉讼时效。

（1）普通诉讼时效是指在一般情况下普遍适用的时效。如《民法通则》第 135 条规定：“向人民法院请求保护民事权利的诉讼时效期间为二年，法律另有规定的除外。”这表明，我国一般民事诉讼的普通时效为 2 年。

（2）特殊诉讼时效是指对某些特定的民事法律关系而确定的诉讼时效。在适用时，特殊诉讼时效优先于普通诉讼时效，也就是说，凡有特殊诉讼时效规定的，适用特殊诉讼时效的规定。特殊诉讼时效可以分为三种：

第一，短期诉讼时效，是指诉讼时效不满 2 年的时效。我国《民法通则》第 136 条规定："下列的诉讼时效期间为一年：（一）身体受到伤害要求赔偿的；（二）出售质量不合格的商品未声明的；（三）延付或者拒付租金的；（四）寄存财物被丢失或者毁损的。"

第二，长期诉讼时效，是指诉讼时效在 2 年以上 20 年以下的诉讼时效。比如，根据《合同法》第 129 条的规定，因国际货物买卖合同和技术进出口合同争议提起诉讼或者申请仲裁的诉讼时效期间为 4 年。

第三，最长诉讼时效。《民法通则》第 137 条规定："诉讼时效期间从知道或者应当知道权利被侵害时起计算。但是，从权利被侵害之日起超过二十年的，人民法院不予保护。有特殊情况的，人民法院可以延长诉时效期间。"也就是说，我国《民法通则》保护的最长的诉讼时效为 20 年。

民间借贷诉讼适用普通诉讼时效和最长诉讼时效。要正确适用诉讼时效的规定，还必须掌握和注意时效的开始、中止、中断。

时效起算点，大致有以下几种方法：（1）有约定履行期限的债权，诉讼时效从期限届满之日的第二天起算。（2）没有履行期限或履行期限不明的债权，应当自债权人给予债务人清偿债务的宽限期届满时起算。（3）附条件或附期限的债权，从条件成就或期限届满之时起算。

诉讼时效的中止，是指在时效进行中，因出现了法定事由，致使权利人不能行使权利，因而暂停计算诉讼时效期间，待中止事由消除后，继续计算诉讼时效期间。暂停的一段时间不计入诉讼时效期间之内，而合并计算中止前后的期间。《民法通则》第 139 条规定："在诉讼时效期间的最后六个月内，因不可抗力或者其他障碍不能行使请求权的，诉讼时效中止。从中止时效的原因消除之日起，诉讼时效期间继续计算。"

诉讼时效的中断，是指在诉讼时效期限内，因发生法定事由，而使已经经过的时效期间统归无效，待中断事由消除后，诉讼时效重新计算。在诉讼时效重新计算期间内，再发生中断事由，则再次中断。中断的法定事由有如下几种：

（1）提起诉讼。既包括民事诉讼法上的一切权利主张形式，如起诉、应诉、作为第三人参加诉讼、申请支付令、申报破产债权、申请强制执行等，也包括依照其他法律规定的争议解决程序提出的权利主张，还包括权利人向人民调解委员会或有关单位提出保护民事权利的请求等。

（2）权利人主张权利。这是指权利人在诉讼程序外向义务人明确提出要求其履行义务的意思通知。这种意思通知，在方式上没限制，只要将催告之意思传达于相对人，并于事后能证明。包括权利人向债务保证人、债务人的代理人或者财产代管人提出催告。

（3）义务人同意履行义务。是指权利人的相对人表示知悉该权利人的权利存在的行为。对于同意履行义务的形式，无特别要求。

9. 没有还款期限的借贷如何计算诉讼时效?

没有还款日期的借贷，即在债务人给债权人出具的借款单据（或欠条）中未明确记载具体的还款期限。实践中，对于因无还款日期的欠款纠纷的诉讼时效计算问题，有着明显不同的理解和认识。相关的法律规定如下：

（1）《民法通则》第135条、第137条对诉讼时效的一般规定："向人民法院请求保护民事权利的诉讼时效期间为二年，法律另有规定的除外"；"诉讼时效期间从知道或者应当知道权利被侵害时起计算。但是，从权利被侵害之日起超过二十年的，人民法院不予保护。有特殊情况的，人民法院可以延长诉讼时效期间"。

（2）《民通意见》第121条规定："公民之间的借贷，双方对返还期限有约定的，一般应按约定处理；没有约定的，出借人随时可以请求返还，借方应当根据出借人的请求及时返还；暂时无力返还的，可以根据实际情况责令其分期返还。"

根据以上法律规定，对无还款日期的借贷纠纷，应适用一般诉讼时效期间即2年的规定，但诉讼时效的起算必须从债权人知道或应当知道其权利受到侵害之日起计算，最长不得超过20年。而"知道或应当知道其权利受到侵害之日"的确定，是以债权人向债务人主张权利（即要债）之日为标准。具体来说，由于当事人未明确约定还款期限，债权人可以随时主张权利，但若债权人主张权利时，债务人未清偿债务的，则权利人应当知道其权利已受到侵害，从此时起应当计算诉讼时效，即诉讼时效应当从权利人主张权利时起计算；债权人可以随时主张权利，只要债务未超过20年的最长诉讼时效期间，就不应当认定权利超过诉讼时效期间。

【典型案例 13.5】 借款合同未约定还款期限，借款的诉讼时效如何计算？

【案情】 2001年3月10日，廖占某与龙成某签订一份借款协议，约定廖占某向龙成某借款5万元，用于生活所需，月息为5%，双方对还款时间没有约定。2001年3月11日，龙成某将借款交付给廖占某，廖占某出具了一份收条给龙成某收执。从2001年3月11日起至2005年3月11日止，廖占某按约定每月支付借款利息给龙成某。2005年8月，龙成某向廖占某发出一份追款通知书，要求廖占某于2005年11月3日前偿还全部欠款本息。廖占某收到通知后至2005年11月3日止，未偿还龙成某的借款本息。龙成某于2006年6月向廖占某再次追收欠款，廖占某仅偿还龙成某借款的利息1000元。龙成某经追收欠款未果，遂于2006年7月向法院提起诉讼，请求法院判决廖占某偿还借款本金5万元并支付相应的利息。原告龙成某提出，双方对借款期限并未作出约定，这是无期限借款协议。在此情况下，作为债权人，龙成某有权随时催告作为债务人的廖占某。龙成某在2005年8月向廖占某主张偿还欠款本息，2006年6月向他再次追收，然后于2006年7月向法院提出起诉，并未超过法律规定的诉讼时效。

被告廖占某提出，本案借款发生于2001年3月10日，本案的诉讼时效为两年，即至2003年3月10日，龙成某于2006年7月起诉，已明显超过诉讼时效，请求法院驳回龙成某的诉讼请求。

【诉讼指南】 在民间借款纠纷中，因部分订立合同的当事人文化程度不高，法律意识淡薄，对法律关系把握不准，在书写具体的借款协议时，或对债权债务主体未予明确，或对借款利息和利率约定模糊，或对借款的出借期和还款期限未作约定，从而产生了不必要的纠纷，给工作和生活带来负面影响。故在订立借款协议时，要尽量完备合同条款，并把握内容的合法性，避免引起因对合同理解不同而产生纷争的情况。

本案中龙成某、廖占某签订的借款协议合法有效，依法应受到法律的保护。本案的争议焦点为龙成某的诉讼请求是否已超过法律规定的诉讼时效。从双方的借款协议来看，双方对借款期限并未作出约定，系无期限借款协议。引起本案的主要原因为双方对诉讼时效的理解不同。关于本案是否有诉讼时效，如有诉讼时效应如何计算的问题，《合同法》第206条规定："借款人应当按照约定的期限返还借款。对借款期限没有约定或者约定不明确,依照本法第六十一条的规定仍不能确定的,借款人可以随时返还;贷款人可以催告借款人在合理期限内返还。”《民法通则》第135条规定:“向人民法院请求保护民事权利的诉讼时效期间为二年,法律另有规定的除外。”第136条规定:“下列的诉讼时效期间为一年:(一)身体受到伤害要求赔偿的;(二)出售质量不合格的商品未声明的;(三)延付或者拒付租金的;(四)寄存财物被丢失或者损毁的。”第140条规定:“诉讼时效因提起诉讼、当事人一方提出要求或者同意履行义务而中断。从中断时起,诉讼时效期间重新计算。”从上述规定可以看出,本案是有诉讼时效的。因为出借人即龙成某在没有行使催告之前,其不知道其权利被侵害的事实。龙成某向廖占某催收后,廖占某未按照要求偿还龙成某的借款本息,此时才具备了适用诉讼时效期间的条件。在此种情况下,作为债权人,龙成某有权随时催告作为债务人的廖占某。在催告后的合理期间内廖占某没有向龙成某偿还借款本息,龙成某才知晓其权利被侵害,其诉讼时效应从权利被侵害之时起计算。即本案的诉讼时效应从2005年11月3日起计算两年,而2006年6月龙成某再次追收借款本息,诉讼时效从此时起发生中断,本案的诉讼时效应至2008年6月,故龙成某的诉讼请求并未超过诉讼时效,其请求合法有理,法院应当予以支持。

需要指出的是,本案系对还款期限没有约定的情形。对出借日期不能确定的情形,出借人主张借款期间的利息的,由出借人对借款日期进行举证,不能确定的,从主张提出之日起计算利息;如借款人主张借款已超过诉讼时效的,应由借款人对借款日期及超过诉讼时效进行举证,不能确定时,从主张提出之日重新计算诉讼时效。

10. 关于诉讼时效中止有哪些法律规定?

《民法通则》第139条规定:“在诉讼时效期间的最后六个月内,因不可抗力或者其他障碍不能行使请求权的,诉讼时效中止。从中止时效的原因消除之日起,诉讼时效期间继续计算。”根据此规定,适用时效中止应当注意以下问题:

(1)诉讼时效的中止,必须发生在诉讼时效期间的最后6个月内,包括障碍在最后6个月前发生延续到最后6个月时的情形。否则,不发生时效中止。

（2）诉讼时效的中止，须有法定事由：第一，不可抗力。指不能预见、不能避免并不能克服的客观情况。第二，其他障碍。指不可抗力以外的，非由权利人的意志所决定的，足以阻碍权利人行使权利的情况。按照《民通意见》第172条规定，包括权利被侵害的无民事行为能力人、限制民事行为能力人没有法定代理人，或法定代理人死亡、丧失代理权，或者法定代理人本人丧失行为能力的情形。

《最高人民法院关于审理民事案件适用诉讼时效制度若干问题的规定》第20条规定："有下列情形之一的，应当认定为民法通则第一百三十九条规定的'其他障碍'，诉讼时效中止：（一）权利被侵害的无民事行为能力人、限制民事行为能力人没有法定代理人，或者法定代理人死亡、丧失代理权、丧失行为能力；（二）继承开始后未确定继承人或者遗产管理人；（三）权利人被义务人或者其他人控制无法主张权利；（四）其他导致权利人不能主张权利的客观情形。"

11. 关于诉讼时效的中断有哪些法律规定？

中断的法定事由有如下几种：

（1）提起诉讼。对此，《最高人民法院关于审理民事案件适用诉讼时效制度若干问题的规定》第13条规定："下列事项之一，人民法院应当认定与提起诉讼具有同等诉讼时效中断的效力：（一）申请仲裁；（二）申请支付令；（三）申请破产、申报破产债权；（四）为主张权利而申请宣告义务人失踪或死亡；（五）申请诉前财产保全、诉前临时禁令等诉前措施；（六）申请强制执行；（七）申请追加当事人或者被通知参加诉讼；（八）在诉讼中主张抵销；（九）其他与提起诉讼具有同等诉讼时效中断效力的事项。"

（2）权利人主张权利。对此，《最高人民法院关于审理民事案件适用诉讼时效制度若干问题的规定》第10条规定："具有下列情形之一的，应当认定为民法通则第一百四十条规定的'当事人一方提出要求'，产生诉讼时效中断的效力：（一）当事人一方直接向对方当事人送交主张权利文书，对方当事人在文书上签字、盖章或者虽未签字、盖章但能够以其他方式证明该文书到达对方当事人的；（二）当事人一方以发送信件或者数据电文方式主张权利，信件或者数据电文到达或者应当到达对方当事人的；（三）当事人一方为金融机构，依照法律规定或者当事人约定从对方当事人账户中扣收欠款本息的;(四)当事人一方下落不明,对方当事人在国家级或者下落不明的当事人一方住所地的省级有影响的媒体上刊登具有主张权利内容的公告的,但法律和司法解释另有特别规定的,适用其规定。”

(3)义务人同意履行义务。这是指权利人的相对人表示知悉该权利人的权利存在的行为,同意履行义务的形式,无特别要求。

12. 民间借贷案件中诉讼时效规定的适用应注意哪些问题?

民间借贷作为一种合同关系,出借人向借款人主张还本付息的请求权当然应受到诉讼时效的限制。《民法通则》第 135 条规定,向人民法院请求保护民事权利的诉讼时效期间为二年,法律另有规定的除外。而现行法律对民间借贷诉讼的时效没有特别的规定,所以民间借贷纠纷应当适用 2 年的诉讼时效规定。根据现行法律、司法解释的规定,笔者认为,在审理民间借贷纠纷案件中,当一方提出诉讼时效的抗辩时,往往涉及诉讼时效起算时间的认定,此时应注意以下几点:

(1)如果民间借贷合同中明确约定了还款期限,借款人未按时归还,诉讼时效自还款期限届满的次日起开始计算。《民法通则》第 137 条规定,诉讼时效期间从知道或者应当知道权利被侵害时起计算。这是关于诉讼时效的一般规定,在合同约定的还款期限届满的次日,出借人应当知道自己的权利受到侵害,所以应自此时开始计算诉讼时效。

(2)如果民间借贷合同中未明确约定还款期限,诉讼时效自出借人给借款人的履行准备期届满的次日开始计算。《合同法》第 62 条第 4 项规定,履行期限不明确的,债务人可以随时履行,债权人也可以随时要求履行,但应当给对方必要的准备时间;《民通意见》第 121 条规定,公民之间的借贷款,双方对返还期限没有约定的,出借人随时可以请求返还。因此,合同没有明确约定还款期限的,出借人可以随时要求借款人偿还,但应给借款人必要的履行准备期。借款人在履行准备期届满后仍未归还借款,出借人主张权利的诉讼时效自准备期届满之日开始计算。

(3)借贷双方约定借款分期偿还,诉讼时效自最后一期借款归还期限届满的次日开始计算。《最高人民法院关于审理民事案件适用诉讼时效制度若干问题的规定》第 5 条规定,当事人约定同一债务分期履行的,诉讼时效期间从最后一期履行期限届满之日起计算。这是对于分期履行债务诉讼时效起算的特别规定，即推定债务的最后一期履行届满的次日，债权人知道自己的权利受到侵害，因此，自此时开始计算诉讼时效。

13. 民间借贷合同的诉讼时效中断事由如何认定？

（1）出借人向借款人提出权利主张；借款人向出借人做出愿归还借款的意思表示或实际归还借款。《民法通则》第 140 条规定，诉讼时效因提起诉讼、当事人一方提出要求或者同意履行义务而中断。这是关于诉讼时效中断的一般规定。《最高人民法院关于审理民事案件适用诉讼时效制度若干问题的规定》第 16 条进一步规定，义务人作出分期履行、部分履行、提供担保、请求延期履行、制定清偿债务计划等承诺或者行为的，应当认定为《民法通则》第 140 条规定的当事人一方“同意履行义务”。因此，借款人实施了归还借款的行为或做出与归还借款相关的意思表示，即使不是直接同意归还借款都属于诉讼时效的中断事由。

（2）出借人向有权机关、单位或组织提出保护权利的请求。《最高人民法院关于审理民事案件适用诉讼时效制度若干问题的规定》第 14 条规定，权利人向人民调解委员会以及其他依法有权解决相关民事纠纷的国家机关、事业单位、社会团体等社会组织提出保护相应民事权利的请求，诉讼时效从提出请求之日起中断。第 15 条规定，权利人向公安机关、人民检察院、人民法院报案或者控告，请求保护其民事权利的，诉讼时效从其报案或者控告之日起中断。诉讼时效制度的目的是督促权利人尽快行使权利，尽早结束权利的不确定状态。出借人向这些机关、单位、组织提出保护权利虽然不是提起诉讼，但其主张权利的意图是明确的，所以可产生中断诉讼时效的效力。但出借人必须是向有权解决解决民事纠纷的机关、单位或组织或向负有法定职责的机关提出保护权利请求，除这些机关、单位或组织外，向其他主体提出请求不能产生中断诉讼时效的效力。

（3）享有连带债权的出借人之一提出权利主张或提出保护权利请求，或负有连带债务的借款人之一同意归还借款或实际归还借款，诉讼时效中断的效力及于其他连带债权人或债务人。《最高人民法院关于审理民事案件适用诉讼时效制度若干问题的规定》第 17 条规定，对于连带债权人中的一人发生诉讼时效中断效力的事由，应当认定对其他连带债权人也发生诉讼时效中断的效力。对于连带债务人中的一人发生诉讼时效中断效力的事由，应当认定对其他连带债务人也发生诉讼时效中断的效力。这是由连带债权人（债务人）之间的连带关系所决定的，如果不赋予连带债权人（债务人）此行为的扩张效力，则将与连带之债的理论和法律规定发生冲突。

（4）诉讼时效届满后，借款人重新认可借款事实。《最高人民法院关于超过诉讼时效期间借款人在催款通知单上签字或者盖章的法律效力问题的批复》规定，根据《民法通则》第 4 条、第 90 条规定的精神，对于超过诉讼时效期间，信用社向借款人发出催收到期贷款通知单，债务人在该通知单上签字或者盖章的，应当视为对原债务的重新确认，该债权债务关系应受法律保护。从严格意义来说，此种情况不属于诉讼时效中断。因为诉讼时效中断应当发生在诉讼时效届满之前，但此事由将产生与诉讼时效中断相同的法律后果——重新开始计算诉讼时效。与此相类似的还有《最高人民法院关于审理民事案件适用诉讼时效制度若干问题的规定》第 22 条的规定，诉讼时效期间届满，当事人一方向对方当事人作出同意履行义务的意思表示或者自愿履行义务后，又以诉讼时效期间届满为由进行抗辩的，人民法院不予支持。

上述几种情形都产生诉讼时效中断的法律后果，按照《民法通则》第 140 条规定，从中断时起，诉讼时效期间重新计算。关于重新计算诉讼时效的起算时间，原则上应从权利人向债务人提出要求或债务人做出同意履行债务的意思表示的次日起计算，实践中可区分不同的情况计算重新起算时间：

①债权人提供证据证明在诉讼时效期间届满前向债务人提出偿还债务主张的，从其明确提出主张的次日起重新计算。

②债务人做出同意履行债务的期限超过原合同约定的期限的，从该期限届满时重新计算。

③债权人向法院起诉主张债权，后因其他原因或债务人同意履行债务而撤诉的，从撤诉裁定下达次日起或债务人同意履行债务的期限届满次日起重新计算。

④债权人向人民调解委员会或者有关单位提出保护债权的请求，经调处达不成协议，从调处结束次日起重新计算；已达成调解协议，债务人未按协议约定的期限履行义务的，从协议约定的期限届满时重新计算（经人民调解委员会调解达成协议的，当事人可依法申请人民法院确认调解协议的效力，经人民法院依法确认的调解协议，债务人到期不履行义务的，债权人无

须再起诉，可直接申请人民法院强制执行）。

14. 民间借贷诉讼财产保全如何适用？

《民事诉讼法》第 100 条第 1 款规定："人民法院对于可能因当事人一方的行为或者其他原因，使判决难以执行或者造成当事人其他损害的案件，根据对方当事人的申请，可以裁定对其财产进行保全、责令其作出一定行为或者禁止其作出一定行为；当事人没有提出申请的，人民法院在必要时也可以裁定采取保全措施。"根据这条规定，在民间借贷纠纷案件进入诉讼程序至作出判决前，作为原告的出借人发现因借款人、担保人的行为或者其他原因，可能使与本案有关的财产发生转让、转移、毁损等情况，可以申请人民法院对被告当事人的财产采取强制措施予以保全，人民法院接受出借人这种申请，为了保证将来的判决得以执行，而对借款人或者担保人的财产采取查封、扣押、冻结等强制性措施。

（1）出借人申请诉讼财产保全的基本条件

由民间借贷的法律特征所决定，出借人申请诉讼财产保全必须具备以下几个基本条件：

第一，必须是金钱给付之诉。民间借贷本身就是金钱债权债务关系，因而产生的纠纷只是金钱给付之诉，而不涉及其他财产问题，所以出借人申请诉讼财产保全是没有问题的。

第二，借款债务已经到期。在一般情况下，借款债务到期后，出借人才可以申请财产保全。如果借款债务未到期，除非出现预期违约等特殊情况，出借人不可申请诉讼保全。

第三，必须在起诉的同时或者判决作出前提出申请。出借人如果在起诉前申请财产保全，则是诉前财产保全，而不是诉讼财产保全。案件判决后，出借人没有必要申请财产保全，而应当申请强制执行。

第四，必须有被告擅自处理与本案有关财产的行为或者其他原因。借款人为了逃避债务，担保人为了逃避担保责任，擅自处理与本案有关的财产，往往造成出借人及其担保债权难以实现的后果。根据被告人不同情况，民间借贷纠纷案件的"本案有关财产"大致有以下三种：

一是借款人的财产。借款人的所有财产实际上都是借款担保责任财产，属于民间借贷纠纷案件的有关财产范围，因而，在一定价值范围内不得隐瞒出借人擅自处理。

二是保证人的财产。出借人接受第三人提供的保证,从表面看是保证人的信誉起作用,但当保证人承担代为清偿债务责任时,出借人实际上是看准保证人的财产,因而,保证人在保证债务范围内也不得擅自处理财产。

三是抵押、质押财产。抵押人、出质人提供担保的财产,除担保权人(出借人)明确放弃担保权外,不得影响借款债权而擅自处理。但是,担保物权已经登记或者占有的,再申请财产保全就没有多大意义。

第五,使判决难以执行或者造成当事人其他损害。借款人或者担保人处分其财产,如果不影响出借人实现债权,不会造成将来判决不能执行或者难以执行的,出借人没有必要申请诉讼财产保全,人民法院也不会接受申请而采取保全措施。只有借款人或者担保人开始实施某种行为或者其他原因,致使今后判决难以执行或者造成当事人其他损害的,出借人才可以申请诉讼财产保全。

(2)诉讼财产保全的程序

第一,出借人提出申请。启动诉讼财产保全程序的方式有依申请和依职权两种。依申请裁定保全,即人民法院依据当事人提出的申请而裁定的保全。依职权裁定保全,是指人民法院在没有当事人提出申请的情况下,依职权采取诉讼财产保全。对民间借贷纠纷案件而言,通常都由出借人提出申请,如果没有特殊情况,人民法院不依职权作出。出借人申请诉讼财产保全可以采用书面形式,也可以采取口头形式,但出借人采取书面形式不存在困难的,应当向人民法院提交书面申请书。

第二,出借人提供担保。《民事诉讼法》第 100 条第 2 款规定:“人民法院采取保全措施,可以责令申请人提供担保,申请人不提供担保的,裁定驳回申请。”人民法院接受出借人的财产保全申请,如果责令出借人提供担保的,出借人必须提供担保;出借人如果不提供担保,人民法院就应裁定驳回申请。人民法院责令申请人提供担保有两层意思:一是为了因申请人申请诉讼财产保全错误或者败诉使被申请人因此遭受损失的赔偿得到保障;二是申请人提供担保表明由诉讼财产保全造成被申请人财产损失的赔偿责任归属于申请人,从而避免人民法院的国家赔偿责任。

在没有出借人申请的情况下,人民法院依职权实施诉讼财产保全,如果发生错误而造成被申请人财产损失的,按照《国家赔偿法》的规定应当承担国家赔偿责任。为了防止诉讼财产保全错误，也为了避免承担国家赔偿责任，人民法院对民间借贷纠纷案件通常都责令提供担保。

第三，人民法院作出裁定。《民事诉讼法》第100条第3款规定：“人民法院接受申请后，对情况紧急的，必须在四十八小时内作出裁定；裁定采取保全措施的，应当立即开始执行。”这条规定有三项内容：一是对诉讼财产保全必须采取裁定方式；二是遇有情况紧急必须在48小时内作出裁定；三是诉讼保全裁定一经作出应当立即开始执行。人民法院作出诉讼财产保全裁定，裁定书应当送达当事人和有关部门，如查封借款人房产的，裁定书应当送达出借人、借款人和房产管理部门。

第四，实施诉讼保全措施。人民法院诉讼财产保全的强制性措施有查封、冻结、扣押和法律规定的其他措施。人民法院作出诉讼保财产全裁定后，应当视保全财产的具体情况相应地采取查封、冻结、扣押措施实施执行，如被保全的财产是银行存款的，只能采取冻结措施；如被保全的财产是房产的，只能采取查封措施。保全措施不是处分财产措施，所以不能采取如拍卖、划拨等措施。有些保全财产只要将裁定书送达有关部门即可达到保全目的，可以考虑被申请人的生产、生活需要，不实施具体强制措施。例如，裁定保全财产是厂房的，考虑借款人生产需要，直接贴上封条将对借款人极为不利，就可以不在该厂房上贴上封条，只要将诉讼财产保全裁定书送达房产管理部门即可制止其转让。

（3）诉讼财产保全的效力

人民法院采取保全措施后，任何单位和个人，包括被申请人，除经人民法院同意外，不得动用、转移或者处分已被保全的财产，这是诉讼财产保全效力的表现。

诉讼财产保全的时间效力维持到生效法律文书执行时止，如遇到下列情况之一，人民法院应当及时解除诉讼财产保全措施：①被申请人另行提供有效担保，并为人民法院接受的；②出借人要求撤销诉讼财产保全措施的；③被申请人申请撤销诉讼财产保全，确有理由的；④诉讼财产保全的原因消除的。

15. 民间借贷诉前财产保全如何适用？

诉前保全，是指利害关系人因情况紧急，不立即申请保全将会使其合法权益受到难以弥补的损害的，在人民法院受理案件前，申请对被申请人的财产或者争议标的物依法采取强制执行措施。《民事诉讼法》第101条第1款规定："利害关系人因情况紧急，不立即申请保全将会使其合法权益受到难以弥补的损失的，可以在提起诉讼或者申请仲裁前向被保全财产所在地、被申请人住所地或者对案件有管辖权的人民法院申请采取保全措施。"民间借贷的出借人申请诉前财产保全的，也适用这条规定。

(1)诉前财产保全的事由

诉前财产保全和诉讼财产保全都是财产保全，因而两者有许多共同之处，如保全范围、目的、强制措施、法律效力等都基本相同。但诉前财产保全的法律规定比诉讼财产保全更为严格，特别是申请保全的事由。

申请诉前财产保全的事由是：情况紧急，不立即申请保全将会使其合法权益受到难以弥补的伤害。对民间借贷纠纷案件而言，"情况紧急"通常表现为，出借人如果等到起诉后再向人民法院申请财产保全，由于借款人、担保人的行为或者其他原因，相关财产将被转移、转让、隐匿等，将会使其债权难以实现。例如，保证人眼见借款人已经完全无力偿还借款债务，为了逃避保证责任，将自己的唯一房产出卖，且已与第三人订立了买卖合同，正在办理房产过户手续，而出借人发现这一情况时尚未起诉，如果等待起诉后再申请保全，房产过户手续和房价交付就已完成，这将使出借人的债权落空，这时，出借人就可以申请诉前保全。如果不具备"情况紧急"这一事由，出借人不应申请诉前财产保全，如果符合诉讼财产保全的条件，则可在起诉并被受理后再申请保全。如果借款人或者保证人另有财产完全可以满足担保债务，或者出借人起诉后完全来得及保全的，则不宜采取诉前财产保全措施。

(2)诉前财产保全的申请人

诉前财产保全的申请人是利害关系人，对民间借贷纠纷案件而言，利害关系人主要是出借人。

诉前财产保全因发生在提起诉讼之前，此时的出借人还不是诉讼当事人而是利害关系人。出借人是认为自己的借款债权正受到借款人或者担保人侵犯或者与借款人担保人发生争议的人。借款人、担保人到期没有履行义务，借款及其担保债权正受侵害，出借人便是利害关系人，故有申请诉前财产保全的主体资格。

出借人作为诉前财产保全的利害关系人，在后来能否成为民间借贷纠纷案件诉讼当事人，取决于出借人是否在法定期限内提起诉讼。在实践中，当人民法院采取诉前财产保全措施后，不少借款人或者担保人迫于法律的压力，及时清偿了借款债务，使借贷债权债务关系消灭，出借人不再提起诉讼，就不会成为诉讼原告。

（3）诉前财产保全的程序

第一，利害关系人提出申请。诉讼财产担保可以由人民法院依职权实施，但诉前财产保全不存在人民法院依职权实施问题，而只能依申请而实施。

第二，符合管辖规定。根据《民事诉讼法》第101条第1款的规定，利害关系人应当向被保全财产所在地、被申请人住所地或者对案件有管辖权的人民法院申请采取保全措施。这条规定有三个管辖的人民法院，即被保全财产所在地的人民法院、被申请人住所地的人民法院、对案件有管辖权的人民法院。利害关系人可以根据自己的便利在其中选择一家人民法院申请诉前财产保全。

第三，提供担保。根据《民事诉讼法》第101条第1款的规定，申请人申请诉前财产保全“应当提供担保，不提供担保的，驳回申请”。由此可见，出借人申请诉前财产保全，提供担保是必备条件。出借人未提起民间借贷纠纷诉讼，案件未起诉又未审理，人民法院仅就申请人单方提供的材料进行审查，这就难以准确无误地采取保全措施，还可能造成保全错误，甚至造成被申请人的财产损害。例如，借款人已经清偿借款债务，而出借人疏忽大意又提出诉前财产保全，因案件未进入诉讼程序，人民法院就不可能知道借贷债务已经消灭，却又依申请查封了借款人的财产，由此造成借款人损失的，应当由申请人承担赔偿责任。为了保证被申请人的损失得到赔偿，申请人在申请时必须提供担保。如果申请人未提供担保，又缺乏赔偿能力，赔偿责任就会转嫁到人民法院身上，人民法院就有可能承担国家赔偿责任。

第四，在48小时内作出裁定。《民事诉讼法》第101条第2款规定：“人民法院接受申请后，必须在四十八小时内作出裁定；裁定采取保全措施的，应当立即开始执行。”申请人申请诉前保全本身情况紧急，所以法律规定人民法院在接受申请后必须在48小时内作出裁定；裁定采取保全措施的，应当立即开始执行。

(4)采取保全措施后30日内提起诉讼

《民事诉讼法》第101条第3款规定:“申请人在人民法院采取保全措施后三十日内不依法提起诉讼或者申请仲裁的,人民法院应当解除保全。”在人民法院采取保全措施后,申请人是否提起诉讼,由申请人自己决定。被申请人在保全后至申请人起诉前,如果已经清偿债务或者另行提供担保,或者申请人无任何原因,在人民法院采取保全措施30日后不提起诉讼的,应当解除保全措施。

16. 民间借贷财产保全的范围如何界定?

《民事诉讼法》第102条规定,财产保全限于请求的范围,或者与本案有关的财物。最高人民法院的有关司法解释也规定,人民法院采取财产保全措施时,保全的范围应当限于当事人争执的财产,对案外人的财产不得采取财产保全措施,对案外人善意取得的与案件有关的财产,一般不得采取保全措施。所以,财产保全的范围,不能超过申请人请求的范围,不能超过争议财产的价额。保全措施在当事人或者利害关系人的请求范围内,既能达到财产保全的目的,又可以避免给被申请人造成不应有的损失。例如,借款人在银行存款100万元,而借款债务只有40万元,如果全部予以冻结,就超出申请人请求的范围,会侵害借款人另60万元的合法权益。

17. 民间借贷申请财产保全错误的赔偿责任如何认定?

出借人申请财产保全有错误,造成借款人或者担保人财产损失的,出借人应当承担赔偿责任。引起这种赔偿的情况大致有以下几种:

(1)人民法院依据出借人申请而采取财产保全措施,后因经审理认定借贷关系不存在,或者借款人已经在出借人申请保全前履行全部义务等原因而判令出借人败诉,在这些情况下,借款人的财产因保全而受到损失。

(2)出借人虽已胜诉,但判决的债权数额小于申请保全债权数额,造成大于判决部分的保全财产损失,对大于部分所造成的损失,由申请人承担赔偿责任。

(3)出借人提供保全的标的物错误,如误将他人的财产认为是借款人的财产,致使人民法院对他人财产实施了查封、扣押等强制措施,结果造成他人财产损害。

（4）出借人在人民法院采取诉前保全措施后30日内不提起诉讼，被申请人的财产因诉前保全遭受损失。

出借人申请财产保全错误，造成借款人、担保人或者第三人财产损失，如不主动赔偿的，被申请人可以提起诉讼，请求人民法院判令出借人赔偿。

18. 民间借贷出借人行使代位权的条件如何界定？

出借人的代位权，是指借款人怠于行使对其债务人享有的到期债权，对出借人造成损害，出借人为了实现自己的债权，向人民法院请求以自己名义取代借款人向借款人的债务人要求履行债务的权利。

出借人虽有代位权，但次债务人毕竟不是其直接债务人，因而出借人不得任意行使代位权而要求第三人直接向自己履行债务，出借人有效行使代位权，应当同时具备以下几个条件：

（1）借贷债权债务合法且已到期。在正常情况下，出借人向借款人主张借款债权应当具备这个条件，那么，向次债务人主张债权时也应具备这个条件。这是一个前提条件，包含以下两项内容：

一是出借人与借款人订立的借贷合同有效，借款债权债务合法。如果借贷合同当事人所形成的债是非法之债，因其本身不受法律保护，出借人就不得行使代位权来实现非法债权。如果借贷合同无效，出借人基于借贷合同效力而产生的代位权便失去基础条件，除出借人因合同无效取得返还借款和金钱赔偿的请求权外，就无权要求借款人的债务人向其履行债务。

二是借款债权已经到期。借款债权尚未到期，出借人不得要求借款人履行还债义务，否则属违约行为，这种违约行为不能延续到主张次债务人履行义务，因此，出借人行使代位权所涉及的对借款人的债权必须已经到期。

（2）次债权必须是合法到期的金钱债权。借款人对其债务人的债权必须是金钱债权，这是出借人行使代位权的特别要求。出借人借款债权的标的物是金钱，所以代位权行使所指向的对象也应是金钱，即借款人对第三人享有金钱债权。如果借款人对第三人享有非金钱债权或者物权，出借人则不可行使代位权。例如，借款人向出借人借款20万元资金到期未还，借款人购买乙的一间房屋，乙到期未交付，借款人对乙享有的是物权，那么，出借人不得请求乙直接将该房屋给其抵债。如果借款人与乙达成退房协议，乙欠借款人退房款到期未付，借款人享有到期金钱债权，出借人则可行使代位权。至于借款合同双方当事人及第三人之间协议以物抵债或者人民法院执行中采取以物抵债措施,则是另一回事。借款人对其债务人享有的金钱债权已经到期。如果借款人对第三人的金钱债权尚未到期,第三人对借款人尚未开始履行义务,出借人则无权要求第三人向其履行还债义务,否则,第三人基于对借款人的抗辩,可以以债务未到期为由向行使代位权的出借人提出抗辩。在代位权诉讼中,被告第三人以此为由抗辩成立的,人民法院应当驳回出借人的起诉,但出借人可以等到第三人债务到期后再向人民法院提起代位权诉讼。借款人对其债务人的到期金钱债权必须是合法债权。借款人对第三人有非法债权,因非法债权不受法律保护,所以出借人不能行使代位权。

(3)借款人怠于行使其到期债权。借款人怠于行使其到期债权,是指借款人不以诉讼方式向其债务人主张其享有的具有金钱给付内容的到期债权。借款人既是出借人的债务人,又是第三人的债权人,有此双重身份时,应当积极地向自己的债务人主张债权,用以清偿借款债务。借款人对其债务人享有债权,说明其有一定履行能力,而借款人既不向出借人清偿借款债务,又不向人民法院起诉其债务人,说明其消极对待债权债务。在这种情况下,出借人可以积极地行使代位权,从而实现自己的借款债权。

(4)造成出借人损害。借款人怠于行使到期债权造成出借人损害,主要是指出借人对借款人享有的到期借款债权未能实现。借款人怠于行使到期债权,如果不影响出借人实现借款债权,就无损害危险,出借人就不得行使代位权。例如,借款人在其他银行有存款足以清偿借款债务,对第三人又有到期债权,但既不偿还借款,又不对第三人主张债权。在这种情况下,出借人不必要行使代位权,只要向人民法院对借款人申请财产保全并提起诉讼,借款债权就能实现。

从实践情况来看,借款人怠于行使到期债权大多数会给出借人造成损害,这种损害直接表现为出借人的借款债权未能实现。借款人怠于行使到期债权不会造成出借人损害的,出借人不必干涉借款人如何处理债权问题。

(5)不得超过借款债权数额范围。出借人行使代位权时会涉及两个债权数额,即出借人对借款人的债权数额和借款人对其债务人的债权数额。对这两个债权数额,出借人行使代位权时都不得超越:

一是不超过出借人对借款人的借款债权数额。例如,出借人对借款人的借款债权数额为20万元，而借款人对第三人的债权为40万元，出借人行使代位权只能在20万元以内，而不得向人民法院请求将第三人40万元债务全部向出借人清偿。当然，出借人对借款人的债权应当包括从债权，如借款利息、必要费用等，都可以在行使代位权中得以主张。

二是不超过借款人对其债务人的债权数额。例如，借款人欠出借人20万元借款，而第三人欠借款人10万元货款，出借人在行使代位权时，不得要求次债务人向自己履行20万元债务，而只能要求履行10万元，次债务人对出借人超过其债务部分的请求可以拒绝。

【典型案例13.6】　借款人怠于行使到期债权，贷款人能否代位取得？

【案情】　张明某、李某是中学同学，二人从小一起长大，交情很不一般。高中毕业后，张明某下海做起了服装生意，买卖很是红火。而李某则通过关系进了一家农机公司，收入不高。看到好朋友的钱越赚越多，李某的心里也痒痒起来，于是便打算辞职下海做生意。李某看中了餐饮业，便从张明某那里借来了20万元的启动资金，开起了餐馆。但由于没有经营管理经验，很快生意便陷入困境，不得不关门歇业。而此时的张明某也因为要急于购进一批夏装而四处筹措资金。张明某找到李某，希望他能归还一部分借款，以缓解自己资金紧张的现状。李某认为张明某不应该在自己最困难的时候来要欠款，这种雪上加霜的做法不够仗义，于是便以自己所有的钱都赔到了生意里为名予以推托。张明某通过李某的妻子得知李某在一年前曾经借给自己的表弟10万元钱买房，现在已经到了归还的时候。于是张明某便找到李某，希望他能在收回这笔借款后归还自己一部分。李某表示自己碍于亲戚情面不好张嘴要钱，如果张明某一定要钱，就让张明某自己去要。张明某找到李某的表弟，向他说明了来意，李某的表弟表示，自己借的是李某的钱而不是张明某的钱，张明某没有权利来向自己要钱。张明某感到气愤和无奈，遂向人民法院提起诉讼，要求李某及其表弟清偿债务。

张明某提出，虽然自己与李某及李某的表弟之间存在不同的债权债务关系，但由于在李某和李某的表弟之间的债务到期的情况下，李某对于债权的行使不积极，这直接影响到了自己债权的实现，根据《合同法》的相关规定，自己可以行使代位权向李某的表弟要求偿还这10万元钱。

李某的表弟提出，自己与张明某之间并不存在债权债务关系，根据债权的相对性原则，张明某是与李某借贷关系中的债权人，而李某才是与自己这一借贷关系中的债权人，两个不同的借贷关系不能混淆，张明某没有权利作为债权人向自己索要这 10 万元钱。

【诉讼指南】 本案涉及的法律问题是代位权。所谓代位权是指当债务人怠于行使其对债权人以外的其他人所享有的权利而有害于债权人的债权时，债权人为保全自己的债权，可以以自己的名义代为行使债务人的权利。“代位”是指代替债务人的地位。也就是说，代位权就是代替债务人行使债务人的债权。债权人行使代位权需要符合一定的条件，即

(1)债务人对于第三人享有债权。该债权必须符合如下条件：①必须是现时存在的有效的债权，债务人与第三人的债权无效时，债权人不得行使代位权。②该债权不具有专属性。专属于债务人的债权不能作为行使代位权的对象，如债务人的子女应向债务人支付的赡养费用专属于债务人，债权人不得代为行使。

(2)债务人怠于行使自己对该第三人的债权。债务人怠于行使自己对第三人的债权，应当符合如下条件：①债务人应当行使债权。如果债务人对第三人的债权尚未到履行期限，则债权人不能行使代位权。债权人行使代位权必须债务人对第三人的债权已过行使期限，若债务人不及时行使债权，其债权就可能因为时效届满而消灭或者会有其他财产上的不利。②债务人能够行使债权。也就是说，债务人行使对第三人的债权并无任何障碍，债务人完全可以通过自己和代理人行使债权。③债务人不主张权利或迟延行使权利。债务人没有明示放弃对第三人的债权，但对该债权处于消极的、不行使的状态。如果债务人明示放弃对第三人的债权，债权人应该行使的是撤销权而不是代位权了。

(3)债务人怠于行使自己债权的行为有害于债权人的债权。债务人怠于行使自己对第三人的债权必须影响到债权人债权的实现，如果债务人怠于行使自己对第三人的债权并不影响债权人债权的实现，则债权人不能行使代位权。只有在符合以上条件的情况下，债权人才可以行使代位权。

代位权的行使必须通过诉讼的方式进行，具体来说，第一，债权人以自己的名义请求人民法院代位行使债务人的债权，即请求第三人向债务人履行债务。在行使代位权的诉讼中，原告一定是享有代位权的债权人。被告

则是债务人的债务人。第二,债权人只能在债权范围内行使代位权。债权人行使代位权不能超出债权的范围。第三,债权人只能在法定的期限内行使代位权。债权人行使代位权应当符合2年的普通诉讼时效或者1年的短期诉讼时效的规定,即从债务履行期限届满起算,债务人怠于行使其债权尚未超过2年或者1年的诉讼时效。如果超过这一期限,债权人不得再行使代位权。第四,债权人行使撤销权的必要费用由债务人承担。

在本案中,张明某的债务人李某对第三人即李某的表弟享有10万元的债权,而对于这一到期债权,李某在可以行使的情况下以种种理由为名怠于行使,从而使张明某的债权无法得到实现。由此可见,这一情形符合代位权的行使条件。根据《合同法》第73条的规定,因债务人怠于行使其到期债权,对债权人造成损害的,债权人可以向人民法院请求以自己的名义代位行使债务人的债权,但该债权专属于债务人自身的除外。代位权的行使范围以债权人的债权为限。债权人行使代位权的必要费用,由债务人负担。因此,张明某可以通过诉讼的形式,对李某的这10万元债权行使代位权,以维护自己的合法权益。诉讼费用应当由李某承担。

19. 民间借贷纠纷多个债主体的代位权如何处理?

只有一个出借人和只有一个次债务人,出借人行使代位权比较简单。若遇到多个债权人(包括出借人,下同)却只有一个次债务人,或者多个债权人有多个次债务人,或者一个债权人有多个次债务人等情况,代位权的行使就显得复杂些。

(1)多个债权人而只有一个次债务人的处理

在有多个债权人而只有一个次债务人的情况下,每个债权人对同一次债务人都有代位权。但是,其中一个债权人或者部分债权人已经行使了代位权,且该次债务人已经全部清偿债务的,次债务人债务消灭,其他债权人不得再对该次债务人行使代位权,借款人也不得向其主张债权。如果次债务人向已经行使代位权的债权人清偿债务后还有剩余债务未清偿的,其他债权人就剩余部分仍可行使代位权。多个债权人对同一次债务人同时都行使代位权的,如无特别约定,应当按照债权比例清偿。

(2)多个债权人有多个次债务人的处理

在多个债权人有多个次债务人的情况下,每个债权人对每个次债务人都可以行使代位权,但当其中一个次债务人的债务已经满足一个或者几个债权人的代位债权后,已行使代位权的债权人不得再向另一次债务人行使代位权;一个次债务人的债务不能满足一个或者几个债权人的代位债权的,该债权人就不足部分仍可对其他次债务人行使代位权。同样,次债务人向一个或者一部分债权人行使代位权而履行全部债务的,不再向其他债权人履行债务。

(3)只有一个债权人却有多个次债务人的处理

在只有一个债权人却有多个次债务人的情况下,这个债权人对所有次债务人都享有代位权。但选择其中一个或者一部分次债务人行使代位权已经满足代位债权的,不得再向其他次债务人行使代位权。

(4)既有代位债权人又有其他债权人的处理

在实践中还出现次债务人既有代位债权人又有其他债权人(指出借人以外的直接债权人),且这两种债权人都要求次债务人向自己履行债务的情况。例如,甲欠出借人5万元民间借款,又欠乙10万元货款。出借人是甲的代位债权人,乙是甲的其他直接债权人。出借人对甲行使代位权,同时,乙对甲直接行使债权,而甲的财产不足以清偿全部债务,在这种情况下,如何处理这两个债权人的关系呢?

有人认为,代位债权毕竟是次债权,次债务人没有向代位债权人履行债务,毕竟还有债务人可承担履行债务义务,因而,其他直接债权人应当优先受偿。对这种观点,笔者持反对态度,理由是:代位债权人在取得债权人的地位时,仅是债权主体发生代替问题,并不降低债权地位,也不影响债权的实现,它与其他直接债权人的债权有同等法律效力,因此,其他直接债权对代位债权无优先受偿权,也不分先后顺序清偿。据此认识,当次债务人的财产不足清偿全部债务时,应当按照各自的债权比例平均清偿。但是,在其他直接债权中可能存在本应依法优先受偿的债权,例如,甲欠乙5万元是甲向乙购房时所欠的房价款,甲后又将该房屋出卖得12万元,那么,乙的5万元是基于房产所有权所取得的债权。基于所有权取得的债权与其他普通债权比较享有优先受偿权,因此,乙的5万元债权应当优先受偿。

20. 民间借贷代位权后诉如何处理?

出借人因借款人到期未还本付息向人民法院提起追索借款诉讼,在人民法院审理期间又向次债务人提起代位权诉讼，请求次债务人向其清偿债务的，这是代位权后诉。

《最高人民法院关于适用〈中华人民共和国合同法〉若干问题的解释(一)》第15条规定："债权人向人民法院起诉债务人以后，又向同一人民法院对次债务人提起代位权诉讼，符合本解释第十三条的规定和《中华人民共和国民事诉讼法》第一百零八条①规定的起诉条件的，应当立案受理……受理代位权诉讼的人民法院在债权人起诉债务人的诉讼裁决发生法律效力以前，应当依照《中华人民共和国民事诉讼法》第一百三十六条第(五)项②的规定中止代位权诉讼。"

民间借贷纠纷诉讼是出借人对借款人的诉讼，出借人代位权诉讼是出借人对次债务人的诉讼，这两个诉讼是既有联系又互为独立的诉讼。出借人起诉借款人后，对次债务人的代位权并不因此而消灭，所以出借人仍有代位权的诉讼权利。

人民法院受理后诉的代位权诉讼后，在先诉的借贷合同纠纷案件裁判发生法律效力前，应当中止代位权诉讼。为什么受理又中止呢？

首先，出借人对借款人追索债权提起诉讼，又对次债务人追索债权提起诉讼，人民法院如果对两个诉讼都进行审理判决，有违一事不再审的原则。

其次，借款人在先诉借贷合同纠纷案件审理期间全部履行还本付息义务，代位权诉讼案件就无必要继续审理，应当作终结处理；如果履行部分债务，代位权诉讼标的额应当随之相应减少；借款人在此期间，对其债务人提起诉讼，"怠于行使其到期债权"的情形消灭，出借人不得再行使代位权。借贷合同纠纷案件审结后，借款人无其他财产清偿债务，又仍然怠于向其债务人行使债权的，可以恢复代位权诉讼。

总之，出借人的代位权诉讼要等借贷合同案件审理结果再决定是否恢复审理和再确定诉讼标的数额。

21. 借款人在代位权诉讼中的地位如何确定？

出借人以次债务人为被告向人民法院提起代位权诉讼，借款人是否参

---

① 2012年《民事诉讼法》修正后第119条。

② 2012年《民事诉讼法》修正后第150条第5项。

加诉讼,诉讼地位如何呢?

对此,《最高人民法院关于适用〈中华人民共和国合同法〉若干问题的解释(一)》第16条第1款规定:“债权人以次债务人为被告向人民法院提起代位权诉讼,未将债务人列为第三人的,人民法院可以追加债务人为第三人。”从这条规定来看,借款人在出借人代位权诉讼中的地位不是被告,而是第三人。出借人提起代位权诉讼,以次债务人为被告,同时要将借款人列为第三人;如果未将借款人列为第三人,人民法院则可追加其为第三人。

在出借人代位权诉讼中,借款人作为第三人参加诉讼,通常为无独立请求权的第三人。无独立请求权的第三人,是指对原告与被告双方争议的诉讼标的没有独立请求权,但案件处理的结果,可能同他有法律上的利害关系,因此参加到已经开始的诉讼中来进行诉讼的人。在出借人代位权诉讼中,借款人作为第三人对出借人与次债务人所诉的代位清偿债务,不存在有独立请求权问题,他不能主张代位清偿债务既不属于出借人又不属于次债务人而属于自己,不可能将出借人和次债务人置于被告地位而自己成为事实上的原告。但是,代位权诉讼案件处理结果与他有法律上的利害关系,主要表现为:如果出借人胜诉,次债务人直接向出借人履行了债务,借款人则失去了对其债务人的债权,同时,也免除其向出借人履行债务的义务;如果出借人败诉,借款人对其债务人仍享有主张债权的权利,而对出借人仍负有还债义务。

因借款人与出借人有着借贷法律关系,借款人与次债务人有着债权债务关系,借款人为了维护自己的利益,总是支持一方当事人,或者支持出借人行使代位权,或者支持其债务人反对代位清偿债务,因而,他又是具有独立诉讼地位的诉讼参与人,因而具有与其诉讼地位相应的诉讼权利,例如,委托代理人进行诉讼,提供证据证明一方当事人的主张,为一方当事人辩护等。但是,借款人作为第三人没有独立请求权而不享有提出管辖异议、撤回起诉、承认和变更诉讼请求等权利。

22. 民间借贷代位权诉讼的效力如何认定?

出借人通过诉讼途径行使代位权,人民法院判令次债务人向出借人履行债务,次债务人向出借人履行了债务,涉及两个债的法律关系消灭,即出借人与借款人之间的债就已履行部分消灭和借款人与次债务人之间的债就已履行部分消灭。

出借人行使代位权，只是为了使自己的借贷债权从次债务人处得以实现，而不得处分借款人对其债务人的权利，不能转让、放弃借款人对其债务人的债权。人民法院在审理和执行过程中，不应准许出借人擅自处分借款人所享有的债权。出借人如果任意处分借款人的债权，由此造成借款人损失的，则由出借人承担责任。例如，出借人在行使代位权时，对次债务人放弃部分债权，就放弃部分对借款人无效，借款人仍有权就放弃部分向其债务人追索；出借人因此造成借款人不能向其债务人追索的，应由出借人对借款人承担赔偿责任。

【典型案例 13.7】　民间借贷代位权诉讼如何行使?

【案情】　陈某于2008年3月3日向罗某借款4.8万元人民币购买推土机，未约定利息和还款期限。一段时间后，罗某要求陈某偿还，陈某以没钱为由一直拖欠。此前，陈某曾借给李某5万元，李某给陈某出具了一份借据，该笔借款已经到期。2008年8月5日，罗某向陈某追索借款时，陈某将李某出具的5万元借据交给罗某，让罗某直接代其找李某追回。此后陈某下落不明，再没有向李某催讨，也没有向法院提起诉讼。后来罗某向李某催讨，但李某主张已经还清欠陈某5万元借款。罗某在无奈之下，持李某出具给陈某的借据，聘请律师向法院起诉李某，请求李某支付其代位行使债权4.8万元。

一审庭审中，被告李某主张已经还清欠陈某5万元借款，请求法院驳回原告的诉讼请求。

一审法院经审理后认定：第三人陈某借原告罗某4.8万元购买推土机属实，但后来下落不明对被告李某怠于行使其到期的债权5万元，损害了原告罗某的债权利益，原告罗某代位行使第三人陈某到期债权合法，原告罗某请求被告李某直接偿还欠款4.8万元，应予以支持。被告李某主张已经还清欠陈某5万元借款，但不能举证予以证实，不予采信。于是法院判决，被告李某在本判决书发生法律效力之日起15日内一次性付给原告罗某4.8万元人民币。

一审判决宣判后，原审被告李某不服提起上诉称：(1)自己虽然没有证据证明，但已经还清欠陈某5万元借款属于事实；(2)第三人陈某将自己出具的 5 万元借据交给被上诉人罗某，说明此笔借款债务已经转移给了罗某，但罗某和陈某均未通知自己，所以，此笔债务转移对自己无效；(3) 自己与第三人陈某的债权债务与被上诉人罗某没有法律上的关系，被上诉人罗某起诉自己，其代位诉讼主体不成立。因此，原判认定事实不清、证据不足，请求撤销原判。

被上诉人罗某辩称：第三人陈某借自己 4.8 万元是客观事实，上诉人李某欠第三人陈某借款 5 万元有其出具给陈某的借据证实，由于第三人陈某怠于行使其到期债权，致使被上诉人的债权不能实现，被上诉人有权代位行使债权；上诉人李某认为，第三人陈某将其借据交给被上诉人罗某是债务转移的事实和理由不成立，当时第三人陈某将上诉人出具的借据交给被上诉人时，言明是让被上诉人直接向上诉人催讨，并非债务转移。请求二审法院驳回上诉人的无理请求。

【诉讼指南】 第三人陈某怠于行使其到期的债权 5 万元，损害了被上诉人罗某的合法权益，被上诉人代位行使第三人到期债权合法，其代位权成立；上诉人主张，第三人陈某将上诉人出具的借据交付给被上诉人的行为是债务转移缺乏依据，不予采信。上诉人的上诉理由不成立，判决驳回上诉人李某的上诉请求；原审判决认定事实清楚，适用法律正确，处理恰当，应予维持。

23. 民间借贷出借人撤销权如何界定？

《合同法》第 74 条第 1 款规定："因债务人放弃到期债权或者无偿转让财产，对债权人造成损害的，债权人可以请求人民法院撤销债务人的行为。债务人以明显不合理的低价转让财产，对债权人造成损害，并且受让人知道该情形的，债权人也可以请求人民法院撤销债务人的行为。"在民间借贷中，借款人取得借款后与第三人进行民事行为，出借人不得予以干涉，但借款人对其财产作出处分，致使出借人借款债权难以实现的，出借人为保全自己的借款债权，也可以按照这条规定行使撤销权。

这里的撤销权，是指出借人对借款人放弃对第三人享有的到期债权、无偿转让财产、低价转让财产而对借款债权造成损害的行为，请求人民法院予以撤销而使之无效的权利。借款人取得借款后，为了逃避借款债务或者出于其他目的，放弃对其债务人享有的到期债权，无偿转让财产或以明显低于市场价格的价格转让财产，致使出借人的借款债权不能实现的，出借人可以对这些行为行使撤销权，从而达到保全借款债权的目的。例如，借款人唯有一套商品房可供清偿借款债务，为了逃避借款债务，便将房产无偿赠与兄弟，且已办理过户手续，将房产登记在兄弟名下。对此，出借人可以向人民法院提起诉讼，请求人民法院撤销借款人以赠与名义转移房产的行为。借款人这种行为被人民法院撤销后，使该房产仍为借款人所有，然后，出借人可以通过法定程序来处理该房产以实现借款债权。

出借人依照上述规定行使撤销权，会使借款债权的效力及于借款人和第三人的相关行为，要求借款人和第三人进行的民事行为不得损害借款债权。如果没有出借人的撤销权，借款人在负债的情况下放弃对第三人的债权或者无偿将财产转让给第三人，出借人就无法律依据加以阻止，进而难以保全借款债权。

出借人行使撤销权的目的主要是防止借款人实施非法行为逃避债务。借款人在负债的情况下放弃到期债权，无偿转让财产，故意低价转让财产，致使借款债权不能全部或者部分实现，则为恶意逃避债务行为。对此，担保制度和民事责任制度不足以制止此类行为，当出借人有了撤销权并依法行使后，此类行为被人民法院依法撤销，使第三人向借款人返还财产，或者使借款人的债权得以恢复原状，出借人的借款债权就能得以保障。

24. 民间借贷撤销权诉讼之可撤销事由如何认定？

可撤销借款人处分债权和财产权的事由，即《合同法》第 74 条规定的以下三种行为：

（1）借款人放弃到期债权

借款人负有到期借款债务不能清偿，却又放弃对第三人享有的到期债权，这是借款人故意损害出借人利益的行为。

“到期”是一个限制条件。但在实践中存在这样一种情况：借款人对出借人的债务已到期，而借款人对第三人享有的债权未到期，借款人就向其债务人明确表示放弃债权。在通常情况下，债权人放弃债权属其实体上的处分权，不需债务人和他人同意，也不受期限的限制，一旦表示放弃即为有效。但是，借款人放弃未到期债权，又无其他财产清偿出借人的债务，明显损害了出借人的利益，对此，应当适用《民法通则》第 58 条和《合同法》第 52 条的规定，以损害第三人（出借人对此是第三人）利益为由，认定该行为无效，而不适用撤销权的规定。

借款人对第三人虽有债权，但第三人根本无履行能力，借款人因此放弃债权的，出借人可否行使撤销权呢？笔者认为，出借人不能行使也无必要行使撤销权，因为造成出借人损害是出借人行使撤销权的必备条件，而借款人的债务人根本无履行能力，借款人放弃债权不会由此造成出借人的损害；出借人行使撤销权的目的是保全债权，而借款人在其债务人根本无清偿能力的情况下放弃到期债权，即使被撤销，借款人的债务人也无财产可供借款债权保全，因而，出借人没有必要行使撤销权。

（2）借款人无偿转让财产

借款人将自己的财产转让给他人，不论有偿还是无偿转让，无论全部还是部分转让，都属于他自己的处分权，无关的第三人不得干涉。但是，借款人无偿转让财产，导致余留财产不足或者难以清偿全部借款债务，就会损害出借人的借款债权。在现实生活中，不少借款人大量举债后，为了逃避债务，往往无偿转让财产给父母、子女、兄弟姐妹、亲戚朋友，有的名义上转让财产并办理财产过户手续，而实际上仍为其所有，从而造成人民法院执行难，出借人实现借款债权难。

出借人依据《合同法》的规定，以借款人无偿转让财产造成其损害为由行使撤销权，不以第三人（受让人）主观上恶意或者善意为条件加以限制，即使受让人主观上根本不知道，也不得因善意受让而损害出借人的借款债权。

（3）借款人以明显不合理的低价转让财产

财产所有权人与受让人发生财产转让关系，就价款问题有权自愿约定，他人对其低价转让不得干涉。即使借款人负有债务而低价转让其财产，也不一定都会损害出借人的借款债权。出借人以借款人低价转让财产为由请求人民法院撤销，必须符合以下三个条件：

第一，对借款债权造成损害。借款人低价转让财产的行为，造成借款债权全部或者部分不能实现的，出借人才有条件行使撤销权。如果借款人低价转让部分财产，仍有其他财产足以且方便履行债务，出借人借款债权并没有受到损害的，就不得行使撤销权，在借款债权仍有保障实现的情况下，低价转让财产是借款人的自由处分权，不论价款低到什么程度，不论价款明显不合理，也不论受让人是否知道，出借人都不得行使撤销权。否则，市场交易安全受影响，出让人的财产处分权和受让人的自由买受权受到限制。

第二，低价转让财产达到明显不合理的程度。借款人低价转让财产若是合理的，则不可撤销。例如，借款人负有 15 万元到期借款债务，善意的借款人出于无奈，将唯一价值 10 万元钱的房屋，以 9 万元价款出卖给买受人。买受人付款后仍供借款人居住，借款人以房价款用于清偿借款债务。在这种情况下，该借款人以略低价款换取居住，然后将价款用以清偿部分借款债务，不存在不合理因素，因而出借人不得行使撤销权来使借款人出卖房屋归为无效。但是，借款人以明显不合理的价款低价转让财产，且造成借款债权不能实现的，出借人就有条件行使撤销权。此外，转让财产的价格高低通常要以现行的市场价为标准，只有所转让的财产明显低于现行市场价的，才可以考虑行使撤销权问题。

关于如何认定“明显不合理的低价”，《最高人民法院关于适用〈中华人民共和国合同法〉若干问题的解释（二）》第 19 条规定，“对于合同法第七十四条规定的‘明显不合理的低价’，人民法院应当以交易当地一般经营者的判断，并参考交易当时交易地的物价部门指导价或者市场交易价，结合其他相关因素综合考虑予以确认。转让价格达不到交易时交易地的指导价或者市场交易价百分之七十的，一般可以视为明显不合理的低价；对转让价格高于当地指导价或者市场交易价百分之三十的，一般可以视为明显不合理的高价”。

第三，受让人主观上具有恶意。对借款人放弃债权、无偿转让财产行为行使撤销权，不以受益人、受让人主观上具有恶意为条件。以低价转让财产为由行使撤销权，却以受让人在主观上具有恶意为条件。财产已经进入市场流转，市场价格经常变化，低价买受又是人们的正常心理表现，因而，只要受让人不知道或者不应当知道借款人低价出让是为了逃避债务，即为善意买受。在第三人善意买受的情况下，如果也允许出借人行使撤销权，就会直接损害善意第三人的利益，就会影响市场交易的正常秩序。如果受让人明知或者应当知道借款人低价出让财产是为了逃避债务，且明知受让价款明显低于市场价而受让的，则不论其是出于贪图便宜心理，还是有意帮助借款人逃避债务，均为恶意买受。第三人恶意受让侵害借款债权的，出借人可以行使撤销权，使买受人承担返还财产责任。

25. 民间借贷纠纷申请支付令如何适用法律?

《民事诉讼法》第214条规定:“债权人请求债务人给付金钱、有价证券,符合下列条件的,可以向有管辖权的基层人民法院申请支付令:(一)债权人与债务人没有其他债务纠纷的;(二)支付令能够送达债务人的。申请书应当写明请求给付金钱或者有价证券的数量和所根据的事实、证据。”这是申请支付令的规定。

支付令,是指人民法院根据债权人的申请,依法作出的督促债务人为一定给付义务的法律文书。出借人在符合法定条件的情况下可以申请支付令,法院适用督促程序予以办理。

(1)督促程序

督促程序,是指债权人直接向人民法院申请支付令,要求债务人给付金钱、有价证券所适用的特殊审判程序。民间借贷纠纷案件的标的物是金钱和有价证券,属于申请支付令并适用督促程序的对象。

督促程序的特点是,人民法院依据债权人的申请,只对债权人提出的事实、证据进行审查,不传唤债务人,也不开庭审理,只要债权债务关系明确、合法,即可签发支付令。债务人在规定期限内对支付令不提出异议又不履行义务,支付令即发生法律效力,债权人就可以申请人民法院强制执行。

从实践来看,许多民间借贷事实清楚,证据确凿、充分,出借人与借款人对借贷事实、数额等均无争议,只是借款人未履行还款义务,在这种情况下,出借人申请支付令、人民法院适用督促程序审查是非常适合的,可以避免答辩、庭审等许多环节,节省了大量时间,使借贷债权债务关系迅速得以确认,并很快转入执行程序,这有利于及时保护和实现出借人的合法债权。

(2)申请支付令的条件

出借人申请支付令,人民法院受理并适用督促程序的,应当符合以下几个条件:

第一,申请的内容必须是给付金钱或者有价证券。这个条件对民间借贷来说是没有问题的,因为民间借贷纠纷案件的标的物本身就是金钱(包括有价证券)。出借人申请支付令是行使金钱给付请求权,那么,出借人在提出申请前必须已经存在给付金钱的债权。申请人与被申请人之间不存在金钱给付的债权债务关系,而要求确认某项权利,要求变更、消灭某一法律关系，则不适用督促程序。

第二，请求的债权必须有明确的数额且已到期。出借人向人民法院申请支付令，在提出申请时，必须写清具体明确的借款债权数额和已经到期时间，以及所依据的事实和证据。如果借贷债权未到期，出借人尚无请求借款人偿还的权利，则不能申请支付令。如果借贷债权数额不明确，说明借贷债权数额有争议或者无法确定，则不适用督促程序发出支付令。只有出借人提供证据，证明借贷债权有明确数额且已到期，才可以申请支付令。出借人申请支付令，借款人认为有借贷纠纷，或者尚未到期的，可以提出异议，阻止人民法院发出支付令，或者使支付令不发生效力。

第三，出借人与借款人没有其他债务纠纷。出借人对借款人只享有借贷债权而没有其他债务，才适用督促程序，如果出借人对借款人享有民间借贷债权，而借款人对出借人享有其他债权，例如，借款人欠出借人借款 10 万元，而出借人欠借款人 10 万元货款，双方互为债务人，互有给付义务。在这种情况下，出借人申请支付令，督促程序就会因借款人提出要求出借人偿还货款债务的异议而终结。

第四，支付令能够送达借款人。《最高人民法院关于适用〈中华人民共和国民事诉讼法〉的解释》第 431 条规定："向债务人本人送达支付令，债务人拒绝接收的，人民法院可以留置送达。"根据这条规定，支付令的送达有两种方式：一是直接向债务人本人送达；二是债务人本人拒收的，适用留置送达。债务人不在我国境内，或者虽在我国境内，但下落不明的，因为不能向其本人送达而不适用督促程序。支付令不适用公告送达，因为公告送达不一定使债务人都能完全了解公告的具体内容。支付令也不宜适用邮寄送达，因为邮寄送达可能会使债务人无法如期收到支付令。

第五，支付令的申请必须向有管辖权的人民法院提出。申请支付令的民间借贷案件的管辖，与一般民间借贷纠纷案件管辖基本一致，主要由被申请人住所地的基层人民法院受理。出借人向人民法院申请支付令，符合上述条件的，人民法院应予受理，并在收到申请后 5 日内通知出借人；对不符合上述条件的，也应在 5 日内通知出借人不予受理。

（3）支付令的内容

民间借贷案件经过督促程序所产生的法律文书是支付令，支付令是人民法院作出的具有执行效力的法律文书，它责令借款人在规定期限内向出借人履行债务。据此，民间借贷支付令应当具有以下内容：出借人和借款人的自然情况，借款人应当向出借人支付的金钱的种类、数额、利息，借款人清偿债务和提出异议的期限，诉讼费和其他费用的承担，借款人在规定期间内不提出异议的法律后果等。最后，在支付令上由审判员、书记员署名，加盖人民法院印章。

（4）借款人对支付令提出异议

《民事诉讼法》第 216 条规定："人民法院受理申请后，经审查债权人提供的事实、证据，对债权债务关系明确、合法的，应当在受理之日起十五日内向债务人发出支付令；申请不成立的，裁定予以驳回。债务人应当自收到支付令之日起十五日内清偿债务，或者向人民法院提出书面异议。债务人在前款规定的期间不提出异议又不履行支付令的，债权人可以向人民法院申请执行。"第 217 条第 1 款规定："人民法院收到债务人提出的书面异议后，经审查，异议成立的，应当裁定终结督促程序，支付令自行失效。"从这两条规定中可以看出，借款人提出异议有以下两个法定形式条件：

第一，在法定期限内提出。借款人对人民法院发出的支付令如有异议，应当从收到支付令之日起 15 日内向发出支付令的人民法院提出。这个时间是法定时间，人民法院和当事人都无权决定延长或者缩短。借款人超过这个时间提出的异议无效，人民法院通知驳回。

第二，以书面形式提出。借款人对人民法院发出的支付令如有异议，应当以书面形式提出，这是法定形式要求。借款人不能采取口头方式，人民法院也不接受口头异议。

债务人提出异议，人民法院经审查，认为异议成立的，应当裁定终结督促程序，支付令自行失效，案件转入诉讼程序，但出借人不同意提起诉讼的，人民法院不得将案件转入诉讼程序。

（5）支付令的法律效力

借款人在收到人民法院发出的支付令之日起 15 日内不提出异议的，支付令就发生法律效力，借款人应当自收到支付令之日起 15 日内清偿债务。借款人不按照支付令的规定履行偿还义务的，支付令与判决书具有同等的法律效力，即具有既判力和执行力，出借人可以依据支付令向人民法院申请强制执行。

26. 民间借贷纠纷总的审理思路如何把握?

近年来,民间借贷案件出现了许多新情况:案件数量及借贷数额大幅度上升、借贷主体复杂化、借款多用于生产经营、高利贷和虚假诉讼频发;此外,具体案件中还出现了大额现金交付增多、缺少交付凭证、关联证据少、借条中无利息约定等现象。对于这些新现象,法院应如何应对,值得探讨。

需要清醒地意识到的是,法院的职能具有有限性,上述现象背后的社会问题,并非法院通过审判工作就可以解决。现阶段,中小企业融资渠道非常有限,向银行贷款面临诸多困难,而同时民间又有大量资金缺少合理的投资渠道,银行利率又偏低,因此,在高利率的诱引之下,二者间的相互需要促进了民间高利借贷的迅速增长。与此相关,以沟通借贷双方、谋取中间利率差为目的的地下钱庄也大量产生。对于这些问题,根本的解决途径应在于国家相关经济产业政策的调整,以及刑事、行政责任的跟进。而法院民事审判只能是在现有法律框架下,最大限度地彰显社会公平、实现个案正义。

在现行法下,民间借贷的法律规则相对清晰,借款合同的效力、利率控制规则等方面,基本上没有什么大的争议。对借贷合同效力可能有争议的案型,是在借款方已构成非法吸收公众存款罪或集资诈骗等罪的情况下,其与自然人订立的借款合同是否有效。实践中,有些法院倾向于认定借款合同无效,认为借款人已构成了犯罪,合同不可能还有效。其实,在此类借贷合同纠纷中,违反强制性规定的仅为借款人一方,认定合同无效并不有利于相应强制性规定之规范目的之实现,并且,认定合同无效反而有利于构成犯罪的借款人。故,综合考量之后,可根据《最高人民法院关于适用〈中华人民共和国合同法〉若干问题的解释(二)》第 14 条之规定,认定合同有效。

在法律规则基本明晰的背景下,民间借贷纠纷中,问题主要出现在事实认定上。证据的真实性存疑、关联证据的缺乏,使得证据认定陷入困境,所以,民间借贷纠纷的困难,不在于实体规则的缺失或不清晰,而在于事实认定上的困难。现实生活中,由于高利贷禁止规则的存在,高利贷者总是千方百计地试图规避法律规定,确保不法利益的获取,借款人因急需资金而不得不接受苛刻条件,包括在证据上无底线地让步,使自己陷入非常被动的处境,出借人则通过将利息写入本金、直接不写明利息、或通过虚假诉讼等手段,事先将不法利益合法化。这些均为法院审判中事实的认定,带来严重困难。当事人密谋虚构的诉讼中,当事人会相互认可对方的事实主张,法院若想揭穿当事人的不法勾当,查明真实的法律关系,须面临着非常大的困难,而如果事实能够被查明,法律判断上则基本上没有争议。可见,当前民间借贷纠纷中,困难主要发生在事实认定层面。

对此,案件事实查明上,法院一方面应督促当事人积极举证,晓以利害、言明举证不力的不利后果,引导当事人全面提供证据;另一方面也应根据需要,依职权进行调查取证,尽可能查明事实真相,为案件裁决提供坚实的事实基础。此外,在具体事实判断方面,可根据不同情况,作出不同的认定。对于仅有借款凭证而没有款项交付凭证的,应责成出借人举证证明款项已经交付的事实,不能举证证明的,可认定款项没有交付;借贷合同订立和款项交付是两项不同的事实,出借人对自己主张的这两项事实均应承担相应的举证责任。对仅有款项交付凭证而没有借贷合意凭证的,同样应是由付款方举证证明款项支付背后的法律关系,根据证据来判断是否为借贷关系和利息的有无及数额;付款人无法证明付款背后的法律关系,收款人也无法证明自己享有保有款项之权利的,则可支持付款人款项返还之请求。对于大额借款的出借人主张已现金支付的,可责令其详细说明现金的来源、支付的时间、地点等情况,结合交易习惯、出借人抗辩以及其他相关证据,来判断款项是否确已交付,借款人仅承认部分受领而出借人又无有力证据证明已全部支付的,则可认定借款人承认部分的款项已经交付。而对于那些可能涉及刑事犯罪的案件,则应及时通报、移送相关机关,通过刑事侦查程序查明真相,避免在错误的事实认定基础上作出错误的判决。

图书在版编目(CIP)数据

民间借贷纠纷解决之道:169个实务疑难问题解答/郝正著.—北京:法律出版社,2015.9
ISBN 978-7-5118-8374-2

Ⅰ.①民…　Ⅱ.①郝…　Ⅲ.①民间借贷—经济纠纷—处理—中国—问题解答　Ⅳ.①D925.1-44

中国版本图书馆CIP数据核字(2015)第189301号

民间借贷纠纷解决之道
——169个实务疑难问题解答
郝　正　著

编辑统筹　法律应用出版分社
策划编辑　薛　晗
责任编辑　薛　晗　慕雪丹
装帧设计　马　帅

出版 法律出版社
总发行 中国法律图书有限公司
经销 新华书店
印刷 北京嘉恒彩色印刷有限责任公司
责任印制 翟国磊

开本 720毫米×960毫米　1/16
印张 27.75
字数 423千
版本 2015年8月第1版
印次 2015年8月第1次印刷

法律出版社/北京市丰台区莲花池西里7号(100073)
电子邮件/info@lawpress.com.cn
网址/www.lawpress.com.cn
销售热线/010-63939792/9779
咨询电话/010-63939796

中国法律图书有限公司/北京市丰台区莲花池西里7号(100073)
全国各地中法图分、子公司电话:
第一法律书店/010-63939781/9782
重庆公司/023-65382816/2908
北京分公司/010-62534456
西安分公司/029-85388843
上海公司/021-62071010/1636
深圳公司/0755-83072995

书号:ISBN 978-7-5118-8374-2
定价:68.00元
(如有缺页或倒装,中国法律图书有限公司负责退换)